Handbuch ökologisches Design

Alastair Fuad-Luke

Handbuch ökologisches Design

Möbel, Objekte, Geräte, Materialien, Adressen

Mit über 750 Abbildungen, 690 in Farbe

DUMONT

Danksagung
Die Nachforschungen für dieses Buch und das Zusammenstellen des Materials haben viel Zeit und Energie gefordert. Die freundliche Unterstützung vieler Menschen hat dabei sehr geholfen. Insbesondere möchte ich folgenden Personen danken: Lucas Dietrich von Thames & Hudson, dessen Vertrauen in das Projekt mich bei der Stange gehalten hat; Ingrid Cranfield, die meiner Arbeit durch die sorgfältige Bearbeitung zu mehr Klarheit verholfen hat, für die gründliche, aber behutsame Überarbeitung des Manuskripts; Aaron Hayden von Thames & Hudson, der die gewaltige Aufgabe übernommen hat, das Bildmaterial vorzubereiten und zu bearbeiten, und meiner Frau Diana für ihre Ermutigung und anhaltende Unterstützung.

Ein besonderer Dank geht an alle Designer, Hersteller und andere Organisationen, die mir Informationen und Bildmaterial zur Verfügung gestellt haben. Ohne ihre Hilfsbereitschaft wäre dieses Buch nicht möglich gewesen: Tom Johnson, International Design Resource Awards (IDRA), USA; Ralph Wiegmann und Gabriele Hoffman, iF Industrie Forum Design Hannover e.V., D; Isabelle Bigler, Designpreis Schweiz, CH; Jacqueline Janssen, Design Academy Eindhoven, NL; Steven Blackman, Design Sense, Design Museum, GB; Philippa Bellhouse, Granta Design Ltd., GB; Tamara Caspersz, Viaduct Ltd., GB; Jackie Dehn, Johnathan Chapman und Anne Chick, Rematerialize database, Kingston University, GB. Außerdem bedanke ich mich bei allen, die auf meine immer neuen Anfragen und Bitten um Informationen geantwortet haben.

Ich widme dieses Buch allen, die uns durch ihre hier gezeigten Entwürfe und Produkte anspornen, uns unsere Zukunft zu bewahren.

Die Deutsche Bibliothek – CIP-Einheitsaufnahme

Handbuch ökologisches Design : Möbel, Objekte, Geräte, Materialien, Adressen / Alastair Fuad-Luke. [Aus dem Englischen von Henrike Eger]. – Köln : DuMont-Literatur-und-Kunst-Verl., 2002
ISBN 3-8321-7005-7

Die englischsprachige Originalausgabe erschien 2002 unter dem Titel *The Eco-Design Handbook* bei Thames & Hudson Ltd, 181A High Holborn, GB-London WC1V 7QX

Übersetzung aus dem Englischen: Henrike Eger
Lektorat: Neumann + Luz, Köln

Printed in China

ISBN 3-8321-7005-7

Vorwort

Öko-pluralistisches Design fordert uns zu einem vorsichtigeren Umgang mit der Umwelt auf. Damit auch zukünftige Generationen einen intakten Planeten erben, sind neue Denkansätze erforderlich. In diesem Buch sind unterschiedliche Lösungen dargestellt, die Designer und Hersteller aus über 30 Ländern in allen Teilen der Welt gefunden haben. Einige dieser Ansätze nutzen die Anpassungsfähigkeit der Natur und die Zyklen der Biosphäre. Andere suchen nach einem Umgang mit Materialien und Produkten aus der Technosphäre, der ihrem wahren Wert entspricht. Wieder andere setzen auf kombinierte, jedoch leicht zerlegbare Materialien und Produkte, die die besten Eigenschaften beider Sphären verbinden, nach Ablauf ihrer Lebensdauer aber wieder ihrem jeweiligen Ursprung zugeführt werden können. „Grünes Design“ ist so vielfältig wie die Menschen, die es entwickeln. Dies liegt zum Teil an der Individualität jedes Einzelnen, aber auch an Faktoren wie der geografischen Lage, dem Lebensraum, der Kultur, dem sozio-politischen und wirtschaftlichen System, der Verfügbarkeit natürlicher Ressourcen – dazu gehört auch Wasser – und anderen regionalen Besonderheiten. Ein öko-pluralistischer Ansatz mit unzähligen verschiedenen Lösungen erscheint mir deshalb sinnvoller als die autoritäre Philosophie vieler Design-Bewegungen des 20. Jahrhunderts, die die Universalität eines einzigen Modells propagierten. Öko-Pluralismus ist Evolution und Revolution zugleich. Die Entwürfe reichen von kleineren Abänderungen bereits vorhandener Produkte über grundsätzlich neue Konzepte bis hin zur vollständigen Dematerialisierung von Produkten, an deren Stelle Dienstleistungen treten.

Die Auswahl der Produkte und Materialien für dieses Buch erfolgte nach rein persönlichen Gesichtspunkten und ist sicherlich nicht vorurteilsfrei. Sie stellt nur einen kleinen Ausschnitt der Realität zu einem bestimmten Zeitpunkt dar. Die ausgewählten Produkte und Materialien haben jedoch eine Gemeinsamkeit: Sie alle entstanden in dem Versuch, die Auswirkungen auf die Umwelt zu reduzieren und damit in kleinen oder auch größeren Schritten zur Verbesserung der derzeitigen Situation und zum Wohlergehen der Gesellschaft beizutragen. Dieses Buch ermöglicht einen Blick in die Zukunft, in eine bessere und grünere Zukunft, leider aber auch in eine Zukunft, die erst noch gerecht verteilt werden muss. Ich hoffe, dass ich mit meiner Arbeit einen Teil dazu beitragen konnte.

Wegweiser

Alle Produkte und Materialien tragen eine Überschrift und sind mit einer kleinen Tabelle versehen:

Name und Nationalität des Designers bzw. der Designerin (siehe S. 304-311) oder Hersteller und Herstellungsland (siehe S. 312-326) bei intern entwickelten Produkten und Materialien.

Name und Land des Herstellers (siehe S. 312-326) oder des Designers (siehe S. 304-311) bei Eigenproduktion.

Die wichtigsten Materialien und/oder Komponenten. Informationen zu umweltfreundlichen Materialien finden Sie auf S. 278-301.

Die wichtigsten Prinzipien des Öko-Designs (Informationen auf S. 327-330).

Wichtige Design-Preise für umweltfreundliches Design (siehe S. 332-333).

Die Seitenzahlen in der Tabelle sollen dem Leser helfen, Designer, Hersteller, Materialien und umweltfreundliche Prinzipien einander zuzuordnen und Verbindungen zu ähnlichen Arbeiten und ergänzendem Material in diesem Buch herzustellen.

Inhaltsverzeichnis

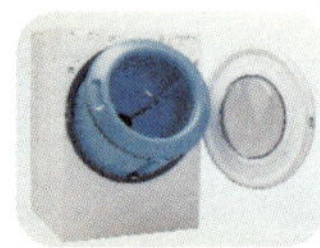

2.0 Arbeitswelt 192

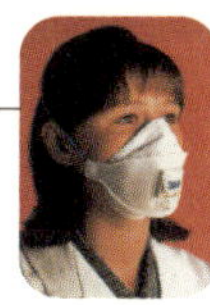

3.0 Materialien 274

4.0 Quellen 302

Design für eine Umwelt mit Zukunft

Vor fast 40 Jahren dokumentierte Rachel Carson in ihrem wegweisenden Buch „Der stumme Frühling“ die verheerenden Auswirkungen des Pestizideinsatzes in den USA auf Säugetiere und Vögel. In Organismen weltweit, auch in menschlichen, lassen sich heute Spuren von Pestiziden auf Basis organischer Phosphorverbindungen nachweisen. Auf der Intergovernmental Conference for Rational Use and Conservation of the Biosphere der UNESCO 1967 tauchte erstmals das Konzept der ökologisch nachhaltigen Entwicklung auf. 1968 stellte Paul Ehrlich in seinem Buch „Population Bomb“ eine Verbindung zwischen dem Bevölkerungswachstum, dem Missbrauch von Ressourcen und der Umwelt her und warf die Frage nach der Kapazität des Planeten auf. In dem umstrittenen Bericht „Die Grenzen des Wachstums“ des Club of Rome von 1973 wurden für den Fall eines anhaltenden Wirtschaftswachstums schlimme Konsequenzen prognostiziert. Die Weltbevölkerung hat die darin für das Jahr 2000 vorhergesagte Zahl von sechs Milliarden Menschen tatsächlich erreicht, die noch beängstigenderen Aussagen über die Erschöpfung der natürlichen Ressourcen, z.B. fossiler Brennstoffe, haben sich allerdings nicht bewahrheitet. Derartige Warnungen wurden weitgehend ignoriert, so dass wir im Lauf der letzten 30 Jahre den Planeten weiterhin mit Pestiziden und anderen toxischen Chemikalien vergiftet haben. Dies hat zur Zerstörung von Ökosystemen und zur Ausrottung vieler Gattungen geführt und uns damit auch selbst in Gefahr gebracht. Die uneingeschränkte Verwendung von Verbrennungsmotoren und die Stromerzeugung durch Verbrennung fossiler Brennstoffe haben den Klimawandel beschleunigt. Weltweit besteht an verschiedenen Orten ganz real die Gefahr, dass Land durch das Steigen des Meeresspiegels überschwemmt wird.

1950 gab es weltweit 50 Millionen Autos, der Verbrauch fossiler Treibstoffe entsprach 1.715 Millionen Tonnen Öl. Heute gibt es mehr als 500 Millionen Fahrzeuge und der Verbrauch fossiler Treibstoffe entspricht mehr als 8 Milliarden Tonnen Öl. Das Auto gibt dem Einzelnen zwar viel Freiheit, verursacht aber enorme Schäden für die Umwelt und verändert den Anteil von Gasen, Partikeln und Karzinogenen in der Atmosphäre. Mit jedem der Millionen Produkte, mit denen wir unsere „Lebensqualität“ verbessern, entstehen entsprechende Umweltschäden.

Die große Herausforderung, die das 21. Jahrhundert an Designer stellt, ist die Entwicklung von Produkten, die keine oder minimale Auswirkungen auf die Umwelt haben. Anspruch und Chance zugleich ist es, nachhaltige Produktionsverfahren und Konsummuster in den Mittelpunkt der öffentlichen Diskussion zu rücken. Insbesondere die Designer müssen einen wesentlichen Beitrag dazu leisten.

Eine kurze Geschichte des „grünen“ Designs

Grünes Design war vor der Industriellen Revolution in vielen Kulturen die Regel. Möbel, Gebrauchsgüter und andere Produkte wurden meistens von lokal ansässigen Handwerkern hergestellt, die dafür die in ihrer näheren Umgebung verfügbaren Ressourcen nutzten. Technische Innovationen in der Landwirtschaft führten in Europa und insbesondere in Großbritannien zu einer Destabilisierung der von der Natur vorgegebenen Beschäftigungsstrukturen. In der ersten Hälfte des 19. Jahrhunderts wanderte fast die Hälfte der britischen Landbevölkerung in die Städte ab, um dort in Fabriken zu arbeiten. Auch in vielen anderen Ländern hielt die Industrialisierung im Laufe des 19. Jahrhunderts Einzug; urbane Zentren bildeten sich nach demselben Muster.

Bald schon stellten die Gründer der britischen „Arts and Crafts“-Bewegung (Kunst- und Handwerksbewegung) fest, dass die neu entstehende Industrie Umweltschäden verursachte. Die oft geringe Qualität vieler neuer Massenprodukte und die daraus resultierenden Umweltschäden erschienen so Besorgnis erregend, dass sie nach neuen Methoden suchten, um eine Steigerung der Produktivität mit weniger schädlichen Verfahren zu erreichen. Aus verschiedenen Gründen erreichte der Einfluss der „Arts and Crafts“-Bewegung nur einen kleinen Kreis der Bevölkerung. Dennoch sollte sie den Grundstein für die Entstehung früher modernistischer Bewegungen in Europa legen, insbesondere in Deutschland (der Deutsche Werkbund

Abb. re.: "Plaky Table" von Christopher Connell (siehe S. 56)

und später das Bauhaus), in Österreich (die Secession und die Wiener Werkstätte) und in den Niederlanden (De Stijl). Nach modernem Verständnis sollte die Form eines Gegenstands dessen Funktion folgen. Standardisierte, einfache Formen sollten die Massenproduktion von qualitativ hochwertigen, langlebigen und billigen Produkten ermöglichen und ihren Beitrag zur sozialen Reform leisten.

Untrennbar mit den Bewegungen des Funktionalismus und Modernismus verbunden war die Bestrebung, Material und Energie wirtschaftlich zu nutzen. Einer der bedeutendsten Vertreter des Bauhauses war Marcel Breuer. Für seine Möbelentwürfe verwendete er erstmals leichte Stahlrohre und erkannte die Möglichkeiten, die in der Rationalisierung und Standardisierung lagen: durch die Verpackung von zerlegbaren Stühlen in flache Pakete, so dass weniger Energie für den Transport benötigt wurde, und die Herstellung langlebiger und zugleich preiswerter Möbel, durch die der Lebensstandard der breiten Masse verbessert werden sollte.

Die frühen Vertreter des organischen Designs verfolgten einen Ansatz, der sich an der Natur selbst mit ihren modularen Modellen orientierte. Beispielsweise verband der amerikanische Architekt Frank Lloyd Wright erstmals die Funktionalität von Gebäuden, Innenräumen und Möbeln zu einem harmonischen Konzept. In den 1930ern gelang auch dem finnischen Architekten und Designer Alvar Aalto eine Synergie zwischen seinen Möbeln aus gebogenem Sperrholz und ihrer Umwelt, den Gebäuden. 1942 organisierte das Museum of Modern Art, New York, einen Wettbewerb und eine Ausstellung mit dem Namen „Organic Design for Home Furnishings", die zu einem Meilenstein in der Geschichte des „grünen" Designs werden sollte. Die der Natur nachempfundenen Sperrholzmöbel der Sieger, Charles Eames und Eero Saarinen, zeigten eine ideale Lösung für die ergonomischen und emotionalen Bedürfnisse der Verbraucher. Die schnelle Entwicklung neuer Materialien, z.B. von Kunststoffen, in den 1960ern und 1970ern eröffnete neue, ehrgeizigere Ausdrucksformen für organisches Design.

Ironischerweise stammte einer der frühen Vertreter des nachhaltigen Designs, Richard Buckminster Fuller, ausgerechnet aus den für ihre Produktions- und Konsumbegeisterung bekannten USA. Mit einem seiner ersten Unternehmen, Stockade Building Systems, entwickelte Fuller eine Wandkonstruktion aus Zement und Holzspänen. Die Bauinspektion genehmigte diese Innovation damals nicht und das Unternehmen löste sich auf. Fuller ließ sich dadurch jedoch nicht beirren und gründete kurz darauf eine neue Firma namens 4-D, was auf die langfristigen Auswirkungen dreidimensionaler Objekte auf die Menschheit aufmerksam machen sollte. Er kreierte den Begriff „Dymaxion" für Produkte, die maximalen Nutzen für den Menschen mit minimalem Material- und Energieverbrauch verbanden. 1929 entwickelte er das Dymaxion-Haus, das 1945 zu einem kommerziellen Produkt, dem vorgefertigten Wichita-Haus aus Metall, weiterentwickelt wurde. 1933 entstand das tropfenförmige Dymaxion-Auto. Beide Entwürfe zeichneten sich durch ein radikal neues Design aus. Das Auto bot Raum für bis zu zwölf Personen, verbrauchte einen Liter Treibstoff auf 10,7 km und konnte sich auf Grund der Anordnung der drei Räder um seine eigene Achse drehen. Gravierende Fehler im Entwurf führten allerdings dazu, dass dieses bemerkenswerte Auto nie kommerziell produziert wurde. Für das Wichita-Haus gingen fast 40.000 Aufträge ein. Es hätte zu einem enormen Erfolg werden können, wenn Verzögerungen bei der Optimierung des Designs nicht zum Zusammenbruch der Firma geführt hätten. 1949 entwickelte Buckminster Fuller dann eine neue Konstruktionsmethode auf der Grundlage von Polygonen mit geringem Gewicht. Diese geodätischen Kuppeln waren Mehrzweckgebäude, die sich auch als Wohnraum nutzen ließen. Sie bestanden aus leicht transportierbaren Komponenten und konnten schnell aufgebaut werden. Fullers Vermächtnis inspirierte zahlreiche neue Unternehmungen wie z.B. das „Eden Project" in Cornwall, Großbritannien (2001). Hier entstand das größte Gewächshaus der Welt, das 80.000 Pflanzenarten beherbergt.

Von 1945 bis Mitte der 1950er herrschte in den meisten Teilen Europas Knappheit an Materialien und Energie. Dieser Mangel förderte ein rationales Design, das dem Grundsatz „Weniger ist mehr" huldigte.

In den 1950ern entdeckten europäische Hersteller wie Fiat, Citroën und British Leyland die Vorzüge kleiner Autos. Die billige Herstellung und der nach damaligen Standards geringe Treibstoffverbrauch machten sie einem breiten Massenmarkt zugänglich. Die Benzin schluckenden, schweren und wenig langlebigen Autos aus amerikanischer Produktion dagegen huldigten zwar dem amerikanischen Optimismus, aber sie verkörperten die Antithese eines „grünen" Designs.

Mit der Hippie-Bewegung der 1960er wurde das Konsumdenken in Frage gestellt. „Zurück zur Natur" hieß die neue Devise. In den Buchläden standen Anleitungen zum „Do-it-yourself"-Design neben Werken wie dem „Whole Earth Catalog", einer Sammlung von Ratschlägen und Bezugsquellen für Selbstversorger, die immer noch jährlich erscheint. In dieser Zeit meldeten sich auch die Befürworter einer „alternativen Technologie" zu Wort, die für einen den Bedingungen angemessenen Einsatz von Technik zur Grundversorgung der Bevölkerung in Entwicklungsländern mit frischem Wasser, sanitären Einrichtungen, Energie und Nahrung eintraten. In Europa experimentierten junge Designer mit neuen Formen und recycelten Materialien und versuchten sich an neuen Design-, Produktions- und Verkaufssystemen.

1971 warf die erste Energiekrise ihre Schatten voraus und als 1974 der Preis für einen Barrel Öl den absoluten Höchststand erreichte, begannen die Techniker damit, Produkte zu entwerfen, die weniger Energie verbrauchten, um damit die Abhängigkeit von fossilen Brennstoffen zu verringern. Die ersten Versuche, den Energiebedarf eines Produkts für seine gesamte Lebensdauer zu analysieren, waren ein Hoffnungsschimmer inmitten dieser Krise. LCAs (Lifecycle Analysis; Analyse des Lebenszyklus), wie man sie später nannte, sind seitdem stetig weiterentwickelt worden und umfassen neben Material- und Energieeinsatz auch die damit verbundenen Umweltschäden.

In seinem 1971 veröffentlichten Buch „Design for the Real World" konfrontierte Victor Papanek die gesamte Design-Branche mit ihrer sozialen Verantwortung und warf ihr deren Ausverkauf auf Grund kommerzieller Interessen vor. Zwar zeigte man damals mit dem Finger auf ihn; dennoch wurde das Buch in 21 Sprachen übersetzt und ist nach wie vor eines der meistgelesenen Bücher zum Thema Design.

Anfang der 1980er wurde die Gesetzgebung zum Umweltschutz verbessert, Umweltthemen nahmen in der öffentlichen Diskussion einen größeren Raum ein und der privatwirtschaftliche Wettbewerb verschärfte sich. Diese drei Faktoren führten dazu, dass umweltorientierte Verbraucher zu einer Kraft wurden, die man nicht mehr ignorieren konnte. In Großbritannien wurde 1988 der „Green Consumer Guide", ein Leitfaden für den „grünen Konsumenten" von John Elkington und Julia Hailes, von Millionen gekauft, die diese Problematik besser verstehen und ihre Kaufkraft als Verbraucher gezielt einsetzen wollten. Designer und Hersteller stürzten sich auf die Entwicklung „umweltfreundlicher" Produkte – mit unterschiedlichem Erfolg und nicht immer mit echter Begeisterung. Nicht haltbare Behauptungen und unzutreffende Angaben zu Produkten führten zu einer weiteren Desillusionierung der bereits skeptischen Öffentlichkeit. Die marktorientierten, umweltschädlichen Produkte der im Entstehen begriffenen kapitalistischen „Weltwirtschaft" begruben die wirklich ökologischen Erzeugnisse unter sich. Dieses Bild sollte sich jedoch bald wieder ändern, es wurden strengere Gesetze zum Umwelt-schutz verabschiedet und verschärfte Kontrollen, Öko- und Energielabel sowie umweltorientierte Management-Normen eingeführt.

Einigen Designern gelang es, das mattschwarze High-Tech der 1980er zu durchbrechen und umweltfreundliche Materialien sowie recycelte oder gebrauchte Komponenten in das Design der Postmoderne zu integrieren. In London stellte Ron Arad Sessel aus alten Autositzen und Stereoanlagen aus verstärktem Gussbeton her. Tom Dixon schuf aus geschweißten Stahlrohren und Naturbinsen organisch geformte Stühle, die heute noch von Cappellini SpA in Italien produziert werden.

Die Veröffentlichung des Brundtland-Berichts „Unsere gemeinsame Zukunft" durch die Weltkommission für Umwelt und Entwicklung im Jahre 1987, in dem erstmals der Begriff „sustainable development" (nachhaltige Entwicklung) definiert wurde, und auch die enge Zusammenarbeit zwischen Regierungen, der Industrie und akademischen Einrichtungen verliehen einem grünen Design neue Impulse.

Anfang der 1990er entwickelten die niederländische Regierung, Philips Electronics und die Technische Universiteit Delft gemeinsam ein Programm für die Analyse von Lebenszyklen, das in der gesamten Designbranche und vor allem im Industriedesign eingesetzt werden konnte. Die LCA-Software IDEMAT enthält einzelne „Eco-Indicators" (Öko-Indikatoren), mit deren Hilfe sich die akkumulierten Auswirkungen eines Produkts berechnen lassen. Schnell wurden drei kommerzielle Alternativen zu IDEMAT entwickelt, EcoScan, Eco-IT und das besser ausgestattete Software-Paket SimaPro. Inzwischen gibt es Dutzende verschiedener LCA- und LCI-Pakete (Lifecycle Inventory Packages; Lebenszyklusbilanz), die Designern dabei helfen, die Umweltschäden durch ihre Entwürfe in allen Phasen des Produktlebenszyklus so gering wie möglich zu halten.

Im Laufe der letzten zehn Jahre haben akademische Einrichtungen auf der ganzen Welt eine neue Terminologie für verschiedene Richtungen des ökologischen Designs entwickelt, z.B. umweltgerechte Produktgestaltung (DfE, Design for Environment), DfX – X steht für Montage, Demontage, Wiederverwendung usw. –, Öko-Effizienz, Öko-Design und Öko-Redesign (siehe Glossar.)

Die Debatte um eine nachhaltige Entwicklung hat auch zum SPD-Konzept geführt (Sustainable Product Design; nachhaltige Produktentwicklung). Die meisten Definitionen von SPD verweisen nicht nur auf die langfristigen Umweltschäden, die durch Produkte entstehen können, sondern auch auf die soziale und ethische Verantwortung der Designer.

Planet in Not

Es gibt sechs Milliarden Menschen auf der Welt. 80 % des weltweiten Energieverbrauchs, 90 % der Kraftfahrzeugnutzung und 85 % der Verwendung von Chemikalien werden von nur einem Viertel der Weltbevölkerung verursacht. Im Jahr 2050 wird es möglicherweise bis zu 20 Milliarden Menschen geben, zehnmal mehr als am Anfang des 20. Jahrhunderts. Nach Schätzungen von Wissenschaftlern haben menschliche Aktivitäten bisher schon zu einem Anstieg der Temperatur in der Atmosphäre um zwischen 1,5 und 6 Grad Celsius und damit zu einer ganz neuen Dimension der globalen Erwärmung geführt. Dadurch haben die Polarkappen und Permafrostböden zu schmelzen begonnen und der Meeresspiegel ist bereits um 60 cm gestiegen.

In unserer Welt geht es ungerecht zu. Der Durchschnittsverbraucher im industrialisierten Norden verbraucht das Zehn- bis Zwanzigfache der Ressourcen, die dem Durchschnittsnutzer in den Entwicklungsländern des Südens zur Verfügung stehen. Die Lebensqualität beider Gruppen könnte nicht unterschiedlicher sein. Fast eine Milliarde Menschen leiden unter Hunger, Armut oder Wasserknappheit. Wenn man die derzeitigen Wachstumsraten von Produktion und Verbrauch zu Grunde legt, könnte der Lebensstandard der Industrieländer für eine Weltbevölkerung von zwei Milliarden Menschen aufrechterhalten werden. Würde dies auch ausreichen, um 20 Milliarden Menschen bei einem Lebensstandard, der dem der Entwicklungsländer entspricht, zu versorgen? Oder müssen das Konsumverhalten der Industrienationen dringend in Frage gestellt und die tatsächlichen Auswirkungen von Produkten in allen Phasen ihres Lebenszyklus genauer unter die Lupe genommen werden?

Die Folgen von Konsum und globaler Produktion

Von 1950 bis 1997 hat sich die weltweite Getreideproduktion verdreifacht, der weltweite Verbrauch von Düngemitteln ist fast um das Zehnfache gestiegen, der jährliche Ertrag des Fischfangs um das Fünffache und der globale Wasserverbrauch hat sich nahezu verdreifacht. Der Verbrauch fossiler Brennstoffe hat um das Vierfache zugenommen, die Anzahl der Autos weltweit um das Zehnfache. Im selben Zeitraum hat die Zerstörung der Umwelt massiv zu- und die biologische Vielfalt abgenommen. Die Durchschnittstemperatur ist von 14,86 auf 15,32°C gestiegen, vor allem aufgrund der Zunahme der Kohlenstoffdioxidemissionen von 1,6 Milliarden Tonnen jährlich (1970) auf 7 Milliarden Tonnen (1999). Die FCKW-Konzentration ist von 0 auf 3 ppb (Teile pro Milliarde) gestiegen und hat Löcher in der schützenden Ozonschicht über dem Nord- und Südpol verursacht.

Auf der Nordhalbkugel sind Produkte wie Kühlschränke und Fernseher mittlerweile in fast allen Haushalten zu finden, mehr als zwei Drittel besitzen auch eine Waschmaschine und ein Auto. Es werden außerdem enorme Mengen von Abfall erzeugt. Nach Angaben des „Green Consumer Guide" hat schon 1988 jeder Bewohner Großbritanniens durchschnittlich pro Woche zwei Mülleimer voll Abfall produziert, jährlich Papier- und Pappmengen verbraucht, für die zwei Bäume gefällt werden mussten, und 90 Getränkedosen, 70 Konservendosen, 35 Dosen Tierfutter, 107 Flaschen und Gläser und 45 kg Kunststoff weg geworfen. Bis zum Jahr 2000 gelang es den lokalen Behörden in Großbritannien lediglich, 25 Prozent des Hausmülls zu recyceln, wertvolle Ressourcen wie Glas, Metall und Kunststoffe landeten einfach auf Müllkippen oder in Verbrennungsanlagen. Diese Situation wird noch durch die Entstehung von Methangas auf Müllkippen verschlimmert, da dieses als Treibhausgas zum weltweiten Temperaturanstieg beiträgt.

Die großen Umweltfragen

Die Europäische Umweltagentur definierte 1995 die wichtigsten Umweltthemen unserer Zeit: Klimawandel, Abbau der Ozonschicht, Versauerung der Böden und des Wassers, Luftverschmutzung und -qualität, Abfallwirtschaft, städtische Probleme, Binnengewässer, Küstengebiete und Meereswasser, Risk Management (bei natürlichen und vom Menschen verursachten Katastrophen), Bodenqualität und biologische Vielfalt.

Die Erkenntnis, dass sich der Zustand des Planeten schnell auf ein kritisches Stadium zubewegte, brachte Regierungen aus 172 Ländern dazu, in Rio de Janeiro zur Konferenz der Vereinten Nationen für Umwelt und Entwicklung zusammenzukommen. Auf diesem Gipfel wurden beachtliche Ergebnisse erzielt. In der „Rio-Deklaration" zu Umwelt und Entwicklung wurden die Rechte und Pflichten von Staaten festgelegt, und mit der so genannten „Agenda 21" entstand ein umfassender weltweiter Aktionsplan. Mit dieser Konferenz wurde die Grundlage für die Einrichtung der Kommission für nachhaltige Entwicklung der Vereinten Nationen (CSD) gelegt, die jährliche Fortschrittsberichte erstellt und für ihre Arbeit das Vorsichtsprinzip zu Grunde legt, dass „... das Fehlen absoluter wissenschaftlicher Gewissheit kein Grund für die Verzögerung kosteneffektiver Maßnahmen zur Verhinderung von Umweltschäden [ist]".

Europa in der Vorreiterrolle

1972 entschieden sich die Mitglieder der Europäischen Wirtschaftsgemeinschaft (heute Teil der EU) angesichts der Tatsache, dass Umweltschäden grenzüberschreitend sind, zu einer gemeinsamen, länderübergreifenden Politik. Seitdem wurde in Europa eine Vielzahl von Gesetzen und Richtlinien zur Bekämpfung von Umweltschäden erlassen.

Zu den wichtigsten Fortschritten in der Gesetzgebung gehören die Richtlinie über die Erhaltung der wild lebenden Vogelarten von 1979, die Richtlinie über die Umweltverträglichkeitsprüfung bei bestimmten öffentlichen und privaten Projekten von 1985, die Richtlinie zur Erhaltung der natürlichen Lebensräume sowie der wild lebenden Tiere und Pflanzen von 1992 und die Richtlinie über die integrierte Vermeidung und Verminderung der Umweltverschmutzung (IVU) von 1996. Eine Reihe weiterer Richtlinien zu Themen wie Fahrzeugen, elektronischen Geräten, giftigen und gefährlichen Abfällen, Verpackungen und Verpackungsabfällen sind für Hersteller und Designer von erheblicher Bedeutung. Diese Vorschriften zeigen weit über Europa hinaus ihre Wirkung, da sich internationale Firmen bei der Produktion von Autos, elektrischen Geräten, Verpackungen und chemischen Produkten an diese strengen Normen halten müssen.

Die gemeinschaftlichen Bemühungen um eine Gesetzgebung zum Umweltschutz in Europa dienen als Vorbild für die internationale Zusammenarbeit in anderen Regionen der Welt, z.B. in Nordamerika und in den „Tigerstaaten" Südostasiens (ASEAN).

Das Doppelleben unserer Produkte

Freiheit oder Tod

Das Auto ist im 20. Jahrhundert zum Symbol uneingeschränkter persönlicher Freiheit geworden. Gleichzeitig bringt es vielen Menschen den Tod, sei es direkt durch einen Unfall oder indirekt durch Schadstoffe, die zu Asthma (durch den Partikelausstoß), zu Gehirnschäden (durch Blei) oder zu Krebs (durch die Karzinogene) führen. Außerdem stoßen Autos Kohlendioxide aus, die den Klimawandel beschleunigen, die Meere werden durch auslaufendes Öl oder Unfälle der Tankschiffe verschmutzt und auch die Lärmbelastung ist nicht unerheblich.

Einbahnstraße

Viele Produkte verbringen ihr kurzes und sinnloses Leben auf einer Einbahnstraße, die direkt vom Supermarktregal auf die Müllkippe führt. Dazu gehören insbesondere Verpackungen, aber auch weitere überflüssige Dinge des modernen Lebens.

Leise Killer

In Millionen Küchen weltweit brummt friedlich ein Kühlschrank vor sich hin. Er hat eine schützende Funktion, er soll Lebensmittel frisch halten, aber auch er kann tödliche Auswirkungen haben. Kühlmittel enthalten FCKW oder H-FCKW. Diese Verbindungen sind die Hauptursache für die Zerstörung der Ozonschicht, die schädliche Strahlungen abhält. Sie sind nicht nur für erhebliche Löcher in der Ozonschicht verantwortlich, die im Winter an den Polen auftreten, sondern auch für eine Verdünnung der Ozonschicht in anderen Teilen der Welt. Dort ist die Bevölkerung einer erhöhten Strahlung und damit einem erhöhten Risiko von Hautkrankheiten und Krebs ausgesetzt.

Die ganz alltägliche Ineffizienz

Die Effizienz von inzwischen alltäglich gewordenen Produkten muss immer wieder unter die Lupe genommen werden. Die Grenzwerte für das europäische Öko-Label für Waschmaschinen liegen bei einem Stromverbrauch von 0,24 kWh und einem Wasserverbrauch von 15 l pro kg Kleidung. Es bemühen sich jedoch nur wenige Firmen um dieses Label und viele der in Europa verkauften Maschinen überschreiten die Grenzwerte, obwohl die technischen Möglichkeiten dafür sehr wohl gegeben sind. Wird die vorhandene Technologie nicht ausgenutzt, werden täglich enorme Mengen an Strom und Wasser unnötig verschwendet.

Gelegenheitsnutzer

Die Begeisterung für Heimwerkerarbeiten hat in den Industrieländern dazu geführt, dass jeder Haushalt über Spezialwerkzeuge wie elektrische Bohrer und Schraubenzieher verfügt, die allerdings nur selten genutzt werden.

Spielereien

Es werden unzählige Produkte angeschafft, die nichts weiter als kurzlebige Spielereien sind.

Klein, aber Oho!

Viele kleine Elektrogeräte wie z.B. tragbare Stereoanlagen und Mobiltelefone verschlingen ungeheuer viele Batterien. Immer mehr Geräte werden zwar mit wieder aufladbaren Akkus angeboten, die älteren Modelle verbrauchen jedoch nach wie vor Millionen von Batterien, die dann auf Müllkippen landen, wo sie Cadmium, Quecksilber und andere giftige Stoffe abgeben. In der EU dürfen bestimmte Batterietypen so nicht mehr entsorgt werden, aber in vielen Teilen der Welt wird dies nach wie vor ungehindert praktiziert.

Visionen und Realität

Der enorme Materialverbrauch durch den geplanten Verschleiß, der so typisch für die amerikanische Autoindustrie der 1950er war, wird zwar nicht mehr toleriert, die Lebensdauer durchschnittlicher Familienautos liegt aber immer noch unter zehn Jahren. Außerdem verfolgt die Autoindustrie weiterhin das Ziel, die Produktion auf dem selben Niveau zu halten und damit die Anzahl von weltweit mittlerweile 500 Millionen Autos weiter zu erhöhen. Wagen mit günstigerem Treibstoffverbrauch, die am Ende ihres Lebenszyklus in die einzelnen Bestandteile zerlegt werden können, gibt es zwar schon, aber viele Hersteller wollen neue Modelle erst dann anlaufen lassen, wenn sich die Investitionen für die aktuellen Modelle rentiert haben.

Hardware- und Software-Produzenten versuchen um jeden Preis, mit der explosionsartigen Entwicklung der Mikrochiptechnologie mitzuhalten und alle 18 Monate einen noch schnelleren PC auf den Markt zu werfen. Verbraucher werden dazu verleitet, immer schnellere Computer zu kaufen, obwohl sie nur einen Bruchteil der verfügbaren Rechnerleistung nutzen. Dabei sind elementare Funktionen wie die Höhenverstellbarkeit von Monitoren oder die Anpassung der Tastatur an individuelle Bedürfnisse auf der Strecke geblieben. Ungeachtet dessen ergeht sich die Computerbranche in Zukunftsvisionen von programmierbaren Häusern, die unser Abendessen für uns kochen, und von einem „Informationszeitalter“, in dem jeder Zugang zum Internet hat. In Wirklichkeit haben 94 % der Weltbevölkerung diesen Zugang nicht. Für immer größere und schnellere Netzwerke sind beträchtliche Mengen begrenzter Ressourcen sowie toxische Substanzen erforderlich, die auch zu einem Entsorgungsproblem werden.

Leere Versprechungen

International operierende Unternehmen versuchen, ihren Marktanteil in bestimmten Ländern zu erhöhen, um zum weltweit marktführenden Unternehmen zu werden. An Markennamen sind Versprechungen geknüpft, die hohe Erwartungen wecken und beim Kauf des Produkts oft einen kurzen Moment der Zufriedenheit auslösen. Aber was passiert mit Produkten, die angeblich ein Leben lang halten sollten? Welche langfristigen Perspektiven verfolgen diese Unternehmen? Große Markenunternehmen verfügen über die notwendigen Ressourcen, um die umweltschädlichen Auswirkungen ihrer Produkte zu reduzieren, aber sie müssten ihre Kunden auch dazu ermutigen, weniger zu verbrauchen.

Wege zu einer nachhaltigen Wirtschaft

Umweltmanagementsysteme (UMS)

Der wichtigste internationale Standard, der Firmen ermutigen soll, die bei der Produktion (aber nicht beim Gebrauch) ihrer Produkte entstehenden Umweltbelastungen genauer zu überprüfen, ist die ISO-Norm 14001 der Internationalen Organisation für Normung in Genf. Unabhängige Zertifizierungsstellen überprüfen, ob ein Unternehmen integrierte Managementsysteme aufweist, deren Ziel die unmittelbare Reduzierung von Umweltbelastungen ist. Die Firmen erklären sich außerdem bereit, jährlich einen Umweltprüfungsbericht zu veröffentlichen, so dass die Ergebnisse nachvollziehbar und messbar sind. Darüber hinaus gibt es weitere unabhängig zertifizierte Normen für Unternehmen in den EU-Staaten, z.B. die Verordnung über die freiwillige Beteiligung von Organisationen an einem Gemeinschaftssystem für das Umweltmanagement und die Umweltbetriebsprüfung (EMAS).

Nachhaltige Produktion und nachhaltiger Verbrauch

1995 veröffentlichte der Weltwirtschaftsrat für nachhaltige Entwicklung – ein Zusammenschluss von 120 internationalen Unternehmen, die sich den Prinzipien des Wirtschaftswachstums und der nachhaltigen Entwicklung verpflichtet fühlen – einen Bericht mit dem Titel „Sustainable Production and Consumption: A Business Perspective". Darin heißt es über nachhaltige Produktion und nachhaltigen Verbrauch, dass an diesen „...Wirtschaft, Regierung, Gemeinden und Haushalte beteiligt [sind], die durch effiziente Produktion und effizienten Umgang mit natürlichen Ressourcen, die Minimierung von Abfällen und die Optimierung von Produkten und Dienstleistungen zur Qualität der Umwelt beitragen". Nach Ansicht der 1992 auf dem Rio-Gipfel gegründeten Kommission für nachhaltige Entwicklung der Vereinten Nationen (CSD) kommt der Wirtschaft eine entscheidende Rolle zu. Wichtige Faktoren sind u.a. die Integration umweltfreundlicher Kriterien in die Einkaufspolitik (grüne Beschaffung), der Entwurf effizienterer Produkte und Dienstleistungen mit einer längeren Lebensdauer für Güter, ein besserer Kundendienst, Recycling, die Förderung eines nachhaltigeren Verbrauchs durch verbesserte Produktinformationen und der sinnvolle Einsatz von Marketing und Werbung. Dies bedeutet für die Wirtschaft eine erhebliche Umstellung.

Musterlösungen

Die Mitglieder des WBCSD bemühen sich um Maßnahmen zur Steigerung der Öko-Effizienz, also der größeren Produktivität von Ressourcen, durch Maximierung der (finanziellen) Wertschöpfung pro Einheit der eingesetzten Ressource. Es geht darum, dem Kunden mit geringerem Einsatz von Ressourcen und reduzierter Abfallproduktion mehr Leistung und Wert zu bieten. Amory Lovins vom Rocky Mountain Institute in den USA, Hunter Lovins und Ernst Ulrich von Weizsäcker haben das Konzept „Faktor 4" entwickelt: Doppelte Produktion bei halbiertem Naturverbrauch und damit auch doppelter Wohlstand. Nach Ansicht von Forschern am Wuppertal Institut geht dieses Konzept nicht weit genug, um mit der erwarteten Verdoppelung oder Verdreifachung der Weltbevölkerung bis zum Jahr 2050 fertig zu werden. Sie entwickelten ein eigenes Modell, „Faktor 10", das eine gleichmäßige Verteilung der Ressourcen auf die Bevölkerung der Industrie- und der Entwicklungsländer zum Ziel hat.

Die Umweltinitiative TNS („The Natural Step") ist ein weiterer wichtiger Schritt. Sie hat vier grundlegende „Systemprinzipien"' entwickelt: 1. dürfen Substanzen aus der Erdkruste, der so genannten Lithosphäre, nicht in größerem Umfang entnommen werden, als sie sich wieder rückbilden können. Also muss die Abhängigkeit von neu gewonnenen Rohstoffen reduziert werden. 2. dürfen von der Gesellschaft künstlich produzierte Substanzen nicht systematisch in der Umwelt angereichert werden, sondern müssen biologisch abbaubar und recycelbar sein. 3. darf die physikalische Grundlage für die Produktivität und Vielfalt der Natur nicht systematisch verringert werden. Wichtig sind der richtige Umgang mit erneuerbaren Ressourcen und die Bewahrung von Ökosystemen. 4. müssen wir bei der Erfüllung der elementaren Lebensbedürfnisse des Menschen gerecht vorgehen und die Verteilung der Ressourcen entsprechend gestalten. Viele Firmen, von Teppichherstellern über Wasserversorger bis hin zu Bauunternehmen, haben die Prinzipien von TNS übernommen.

Neue Geschäftsmodelle

Internationale Firmen aus Europa, den USA und Japan untersuchen die Möglichkeiten neuer Geschäftsmodelle mit einem langfristigen Ansatz, in den sich das Konzept der nachhaltigen Entwicklung integrieren lässt. Mitsubishi hat sich beispielsweise mit dem ökologischen System des tropischen Regenwaldes befasst. Dieses System produziert aus begrenzten Nährstoffressourcen enorme Mengen Biomasse. Im Regenwald sind Abfälle die Nahrung für andere Organismen. Mitsubishi versucht, dieses Ökosystem in seinen industriellen Systemen mit Hilfe von Parametern der Öko-Effizienz zu imitieren. Soweit möglich, sollen Abfälle innerhalb der Firma verbraucht werden. Dieses Modell könnte auf den Kunden ausgedehnt werden, so dass Materialien nach Ablauf ihrer Nutzungsdauer an den Hersteller zurückgegeben werden und so in einem geschlossenen Kreislauf bleiben, in dem der Hersteller die Kontrolle über die Ressourcen behält.

In den Niederlanden hat Philips Electronics zwei Dokumente veröffentlicht, „Vision of the Future" (1996) und „La Casa Prossima Futura – Das Haus der nahen Zukunft" (1999). Darin geht es unter anderem um die Rolle elektronischer Geräte, den Einsatz von Netzwerken und drahtlosen Geräten in Wohnhäusern, die sich wandelnden sozialen Bedürfnisse und um interaktive Produkte. Prinzipien des Öko-Designs werden in vorhandene Produkte, in Produktion und Entwicklungs- und Innovationsprozesse integriert.

Die Rolle der Designer

Designer haben mehr Möglichkeiten, die Schädigung der Umwelt zu verlangsamen, als Wissenschaftler, Politiker, Unternehmen und sogar Umweltschützer. Der Designer übernimmt die Rolle eines Katalysators. Wenn sich ein neues, umweltfreundlicheres Design auf den Märkten durchsetzt, vervielfachen sich die positiven Auswirkungen. Die Unternehmen brauchen weniger Geld für Rohmaterialien und Produktion auszugeben, wodurch sich ihre Rendite erhöht, die Benutzer kommen in den Genuss effizienterer, hochwertigerer Produkte und die Regierungsbehörden können die Ausgaben für die Überwachung und Durchsetzung von Vorschriften senken. Der kollektive Gewinn sind eine gesündere Umwelt und eine höhere Lebensqualität. Die Beispiele in diesem Buch zeigen deutlich, welchen Beitrag die Designer für die Zukunft dieser Welt leisten können.

Der Werkzeugkasten

Es stehen mittlerweile viele verschiedene Werkzeuge für Designer zur Verfügung, mit denen sie die Umweltbelastungen schon in der Entwurfsphase reduzieren können. Dazu gehören z.B. einfache Checklisten, Matrizen zu Belastungen und Lebenszyklen, Eco-Wheel sowie LCI- und LCA-Software. Checklisten finden Sie in den Publikationen im Abschnitt „Literaturempfehlungen" (S. 342). Im Abschnitt „Institutionen" (S. 331) finden Sie eine umfassende Liste von Organisationen und Institutionen, die Informationen und Software für Designer anbieten.

Manifest für öko-pluralistisches Design und für einen sanften Umgang mit dem Planeten

Die Arbeit verantwortungsbewusster Designer im 21. Jahrhundert wird sich durch Integrität und Einfühlungsvermögen auszeichnen. Entstehen werden nachhaltige Produkte, Materialien und Dienstleistungen, die die menschlichen Bedürfnisse erfüllen, ohne dabei die natürlichen und künstlichen Ressourcen zu erschöpfen, die Belastbarkeit von Ökosystemen zu überschreiten und unsere und zukünftige Generationen ihrer Chancen zu berauben. So wird öko-pluralistisches Design aussehen:

1. Es wird *tatsächliche Bedürfnisse befriedigen*, nicht nur die kurzlebigen Forderungen der Mode und des Marktes.
2. Die Produkte, Materialien und Dienstleistungen werden *kaum Spuren in der Umwelt hinterlassen*, d.h. sie verbrauchen wenig Ressourcen, Energie und Wasser.
3. Es *nutzt Sonnen-, Wind- und Wasserkraft* an Stelle nicht erneuerbarer Güter wie z.B. fossiler Brennstoffe.
4. Produkte, Materialien und Dienstleistungen *lassen sich in ihre einzelnen Komponenten zerlegen* und ermöglichen ein Recycling der Komponenten bzw. Materialien.
5. *Toxische oder für alle Lebensformen gefährliche Substanzen kommen in keiner Phase* des Lebenszyklus eines Produkts, eines Materials oder einer Dienstleistung *zur Anwendung.*
6. Es *zielt auf maximalen Nutzen für die Zielgruppe* und auf die Information der Kunden und Verbraucher ab und trägt so zu einer gerechteren Zukunft bei.
7. Wann immer möglich, werden *lokal verfügbare Materialien und Ressourcen* genutzt (global denken, lokal handeln!).
8. Die Annahmen, die Konzepten und Produkten, Materialien und Dienstleistungen zu Grunde liegen, müssen immer wieder in Frage gestellt werden, damit *innovatives Design nicht durch Lethargie behindert* wird.
9. Produkte werden, soweit möglich, *„entmaterialisiert"* und durch Dienstleistungen ersetzt.
10. Der *Nutzen von Produkten, Materialien und Dienstleistungen für die Gesellschaft wird maximiert.*
11. *Es setzt auf modulare Konzepte*; so werden Module je nach Bedarf und Mitteln nachgekauft; die Funktionalität wird verbessert, Reparaturen und Weiterverwendung vereinfacht.
12. *Das Design stellt den Status quo in Frage* und fordert Diskussionen über vorhandene Produkte, Materialien und Dienstleistungen heraus.
13. *Öko-pluralistisches Design muss im öffentlichen Raum eingesetzt werden*, wo es für jeden sichtbar der Allgemeinheit nützt.
14. Es entstehen *nachhaltigere Produkte, Materialien und Dienstleistungen, die dazu beitragen, die Zukunft zu sichern.*

1.0 Alltagsobjekte

Mehr als Lifestyle

In einer von den Medien dominierten Welt stehen Marken für einen Lebensstil, der die Befriedigung unserer Bedürfnisse garantieren soll. Da ist es schwierig, genügend Abstand zu gewinnen um festzustellen, was wir wirklich zum Leben brauchen. Der Begriff „Lifestyle" steht nicht nur für eine bestimmte Lebensart, sondern auch für eine Wahlmöglichkeit. Viele Menschen auf der Welt können sich ihren Lebensstil jedoch nicht aussuchen. Ihnen fehlt selbst das Lebensnotwendige – sauberes Wasser, saubere Luft, ausreichend Nahrung, Unterkunft und medizinische Versorgung. In der globalen Wirtschaft unserer Zeit stehen internationale Marken wie Coca-Cola und Nike in direktem Wettbewerb mit regionalen oder nationalen Produkten. Designer müssen ihre Rolle bei der Herstellung modischer Lifestyle-Produkte neu überdenken oder sich zumindest darum bemühen, durch die Konzentration auf langlebige, mehrfach nutzbare Mehrzweck-Designs die Auswirkungen dieser oft nur kurzlebigen Güter so gering wie möglich zu halten.

Wesentliche Produkte
Das Auto ist für uns das Symbol uneingeschränkter Bewegungsfreiheit. Die Verwendung dieses Produkts, das nur 20 % der Weltbevölkerung besitzen, hat jedoch so starke Auswirkungen, dass das kollektive Grundrecht der Menschheit auf saubere Luft und unverschmutztes Wasser beeinträchtigt wird. Im Laufe der letzten 25 Jahre ist der Kraftstoffverbrauch eines durchschnittlichen Autos nur um 18 % effizienter geworden. Das Auto ist ein typisches Beispiel für die Lethargie, die innovatives Design verhindert. Nur ein Paradigmenwechsel im Auto-Design kann die Umweltbelastung überwinden, die dieses Produkt darstellt. Dazu müssen jedoch auch Innovationen bei alternativen Transportformen kommen. Verbesserungen im Individualverkehr – Scooter, Fahrräder und Motorräder und -roller – müssen mit einer radikalen Optimierung des öffentlichen Transportwesens einher gehen. Dazu gehört z.B. die Einrichtung von flexiblen Mobilitätswegen für einzelne Nutzer und Gruppen.

Wir verlassen uns zunehmend auf elektronische Geräte und Netzwerke, um Informationen zu übermitteln, Geräte per Fernsteuerung zu bedienen und uns unterhalten zu lassen. Hierdurch lässt sich unser Bedürfnis nach Mobilität verringern. Wiederum hat jedoch nur ein kleiner Anteil der Weltbevölkerung Zugang zu den Informationsnetzwerken, z.B. Internet oder Kabelfernsehen. Außerdem sind für den Aufbau und die Instandhaltung der Datenautobahn enorme Ressourcen wie z.B. Metalle, Chemikalien und Elektrizität erforderlich. Virtuelle Erlebnisse können vielleicht die Bedürfnisse eines Teils der Weltbevölkerung eine bestimmte Zeit lang erfüllen, die tatsächlichen Kosten für Umwelt und Gesellschaft sind jedoch noch gar nicht bekannt.

Jeder Einzelne benötigt unterschiedliche Produkte zum Leben. Neben den materiellen Grundbedürfnissen benötigen wir Menschen „Wohlfühl"-Produkte, um ein bestimmtes Maß an emotionalem, spirituellen und sozialem Wohlergehen zu erreichen. Dabei kann es sich um verbesserte Mobilität, spezielle Freizeitaktivitäten, öffentliche Begegnungsstätten oder spirituelle Kontemplation handeln. Wohlfühlprodukte sind in der Regel keine kurzlebigen Güter, sondern sie werden über einen längeren Zeitraum genutzt. So kann Langlebigkeit zu einem Design-Parameter werden, der den umsichtigen Umgang mit Ressourcen ermöglicht.

Leichter leben – nachhaltiger leben
Wie die Produkte in diesem Kapitel zeigen, ist es möglich, schonender mit unserem Planeten umzugehen, weniger zu verbrauchen und zu verschwenden, die Lebensqualität dabei aber zu erhalten oder sogar noch zu verbessern. Eine besondere Verantwortung kommt dabei den Industrieländern der nördlichen Hemisphäre zu. Sie müssen zum einen nachhaltigere Verbrauchs- und Produktionsmuster entwickeln, zum anderen den Süden unterstützen, damit falsche Vorgehensweisen nicht übernommen werden und die Vorteile eines nachhaltigeren Lebensstils allen zugute kommen – und das so schnell wie möglich.

An einem zukunftsträchtigen Tag im Jahr 2025 sehen Sie vielleicht die folgenden Produkte...

Stühle Spin und Oasis

Der Entwurf eines Stuhls ist nach wie vor der ultimative Test für Möbel-Designer. Die phantasievolle Form der Stühle Spin und Oasis ist als sanfte Stütze für den Körper modelliert. Sitzfläche und Armlehnen sind starr aus starrem Polypropylen geformt. Die bequeme Rückenlehne aus einer flexibleren Polypropylen-Art ist angeklemmt. So lässt sich der Stuhl leicht in die einzelnen Komponenten zerlegen und das Polypropylen sowie die Metallrahmen können recycelt werden.

✎	*Ross Lovegrove, GB*	308
⚙	*Driade, I*	315
▬	*Polypropylen, Metall*	295, 341
♻	*• Verbesserte Ergonomie* *• Zerleg- und recycelbar*	328

Agatha Dreams

Die elegante Chaiselongue von Pillet verbindet kunsthandwerklichen Eklektizismus mit den technischen Fertigkeiten der Arbeiter in der Ceccotti-Fabrik. Hier kann man auf eine lange Geschichte der „Kunsthandwerk-Technik“ zurück blicken. Die Verarbeitung erneuerbarer Materialien in höchster Perfektion verschafft diesem Entwurf seine Langlebigkeit und die Wertschätzung des zukünftigen Besitzers.

✎	*Christophe Pillet, F*	309
⚙	*Ceccotti Collezioni, I*	314
▬	*Schichtholz, massives Kirschholz*	339
♻	*• Erneuerbares Material*	327

Stuhl

Schaumgummi wurde lange als Polsterung für Möbel verwendet. Alfons Broess experimentiert jetzt mit neuartigen Füllungen aus Holzabfällen, die sich wie Kissen an den Körper anpassen. Die weiche Füllung wird von einer harten Schale aus synthetischem Material umschlossen.

✎	*Alfons Broess, Absolvent der Design Academy Eindhoven, NL*	305
⚙	*Prototyp*	
▮	*Holzabfälle, synthetische Schale, Metall*	293-5 339
♻	• *Verringerter Anfall von Abfallprodukten* • *Erneuerbares Material*	327

Slick Slick

Stapelbare Spritzgussstühle aus Polypropylen werden von vielen Möbelherstellern für den Handel produziert. Das Design dieser Produkte zeichnet sich leider nur zu oft durch das gemeinsame Merkmal Hässlichkeit aus. Starck rettet das Konzept mit diesem eleganten Entwurf, für den nur wenige Materialien benötigt werden. Der Stuhl ist für den privaten Gebrauch wie auch für Büro- und Konferenzsituationen geeignet.

✎	*Philippe Starck, F*	310
⚙	*XO, F*	326
▮	*Polypropylen*	341
♻	• *aus einem Material, recycelfähig* • *Multifunktionales Möbel, Innen- und Außennutzung*	327, 329

	Colin Reedy und Renaldi Hutasoit, USA	309
	Meta Morf, Inc., USA	320
	Gridcore oder gebrauchter Kunststoff, Stahl	295, 341
	• Recyceltes Material • Minimaler Materialverbrauch	327
	IDRA, 1996	332

Sprocket

Für diesen leichten Lehnstuhl mit Stahlrahmen stehen zwei verschiedene Schalen zur Auswahl: Gridcore, eine verstärkte Verschalung aus recyceltem Papier, oder eine Verschalung aus gebrauchtem Kunststoff.

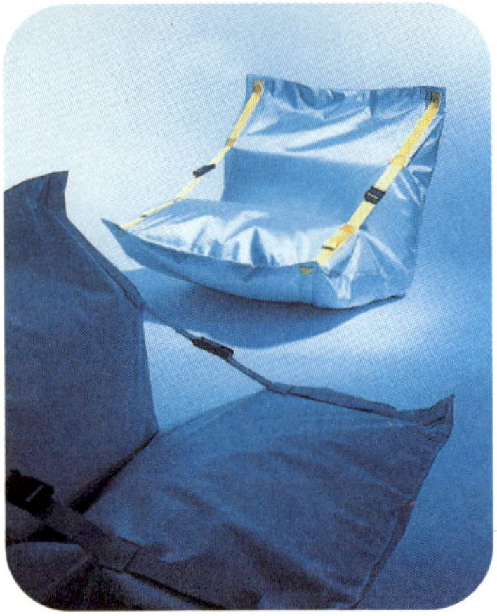

Airbag

Aufblasbare Sessel tauchen seit den 1960ern immer wieder auf. Mit EPS-Kugeln innerhalb der äußeren widerstandsfähigen Nylon-Schicht haben Suppanen und Kolhonen diesem Konzept eine neue Dimension der Bequemlichkeit hinzugefügt. Wenn der Sessel nicht benutzt wird, kann die Luft ohne weiteres abgelassen werden.

✎	*Ilkka Suppanen und Pasi Kolhonen, FIN*	310
⚙	*Snow, FIN*	324
▬	*Aufgeschäumtes Styropor, Nylon*	341
♻	*• Geringes Gewicht • Geringer Energieaufwand beim Transport*	328

Big Legs

Für diesen skulpturalen, optisch reizvollen dreibeinigen Stuhl werden aus 100% recycelten HDPE-Kunststoffscheiben ineinander greifende Stücke geschnitten. Moderne Kunststoff-Recyclate weisen ganz andere Eigenschaften als Sperrholz auf, das normalerweise für einen Entwurf dieser Art genutzt worden wäre.

✎	*Henner Kuckuck, USA*	308
⚙	*Einzelstück*	
▬	*HDPE-Recyclat*	341
♻	*• Recyceltes Material*	327
✪	*IDRA, 1995*	332

Bastian

Zwei kostengünstige, erneuerbare und regional produzierte Materialien, braunes Packpapier und Weichholz, werden in Handarbeit zu einem leichten Stuhl und einer dazu passenden Fußbank verarbeitet. Die klaren Linien betonen die Schlichtheit der Konstruktion und der Materialien und schließen damit an eine lange Tradition fernöstlicher Holz- und Papierverarbeitung an.

✎	*Robert A. Wettstein, CH*	310
⚙	*Einzelstück/Limitierte Serie, Robert A. Wettstein*	310
▬	*Papier, Holz*	288-9 339
♻	*• Erneuerbares Material, geringer Energiegehalt von Material und Konstruktion*	340

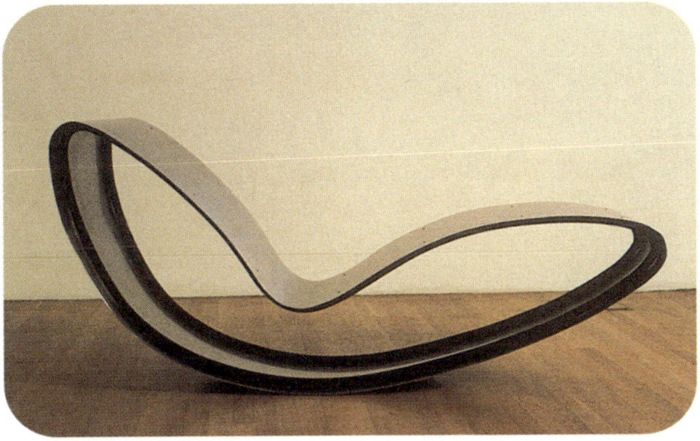

Blotter

Schlichtheit ist das dominierende Prinzip bei dieser Chaiselongue aus gebogenem Stahl mit einer weichen Gummibeschichtung, die die Kälte abhält.

✎	*Marre Moerel (NL), USA*	312
⚙	*Einzelstück*	
▮	*Rostfreier Weichstahl, Gummi*	295, 283
♻	*• Recycelbares Material • Ökonomischer Materialverbrauch*	327

Body Raft

Holz der örtlichen Bergulme wird über Dampf zu einem gekrümmten Rahmen gebogen, an dem dann weitere gekrümmte Latten befestigt werden: Diese organische Form ist optisch ansprechend. Handgearbeitete Produkte wie dieses halten überdies die lokale Wirtschaft aufrecht.

✎	*David Trubridge, NZ*	311
⚙	*Prototyp*	
▮	*Bergulmenholz*	339
♻	*• Erneuerbares Material*	327

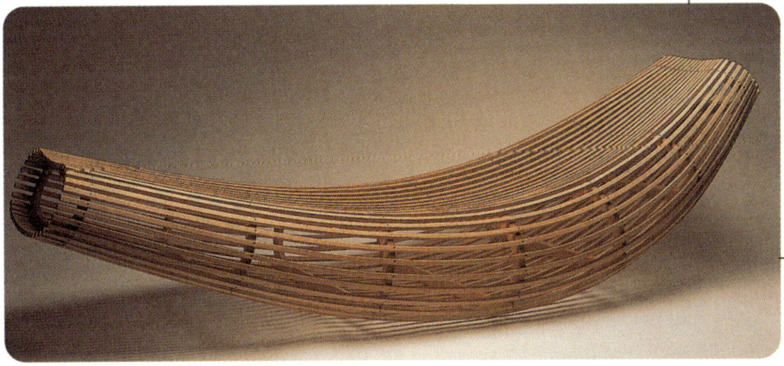

Hocker Bottle-Top

Dieser in flachen Paketen gelieferte Hocker ist zerlegbar und besteht ausschließlich aus recycelbaren Materialien. Beine und Sitzfläche bestehen aus recycelter R-MOW-Kunststofffolie, die Verbindungen aus Aluminiumrohr und Spritzgussbefestigungen. Kunststoff-Recyclate übernehmen die traditionelle Funktion von Holz. Damit werden weitere Kunststoffe in den Recycling-Kreislauf eingebunden.

✎	*Damian Williamson, GB*	311
⚙	*Einzelstück*	
▮	*Recycelte R-MOW-Kunststofffolie, Aluminium*	292, 339
♻	*• Recyceltes und recycelbares Material • Zerlegbar*	328
✪	*IDRA, 1997*	332

Miss Ramirez

Korkschrot, der bei der Korkproduktion auf der iberischen Halbinsel als Abfall anfällt, wird mit synthetischem Gummi zu einem haltbaren, für das Kaltpressen geeigneten Material gemischt. Dieses Material ermöglicht eine klar definierte Formgebung, behält zugleich aber eine gewisse Elastizität. Roberto Feo hat daraus einen ansprechenden bequemen Lehnstuhl geschaffen. Die Materialien wirken vertraut und fremdartig zugleich. Der Stuhl ist zwar schwer, lässt sich aber mit Hilfe der Räder an der Vorderseite ganz leicht bewegen. Dieses Design zeichnet sich durch Wirtschaftlichkeit, Funktionalität, Umweltfreundlichkeit und Modernität aus.

✎	*Roberto Feo, El Ultimo Grito, E*	306
⚙	*Einzelstück/Limitierte Serie, El Ultimo Grito, GB*	306
	Korkabfall, synthet. Gummi, Metall, Kunststoff	283, 295
	• Recyceltes und recycelbares Material • Energiesparende Herstellung ohne Erhitzen	328

Gartenbank

Bey holt die Natur ins Haus. In Hochdruck-Extrusionsbehältern werden aus pflanzlichen Gartenabfällen – getrocknetes Gras, Blätter und Holzschnitt – Bänke hergestellt. Stabilität und Lebensdauer dieser Möbel werden von der Intensität der Nutzung und der Widerstandsfähigkeit der jeweiligen verwendeten Rohmaterialien bestimmt. Sein natürliches Ende findet dieses Möbel in Stücke zerlegt auf dem Komposthaufen.

Mit diesem Entwurf setzt Bey Maßstäbe für die Entwicklung biologisch abbaubarer Möbel.

✎	*Jurgen Bey, Droog Design, NL*	304
⚙	*Einzelstücke, Droog Design/DMD, NL*	304
▬	*Pflanzenabfälle, Harz*	339
♻	*• Abfallprodukte aus erneuerbaren Quellen • Kompostierbar*	327

Bucket Seat

Ein handelsüblicher Eimerbügel aus Stahl mit Holzgriff macht aus diesem traditionellen Entwurf einen leicht transportierbaren Hocker. Diese pfiffige Idee verleiht alten Handwerkstraditionen neues Leben und bringt solche Möbel in den Wohn- und Arbeitsraum zurück.

✎	*Carl Clerkin, GB*	305
⚙	*Limitierte Serie*	
▬	*Vorgefertigter Stahl, Holz*	295, 328
♻	*• Recycelbares Material • Verwendung vorgefertigter Komponenten*	327

Modell 290F

Seit mehr als 150 Jahren stellt die Firma Gebrüder Thonet elegante Stühle aus Bugholz her. Dabei verbindet Thonet Design von höchster Qualität mit der ökonomischen Nutzung regionaler (europäischer) Materialien. Durch das modulare Design und die Verpackung in flache Pakete wird der Transport vereinfacht. So können einfache, aber den individuellen Bedürfnissen angepasste Varianten angeboten werden. 1849 wurde in der Wiener Fabrik Michael Thonets aus vier vorgefertigten Teilen, die sich in unterschiedlichen Kombinationen zusammenbauen ließen, mit dem „Stuhl Nr. 1" der Schwarzenberg-Stuhl entwickelt. Er stellte den Vorläufer des Modells „290 F" dar, der sich ideal für die industrielle Produktion eignete. Stühle von Thonet gehörten im späten 19. und frühen 20. Jahrhundert zur Ausstattung der Cafés von Paris über Berlin bis London und wurden zum Archetypen des Café-Stuhls. Der „Stuhl Nr. 14", später als der „Wiener Kaffeehaus-Stuhl" bekannt, war eines der erfolgreichsten Produkte des 19. Jahrhunderts und ist mit 50 Millionen verkauften Exemplaren allein 1930 wahrscheinlich der in der ganzen Welt am häufigsten verkaufte Stuhl. Die Verpflichtung gegenüber Design-Ikonen wie Mies van der Rohe, Mart Stam, Marcel Breuer und Verner Panton gewährleistete, dass Thonet immer am Puls neuer Design-Bewegungen blieb. Trotzdem pflegt die Firma ihre Tradition und stellt zur Zeit moderne Varianten aus lang erprobten Materialien wie über Dampf gebogenem massivem Buchenholz her. „Modell 290F" verkörpert die Philosophie von Thonet: Die Designer, Wulf Schneider und Partner, haben aus drei Teilen einen robusten, haltbaren und leicht reparierbaren Stuhl geschaffen. Vorderbeine und Rückenlehne sind aus einem Stück gebogener massiver Buche, Hinterbeine und Rückenlehne aus gelochtem laminierten Buchenformsperrholz. Die Teile werden durch Winkelträger und Schrauben aus gegossenem Aluminium zusammengehalten.

✎	*Prof. Wulf Schneider und Partner, D*	310
⚙	*Gebrüder Thonet GmbH, D*	317
	Buchenholz, Aluminium	295, 339
	• Erneuerbares Material • Energiesparend bei Transport und Aufbau	327, 329
	iF Ecology Design Award, D, 1999	332

Stuhl Transit

Die uns vertraute Symbolsprache der Verkehrsschilder verleiht diesem Stuhl seinen Charakter. Er wird aus ausgemusterten Aluminiumschildern des Pennsylvania Department of Transportation hergestellt und ist, verpackt in flache Pakete, als Bausatz für die Selbstmontage erhältlich.

	Boris Bally, Atelier Boris Bally, USA	304
	Einzelstücke/Limitierte Serie	
	Recycelte Verkehrsschilder	341
	• Wiederverwendung von Materialien	327
	IDRA, 1997	332

Sitzsystem

Jedem, der in einem modernen Büro arbeitet, ist klar, dass das papierlose Büro nach wie vor lediglich in den Vorstellungen von Futurologen existiert. Der Papierverbrauch steigt weltweit stetig an. Methoden zur Verarbeitung von gebrauchtem Papier in andere Materialien verdienen deshalb besondere Beachtung. Martijn van Maanen will Papierabfälle vor Ort zu neuen Sitzmöbeln verarbeiten. Für besonders gut geeignet hält er Finanzämter!

	Martijn van Maanen, Absolvent, Design Academy Eindhoven, NL	311
	Prototyp	
	Papier	288
	• Vor Ort recyceltes Material	327

Gallery

Diese Hocker aus Formsperrholz lassen sich einzeln oder als Modulsystem nutzen. Dabei werden mehrere Hocker aneinander gereiht und bilden so eine durchgehende Sitzreihe. Einfachheit und Stabilität der Form ermöglichen eine effiziente Materialnutzung.

	Hans Sandgren Jakobsen, DK	307
	Fredericia Furniture A/S, DK	316
	Sperrholz	339
	• Ökonomischer Materialeinsatz *• Erneuerbares Material* *• 2 Einsatzmöglichkeiten*	327, 329
	iF Design Award, 2000	332

Impression

Mit ausgeschnittenen und geformten Platten aus HDPE-Recyclat werden hier die gestalterischen Möglichkeiten dieses Materials ausgelotet. Zugleich demonstrieren diese Möbel die stimulierende Kraft neuer Werkstoffe für ein innovatives Design.

✎	*Philip Looker und Plastics f'th Industry Ltd, GB*	308
⚙	*Plastics f'th Industry Ltd, GB*	322
▬	*HDPE-Recyclat*	341
♻	*• Recyceltes Material*	327

How Slow the Wind

Eine einfache Konstruktion ermöglicht ökonomischen Materialverbrauch, mühelose Montage und Demontage und einen verringerten Energieaufwand in der Herstellung. Yamanaka schneidet eine Platte aus recycelbarem Polypropylen zu und spannt sie über einen lederbezogenen Schwenksockel aus MDF. So entsteht ein bequemer Sessel mit dynamischen, ansprechenden Konturen, der sich sowohl für den Wohnals auch für den Arbeitsbereich gut eignet.

✎	*Kazuhiro Yamanaka, J*	311
⚙	*Prototyp*	
▬	*Polypropylen, Leder, MDF*	285, 341
♻	*• Erneuer- und recycelbares Material • Energiesparende Herstellung*	327, 340

Maggi

Dieser Stuhl von Bär und Knell deutet das bevorstehende Einschmelzen (unserer Umwelt) schon an. Er wird aus gebrauchten Kunststoffverpackungen hergestellt, schwarz gefärbt und erhält schließlich ein Oberflächen-Finish aus Maggi-Plastiktüten. Der Markenname ist noch erkennbar, dürfte den Vorstellungen der Marketing-Abteilung aber kaum mehr entsprechen. Der Stuhl wurde 1995 entworfen, von 1993 bis 1997 hat das Designertrio jedoch mit Varianten wie Sofas und Kindermöbeln experimentiert. Die spielerisch wirkende, aber beabsichtigte Zurschaustellung von Abfallstoffen steht im Widerspruch zu dem kontrollierten und stilisierten Spritzguss- und Blasform-Design der 1960er und 1970er.

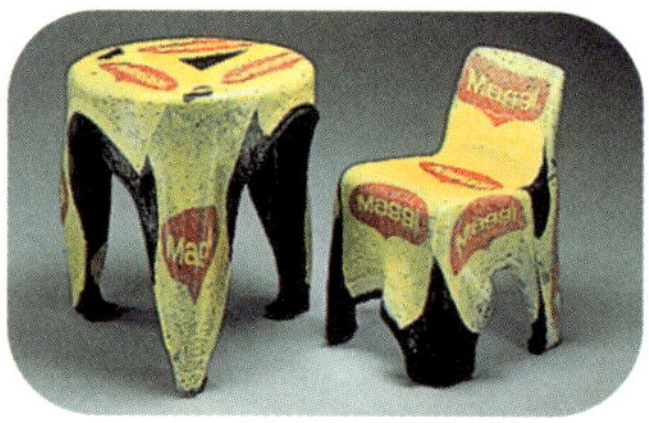

	Beata und Gerhard Bär und Hartmut Knell, D	304
	Einzelstücke/Limitierte Serie	
	Verpackungsabfälle	327
	• Recyceltes Material	327

Marilyn, I Can See Your Knickers

Eine Polypropylenplatte wird vorgeformt und an einem quadratischen Stahlrahmen befestigt. Der Materialverbrauch ist möglichst gering gehalten und die Komponenten lassen sich einfach und mit geringem Energieverbrauch zusammenbauen bzw. zerlegen. Dadurch können die Rohstoffe recycelt werden.

	El Ultimo Grito, E	306
	El Ultimo Grito, GB	306
	Polypropylen, Stahl	295, 341
	• Ökonomische Materialnutzung und Herstellung	327

Origami Zaisu

Eine Sperrholzplatte wird zu einem schlichten Sitz für den Fußboden geformt. In der japanischen Kultur ist es üblich, auf dem Fußboden zu sitzen – die Übernahme dieser Gewohnheit würde in der Stuhlherstellung Material und Energie sparen.

✎	*Mitsumasa Sugasawa, J*	310
⚙	*Tendo Co. Ltd, J*	325
▮	*Sperrholz*	339
♻	• *Ökonomischer Materialverbrauch* • *Erneuerbares Material*	327

Mirandolina

Für diesen ökonomischen und zugleich eleganten, stapelbaren Stuhl greift Pietro Arosio eine Technik auf, die zuerst von dem Designer Hans Coray für den „Landi"-Stuhl aus gepresstem Aluminium verwendet wurde. Zugeschnitten aus einer Aluminiumplatte wird er durch Pressen in die endgültige Form gebracht. Da als einziges Material Aluminium verwendet wird, können Schnittabfälle und der Stuhl selbst leicht repariert und recycelt werden.

✎	*Pietro Arosio, I*	304
⚙	*Zanotta SpA, I*	326
▮	*Aluminium*	295
♻	• *Aus einem Material, recycelbar* • *Effizienter Materialverbrauch und Recycling in der Herstellung*	327, 328

Box

Ursprünglich 1975 entworfen liegt jetzt eine Neuauflage des „Box"-Stuhls vor: Mit Rückenlehne und Sitz aus Polypropylen-Spritzguss und Metallrohren, die die Beine und den Rahmen bilden. Diese lassen sich mühelos anbringen und abnehmen, so dass Reparaturen und Recycling einzelner Komponenten leicht vorgenommen werden können. Platzsparende Verpackung und geringes Gewicht führen zu niedrigen Kosten und reduzierter Abgasemission beim Transport.

✎	*Enzo Mari, I*	308
⚙	*Driade SpA, I*	315
▬	*Metall, Polypropylen*	295, 341
♻	*• Zerlegbar* *• Ökonomischer Materialverbrauch*	328

C1 Sessel und Fußbank

Über Dampf gebogenes englisches Eschenholz ermöglicht den ökonomischen Materialeinsatz ohne Einbußen bei der Stabilität und mit geringem Energieaufwand bei der Herstellung. Der Rahmen mit gepolstertem Leinenbezug kann in drei verschiedene Positionen eingestellt werden. Alternativ ist eine Ausführung aus Rattan erhältlich. Trannon verbindet die Haltbarkeit traditionell gebogener Esche mit Ästhetik und umweltfreundlicher Beschaffungspolitik.

✎	*David Colwell und Roy Tam, GB*	305
⚙	*Trannon Furniture Ltd, GB*	325
▬	*Massives Eschenholz, Leinen oder Rattan*	290-1, 339
♻	*• Erneuerbares Material* *• Energiesparende Herstellungstechnik*	327, 328

Cardboard Chair

Möbeldesigner weltweit, die recycelte oder recycelbare Materialien verwenden, lassen das Material für sich (und die Umwelt) sprechen. Jane Atfield (GB) drückt sich in Kunststoff aus, Frank Gehry (USA) in Pappe und Lièvore (E) in Holz. Die Campana-Brüder kombinieren einen Rahmen aus Eisenstangen mit Sitzfläche und Rückenlehne aus laminierter Pappe zu einem Esszimmerstuhl, der eine gelungene Mischung aus Modernität und Handwerkskunst darstellt.

✎	*Fernando und Humberto Campana, BR*	305
⚙	*Limitierte Serie*	
▬	*Eisen, Pappe*	288-9, 295
♻	*• Erneuer- und recycelbares Material*	327

Conversation Chair

Regional in Handarbeit hergestellte Holzmöbel sind ein zukunftsträchtiges Produktionsmodell. In dieser Tradition stehen auch die individuell hergestellten Sitzmöbel, Tische und Bücherregale Guy Martins. Mit der klassischen „nail and stick"-Technik, die sonst eher in den Appalachen in den USA als im englischen Südwesten angewandt wird, werden aus grünem Eschenholz aus bewirtschafteten Wäldern der Region die Rahmen geformt. Die Weidenruten stammen aus kommerziellem Anbau im nahe gelegenen Somerset, Wärme und Elektrizität für die Werkstatt werden aus Holzabfällen und -spänen erzeugt. Eine derartige Verbindung von Handwerkskunst und modernem Design stellt eine erfrischende Abwechslung zu den üblichen Massenprodukten dar. Martin gehört zu einer Generation junger Designer, aus der die „grünen" Fabrikanten des neuen Jahrtausends werden könnten. Dabei greift er auf das Verfahren der Gebrüder Thonet zurück.

✎	*Guy Martin, GB*	308
⚙	*Einzelstücke /Limitierte Serien*	
▬	*Eschenholz, Weide*	339
♻	*• Erneuerbares und kompostierbares Material • Energiesparende Herstellung • Regionaler Bezug von Materialien*	327, 328

The Porcelain Stool

Hella Jongerius übernimmt Materialien, die traditionell einem bestimmten Prozess oder Produkt zugeordnet werden, und setzt sie in einer gänzlich anderen Funktion ein. Eine solche geistige Flexibilität ist für unsere Zukunft unentbehrlich. Porzellan war schon immer für seine zerbrechliche Zartheit bekannt – jetzt entsteht daraus ein robuster, organisch geformter Hocker.

✎	*Hella Jongerius, NL*	307
⚙	*Cappellini SpA, I*	314
▬	*Porzellan*	295
♻	• *Ökonomischer Materialverbrauch* • *Energiesparende Herstellung*	327, 340

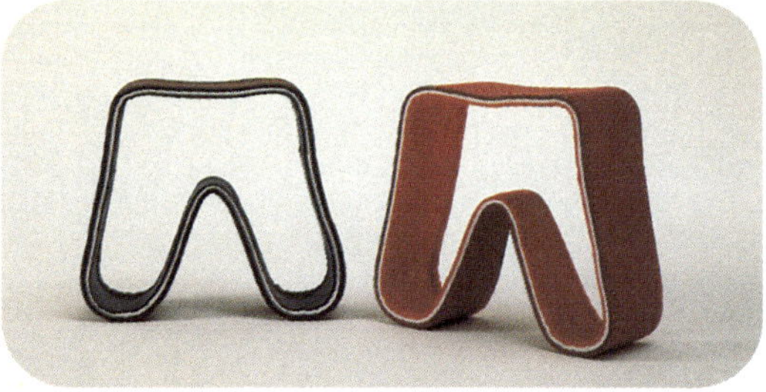

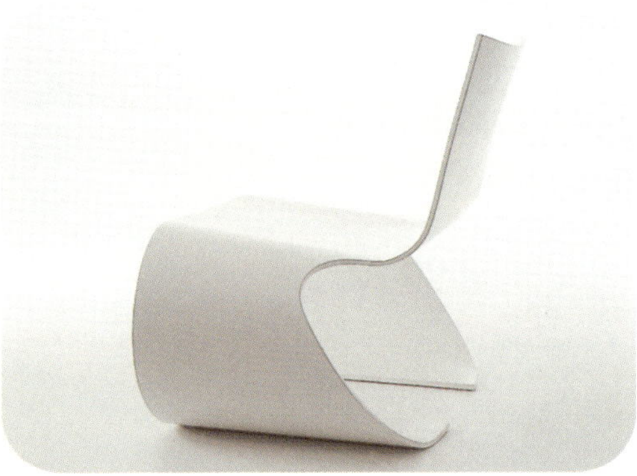

✎	*Peter Karpf, S*	308
⚙	*Inredningsform/Iform, S*	318
▬	*Laminierte Buche*	339
♻	• *Aus einem Material, erneuerbar* • *Energiesparende Herstellung*	327, 328

OTO

Geschnitten und gebogen aus einer Platte laminierter Buche macht der ansprechende Stuhl von Karpf weitere Komponenten überflüssig: Ein effizienter Produktionsprozess mit nur wenig Abfällen.

Plyboo

Im späten 19. Jahrhundert gab es in London mehr als 30 Produktionsstätten für Möbel aus importiertem Bambus. Atfield greift ein Thema ihrer früheren Entwürfe aus recyceltem Kunststoff wieder auf: Sie verleiht „Plyboo" durch den Kontrast der Materialien – den natürlichen Eigenheiten des Bambus und dem Standardfabrikat Birkensperrholz – seinen ganz eigenen Charakter. Stahlstäbe verstärken den Bambus an wichtigen Stellen und gewährleisten die Langlebigkeit des Möbels, das zur Wiederentdeckung von Bambus als Werkstoff im neuen Jahrtausend beitragen könnte. Unerwünschte Assoziationen mit Kolonialzeit-Veranden und Wintergärten verlieren sich – Bambus ist ein modernes, nachwachsendes und recycelbares Material ohne Giftstoff und unter den richtigen klimatischen Gegebenheiten eine wichtige Quelle für Biomasse.

✎	*Jane Atfield, GB*	304
⚙	*Prototyp, Float Up VP, GB*	316
▮	*Bambus, Sperrholz, Stahl*	295, 339
♺	*• Erneuerbares Material*	327

Ply Chair

Die Vermeidung von überflüssigem Aufwand und Materialverschwendung sollte eines der Leitprinzipien für das Design des 21. Jahrhunderts sein. Der „Ply Chair" mit seiner zurückhaltenden Eleganz, Wirtschaftlichkeit, Stabilität und Individualität ist die neueste Antwort auf den „Superleggera".

✎	*Jasper Morrison, GB*	309
⚙	*Vitra AG, D*	326
▮	*Sperrholz von höchster Qualität*	339
♺	*• Ökonomischer Materialverbrauch*	327

Deck Chair

Für diese Kombination aus Stuhl und Ottomane – auch als Liegestuhl verwendbar – hat man sich die strukturellen Eigenschaften recycelter Kunststofffolie zunutze gemacht. Erhitzt ist das Material leicht formbar, so dass mit komplexen Biegeverfahren ähnliche Ergebnisse wie bei gepresstem Holz erzielt werden können.

✎	*Colin Reedy, USA*	309
⚙	*Meta Morf, Inc., USA*	320
▬	*Recycelter Kunststoff, Stahl*	283, 295
♺	*• Recyceltes und recycelbares Material*	327
✪	*IDRA, 1996*	332

Daybed

Seit dem frühen 20. Jahrhundert stellt das Unternehmen Möbel mit einer bestimmten Technik des Webens von gedrehtem Papier her. Dieses Ruhebett verbindet eine moderne Form mit traditionellem Material und schöpft dabei aus den umfangreichen Erfahrungen der Firma mit diesem Werkstoff.

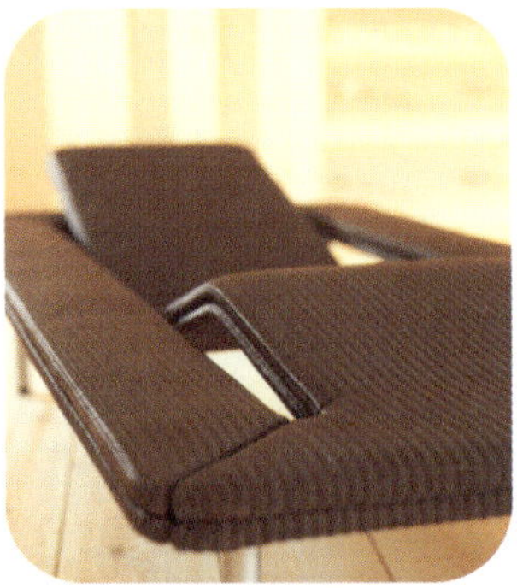

✎	*Nigel Coates, GB*	305
⚙	*Limitierte Serie, Lloyd Loom, Spalding, GB*	319
▬	*Gedrehtes Papier, Stahldraht*	288, 295
♺	*• Erneuer- und recycelbares Material*	327

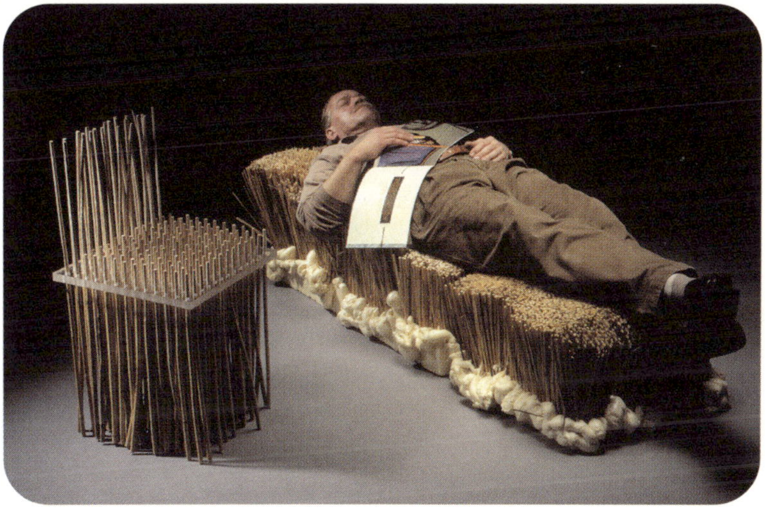

Diva (n) Paradox

Binsen von Süßwasserschilf werden in einen einfachen Rahmen aus Polyurethanschaum eingesetzt. Faszinierend ist das Nebeneinander organischer Materialien natürlicher und synthetischer Herkunft. Beide Materialien sind recht haltbar und könnten verbrannt oder zerkleinert und als Füllmaterial genutzt werden, wenn das Möbelstück nicht mehr zu gebrauchen ist.

✎	*Pil Bredahl und Liselotte Risell, DK*	304
⚙	*Einzelstück*	
Material	*Binsen, Polyurethan*	276, 341
♻	*• Fördert die Nutzung traditionellen, erneuer baren Materials*	327

Earth Chair®

Diese einfache Kugel aus Jeansstoff wird ohne Füllung geliefert und vom Käufer mit gebrauchten Plastiktüten oder ähnlich verformbaren Kunststoffen gefüllt. Nach Angaben der Hersteller sind dafür 9 kg Füllmaterial erforderlich. Diese Sitzgelegenheit könnte noch umweltfreundlicher sein, wenn die Füllung nicht aus Plastiktüten, sondern aus erneuer- oder kompostierbaren Materialien bestünde.

✎	*Earth Chair, USA*	315
⚙	*Earth Chair, USA*	315
Material	*Jeansstoff*	290
♻	*• Geringer Energieaufwand/Selbstmontage*	328

Spring

Modulare Komponenten aus Holz, Wolle und Leder lassen sich zu einer Reihe verschiedener Möbelstücke, vom Stuhl bis zur Chaiselongue, zusammensetzen. Als Holzschutz werden natürliche Verbindungen wie Farben auf Wasserbasis, Öle und Wachse eingesetzt. Das Leder stammt aus einer Gerberei, die mit pflanzlichen Stoffen arbeitet. Zusammenbau und Demontage sind so einfach, dass Reparaturen problemlos werden und so die Nutzungsdauer des Produkts verlängert wird.

✎	*Galleri Stolen AB, S*	317
⚙	*Galleri Stolen AB, S*	317
	Bauholz, Wolle, Leder, natürliches Finish	276, 327
	• Umweltfr. Herstellung • Reparaturfähig, Wiederverwendbar- und Langlebigkeit	327
	Auswahlliste des Design Sense Award, 1999	332

Pouffe

Moore erforscht die skulpturellen Möglichkeiten von Recyclaten, in diesem Fall HDPE-Folie. Das Endprodukt ist eine faszinierende Verbindung von ökonomischem Materialverbrauch mit einer klassischen Thematik.

	Isabell Moore, GB	309
	Einzelstück	
	HDPE-Recyclat, Ahornsperrholz	339, 341
	• Recycelte und recycelfähige Materialien	327
	IDRA, 1996	332

	Julienne Dolphin-Wilding, GB	306
	Einzelstücke/limitierte Serie	
	Eibenholz	339
	• Erneuer- und recycelbares Material *• Langlebiges Produkt*	327

100-Piece-Kit Armchair

Schnittabfälle und Holzreste von Eibenholz britischer Herkunft, das sich durch seine Langlebigkeit und reichhaltige Maserung auszeichnet, werden zu ineinander greifenden Blöcken verarbeitet und zu einem Sessel zusammengesetzt, der durch seine Präsenz beeindruckt. So verleiht Dolphin-Wilding Abfällen, die sonst verbrannt oder auf Müllkippen landen würden, ein neues Leben.

Eco

Diese stapelbaren Stühle werden aus einem einzigen Stück Furniersperrholz geschnitten und nach traditioneller skandinavischer Methode gebogen – wie schon in den späten 1930ern die Entwürfe von Gerald Summers für die Londoner Firma Makers of Simple Furniture. Das preisgekrönte Design verbindet Schlichtheit, Wirtschaftlichkeit und Funktionalität.

✎	*Peter Karpf, S*	308
⚙	*Inredningsform/Iform, S*	318
	Sperrholz	339
	• Erneuerbares Material *• Ökonomischer Materialverbrauch, energiesparende Herstellung*	327, 328
	iF Ecology Design Award, 2000	332

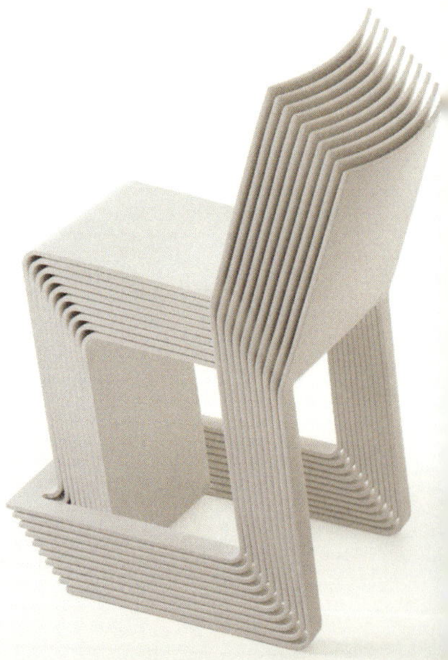

Eraser Chair

Das Innenleben von Stühlen bleibt dem Auge meist verborgen. Culpepper verschafft den recycelten Materialien jedoch die ihnen gebührende Anerkennung, indem er die versteckten Tugenden des „Eraser Chairs" für den Betrachter sichtbar macht. Das Strukturgewebe besteht zu 95 % aus Längsfasern von Holz und wird offengelegt. Befestigt ist es an einem stabilen Rahmen.

✎	*Michael Culpepper, USA*	305
⚙	*Einzelstück*	
▮	*Recycelte Holz-Längsfasern*	339
♻	*• Recyceltes und recycelbaresMaterial*	327
⚙	*IDRA, 1995*	332

Eric

Aus Pappe und laminiertem, gestrichenem Sperrholz entsteht mit geringem Energieaufwand ein Sessel. Wettstein betont die Struktur der Wellpappe und steht damit in einer Reihe mit herausragenden Designer wie den Gehry- und Campana-Brüder, die die Stabilität dieses laminierten Materials optimal genutzt haben.

✎	*Robert A. Wettstein, CH*	311
⚙	*Einzelstücke/limitierte Serie*	
▮	*Pappe, Sperrholz*	339
♻	*• Erneuerbares Material*	327

åq-bac

Dieser faszinierende wie bequeme Lehnstuhl besteht aus Teilen von Aluminiumleitern und Gummi. Die vorgefertigten Komponenten wurden kaum bearbeitet. So können vorhandene Produktionskapazitäten für die Einführung neuer Produkte effizienter genutzt werden. Nach Ablauf der Nutzungsdauer werden die einzelnen Komponenten problemlos zerlegt und recycelt oder wieder verwendet.

✎	*Gabriele Ackon, David Zyne Productions, GB*	315
⚙	*David Zyne Productions, GB*	315
▮	*Vorgefertigte Aluminiumteile, Gummi*	283, 327
♻	*• Verwendung vorgefertigter Komponenten*	327

Ragchair

Stoffreste und -stücke werden mit Stahlbändern an einem hölzernen Rahmen befestigt. Die Ähnlichkeit mit zu Recycling-Zwecken gebündelten Textilien ist gewollt. Auf die Idee zu diesem ungewöhnlichen aber bequemen Sessel, der seine Herkunft nicht verleugnet, wurde Remy durch die Recycling-Prozesse der Textilindustrie gebracht.

✎	*Tejo Remy, Droog Design, NL*	306, 309
⚙	*DMD, NL*	315
▮	*Textilien, Stahl*	290-1, 295
♻	*• Recyceltes Material • Energiesparende Herstellung*	327, 328

S Chair

Für diesen eleganten Freischwinger hat Tom Dixon auf seine experimentellen Einzelstücke der 1980er aus Altmaterialien zurückgegriffen: Der skulpturale Stahlrahmen ist mit gewobenen Binsen überzogen. Nach Ablauf der Nutzungsdauer können die Materialien leicht voneinander getrennt und recycelt (Stahl) oder kompostiert (Binsen) werden.

✎	*Tom Dixon, GB*	306
⚙	*Cappellini SpA, I*	314
▤	*Stahl, Binsen*	276, 295
♲	• *Ökonomischer Materialverbrauch* • *Erneuer- und recycelbares Material*	327

RCP2

1992 schuf Atfield mit einer einfachen, aber soliden Konstruktionstechnik den Stuhl RCP2. Die Radikalität des Materials stellte eine Herausforderung an das Umweltbewusstsein von Designern und der Öffentlichkeit dar. Für das Recycling von HDPE-Abfällen kamen neue Techniken zum Einsatz, mit denen ein ganz neues, folienartiges Material produziert wurde, dem man die Herkunft der ursprünglichen Bestandteile deutlich ansah. Die rohe Kraft der frühen Arbeiten von Designern wie Atfield, Bär und Knell unterscheidet sich grundsätzlich von dem ausgefeilten Design späterer Produkte aus recycelter HDPE-Folie wie z.B. den Bopp-Leuchten in den späten 1990ern.

✎	*Jane Atfield, GB*	304
⚙	*Einzelstücke/Limitierte Serie*	
▤	*Hochverdichtetes Polyethylen (HDPE)*	341
♲	• *Recyceltes und recycelbares Material*	327

Trinidad No. 3298

Wenn Verarbeitung und Optik dieses Stuhls aus Eschenholz den Standard moderner Möbelproduktion repräsentieren, hat das „Industriehandwerk" im 21. Jahrhundert eine große Zukunft vor sich.

✎	*Nanna Ditzel, DK*	306
⚙	*Fredericia Furniture A/S, DK*	316
▰	*Eschenholz, Metall*	295, 339
♺	• *Erneuerbares Material*	327

Flying carpet

Auf einem stangengestützten Stahlrahmen schwebt die Sitzfläche aus versteiftem Filz. Flexibel schwingt sie bei jeder Bewegung mit. Die Materialien werden nicht nur ökonomisch eingesetzt, sie lassen sich nach Ablauf der Nutzungsdauer auch mühelos voneinander trennen und können frei von Beimischungen in den jeweiligen Recycling-Kreislauf zurückgeführt werden.

✎	*Ilkka Suppanen, Fin*	310
⚙	*Cappellini SpA, I*	314
▰	*Stahl, Filz*	290, 295
♺	• *Ökonomischer Materialverbrauch* • *Erneuer- und recycelbares Material*	327

Ghost

Klarheit in Form und Funktion lässt sich oft erreichen, indem man sich auf die besonderen Eigenschaften eines bestimmten Materials konzentriert. Cini Boeri und Tomu Katayanagi haben eine 12 mm dicke, gehärtete Glasplatte zu einem außergewöhnlichen Objekt zugeschnitten und geformt. Der inhärente Widerspruch zwischen Zerbrechlichkeit und Härte des Materials tritt in diesem langlebigen, zeitlosen Design klar hervor. „Ghost" regt zum Nachdenken über Änderungen an, durch die auch andere vertraute Materialien in neue Formen und Funktionen gebracht werden könnten. Da nur ein Material verwendet wird, ist das Recycling sehr einfach. So ist ein geschlossener Kreislauf vorstellbar, in dem der Hersteller aus den eigenen recycelten Materialien neue Produkte fertigt.

✎	*Cini Boeri und Tomu Katayanagi, I und J*	305
⚙	*Fiam Italia SpA, I*	316
▬	*Glas*	295
♻	*• Aus einem Material, recycelbar • Langlebiges Produkt*	327

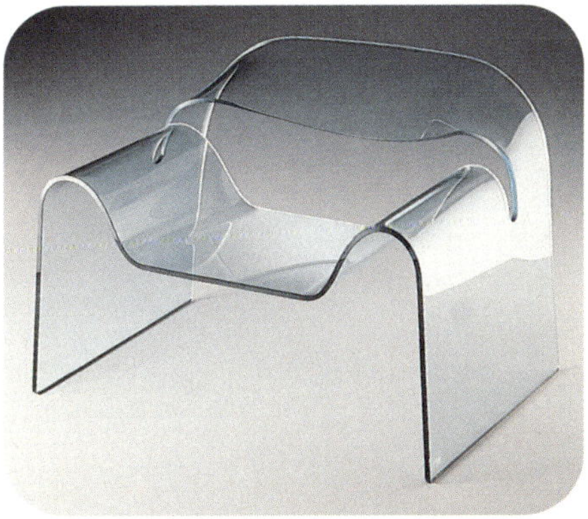

Stuhl und Ottomane

Große Blöcke von schwerem Industriefilz, der sonst als Schalldämmer in Militärfahrzeugen eingesetzt wird, werden verschraubt. So entsteht ein archetypischer Sessel. Aus den Schnittresten wird der Fußhocker gefertigt. Aus dem Nutzbaren wird so das Nützliche. Dennoch verleugnen die Filzstücke ihre Herkunft nicht. Wie der dänische Designer Niels Hvass, der ähnliche Stühle aus alten Zeitungen herstellt, bringt auch Atfield die Prinzipien Schlichtheit und Müllvermeidung in Erinnerung.

✎	*Jane Atfield, GB*	304
⚙	*Einzelstücke*	
▬	*Filz, Stahl*	290, 295
♻	*• Ökonomischer Materialverbrauch • Keine Abfallproduktion*	327, 328

Sofas IKEA a.i.r./ MUJIAIR

Mit Blick in die Zukunft strebt IKEA ein nachhaltiges Produktdesign an. Mit diesem Entwurf bereitet Jan Dranger Möbeln aus recyceltem Kunststoff den Weg, mit Bezügen, die bei Abnutzung oder neuen Modetrends ausgewechselt werden. Angesichts der bevorstehenden Verknappung von Ressourcen müssen Designer heute mehr tun als recycelbare Materialien zu nutzen. Erforderlich sind Geschäftsmodelle, bei denen Produkte vom Hersteller zurückgenommen und in einen geschlossenen Recycling-Kreislauf überführt werden.

✎	*Jan Dranger, Dranger Design AB, S*	306
⚙	*News Design DfE AB für IKEA, S*	321
	Kunststoff, Nylon oder Polyester, Baumwolle	283, 291
	• Recycelbares Material • Ökonomischer Materialverbrauch • Energiesparender Transport und Montage	327, 328

Bank

Papier auf Holzbasis wird hier zu einem Ersatz für Schnittholz. Das Material, 'Shetkaboard', für diese drinnen und draußen nutzbare Bank besteht zu 100 % aus recycelten Papierabfällen. Wieso soll man Bäume fällen, wenn es ebenso gut mit Papiermüll geht?

✎	*Stanley J Shetka, USA*	310
⚙	*Einzelstück*	
	Shetkaboard	280
	• Recyceltes, erneuerbares Material	327
	IDRA, 1995	332

Stuhl

Ausrangierte Industriepaletten stellen das Rohmaterial. Die einzelnen maschinell bearbeiteten Holzlatten werden mit Stahlschrauben zusammengefügt. Der Stuhl lässt sich für Reparatur und Recycling mühelos zerlegen.

	James Varney, USA	311
	Einzelstück	
	Recycelte Holzpaletten	339
	• Recyceltes und recycelbares Material	327
	IDRA, 1998	332

Stuhl

Dieser zerlegbare Stuhl besteht aus Gridcore, einem leichten Material, das aus wabenförmig strukturiertem, zu 100 % recycelten Papier besteht und sowohl hinten als auch seitlich mit Hartpapier beschichtet ist. Für die Arme und das Hinterbein wurde stabiles Kirschholz verwendet. Der Bezugsstoff wird von DesignTex geliefert, einer amerikanischen Firma, die sich mit umweltfreundlichen Textilien einen Namen gemacht hat.

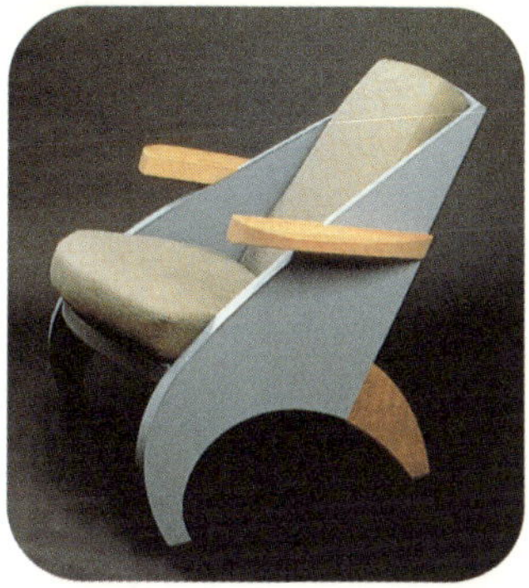

	Janice Smith, USA	310
	Einzelstück	
	Gridcore, Kirschholz, Bezugsstoff	290-1 339
	• Recyceltes und recycelbares Material • Selbstmontage • Zerlegbar	327 328
	IDRA, 1997	332

Knotted Chair

Ein flexibles Macramégeflecht aus Aramidfasern wird in eine Epoxydharz-Lösung getaucht. Um die notwendige Stabilität zu erzielen, wird das Harz anschließend bei hoher Temperatur getrocknet. Dieser bemerkenswerte Stuhl greift den Grundgedanken des Faktor 4-Konzepts auf, weniger mit mehr zu erreichen. Allerdings sind diese Materialien nicht ganz unbedenklich. Epoxydharz erfordert bei der Produktion einen äußerst vorsichtigen Umgang. Als Endprodukt entsteht ein Verbundstoff, mit Epoxydharz verstärktes Aramid, der sich nur schwer recyceln lässt.

✎	*Marcel Wanders, NL*	311
⚙	*Cappellini SpA, I*	314
▮	*Aramidfasergeflecht, Epoxydharz*	284
♲	*• Ökonomischer Materialverbrauch*	327

Kinder-Möbel

Das bunte Konfetti-Muster der recycelten Kunststoffe schafft eine stimulierende Lernumgebung für Kinder. Reedy demonstriert hier die vielseitige Einsetzbarkeit dieses Materials für robuste Möbel, die einfach Spaß machen. Dazu tragen auch die verschiedenen kleinen Extras bei, wie etwa die Handgriffe zum Tragen der Stühle oder die aus Sicherheitsgründen abgerundeten Ecken.

✎	*Colin Reedy, Meta Morf, Inc., USA*	309
⚙	*Meta Morf Inc., USA*	320
▮	*Recycelter Kunststoff, Stahl*	283, 295
♲	*Recyceltes Material*	327
✪	*IDRA, 1997*	332

Krogh Chair

Rücken- und Armlehnen bestehen aus einem Stück Pressholz. Viele Holzarten sind für dieses Verfahren geeignet. Die Fasern werden zunächst mit Dampf aufgeweicht und dann gepresst. Dabei nehmen sie eine Zickzack-Struktur an. Das Holz verkürzt sich dabei um insgesamt 20 %. Nach Beendigung des Pressvorgangs bleibt eine Verkürzung von ungefähr 5 % bestehen. In diesem Stadium ist das Holz gut formbar und lässt sich leicht biegen. Nach dem abschließenden Trocknungsvorgang weist es wieder seine ursprüngliche Stabilität und Flexibilität auf.

✎	*Erik Krogh Design, DK*	306
⚙	*Einzelstück*	
▬	*Pressholz*	339
♻	*• Erneuerbares Material mit verbesserten Eigenschaften*	327

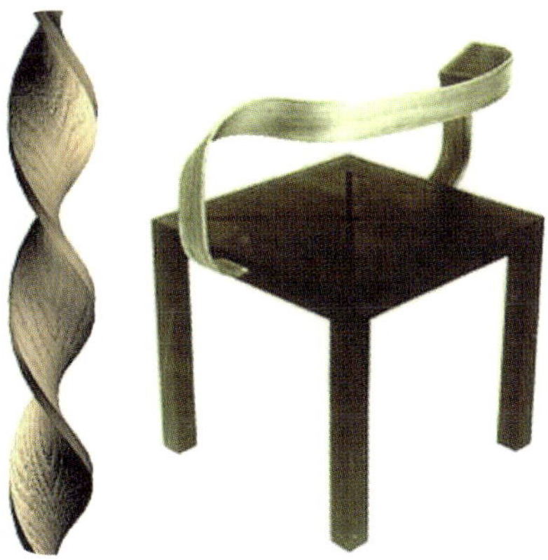

Leg Over

Der farbenfrohe Polypropylensitz ist an den pulverbeschichteten Stahlrahmen geklemmt. Der vielseitig einsetzbare, stapelbare Hocker ist hinsichtlich des Materialverbrauchs und des Einsatzes stilistischer Mittel sparsam.

✎	*Sebastian Berge, GB*	304
⚙	*Authentics artipresent, D*	313
▬	*Recycelbares Polypropylen, Metall*	295, 341
♻	*• Recycelbares Material • Zerlegbar • Minimaler Materialverbrauch*	327, 328

Little Beaver

Little Beaver gehört zu einer limitierten Serie namens 'Experimental Edges', die Gehry für Vitra entworfen hat. Schichten dicker Pappe mit ausgeprägter Wellenstruktur werden versetzt zusammengeklebt und dann aufgestellt. Sowohl Material als auch Konstruktionsprinzip zeigen die Änderungen auf, die die Arbeit mit diesem Rohstoff durchlaufen hat: Es gibt kaum noch Ähnlichkeiten mit Gehrys Pappmöbelserie 'Wiggle' von 1972, die inzwischen wieder von Vitra produziert wird.

✎	*Frank O. Gehry, USA*	306
⚙	*Vitra AG, D*	326
▬	*Pappe, Klebstoff*	287, 299
♻	*• Erneuer- und kompostierbares Material*	327, 330

Stül, SE 68, 1998

Ein ökonomisches Design der 1950er Jahre, ursprünglich mit Sitzfläche und Rükkenlehne aus Sperrholz, das hier durch farbige Kunststofffolie aus recyceltem Verpakkungsmaterial ersetzt wird, kommt wieder zum Einsatz. Recycelte Kunststoffe bieten eine gute Alternative, wenn erneuerbare Materialien knapp oder teuer sind.

✎	*Professor E. Eiermann, D*	
⚙	*Wilde & Spieth GmbH, D*	326
▬	*HDPE-Folie, Stahl*	295, 341
♻	*• Recyceltes und recycelbares Material*	327

Hocker

Mit der Schlichtheit dieses Designs lassen sich auch ökonomische Materialnutzung und geringer Energieaufwand bei der Produktion erreichen. Die langlebigen Materialien garantieren Stabilität. Ausrangierte Holzobjekte oder nachhaltig bewirtschaftete Wälder (z.B. mit FSC-Zertifizierung) dienen als Bezugsquellen für Mahagoni. Auch Harthölzer können verwendet werden.

✎	*ijs designers (Bridget Reading und Monique van den Hurk), GB und NL*	307
⚙	*Limitierte Serie*	
▬	*Edelstahl, Mahagoni*	295, 339
♻	*• Ökonomischer Materialverbrauch* *• Energie sparende Herstellung*	327, 328

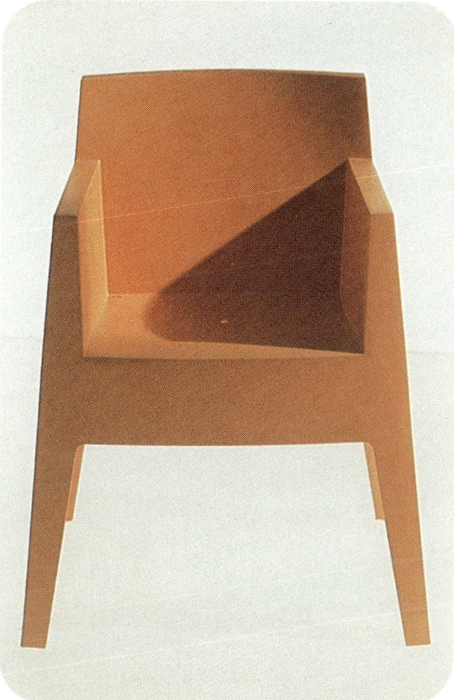

Toy Chair

Wegen seiner Widerstandskraft, Haltbarkeit und Farbenfreude gehört Polypropylen seit fast einem halben Jahrhundert zu den besonders bevorzugten Materialien von Designern. Der Toy Chair mit seinem überzeugenden Design, den Hohlräumen in den Armlehnen und den streng geometrischen Beinen ist eine Würdigung des technischen Fortschritts im Spritzgussverfahren, durch die ein derartiger Stuhl in einem Stück gegossen werden kann. Die für Starck typische Pfiffigkeit und Geradlinigkeit zeichnen auch diesen Stuhl aus, der sich in einem Garten genauso gut macht wie in einem städtischen Appartement oder in einem Café. Neben der ausschließlichen Verwendung von Polypropylen findet sich lediglich am Dränageloch des Sitzes ein kleiner, leicht entfernbarer Stöpsel aus Edelstahl. Dadurch wird das Recycling der Materialien vereinfacht.

	Philippe Starck, F	310
	Driade SpA, I	315
	Polypropylen	341
	• Aus einem Material, recycelbar *• Ökonomischer Materialverbrauch*	327

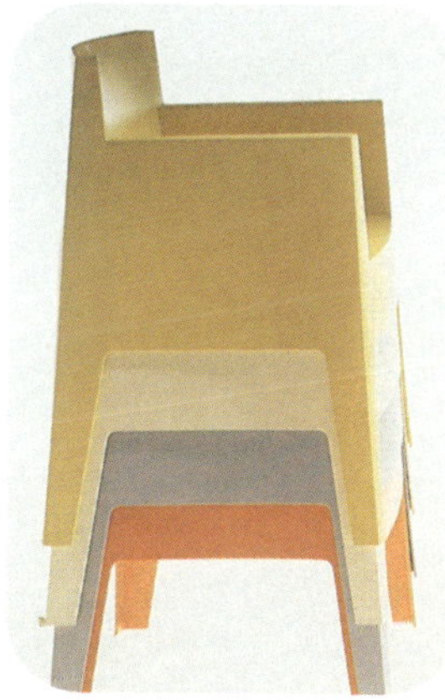

Thinking Man's Chair

Das maschinell gefertigte Aussehen, das Röhren und Flachstahl diesem Stuhl verleihen, ist beabsichtigt. Durch die rostartige Oberfläche wird dieser Eindruck noch verstärkt. Dieser Stuhl aus einem Material zeichnet sich durch Langlebigkeit und vielseitige Einsatzmöglichkeiten aus.

	Jasper Morrison, GB	309
	Cappellini SpA, I	314
	Stahl	295
	• Aus einem Material, recycelbar	327

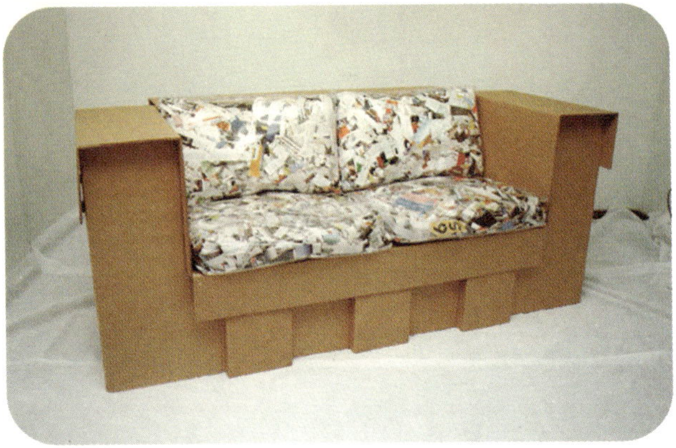

✎	*Ronaldo Edson da Silva, BR*	305
⚙	*Papa-Papel, BR*	322
▬	*Papier, Pappe, Kunststoff*	283, 288-9
♻	*• Material aus lokalen Bezugsquellen • Recyceltes Material • Energie sparende Herstellung*	327, 328
✪	*Erster Preis in der Kategorie „Post-Consumption", Brasilianischer Öko-Designpreis, 1997*	

Zorg

Alle Rohstoffe für dieses zweisitzige Sofa stammen aus der Freihandelszone Manaus in Amazonien. Der Rahmen besteht aus mit natürlichen Versiegelungsstoffen behandelter Pappe. Darauf liegen vier Kissen mit einem Kunststoffbezug, der an Einkaufstüten erinnert. Ihre Füllung besteht aus zerstückelten Zeitschriften. Die Fertigung erfolgt in einfachen Prozessen – Schneiden, Falten und Kleben – und kommt so ohne spezielle Werkzeuge oder Anlagen aus. Industrie und Ökologie vereinen sich so zu einer mustergültigen Produktion.

The Draught

Die phantasievolle Kombination von Weidengeflecht und Stahl macht diese Stühle so interessant. Die Weidenruten werden nicht nach traditionellem Verfahren geflochten, sondern durch Stahl zusammengehalten oder in festes Birkenholz gesteckt. Mit diesem Produkt hält die Natur in unseren Wohnzimmern wieder Einzug.

✎	*Pawel Grunert, PL*	307
⚙	*Limitierte Serie*	
▬	*Stahl, Weidengeflecht*	281, 295
♻	*• Erneuer- und kompostierbares Material • Recycelbares Material*	327

XL1 Kit Chair

Mit einem Gewicht von nur 2,2 kg hat dieser Stuhl 1999 den Jerwood Applied Arts Prize des britischen Crafts Council gewonnen. Marriott bezieht Materialien und vorgefertigte Teile von Großhändlern der örtlichen Bauindustrie und von Do-it-yourself-Läden. Daraus schafft er einen geradlinigen, ökonomischen und vielseitig einsetzbaren Stuhl. Die Briten sind für ihre DIY-Besessenheit bei der Innenausstattung, bei Bauvorhaben und im Gartenbereich bekannt. Umso erfreulicher ist es, dass ein Designer solche Enthusiasten dazu ermutigt, sich auch an Möbeln zu versuchen.

✎	*Michael Marriott, GB*	308
⚙	*Designentwurf für den Eigenbau/Nachbau*	
▬	*Buche, Birkensperrholz, verzinkter Weichstahl*	295, 339
♻	*• Erneuer- und recycelbares Material • Ökonomischer Materialverbrauch • Verwendung vorgefertigter Komponenten*	327

Stuhl

Die Holzstühle von Dolphin-Wilding bewahren die eigenwilligen Muster der Natur. Die natürlichen Formen bestimmen die Struktur dieser handgearbeiteten Stücke und erwachen so zu neuem Leben. Dolphin-Wilding nimmt uns mit auf eine Reise in die Vergangenheit, in der Handwerk noch nicht die Domäne von Spezialisten war.

✎	*Julienne Dolphin-Wilding, GB*	306
⚙	*Einzelstücke/Limitierte Serie*	
▬	*Holz*	339
♻	*• Erneuerbares Material*	327, 328

Serie Wiggle

Ursprünglich brachte Jack Brocan 1972 Wiggle in den USA als preisgünstige Möbelserie auf den Markt. Vitra hat 1992 die Produktion dieses Beistellstuhls wieder aufgenommen. Die einzelnen Wellpappeschichten werden jeweils in einem Winkel zur nächsten Schicht angebracht. So wird die Haltbarkeit des Stuhls im Vergleich zu den Stühlen der 1960er Jahre aus gefalteter Pappe von Designern wie Peter Raacke und Peter Murdoch erheblich verbessert.

✎	*Frank O. Gehry, USA*	306
⚙	*Vitra AG, D*	326
▬	*Pappe, Klebstoffe*	287-8, 299
♻	*• Erneuerbares Material • Energie sparende Herstellung*	327, 328

Flower Pot Table

Tönerne Blumentöpfe erhalten in diesem einfachen, aber geschickt ausgeführten Entwurf ein neues Image. Der kleine Wohnzimmer- oder Beistelltisch besteht aus Rohmaterialien, die überall auf der Welt in ausreichender Menge verfügbar sind.

✎	*Jasper Morrison, GB*	309
⚙	*Cappellini SpA, I*	314
▬	*Ton, Glas*	295
♻	*• Reich vorhandenes Material aus der Lithosphäre • Ökonomischer Materialverbrauch*	327, 340

Ash Round Table

Dieses schlichte Design aus massivem Eschenholz zeichnet sich durch hervorragende Stabilität und große Beinfreiheit aus. Das Holz wird lokal aus englischen Wäldern bezogen. Der Grundentwurf dient als Vorlage für Tische unterschiedlicher Größe. Trannon verbindet traditionelle Techniken der Möbelherstellung mit moderner Ästhetik. Dabei entstehen langlebige, qualitativ hochwertige Sitzmöbel, Tische und Regale.

✎	*David Colwell und Roy Tam, GB*	305
⚙	*Trannon Furniture Ltd., GB*	325
▬	*Massives Eschenholz*	339
♻	*• Erneuerbares Material aus nachhaltig bewirtschafteten Wäldern • Energiesparende Herstellung*	327, 328

Mooving image/Couchtisch Sony flat-screen

Alte Fernseher sterben nie, sie finden einfach ein neues Zuhause. Die Fernseher von Jam funktionieren nicht, bleiben aber im Blickpunkt. Durch neue gesetzliche Vorgaben der EU sind die Hersteller gezwungen, ihre Geschäftsstrategien neu auszurichten, da sie ihre Produkte in größerem Umfang zurücknehmen müssen. Das Entsorgungsproblem wird durch Möbel aus Fernsehröhren zwar nicht gelöst, aber zumindest aufgeschoben.

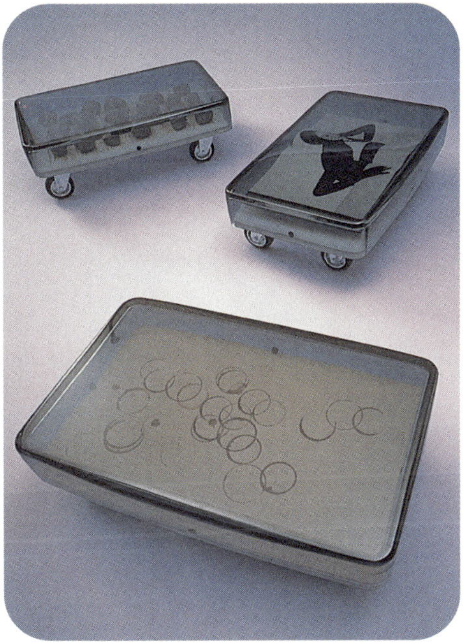

✎	*Jam Design & Communications, GB*	307
⚙	*Jam Design & Communications, GB*	307
▮	*Fernsehröhren, Stahl, Laufrollen*	341
♻	*• Wiederverwendung gebrauchter Komponenten*	330

Betontisch

Der geringe Energiegehalt von Beton entspricht ungefähr dem von Bauholz. Beton kann zudem optimal für langlebige, individuelle Möbel verwendet werden.

✎	*Pamela Hatton, GB*	307
⚙	*Einzelstücke*	
▮	*Beton, glasierte Keramikfliesen*	295
♻	*• Niedriger Energiegehalt* *• Langlebiges Produkt*	328, 340

Plaky

Zur Verarbeitung einer ABS-Polykarbonat-Mischung werden modernste Extrusions- und Formungstechniken eingesetzt. So entsteht aus recyceltem Plastikmaterial ein wertvolles Möbelstück. Den hohen Qualitätsanspruch betont auch der Sockel aus eloxiertem Aluminium.

✎	*Christopher Connell, AUS*	305
⚙	*Wharington International Pty Ltd for MAP (Merchants of Australia), AUS*	320, 326
▬	*Recyceltes ABS/Polykarbonat, Aluminium*	341
♻	*• Recyceltes und recycelbares Material*	327

✎	*Setsu Ito, J*	307
⚙	*Front Corporation, J*	317
▬	*Stahl*	295
♻	*• Aus einem Material, leicht recycelbar • Extrem langlebiges Material*	327

Saita

Wenn heutzutage Stahl verwendet wird, handelt es sich zu fast 90 % um bereits recyceltes Material. Mit großem gestalterischen Enthusiasmus wurde aus diesem Material nun auch ein Tisch gestaltet. Lange Zeit war es Architekten und Ingenieuren vorbehalten, aber auch Möbeldesignern bietet es zahlreiche neue Perspektiven.

Schraag

Dieser Tisch minimiert mit seinen drei statt den üblichen vier (Aluminium-) Beinen den Materialverbrauch. Für die Tischplatte in der Standardgröße 2,00 x 0,90 m stehen verschiedene Materialien zur Auswahl, die dem Tisch sein modernes Aussehen verleihen: laminiertes Bambusholz, Glas oder rotes Multiplex.

✎	*Martin van Severen, B*	311
⚙	*Bulo, B*	313
▰	*Aluminium mit Bambus, Glas oder Multiplex*	281, 295
♲	*• Optional erneuerbares Material • Recycelbares Material • Zerlegbar*	327, 328

Ledge

Die Dichte und Stärke, die ABS selbst als Recyclat ausmachen, betonen die Leichtigkeit dieser Vision von Christopher Connell nur um so mehr.

✎	*Christopher Connell, AUS*	305
⚙	*Prototyp, MAP, AUS*	320
▰	*Recyceltes ABS*	341
♲	*• Recyceltes Material*	327

✎	*Paul Nijland, Design Academy Eindhoven, NL Prototyp*	309
⚙	*Holz, Metall*	
▰	*• Ökonomischer Materialverbrauch*	295, 339
♲	*• Energiesparende Herstellung, Transport und Montage*	327, 328

Tisch 1,20 x 0,85 m

Dieser Entwurf beschränkt sich ganz auf das Wesentliche: eine Arbeitsplatte aus Holz, vier Beine aus Metallstangen, einfach zu zerlegen. Kein überflüssiger Aufwand, minimale Produktionskosten, Transport in flachen Paketen und energiearme Herstellung.

Tisch

Mit diesem individualistischen plastischen Tisch demonstriert Hertz die Formbarkeit von Syndecrete®.

✎	*David Hertz, USA*	307
⚙	*Syndesis, Inc., USA*	324
▤	*Syndecrete®, Glas*	295
♻	*• Recyceltes Material*	327

Beistelltisch

Syndecrete® ist ein leichter Verbundbeton aus industriellen Abfällen und Hausmüll, Flugasche und Fasern aus PP-Abfällen. Das Material lässt sich präzise formen. Wird die Oberfläche poliert, so ähnelt ihre Struktur der von Terrazzoböden.

✎	*David Hertz, USA*	307
⚙	*Syndesis, Inc., USA*	324
▤	*Syndecrete®*	295
♻	*• Recyceltes Material*	327

Klapptisch

Dieser einfache und leicht transportable Klapptisch ist hervorragend für eine Massenproduktion geeignet. Durch den niedrigen Energieaufwand sind die Herstellungskosten gering.

✎	*Ann Girand und Brian Champian, USA*	307
⚙	*Einzelstück*	
▤	*Environ- und MDF-Platten von Ranger*	278
♻	*• Recyceltes und erneuerbares Materiall*	327
✪	*IDRA, 1995*	332

Tisch

Gridcore, eine Wabenstruktur aus recyceltem Papier, die von Faserplatten und Furnier umschlossen wird, ist so stabil, dass sie eine Tischplatte aus Glas tragen kann.

✎	*Dan Cramer, USA*	305
⚙	*Einzelstück*	
▬	*Gridcore, Glas*	295
♺	*• Recyceltes und recycelbares Material*	327
✪	*IDRA award, 1998*	332

Tisch Op-Lá

Morrisons reduzierter Stil kommt in diesem Design zum Ausdruck. Der Tisch ist zugleich Tablett, zwei verschiedene Funktionen, Tisch decken und Servieren, werden zu einem Vorgang vereinigt. Der Materialaufwand für diese Kombination ist minimal.

✎	*Jasper Morrison, GB*	309
⚙	*Cappellini SpA, I*	314
▬	*ABS, Edelstahl*	295, 341
♺	*• Möbel mit dualer Funktion*	329

Geschachtelte Tische

Pappe wird hier zum edlen Material, das durch Natürlichkeit, die geringen Kosten und die Verbindung aus Vergänglichkeit und Haltbarkeit besticht. Dank des minimalistischen Designs kann sie ohne weiteres wieder in den Recycling-Kreislauf integriert werden.

✎	*Ksenkja Jurinec, HR*	307
⚙	*Einzelstücke*	
▬	*Recycelte Pappe*	288-9
♺	*• Recyceltes Material*	327
✪	*IDRA 1997*	332

Bücherregal

Für dieses wie eine Ziehharmonika geformte Bücherregal wurden natürliche Materialien gewählt, die in einem interessanten Kontrast zueinander stehen. Mit den Rohstoffen der Natur eröffnen sich so neue Perspektiven für ein industrielles Handwerk.

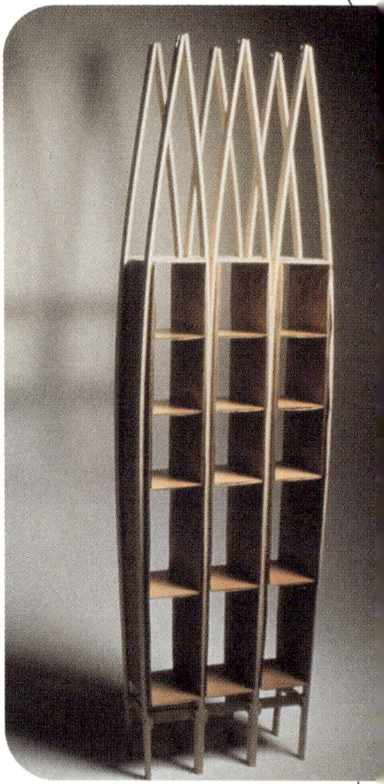

✎	*Jan Konings und Jurgen Bey, Droog Design, NL*	308
⚙	*DMD/Droog Design, NL*	307, 315
▮	*Ahornholz, Papier, Leinen*	288-91, 339
♻	*• Innovative Verwendung natürlichen, erneuerbaren Materials*	327

Chest of Drawers

Alte Schubladen werden zur Wiederverwertung gesammelt und erwachen in dieser ebenso funktionalen wie exzentrischen Kommode von Remy zu neuem Leben. Der Anblick erinnert an einen Stapel Schubladen, die auf einem Kleintransporter festgezurrt wurden. Dieses Bild wird zusätzlich durch Gurte und Stahlratschen betont, wie sie bei solchen Transporten verwendet werden. Chest of Drawers ist ein zeitloses Objekt, weder dauerhaft noch flüchtig. Es werden Schubladen recycelt, die sonst nur noch auf dem Flohmarkt ein Zuhause gefunden hätten.

✎	*Tejo Remy, Droog Design, NL*	309
⚙	*Einzelstücke/limitierte Serie, Droog Design, NL*	307
▮	*Alte Schubladen, Gurte, Stahl*	341
♻	*• Wiederverwendete, vorgefertigte Komponenten • Energie sparende Herstellung ohne Erhitzen*	327, 328

I Just Moved In

Die facettenreiche Aussage dieses Designs besteht im Individualismus, im faszinierenden Kontrast zwischen dem Alten, dem Neuen und dem Banalen. Damit wird auch eine Frage aufgeworfen, die die grundlegende Einstellung von Designern betrifft: Sollen die Konstruktionsprinzipien dieses Bücherregals von Wiesendanger allgemein zugänglich sein, so dass jeder ein ähnliches Regal aus eigenem Material nachbauen kann? Oder soll die Exklusivität einer limitierten Serienproduktion dem Käufer als Statussymbol dienen?

	Köbi Wiesendanger, CH	311
	Limitierte Serie, Avant de Dormir, I	313
	Kiefernholz, Tassen und Untertassen (als Stützen für die Regalbretter)	339, 341
	• Wiederverwendete, vorgefertigte Komponenten • Erneuerbares Material	

Boox

Kunststoffe entstehen als Nebenprodukt bei der Verbrennung fossiler Brennstoffe und sind aus unserem modernen Leben nicht mehr wegzudenken. Obgleich aus ihnen seit mehr als einem halben Jahrhundert unverwüstliche, funktionale Produkte auf dem neuesten Stand der Technik hergestellt werden, gelten sie jedoch auch als Hauptverursacher von Umweltschäden. Das Regal „Boox" von Philippe Starck ruft dem Betrachter zu: „Schau mich an! Ich bin Kunststoff und stolz drauf! Ich bin wertvoll, also bewundere mich!" Für das modulare Regalsystem kamen Extrusions- und Spritzgussverfahren zum Einsatz. Das gut durchdachte Konzept kann Jahrzehnte überdauern, bevor es zerlegt und zu einem neuen Produkt recycelt wird.

	Philippe Starck, F	310
	Kartell, I	318
	Thermoplastische Polymere	282
	• Langlebiges, modulares Design • Recycelbares Material	327

Plug It

Viele Möbelstücke sind schon in Trödelläden und auf der Müllkippe gelandet, weil sie für den Besitzer langweilig geworden sind. Das modulare Regalsystem von Roberto Feo kann man jedoch wunschgemäß neu anordnen oder um Module ergänzen. So gibt es immer etwas Neues, und auch der Stauraum kann so nach Bedarf erweitert werden.

✎	*Roberto Feo, E*	306
⚙	*El Ultimo Grito, GB*	306
	MDF	292
	• Modulares, multifunktionales Design • Erweiterbar	329

Libraria Componibile

Dieses vielseitig einsetzbare Regal lässt sich auf eine wesentliche Komponente reduzieren: einen kastenförmigen Rahmen mit einer entnehmbaren, ebenfalls kastenförmigen Schublade. Das flexible, modulare System kann den Bedürfnissen des Eigentümers entsprechend erweitert werden. Es bietet viel Platz bei kleiner Standfläche und ist auch als Trennwand einsetzbar.

✎	*Giulio Polvara, I*	309
⚙	*Kartell, I*	318
	ABS, lackiertes Polyurethan	341
	• Modulares Regalsystem	329

Robostacker und Hola Hoop

Üblicherweise versuchen Hersteller, bestimmte Märkte zu versorgen und dabei ihren Marktanteil zu erhöhen. Die Designer-Gruppe Jam konzentriert sich hingegen auf die Entwicklung einer symbiotischen Beziehung zu Herstellern und sucht nach Möglichkeiten, deren vorgefertigte Komponenten in neuartige Produkte für neue Märkte zu verwandeln. Der „Robostacker" wurde 1997 in Zusammenarbeit mit Whirlpool, einem italienischen Hersteller energiesparender Haushaltsgeräte, produziert.

Drei Waschmaschinentrommeln aus Edelstahl bilden ein Möbelstück, das für Aufbewahrungszwecke gedacht ist. Jam hat dieses Konzept dann weiterentwickelt. Dabei entstand aus farbigem oder edelstahlbeschichteten Trommeln und Glasplatten das Regalsystem Hola Hoop. Bezugsquellen für vorgefertigte Komponenten sind Fabriken (Industrieabfälle) sowie städtische Müllkippen und andere Entsorgungswege (Hausmüll). Mit bekannten Herstellern hat Jam tragbare Kaffeetische aus Flat-Screen-Bildschirmen von Sony entwickelt. Die Wiederverwendung industriell gefertigter Komponenten eröffnet unzählige Möglichkeiten. Sie spricht den Designer jedoch nicht von der Verantwortung frei, die Komponenten und ihre Herstellung auf Umweltverträglichkeit zu überprüfen.

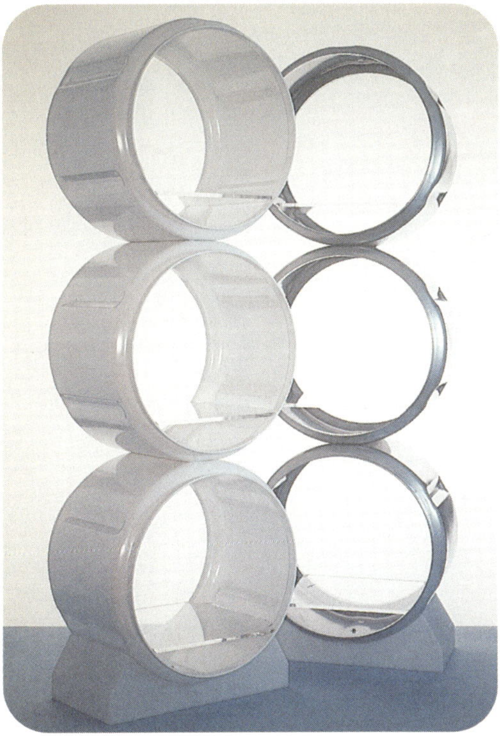

	Jam Design & Communications Ltd., GB	307
	Jam mit Whirlpool, GB/I	307
	Edelstahl	295
	• Wiederverwendung/erneuter Einsatz von Komponenten aus industrieller Produktion	327

Es

Neun Buchenholzstangen werden in vier Sperrholzplatten gesteckt und mit Plastikringen befestigt. Mit diesem zwar schwankenden, aber standfesten Design testet Grcic die Grenzen der Stabilität. Der bewusst naiv wirkende Entwurf in Do-it-yourself-Manier ist ein Affront gegen alle Bemühungen, die Natur im Produktionsprozess weitestmöglich zu eliminieren. Die Stangen sind so belastbar, dass sie zusätzlich als Kleiderständer verwendet werden

✎	*Konstantin Grcic, D*	307
⚙	*Moormann Möbel, D*	320
	Buchenholz, Sperrholz, Kunststoff	283, 339
	• *Ökonomischer Einsatz erneuerbaren Materials* • *Einfache Montage/ Demontage*	327, 328

Sten

Das Regal- und Aufbewahrungssystem Sten besteht aus in flachen Paketen verpackten Standardkomponenten, die zu den Bedürfnissen entsprechenden Kombinationen zusammengebaut werden können. Die Regalbretter, die Pfosten und die Außenplatten der Kästen bestehen aus skandinavischem Weichholz, das in bewirtschafteten Wäldern oder firmeneigenen Pflanzungen kultiviert wird. Sechskantschrauben und Bundbalken halten die einzelnen Elemente zusammen. Die fertige Konstruktion kann mühelos wieder zerlegt werden und ermöglicht Belastungen von bis zu 500 kg.

✎	*IKEA, S*	319
⚙	*IKEA, S*	319
▬	*Holz, Stahl*	295, 339
♲	• *Erneuer- und recycelbares Material* • *Energiesparende Herstellung und Montage* • *Individuell anpassbar*	327, 328, 329

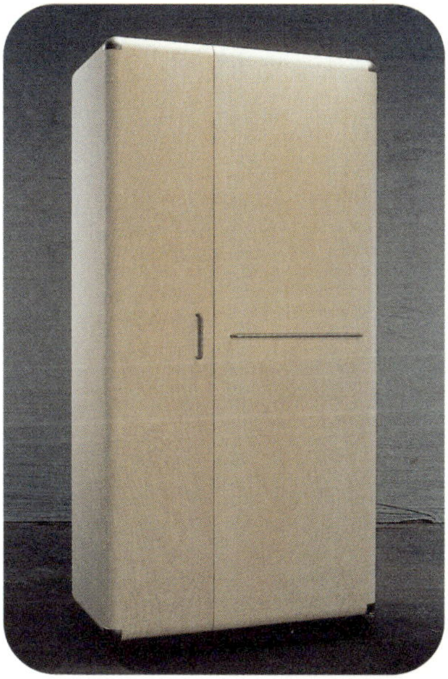

Shell

Geformtes Flugzeugsperrholz mit einer Dicke von nur 3 mm wird durch 3-D-Winkelbefestigungen aus Metall zusammengehalten. Die Außenkonstruktion kann innen mit Regalbrettern und einer Kleiderstange ausgestattet werden. Ein Längsscharnier ermöglicht besseren Zugang zum Inhalt des Schranks.

✎	*Ubald Klug, F*	308
⚙	*Rothlisberger, CH*	323
▬	*Sperrholz, Metall*	295, 339
♲	• *Ökonomischer Materialverbrauch* • *Energie sparende Herstellung*	327, 328

Hoover

Die Seitenwände dieses leichten Kleiderschranks sind dehnbar und bieten so Platz für Gegenstände mit ungewöhnlichen Formen. Der minimalistische Ansatz kommt ohne überflüssige Details aus und erstreckt sich auch auf den Einsatz von Materialien.

✎	*Jörg Boner, N2, CH*	305
⚙	*sdb industries, NL*	323
▬	*Diverse*	
♺	*• Ökonomischer Materialverbrauch* *• Mehr Stauraum als herkömmlich gegeben*	327, 328

Öko-Tisch/Anrichte

Dieser Tisch/diese Anrichte besteht zu 95 % aus Environ, einem biologischen Verbundstoff, und zu 5 % aus Durawood, einem Holzersatz aus recyceltem HDPE-Kunststoff. Die Materialien betonen die Einfachheit der Elemente und erinnern an die klassischen Shaker-Möbel aus amerikanischem Hartholz.

✎	*George Ettenheim, Ettenheim Design, USA*	306
⚙	*Ettenheim Design, USA*	306
▬	*Environ, Durawood*	278, 293
♺	*• Recyceltes Material*	327
✪	*IDRA, 1995*	332

Italic

Dieses Regalsystem von formvollendeter Schlichtheit besteht aus nur zwei Komponenten: gebogenen Stahlstangen, deren Enden in natürliches Flüssiggummi getaucht wurden, um stabileren Halt zu gewährleisten, und hölzernen Regalbrettern, die durch zusätzliche Komponenten erweitert werden können.

	Lorenz Wiegand, D	311
	Prototyp	
	Stahl, Flüssiggummi, Holz	287, 295
	• Ökonomischer Materialverbrauch *• Energie sparende Herst.*	327, 328

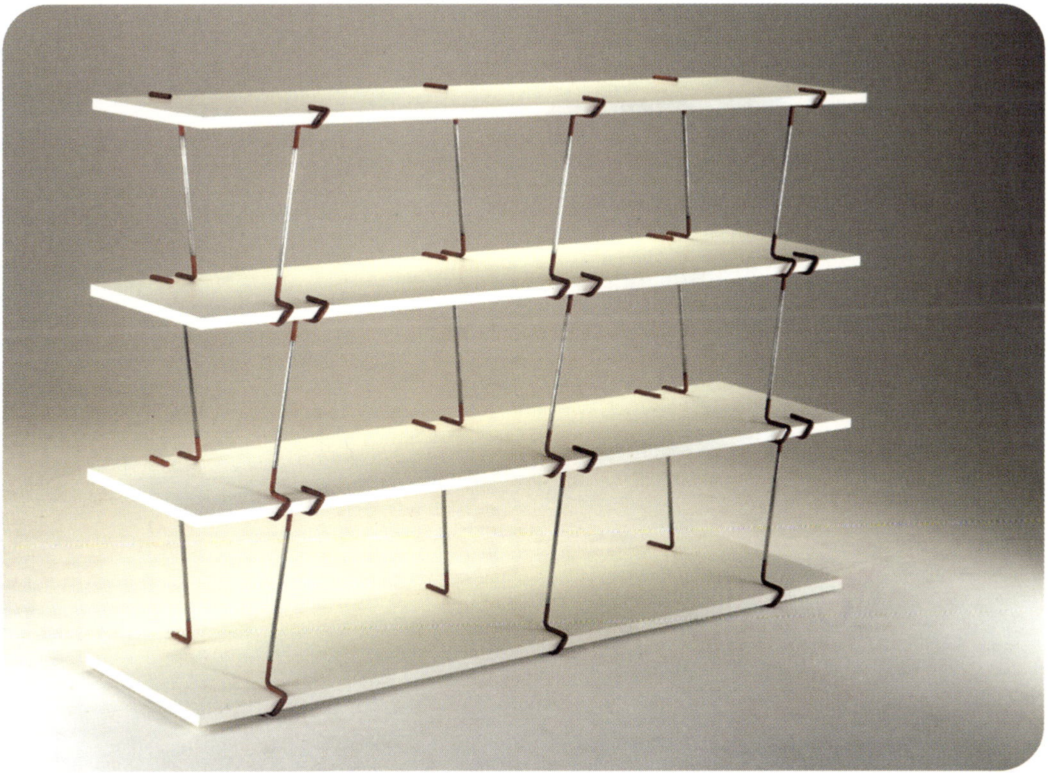

Kommode, Rolladenschrank, Regalsystem

Bär + Knell haben hier auf alte Stilelemente zurückgegriffen, um die Einsatzmöglichkeiten von Kunststoffplatten aus recyceltem HDPE aufzuzeigen. Ihre Aussage ist eindeutig: Abfall ist wertvoll, und recycelter Abfall bereichert Designer um neue Materialien.

✎	*Bär + Knell, D*	304
⚙	*Einzelstücke, Bär + Knell, D*	304
▮	*Recycelte Kunststoffe*	327
♻	*• Recyceltes Material*	327

Turris

Die Regalbretter und Seitenplatten bestehen aus Fiberbond Wallboard, einem Material aus recycelten Zeitungen und Gips, die Stahlklammern aus zu 60 % recyceltem Walzstahl. Bewegen lässt sich das Regal mit Hilfe von Rollen aus Material von gebrauchten Gummi-Fließbändern.

	Sheri Shumacher, USA	310
	Limitierte Serie	
	Recycelter Stahl, Fiberbond Wallboard, wiederverwendetes Gummi	283, 295
	• *Recyceltes und wiederverwendetes Material* • *Einfache Montage/Demontage*	327, 328
	IDRA, 1996	332

Shelf System

Materialien mit geringem Gewicht, wie sie sonst für Verpackungen verwendet werden, stellen eine sinnvolle Alternative zu den herkömmlichen Werkstoffen für Regale – wie Stahl, Aluminium und Holz – dar. Konstruktionstechniken für Formverpackungen, z.B. für Eier und elektronische Geräte, wurden hier abgewandelt. Die Neubewertung konventioneller Verfahren und das Austesten der Einsatzmöglichkeiten von neuen Materialien, vor allem biologischen Verbundstoffen, gehören zu den Herausforderungen heutiger Designer.

	Jasper Startup, Startup Design, GB	310
	Limitierte Serie	
	Recycelte Zeitungen und Obstverpackungen	341
	• *Recyceltes Material* • *Recycelte Komponenten* • *Kompostierbar*	327
	IDRA, 1995	332

A Collection of Mammoth Pillows

Die Größe von Wohnobjekten ist in der Regel durch die menschlichen Körpermaße vorgegeben. Wird dieser Maßstab jedoch durchbrochen, können überraschende, neuartige Konzepte entstehen, beispielsweise in Form von überdimensionalen Sitz- oder Liegeflächen.

✎	*Judith Kant, Diplomandin 2000, Design Academy Eindhoven, NL*	307
⚙	*Prototyp*	
	Bezugsstoff, Füllmaterial	285
	• Multifunktional	329

Table-into-Chest-of-Drawers

Diese Kommode klappt mit einer einfachen Handbewegung zu einem kleinen Wohnzimmertisch aus und spiegelt die kulturellen Bedürfnisse der Azumis wider. In Japan haben Räume oft mehrere Funktionen und Futons oder Tische werden je nach Bedarf entfernt oder neu aufgebaut.

	Shin und Tomoko Azumi, J	304
	Limitierte Serie, Shin and Tomoko Azumi, J	304
	Holz, Metall	295, 339
	• Möbel mit dualer Funktion	329

Communications Furniture

Die Zeit ist reif für eine Revolution im Computer-Design. Der iMac hat zwar neues Leben in die visuelle Gestaltung gebracht, dennoch werden Computer nach wie vor vor allem als Arbeitsmaschinen für formelle Büroumgebungen entworfen. Der eigenwillige Hocker von Sander de Klerk mit seinen Reminiszenzen an eine Barbara Hepworth-Skulptur ist zugleich ein tragbarer, drahtloser Computer mit einem Touch Screen, der durch eine „Nabelschnur" mit dem eigentlichen Hocker verbunden ist. Dieses Möbelstück kann man ins Badezimmer, in die Küche und in den Garten mitnehmen. Anstelle der grauen, unpersönlichen Standard-PCs sollten wir im 21. Jahrhundert mehr dieser nützlichen Geräte, die selbst ausgeschaltet noch eine Funktion haben, erwarten! Dieser Hocker ist ein Schritt in die richtige Richtung.

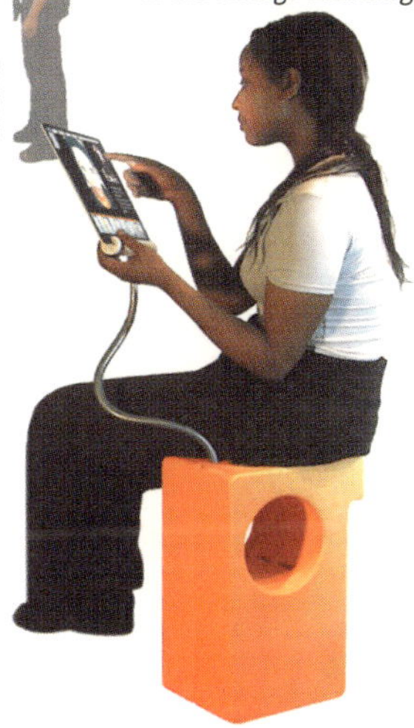

	Sander de Klerk, Diplomand 2000, Design Academy Eindhoven, NL	305
	Prototyp	
	Diverse	
	• PC-Hardware mit verbesserter Funktionalität • Gebrauchsdesign	328, 329

Dia

Anpassungsfähigkeit und Langlebigkeit sind die wichtigsten Voraussetzungen für Möbelstücke, die im Garten den Elementen – und einer manchmal etwas energischeren – Behandlung ausgesetzt sind. Die hier dargestellte Serie bietet ein hohes Maß an Flexibilität: Der Stuhl kann von einer normalen in eine niedrige Sitzposition konvertiert werden, der Tisch ist höhenverstellbar, und der Liegestuhl verfügt über acht Einstellungsmöglichkeiten. Polierter Edelstahl und haltbare Stoffe mit wasserabweisender und UV-beständiger Imprägnierung garantieren auch in Wohnräumen eine lange Nutzungsdauer.

✎	*Gioia Meller Marcovicz, GB*	308
⚙	*ClassiCon, D*	314
▬	*Edelstahl, wasserabweisender/UV-beständiger Stoff*	290-1, 295
♻	*• Langlebiges Produkt, multifunktional*	329

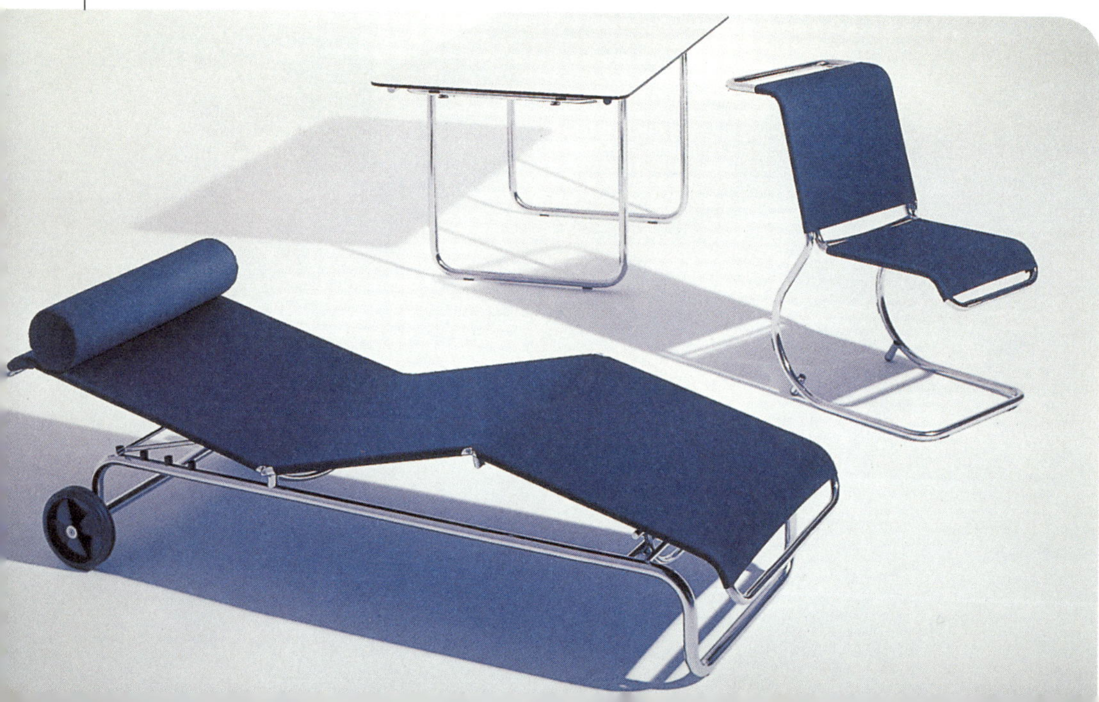

Flexipal

Identische, ineinandergreifende Kunststoffmodule werden mit Hilfe von Gelenken in eine bestimmte Position gebracht, die dann mit Stellschrauben fixiert wird. So lässt sich je nach Bedarf eine ganze Reihe von Möbelstücken zusammenstellen, von Tischen über Stühle bis hin zu Betten und Podesten mit flexiblen Einsatzmöglichkeiten.

✎	*J R Miles, GB*	308
⚙	*Retail Place Ltd, GB*	323
▬	*Kunststoff*	283, 295
♻	*• Multifunktional, erweiterbar* *• Aus einem Material, leicht recycelbar*	327, 329

Kaststoel

Diese interessante Kombination von Sitz, Regal und Zeitschriftenständer aus zwei zusammengefügten Hälften ist ein gutes Beispiel für die zahllosen Einsatzmöglichkeiten zusammengesetzter Objekte.

✎	*Paulo Nervo, Diplomand 2000, Design Academy Eindhoven, NL*	309
⚙	*Prototyp*	
▬	*Polymer*	282, 296-7
♻	*• Multifunktional*	329

Kokon

Alte Holzmöbel werden mit einer Beschichtung auf PVC-Basis überzogen und erhalten so ein neues Leben. In technologischer Hinsicht herrscht jedoch noch Überarbeitungsbedarf. Vor allem muss ein Ersatzstoff für PVC gefunden werden, da dieses zu starken Umweltschäden führt. Ungelöst sind bisher auch die Fragen, wie ein direkter Kontakt zwischen dem Holz der ursprünglichen Möbel und dem PVC vermieden werden kann und wie die Möbelstücke entsorgt werden sollen.

✎	*Jurgen Bey, Droog Design, NL*	304
⚙	*Limitierte Serie, Droog Design, NL*	306
Material	*Alte Möbelstücke, PVC-Beschichtung*	341
Strategie	*• Wiederverwendete, vorgefertigte Komponenten*	327

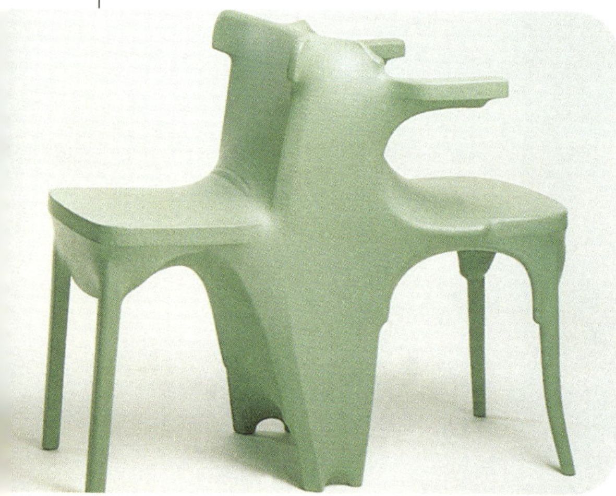

Nature Technology Symbiosis

Bauingenieure verstärken geotechnische Strukturen durch Pflanzen (Bioingenieurswesen). Auch Designer können Pflanzen zu diesem Zweck einsetzen. Edwin Wannet will mit der hier gezeigten Symbiose technischer und lebendiger Elemente in einer „lebenden Vitrine" neue Fragen nach Produktentwicklungen, nach der Lebensdauer von Produkten und nach emotionalen Reaktionen aufwerfen.

✎	*Edwin Wannet, Diplomand, Design Academy Eindhoven, NL*	311
⚙	*Prototyp*	
Material	*Holz, Glas, lebende Pflanzen*	295, 339
Strategie	*• Multifunktional • Lebende Elemente*	329

Low Living

Alte Knüpftechniken aus der Seefahrt verleihen der Low Living-Produktpalette ihre starke, rhythmische Textur. Die multifunktionalen Textilien können als Decke, Überwurf oder Kissen verwendet werden. Nur noch die Heizung herunterdrehen und sich in Ihrem Kokon verkriechen!

✎	*Gonnie Constansia, Diplomandin 2000, Design Academy Eindhoven, NL*	305
⚙	*Prototypen*	
	Wolle	290-1
	• Erneuerbares Material	327

Pouffe

In einem bauschigen Behälter verbirgt sich ein Bett, das für ein kurzes Nickerchen oder einen über Nacht bleibenden Gast nur auseinandergefaltet zu werden braucht. Der Bezug dient als Decke.

✎	*Erik Bakker, Diplomand, Design Academy Eindhoven, NL*	304
⚙	*Prototyp*	290-1
	Verschiedene Textilien	300-1 329
	• Multifunktional	

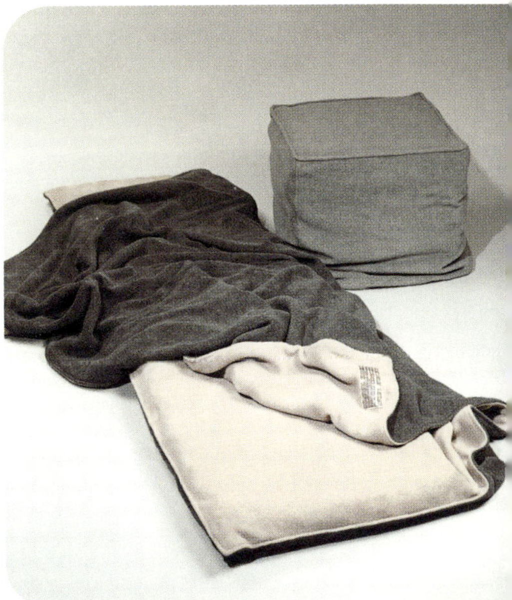

Wave

Aus einer Polyurethanschicht und zwei sie umfließenden Filzschichten entsteht eine flexible Matte. An einem Ende ist sie gebogen und versteift. Dies wird durch eine geänderte Zusammensetzung der Elastomere im PU erreicht. Wird die Matte nicht gebraucht, rollt man sie auf. Dieses Objekt kann als Matte, Liegestuhl oder Chaiselongue fungieren.

✎	*Martin Hoogendijk, NL*	307
⚙	*DMD/Droog Design, NL*	306, 315
▮	*Filz, Polyurethan*	290-1 341
♻	*• Multifunktionales Objekt*	329

Wegtauchen

Dieses Design lädt dazu ein, das Kopfende des Tagesbetts in eine aufrechte Position zu bringen und sich gemütlich mit einem Buch zum Lesen auszustrecken.

✎	*N2, CH*	309
⚙	*Prototyp, sdb industries, NL*	323
▮	*Aluminium, Birkensperrholz, Polypropylen*	295, 341
♻	*• Multifunktional*	329

Table Lamp und Table Chair

Richard Hutten reduziert mit seinen pfiffigen und zugleich praktischen Möbelstücken multifunktionales Design auf das Wesentliche. Die wohlüberlegte Sparsamkeit bei der Table Lamp und dem Table Chair wirkt fast schon streng. Dennoch sind zwei pragmatische und ansprechende Entwürfe entstanden.

✎	*Richard Hutten, NL*	307
⚙	*Limitierte Serie, REEEL, NL*	323
▮	*Buchenholz, MDF, Metall*	295, 339
♻	• *Multifunktional* • *Ökonomischer Materialverbrauch*	327, 329

Mind the Gap

Mehr als „Mind the Gap" braucht man nicht, um es sich mit einer Tasse Kaffee und einer Zeitschrift gemütlich zu machen. Multifunktionalität und ökonomische Materialnutzung verbinden sich in einem frechen Möbeldesign. Wer braucht jetzt noch einen Tisch und einen Zeitschriftenständer?

✎	*El Ultimo Grito, E*	306
⚙	*EL Ultimo Grito, GB*	306
▮	*Kautschuk, Stahl/Legierung*	283, 295
♻	• *Multifunktional* • *Ökonomischer Materialverbrauch*	327, 329

Nomad

Die ideale Lösung für alle, die sich nichts Schöneres vorstellen können, als sich auf einem dicken Florteppich auszustrecken: Eine Lehne für den Rücken macht Kissen überflüssig.

Wanders hat den Teppich – bildlich und wörtlich gesprochen – auf eine höhere Ebene als die der billig wirkenden, langflorigen Exemplare der 1970er gebracht.

✎	*Marcel Wanders, NL*	311
⚙	*Cappellini SpA, I*	314
▬	*Wolle, Metall*	290-1, 295
↻	*• Multifunktional*	329

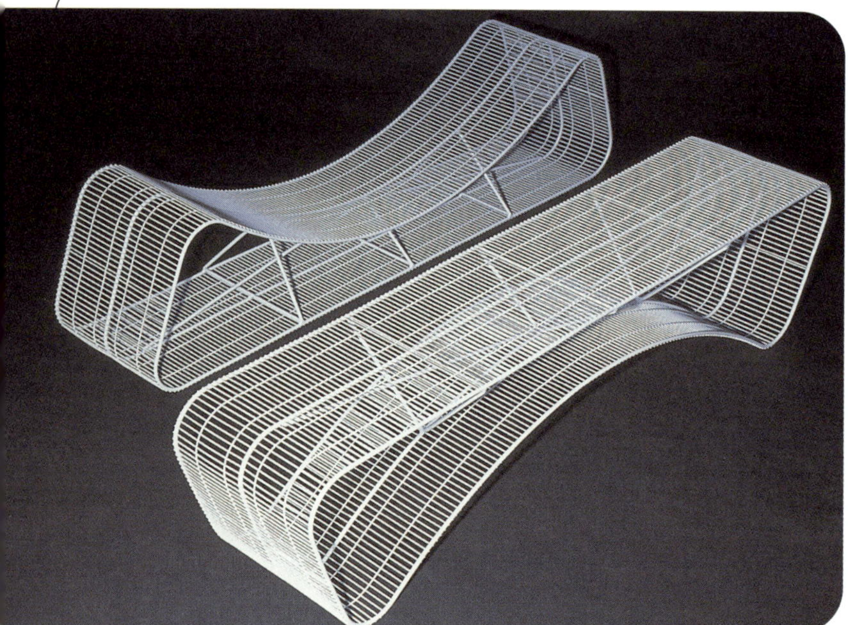

Wire Frame Reversible Bench

Die technologischen Fortschritte bei Einkaufskörben im Supermarkt und in der 3-D-Modellierung am Computer haben die Azumis zu dieser leichten Bank inspiriert. Wenn man sie auf den Kopf stellt, entsteht eine Chaiselongue. Mehrere Bänke lassen sich stapeln und bilden so ein Regalsystem.

✎	*Shin und Tomoko Azumi, GB*	304
⚙	*Limitierte Serie, Shin und Tomoko Azumi, GB*	304
▬	*Vernickelter oder pulverbeschichteter Stahl*	295
↻	*• Multifunktionales Design*	329

Anna Chaise

Mit Hilfe von Ratschen am Aluminiumrahmen lassen sich die Seiten dieses Sessels je nach Bedarf nach unten klappen. So entsteht eine Chaiselongue oder ein Tagesbett. Anna Chaise ist ein praktisches, multifunktionales Möbelstück.

✎	*Gioia Meller Marcovicz, GB*	308
⚙	*Habitat, GB*	317
	Metalllegierung, Polsterung, Stoff	290-1, 295
	• *Multifunktional* • *Preisgünstiges Material*	329

Three and One-Half Minutes

Dieser leichte Raumteiler enthält Stücke der Vergangenheit: Alte Filmbestände wurden in einen Aluminiumrahmen eingebunden. Allerdings lässt sich nur das Aluminium problemlos recyceln, für die Konstituenten der mit Silberhalogenen und anderen Chemikalien imprägnierten Filmbestände gibt es derzeit weder einen Ablöse- noch einen Trennprozess. Bis dahin stellt dieser Wandschirm eine clevere Lösung für die Aufbewahrung der nicht recycelbaren Bestandteile dar.

✎	*Jam Design & Communications, GB*	307
⚙	*Jam Design & Communications, GB*	307
▰	*Aluminium, alte Filmbestände*	295, 341
♻	*• Recyceltes Material*	327

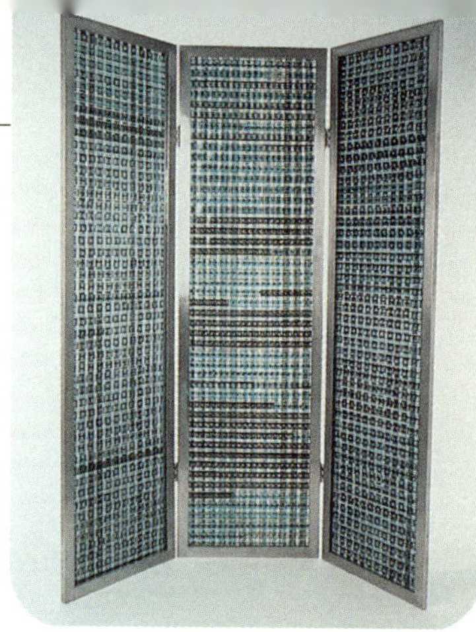

Carta

Shigeru Ban hat mit seinen Kartonstrukturen eine neue ästhetische Ebene in der Verwendung dieses Material erreicht. Die Verarbeitung von Kartonröhren in so unterschiedlichen Themengebieten wie Möbeln, temporären Flüchtlingsunterkünften oder öffentlichen Gebäuden zeigt sein beeindruckendes Verständnis für die Einsatzmöglichkeiten des Materials. Für die Serie Carta setzt er diesen Werkstoff mit minimalem Energiegehalt in äußerst sparsamer Weise ein.

✎	*Shigeru Ban, J*	304
⚙	*Cappellini SpA, I*	314
▰	*Pappe*	288-9
♻	*• Erneuerbares Material • Ökonomischer Materialverbrauch • Recycelbar*	327

Fasal corner joint

Fasal ist ein neues Material aus Holzfasern, Maismehl und natürlichen Harzen, das problemlos geformt oder gespritzt werden kann. Somit stellt es eine gute Alternative zu nicht erneuerbaren Materialien wie z.B. Kunststoffpoly-

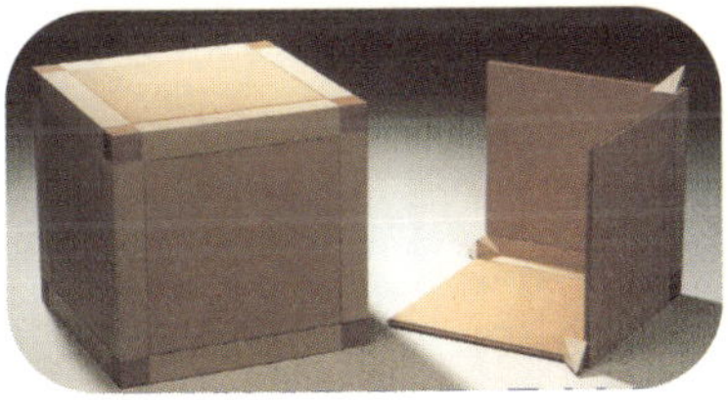

meren dar. Mit der universellen Eckverbindung, die zwei oder mehr gleich große Komponenten miteinander verbindet, hat Andringa neue Einsatzbereiche für das Material erschlossen, etwa in der Möbel- und Produktfertigung oder für Holzfachwerkbauten.

	Jacqueline Andringa, Diplomandin, Design Academy Eindhoven, NL	304
	Prototyp	
	Fasal	278
	• Erneuer- und kompostierbares Material • Universelles Verbindungssystem	327, 329

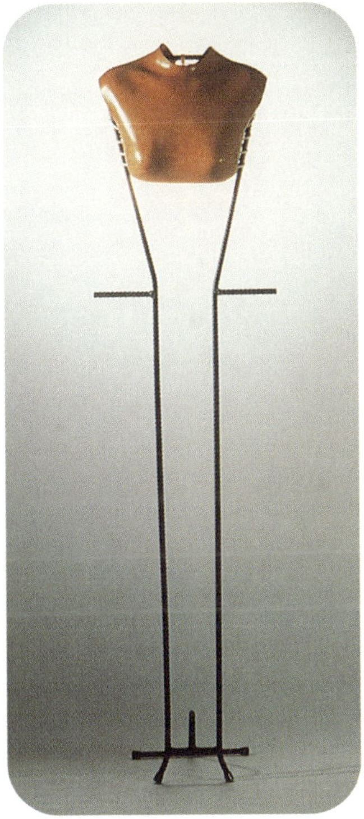

Herz

Stangen aus Stahl, wie sie auch in Verbindung mit Beton in der Bauindustrie zum Einsatz kommen, werden zu einem einfachen Rahmen verschweißt und verschraubt. Ein geformtes Brustleder ergänzt die Konstruktion zu einem minimalistischen Kleiderständer. Die für dieses ästhetische Möbelstück verwendeten Materialien lassen sich problemlos recyceln.

	Anthologie Quartett, D	304
	Robert A. Wettstein, D	326
	Leder, Stahl	285, 295
	• Recycel- und kompostierbares Material • Ökonomischer Materialverbrauch • Energiesparende Herstellung	327, 328, 329

Frontal, 1995

Alte Süßigkeiten- und Lebensmittelverpackungen dienen als Füllung für durchsichtige Kunststoffkissen und rufen so bildlich Assoziationen zu dem Satz „Man ist, was man isst!" hervor.

	Bär + Knell, D	304
	Einzelstück	
	Kunststoffe, kunststoffbeschichtetes Papier	283, 295
	• Fördert Recycling • Energie sparende Herstellung durch Eigenbau mit im Haushalt vorhandenem Material	327, 329

Hülsta-Serie „Muvado“

In der Europäischen Union zählt der deutsche Verbrauchermarkt zu den umweltfreundlichsten Märkten. Hülsta, ein wichtiger Hersteller von Wohn- und Büromöbeln, setzt sich nachweislich für eine umweltschonende Produktion ein. Als eines der ersten Unternehmen hat es sich um eine Qualitätssicherung nach ISO 9001-Standard bemüht und die gesamte Produktpalette ist mit dem Umweltzertifikat „Blauer Engel“ ausgezeichnet. Zusammen mit Danzer, einem der führenden Furnierwerke, hat Hülsta den „Furnier-Pass“ entwickelt, der garantiert, dass für Furniere kein Holz aus tropischen Regenwäldern verwendet wird.

Nur für vier der derzeit produzierten Möbelserien kommt Massivholz zum Einsatz, und auch dieses stammt nicht aus Regenwäldern. Hauptsächlich werden Span- oder MDF-Platten verwendet. Mit Hilfe von Lebenszyklus-Analysen versuchen Designer, die erwartete Lebensspanne der Produkte zu verlängern.

✎	*Hülsta, D*	318
⚙	*Hülsta, D*	318
▰	*Furniere, Massivholz, Spanplatten*	278-80
♻	*• Erneuerbares Material • Umweltzertifikat „Blauer Engel“ • Umweltorientierte Unternehmenspolitik*	327

Spiga

Die dünnen, wellenförmigen Ausschnitte aus Sperrholz, die an einem Rahmen aus Metallstangen befestigt werden, erinnern an einen Maiskolben. Für die Ablage von Mänteln, Hüten, Regenschirmen, Zeitungen und vielen anderen Gegenständen kann diese Konstruktion genutzt werden.

✎	*Ubald Klug, F*	308
⚙	*Rothlisberger, CH*	323
▰	*Sperrholz, Metall*	295, 339
♻	*• Ökonomischer Materialverbrauch • Multifunktional*	327, 329

Good Morning Miss Moneypenny

Jetzt brauchen Sie nicht mehr alle alten Zeitungen und Zeitschriften mühsam zur Papiertonne zu schaffen. Heben Sie besonders interessante Ausgaben einfach auf und stecken Sie sie in speziell zugeschnittene Polypropylenröhren. Aus diesen entsteht eine an Ihre Bedürfnisse angepasste, klassische Garderobe. El Ultimo Grito hat hier die Prinzipien des Recycling und der Selbstmontage zu einem pfiffigen „grünen" Design kombiniert. Recycling wird in Heath Robinson-Manier zu einer neuen Kunstform erhoben. Und wenn Ihnen der Anblick langweilig wird, nehmen Sie einfach neue, aktuelle Zeitungen.

	El Ultimo Grito, E	306
	El Ultimo Grito, GB	306
	Zeitungen und Zeitschriften	341
	• *Wiederverwendung von Hausmüll* • *Energie sparendebei der Herstellung und Selbstmontage*	327, 328

Hut Ab

Einfache, maschinell bearbeitete Eschenholzstücke werden mit Befestigungen aus Aluminium frei beweglich an einer Drehachse angebracht. So entsteht ein Garderobenständer, Wäscheständer oder Aufhänger für Zimmerpflanzen. Dieses effiziente Design ist sehr preisgünstig.

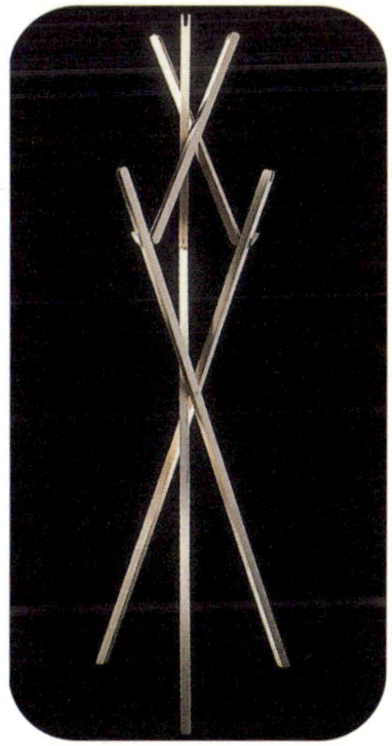

	Konstantin Grcic, D	307
	Nils Holger Moormann, D	321
	Eschenholz, Aluminium	295, 339
	• *Multifunktional* • *Erneuer- und recycelbares Material* • *Energie sparende Herstellung*	327, 329

Raumteiler

Kunststoffstränge werden zu einem Netz verwoben, das von einem schlanken Metallrahmen gestützt wird. Für die Herstellung dieses leichten Raumteilers können neugewonnene, aber auch recycelte Materialien verwendet werden, es sind keine speziellen Maschinen erforderlich und eine Wiederverwendung der Werkstoffe ist problemlos möglich.

✎	*Fernando und Humberto Campana, BR*	305
⚙	*Einzelstücke, limitierte Serie*	
▮	*Metall, Kunststoffstränge*	283, 295
♻	*• Ökonomischer Materialverbrauch*	327

Raumteiler, diverse Möbelstücke

Auf eine besondere Handwerkskunst hat sich der Designer Jason Griffith konzentriert. Er fertigt aus dem Holz einheimischer und speziell zugeschnittener Bäume alle möglichen Erzeugnisse: von Hürdenböcken aus Haselnussholz über Wandschirme bis hin zu Tischen, Bänken und Stühlen. Auf Grund der energiearmen Herstellung durch den hohen Anteil an Handarbeit und auf Grund des Bezugs von Holz aus regionalen Quellen zeichnet sich dieses Handwerk durch Nachhaltigkeit aus. Außerdem fördert es das die Technik des speziellen Zuschnitts und träg so zur Erhaltung der biologischen Vielfalt bei.

✎	*Jason Griffiths, GB*	307
⚙	*Einzelstücke/Limitierte Serie*	
▬	*Verschnittenes Holz (Eiche, Esche, Eibe, Ahorn, Linde, Erle, Haselnuss, Birke, Weide, Edelkastanie)*	339, 341
♲	*• Erneuerbares Material • Bewahrt Wälder und biologische Vielfalt • Energie sparende Herstellung*	327, 328, 330

Tragbares Doppelbett

Wer schon einmal umgezogen ist, weiß, welches Möbelstück dabei den meisten Ärger macht: das Doppelbett. Das gilt jedoch nicht für dieses Exemplar, das man einfach im zugehörigen Koffer mit sich führen kann. Mit diesem leicht aufzubauenden und optisch ansprechenden System setzen Steinmann und Schmid ein Zeichen gegen die gestalterische Tristesse komplizierter Möbel zum Selbstaufbau.

✎	*Peter Steinmann und Herbert Schmid, CH*	310
⚙	*Atelier Alinea, CH*	312
▬	*Buchenholz, Sperrholz, Stahl, Gummi*	283, 339
♲	*• Tragbares Möbelstück, Selbstmontage • Ökonomischer Materialverbrauch*	327, 328

Bernini

Dieser rüschenbesetzte Lüster aus elegant drapiertem Tyvek, einem HDPE-Gewebe, zeigt, welche dekorativen Möglichkeiten in Kunststoffgeweben stecken. Neben Klebstoffen auf Wasserbasis wurde nur ein Material verwendet, wodurch das Recycling vereinfacht wird.

✎	*Ruth McDermott und Rina Bernabei, AUS*	304, 308
⚙	*Einzelstück*	
	Tyvek	301
	• Teils recyceltes Gewebe	327
	• Recycelbar *IDRA, 1996*	332

Coral, Polyp, Spores

Mit einer Serie von Entwürfen, die alle auf derselben Grundidee, einer Keramikkugel, beruhen, demonstriert Moerel die Flexibilität und die Schönheit des gewählten Rohmaterials. Coral und Polyp sind zwei Variationen einer Pendelleuchte, Spores sind Halter für einzelne Kerzen. Wenn verschiedene modulare Kugeln als Grundlage für eine breite Produktpalette eingesetzt werden, lassen sich so Kosten einsparen.

✎	*Marre Moerel, NL/USA*	308
⚙	*Limitierte Serie*	
	Ton	295
	• Reich vorhandenes Material der Geosphäre *• Langlebige Produkte*	329, 340

Quentin

Zu diesem Design inspirierten gefalzte Pappverpackungen und -produkte wie beispielsweise Eierschachteln. In Zusammenarbeit mit einer regionalen Glasgower Fabrik wurde Papierbrei aus recycelten Zeitungen, Zeitschriften und Abfällen aus Papierfabriken zu zwei spiegelbildlich identischen Hälften eines Leuchtenschirms verarbeitet. Der Papierbrei wird dann durch Unterdruck in eine Form gesogen. Dieser individuelle und innovative Leuchtenschirm ist halbtransparent und gibt daher ein ganz ungewöhnliches Licht

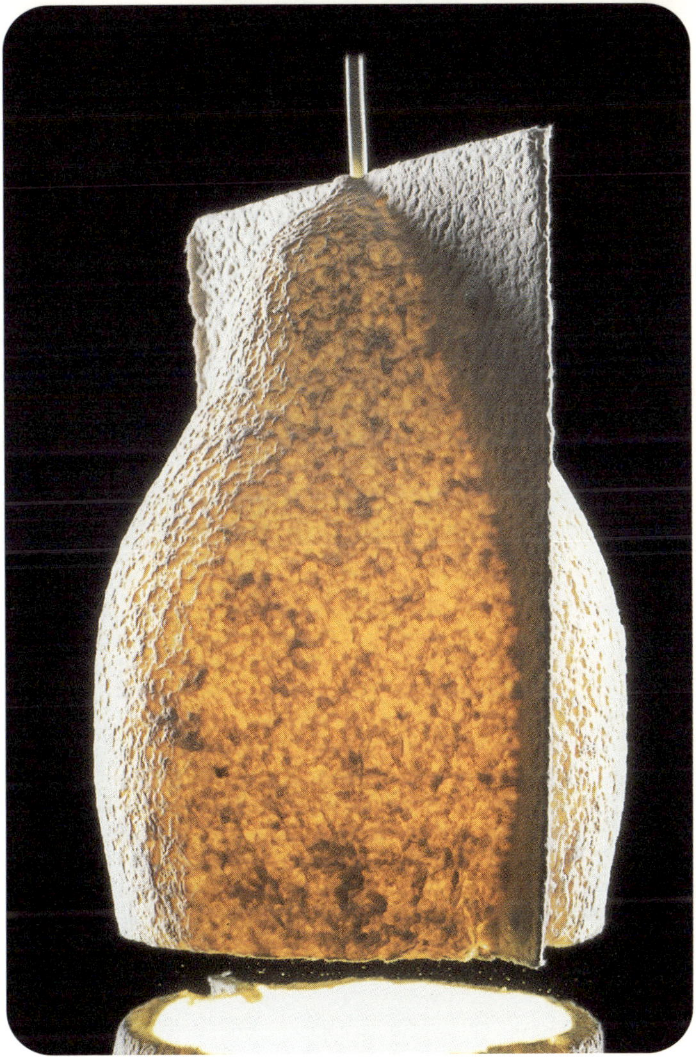

ab. Die Leuchtenschirme können einzeln aufgestellt oder in Gruppen arrangiert werden. Ein späteres Recycling ist möglich, da aus den Schirmen leicht wieder Papierbrei hergestellt werden kann. Theoretisch ist also ein geschlossener Recycling-Kreislauf denkbar, in dem die Papierfasern weitgehend wieder verwendet werden. So wäre nur ein minimaler Energieaufwand für die Herstellung des Produkts erforderlich.

✎	*Ian Cardnuff und Hamid van Koten, VK & C Partnership, GB*	311
⚙	*Universal Pulp Packaging, GB*	325
▬	*Zeitschriften und Zeitungen, Papierabfälle*	341
♻	*• Recyceltes und recycelbares Material • Energie sparende Herstellung*	327, 328

Fish-lamp

An Bohrlöchern einer Standardfassung für Pendelleuchten sind Aufhänger aus Messing angebracht, die eine Scheibe aus Opalglas halten. So wird das Licht des nach unten gerichteten Strahlers gleichmäßig im Raum verteilt.

✎	*Mikala Naur, DK*	309
⚙	*Limitierte Serie*	
Material	*Messing, Glas*	295
Umwelt	*• Recycelbares Material • Ökonomischer Materialverbrauch*	327

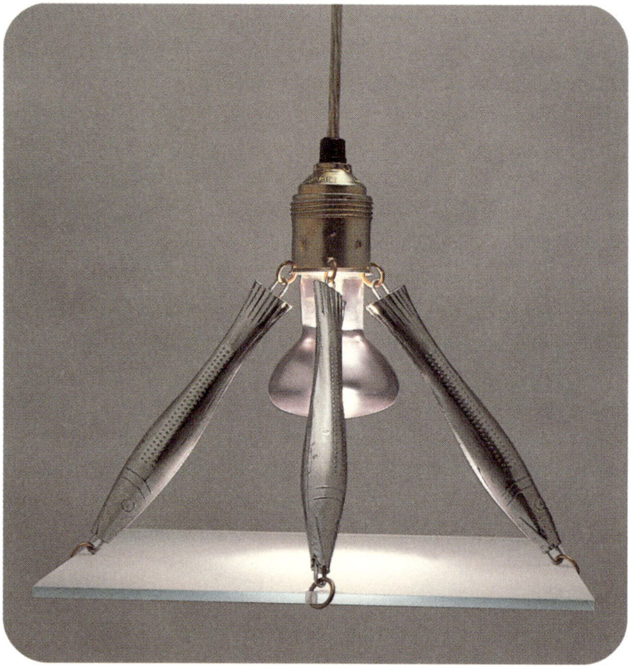

Flirt

Für Flirt wurde ein vorhandenes Produkt, ein Schwimmer für kommerziell genutzte Fischnetze, in einen gänzlich anderen Kontext eingearbeitet. So entsteht ein Leuchtenschirm mit zwei unterschiedlichen Lichtzonen, durch die ein ausgefallener Beleuchtungseffekt entsteht.

✎	*Sergio Macchioni, I*	308
⚙	*Prototyp*	
Material	*Schwimmer für Fischnetze, Aluminium*	295, 341
Umwelt	*• Vorgefertigte Teile • Energie sparende Herstellung*	327, 328

lampshade

Aus Biopolymeren auf Maisbasis entstehen ineinander greifenden Komponenten, die einen organisch geformten Leuchtenschirm bilden. Für diesen Prototyp werden keinerlei Klebstoffe verwendet. Er kann recycelt und/oder kompostiert werden: Ein gutes Beispiel für den Einsatz von Biopolymeren anstelle von Kunststoffen.

✎	*Brian Dougherty, USA*	306
⚙	*Prototyp*	
Material	*Biopolymere auf Maisbasis*	282
♻	*• Erneuer- und kompostierbare Biopolymere*	330
✿	*IDRA, 1998*	332

lampshade

Diesen Leuchtenschirm kann man wenden. So sind zwei Lichtrichtungen möglich. Befindet sich der Reflektor oberhalb der Glühlampe, wird das Licht nach unten reflektiert, andernfalls nach oben. Hier sind die Prinzipien des Minimalismus und der Multifunktionalität umgesetzt, die für die Entwicklung umweltschonender Produkte von größter Bedeutung sind.

✎	*Sebastian Bergne, GB*	304
⚙	*Radius GmbH, D*	322
Material	*Stahl*	295
♻	*• Multifunktional • Ökonomischer Materialverbrauch*	327, 328

Miss Ceiling Light

Dieser künstlerisch gestaltete Leuchtenschirm aus halbtransparentem Sperrholz ist eine Lichtquelle mit dramatischer Wirkung. Einzelne Lichtstrahlen und ein sanftes Leuchten durchdringen das effizient eingesetzte, natürliche Material.

✎	*Jasper Startup, Startup Design, GB*	310
⚙	*Startup Design, GB*	310
▬	*Sperrholz*	339
♻	• *Aus einem Material, erneuerbar* • *Ökonomischer Materialverbrauch* • *Energie sparende Herstellung*	327, 328

Milk-bottle light

Seit Anfang der 1990er reagieren Designer immer bewusster auf ihre Verantwortung gegenüber der Umwelt. In den Niederlanden hat Tejo Remy mit gebrauchten Milchflaschen aus Plastik experimentiert. Jane Atfield hat sich dem Problem in Großbritannien mit ihren RCP2-Stühlen aus recycelter Plastikfolie gestellt. Die Notwendigkeit, gebrauchte Materialien zu recyceln, wird durch solche Entwürfe unübersehbar zum Ausdruck gebracht.

✎	*Tejo Remy, Droog Design, NL*	306, 309
⚙	*Droog Design/DMD, NL*	306, 315
▬	*Gebrauchte Flaschen*	341
♻	• *Wiederverwendete, vorgefertigte Komponenten*	327

Northern Fleet Chandelier

Glasscherben werden in aufwendiger Kleinarbeit zu einer Lichtkaskade in Form eines außergewöhnlichen Lüsters zusammengesetzt. Die gezackten Glaskanten stehen in einem faszinierenden Kontrast zur Schönheit der Formgebung. Lüster aus geschnittenem Glas, wie man sie in Villen oder öffentlichen Gebäuden findet, werden hier leicht ironisiert. Qualitativ hochwertige Einzelanfertigungen haben in der Regel eine hohe Lebensdauer, da ihnen oft liebevollere Pflege zuteil wird als Massenprodukten.

✎	*Deborah Thomas, GB*	310
⚙	*Einzelstück*	
▮	*Glas, Draht*	295
♻	*• Recyceltes Material*	327

Loop

Dieser Schirm aus Polypropylen für Pendel- oder Bodenleuchten wird in flachen Paketen geliefert.

✎	*Roy Sant, GB*	310
⚙	*Roy Sant, GB*	310
▮	*Polypropylen*	341
♻	*• Aus einem Material, leicht, recycelbar*	329

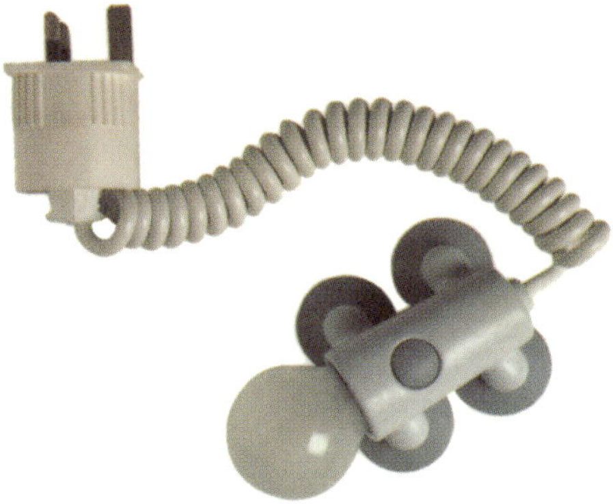

Bogdan light

Jeder Steckdose ihre Leuchte! Mit Hilfe der Saugnäpfe am Gehäuse lässt sich diese minimalistische, tragbare Leuchte an jeder glatten Oberfläche befestigen. Alle Komponenten außer der Lampenfassung können vorgefertigt bezogen werden.

✎	*Erik Espmark, S*	306
⚙	*Prototyp*	
▬	*Kunststoffe, Kupferdraht, Messing*	283, 295
♻	*• Multifunktional*	329

✎	*Stephen Philips, GB*	309
⚙	*Stephen Philips Design, GB*	309
▬	*Polypropylen, Stahl*	295, 341
♻	*• Multifunktional • Geringes Gewicht • Geringer Energieaufwand für den Transport*	328, 329

Cape Light

Um diese leichte Polypropylenkonstruktion aufzubauen, braucht man bloß die Stahlstifte zusammenzustecken. Der Kopf ist schwenkbar und bietet, nach unten gerichtet, direktes Licht für eine Arbeitsfläche und nach oben gerichtet, indirekte und romantische Beleuchtung.

Serie „ComeBack“

Verpackungsabfälle aus Kunststoff erwachen in dieser Serie bezaubernder Schirme für Tisch-, Standard- und Pendelleuchten zu neuem Leben. Die Farbenvielfalt des Rohmaterials „Abfall“ schlägt sich in der zufälligen, mosaikartigen Struktur der maschinell hergestellten Schichten, dem wichtigsten Material für die Leuchtenschirme, nieder.

	Bär + Knell, D	304
	Bopp Leuchten GmbH, D	313
	HDPE-Abfälle	341
	• Recyceltes Material	327

Clips

Ein einfaches Gerüst aus Edelstahl wird auf eine leere Getränkedose geklemmt und dient so als Halterung für einen Leuchtenschirm aus Polypropylen. Wenn sich Ihre Getränkevorlieben ändern, entsorgen Sie einfach die alte Dose und ersetzen sie durch Ihr Lieblingsgetränk.

	Bernard Vuarnesson, F	311
	Sculptures-Jeux, F	323
	Polypropylen, Edelstahl	295, 341
	• *fördert Wiederverwendung vorgefertigter Komponenten* • *Kaum Materialverbrauch*	327

Flamp

Diese Tischleuchte aus Holz wurde mit einer phosphoreszierenden Schicht überzogen, so dass sie Sonnenlicht absorbiert und etwa 20 Minuten lang wieder abstrahlt. Eine ideale „Notbeleuchtung“ nach Sonnenuntergang!

	Martí Guixé, E	307
	Limitierte Serie	
	Phosphoreszierende Farbe, Holz	286-7, 298
	• *Solarbetrieben ohne Stromverbrauch*	329

Corkscrew/Lampe

Dieses scheinbar einfache Design von Carl Clerkin übermittelt tatsächlich eine sehr komplexe Aussage. Die Weinflasche als Kerzenhalter tritt hier mit einem ganz neuen Anspruch auf. Die Zusammenfügung vorgefertigter Komponenten rückt das Phänomen der Elektrizität in ein ungewöhnliches Licht. Das Design wird sowohl Weinkenner als auch Studenten mit knappem Budget begeistern.

	Carl Clerkin, GB	305
	Limitierte Serie	
	Gebrauchte Weinflasche, Korkenzieher, elektrische Komponenten	341
	• *Wiederverwendete, vorgefertigte Komponenten* • *Leicht zerlegbar*	327, 328

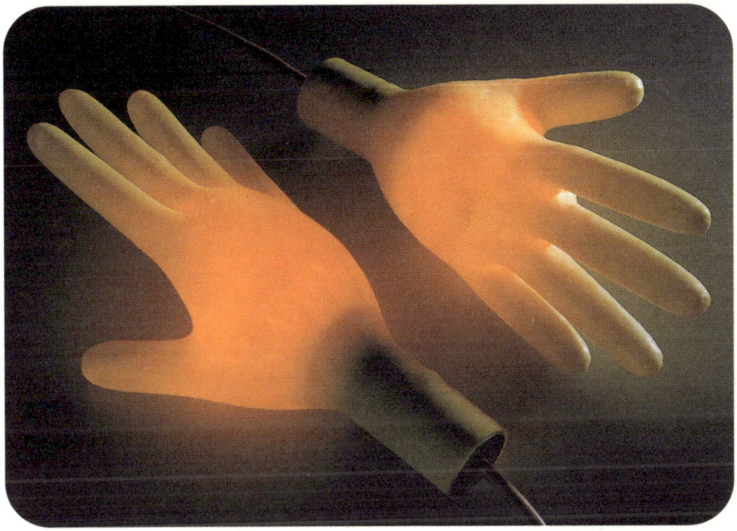

Hand (to hold)

Diese Kombination aus einem vorgefertigten Gummihandschuh und einer 4-Watt-Glühlampe erzeugt eine surreale Stimmungsbeleuchtung.

✎	*Anette Hermann, DK*	307
⚙	*Frandsen Lyskilde, DK*	317
▤	*Latex, Glühlampe*	283, 341
♲	*• Vorgefertigte Komponenten* *• Erneuerbares Material*	327

Tisch-/Bodenleuchte

Die recycelte Pappe trägt möglicherweise noch eine Beschriftung aus ihrem früheren Leben als Verpackungsmaterial. Die Wiederverwendung in einem neuen Umfeld, in diesem Fall für eine Leuchte, verlängert die Lebensdauer des sonst so kurzlebigen Rohmaterials, das nur darauf wartet, recycelt zu werden.

✎	*Ksenkja Jurinec, Grupa Dizajnera, HR*	307
⚙	*Prototyp*	
▤	*Recycelte Pappe*	341
♲	*• Recycelte Materialien*	327
✿	*IDRA award, 1997*	332

Light wall 2

Auf einem Kabelraster unter niedriger Spannung (12 Volt) sind Diskettenhüllen aus Kunststoff befestigt. So entsteht ein Raumtrenner mit Licht- und Schatteneffekten sowie die Möglichkeit, halbtransparente Bilder einzubinden.

	Janne Øhre, DK	309
	MDD, DK	320
	Diskettenhüllen aus Kunststoff, Aluminiumprofile, Kabel, Glühlampen	341
	• Niederspannung • Vorgefertigte Komponenten	327, 329

Lumalight Lamp

Diese freistehenden Leuchten aus recyceltem Papier zeigen deutlich, dass Recycling und Kreativität nicht im Widerspruch zueinander stehen. Bei einem guten Design lässt der Gesamteindruck das offensichtliche Recycling der Materialien in den Hintergrund treten.

	Roland Simmons, USA	310
	Interfold, USA	318
	Recyceltes Papier	341
	• Recyceltes Material	327
	IDRA, 1995	332

	Artemide SpA, I	312
	Artemide SpA, I	312
	Synthetische Polymere, Niederspannungslampe	296-7, 341
	• Geringer Materialverbrauch bei Herstellung • Geringer Energieverbrauch • Leicht reparier- und zerlegbar	327, 328
	Auswahlliste des Design Sense Award, 1999	332

e-light

e-light zeichnet sich gegenüber herkömmlichen Schreibtischleuchten durch eine ganze Reihe technischer Verbesserungen aus. Die Lebensdauer des Glühfadens beträgt das Zwanzigfache einer normalen Glühlampe und das Zwei- bis Dreifache einer Leuchtstofflampe. Im Vergleich zu dieser ist der Quecksilbergehalt auf ein Fünfzehntel reduziert. Das dem Tageslicht ähnliche Lichtspektrum ist fünfmal heller als das einer Wolfram-Glühlampe. e-light strahlt nur wenig Hitze ab. Die Komponenten können leicht voneinander getrennt werden, so dass Recycling problemlos möglich ist. Frei schwenkbare Gelenke und ein kompaktes Design ermöglichen eine flexible Anordnung der Beleuchtung bei kleiner Standfläche.

Obinjo

Kerzen und Paraffinlampen dienten als tragbare Beleuchtung, bevor elektrisches Licht und die Wolframlampe ihren Platz einnahmen. Frits Vink hat nun die Vorteile einer tragbaren Beleuchtung neu entdeckt. Über eine an das Stromnetz angeschlossene Basisstation lädt sich Obinjo wieder auf, so dass die Leuchte selbst uneingeschränkt tragbar ist. Mit ihr können wir durch die ganze Wohnung gehen, ohne fest installierte Leuchten ein- und wieder ausschalten zu müssen.

✎	*Frits Vink, NL*	311
⚙	*Prototyp*	
▬	*Diverse*	
♺	*• Tragbare, wiederaufladbare, multifunktionale Beleuchtung*	329

Mini Desk Lamp

Auch gute Ideen erleben oft ein „Recycling". Die Mini Desk Lamp geht jedoch noch darüber hinaus. Teile eines legendären Designs werden einfach wieder verwendet: die unverwechselbaren Standlichter des von Alec Issigonis entworfenen und von British Leyland produzierten Austin Mini. Sie erhalten einen Plastiksockel, einen Kippschalter und werden in den Originalfarben gestrichen. Schon erlebt eine Austin Mini eine Mini-Wiedergeburt.

✎	*Paul Topen, Designed to a 't', GB*	306, 311
⚙	*Designed to a 't', GB*	306
▬	*Stahl, Kunststoff, elektrische Verdrahtung*	341
♺	*• Wiederverwendete, vorgefertigte Komponenten*	327

Tube

Die altbekannte Leuchtstoffröhre erfährt in diesem Design von Christian Deuber eine minimalistische Behandlung. Das Licht wird von einer Synthetikröhre mit Endstücken aus Stahl und Gummi umhüllt. Der Einsatz von Leuchtstoffröhren macht dieses Produkt nicht nur vielseitig, sondern auch erheblich energieeffizienter als dies bei herkömmlichen Glühlampen der Fall ist.

✎	*Christian Deuber, N2, CH*	306, 309
⚙	*Palluco, I*	321
▬	*Leuchtstoffröhre, Stahl, Gummi*	283, 341
♺	*• Multifunktional • Ökonomischer Materialverbrauch • Geringer Energieverbrauch*	327, 328

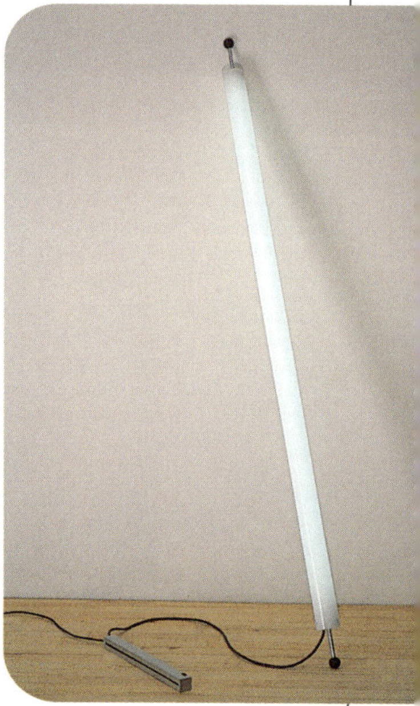

PO98 10/10C, 11/11C, 12/12C

Durch eine geschickte Skalierung der Größenverhältnisse wird aus einer Tischleuchte eine Boden- oder Stehleuchte. Dieses ökonomische, leichte Design zeichnet sich durch eine witzige Optik aus.

✎	*Marcel Wanders, NL*	311
⚙	*Cappellini SpA, I*	314
▤	*Draht, Polymere*	296-7
♻	*• Ökonomischer Materialverbrauch*	327

Bodenlampe Pharos

Ein ganz normales Bambusrohr und ein zylindrischer Leuchtenschirm aus Papyrus verwandeln sich in eine elegante, minimalistische Stehleuchte. Die natürlichen Variationen in der Struktur des Papyrus ergeben eine einzigartige Textur und Lichtmuster, die an die Leuchtenschirme der 1950er aus gesponnenen Fasern erinnern.

✎	*Jasper Startup, Startup Design, GB*	310
⚙	*Startup Design, GB*	310
▤	*Bambus, Papyrus*	281
♻	*• Erneuerbares Material • Energie sparende Herstellung*	327, 328

PO/9902C-D

Der Rahmen um die Glühlampe fokussiert nicht nur den Blick des Betrachters auf die Lichtquelle, er dient auch als Schutzverpackung beim Transport.

Jeffrey Bernett, GB	304
Cappellini SpA, I	314
Pappe, Lampenfassung	288-9, 341
• Ökonomischer Materialverbrauch	327

Soft Box

Diese Tischleuchten werden aus speziellen Tonarten gefertigt. Ganz unkonventionell ist hier nicht nur der Fuß, sondern auch der Schirm aus Keramik.

Marre Moerel, NL	308
Prototyp	
Töpferware, Porzellan	295
• Vorhandenes, nicht organisches Material	327

Tischleuchten

Extrudierte Röhren aus zu 100 % recyceltem HDPE bilden im raffinierten Kontrast zu einer anderen extrudierten Komponente eine leicht montierbare, attraktive Bodenleuchte.

Hier zeigt sich deutlich, dass recycelte Materialien für Designer keine Einschränkung bedeuten, sondern dass solche Werkstoffe die Kreativität sogar beflügeln.

✎	*Wojtek Stachowicz, USA*	310
⚙	*Einzelstücke / Limitierte Serie*	
▤	*Recyceltes HDPE*	341
♲	*• Recyceltes Material*	327
✪	*IDRA, 1995*	332

Leuchte Post It

Eine stabile Pappröhre mit Verschlusskappen aus Plastik wird per Post geliefert und innerhalb weniger Minuten entsteht daraus eine kompakte Tischleuchte. Post It ist zwar keine besonders stabile Leuchte, sie verursacht dafür aber auch nur minimale Emissionen und Kosten beim Transport, da die Verpackung als Fuß dient. Diese gut durchdachte Idee lässt sich auch auf andere Bereiche übertragen.

✎	*2pm Limited, GB*	312
⚙	*2pm Limited, GB*	312
▤	*Pappe, Kunststoff, Papier, elektrische Komponenten*	341
♲	*• Ökonomischer Materialverbrauch • Reduz. Energieaufwand für Transport / Montage*	327, 328

Sailbuoy Canvas

Mit vier verschiedenen Farbfiltern, die in die Leuchtenschirme aus Polypropylen-Papier-Laminat eingesetzt werden können, lassen sich ganz unterschiedliche Stimmungen erzielen. Eine 10-Watt-CFL-Lampe hält Energieverbrauch und Wärmeerzeugung niedrig.

✎	*Neil Wilson, GB*	311
⚙	*Lampholder 2000 plc, GB*	319
▤	*Polypropylen, Papier, Holz*	341
♲	*• Multifunktional, Stimmungsbeleuchtung*	329

The Eye of the Peacock, 1997/1998

Plastikflaschen werden zerkleinert und anschließend mit Farb- und Textureffekten zu einer Mischung verarbeitet. Die originalen Flaschenhälse und Dichtungsringe verleihen dieser Wandplatte eine noch reichhaltigere Struktur und Vielfalt. Auf der Rückseite der Platte sind Leuchtstoffröhren angebracht, die die stimulierende Wirkung des neuen Materials ans Licht bringen.

	Bär + Knell, D	304
	Einzelstück	
	HDPE- und LDPE-Flaschen	341
	• Recyceltes Material	327

Tisch- und Bodenleuchten

Mit Präzisionslasern geschnittenes MDF von Trupan, Papier und Stahlstangen mit kugelförmigen Füßen aus Birkenholz sind die Komponenten, aus denen sich dieses Design zusammensetzt. Die natürliche Farbgebung des Produkts ist für etablierte Designs durchaus eine ernstzunehmende Herausforderung.

	Burges Zbryk, E + Z Design, USA	306, 311
	E+ Z Design, USA	306
	MDF, Papier, Stahl, Birkenholz	295, 339
	• Erneuer- und recycelbares Material	327
	IDRA, 1997	332

Tischleuchte

In dieser kleinen Leuchte werden Alltagsgegenstände wie Besteck in den Kontext einer neuen gestalterischen Idee eingebunden. Es kann also sehr lohnend sein, die Einsatzmöglichkeiten bereits vorhandener Produkte zu erweitern.

	Stichting Art Depot, NL	310
	Limitierte Serie	
	Wiederverwendetes Besteck	341
	• *Gebrauchte Objekte* • *Energie sparende Herstellung*	327, 328
	IDRA, 1997	332

Light columns, 1995

Kunststoffverpackungen werden für dieses Produkt recycelt und zu dünnen, halbtransparenten Schichten verarbeitet. Die langen Zylinder aus recyceltem Kunststoff sind für Einzelanfertigungen ebenso geeignet wie für limitierte Serien oder für Massenproduktion. Durch die Leuchtstoffröhren im Inneren entstehen dekorative Leuchten.

	Bär + Knell, D	304
	Einzelstücke	
	Alte Kunststoffverpackungen	341
	• *Recyceltes Material*	327

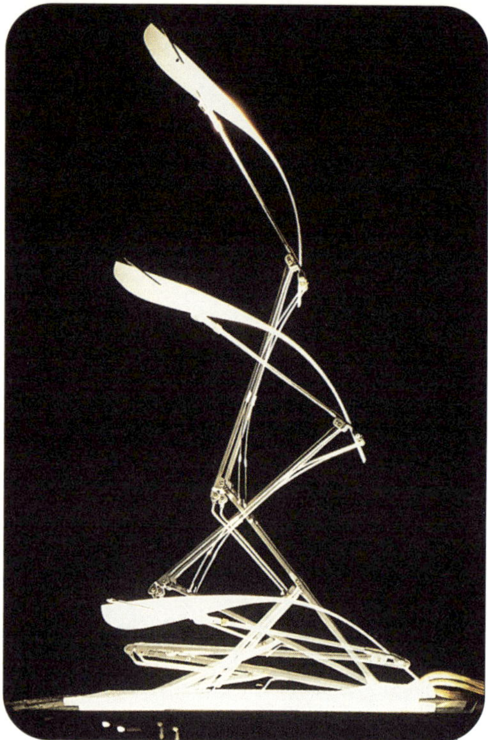

Viva

Für dieses Objekt wurde die auf Achille Castiglioni und andere italienische Designer zurückgehende Tradition aufgegriffen, vorgefertigte Komponenten zu verwenden, in diesem Fall einen faltbaren Regenschirm, auch als „Knirps" bekannt. So ist eine eigenwillige und anregende Lampe entstanden.

✎	*Manuel Ribeiro Bandeira de Vianna, BR, und Francisco Gomez Paz, RA, Domus Academy, I*	306
⚙	*Prototyp*	
▬	*Alter Regenschirm*	341
♻	*• Wiederverwendung vorhandener Produkte*	327

Kerzenhalter Valvestem

Dieser Kerzenhalter ist das Endergebnis einer langen Suche nach wieder verwendbaren Produkten lokaler Hersteller, die in ausreichender Menge für eine Massenproduktion bereits vorhanden waren. Ausgangspunkt war ein Lagerbestand von Ventilschiebern aus Dieselmotoren. Andere Komponenten wurden dann auf ihre Tauglichkeit für das Halten der Kerze und das Auffangen des Wachses getestet. Ventilfedern zeigten sich als besonders gute Kerzenhalter und können außerdem durch ein einfaches Biegen der Feder von überschüssigem Wachs gereinigt werden.

✎	*R+r Sustainable Design, USA*	309
⚙	*R+r Sustainable Design, USA*	309
▬	*Wieder verwendete Ventilschieber und -federn*	341
♻	*• Wieder verwendete, überschüssige vorgefertigte Komponenten*	327
✿	*IDRA, 1997*	332

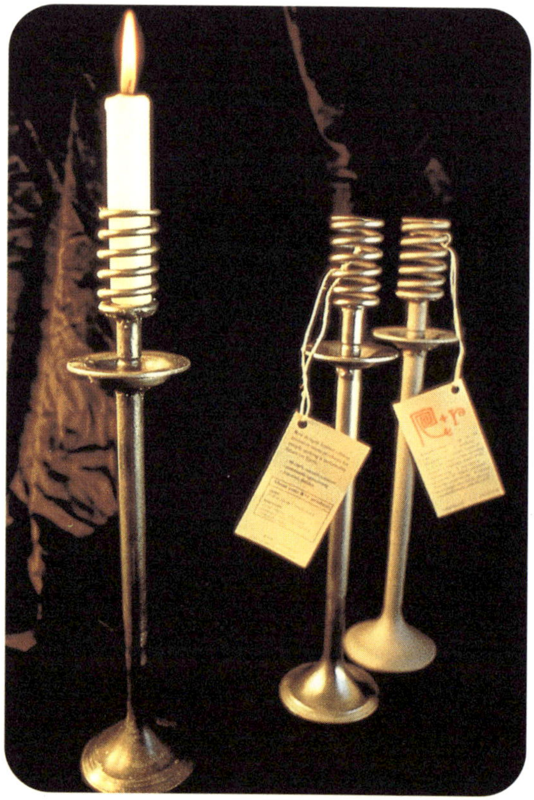

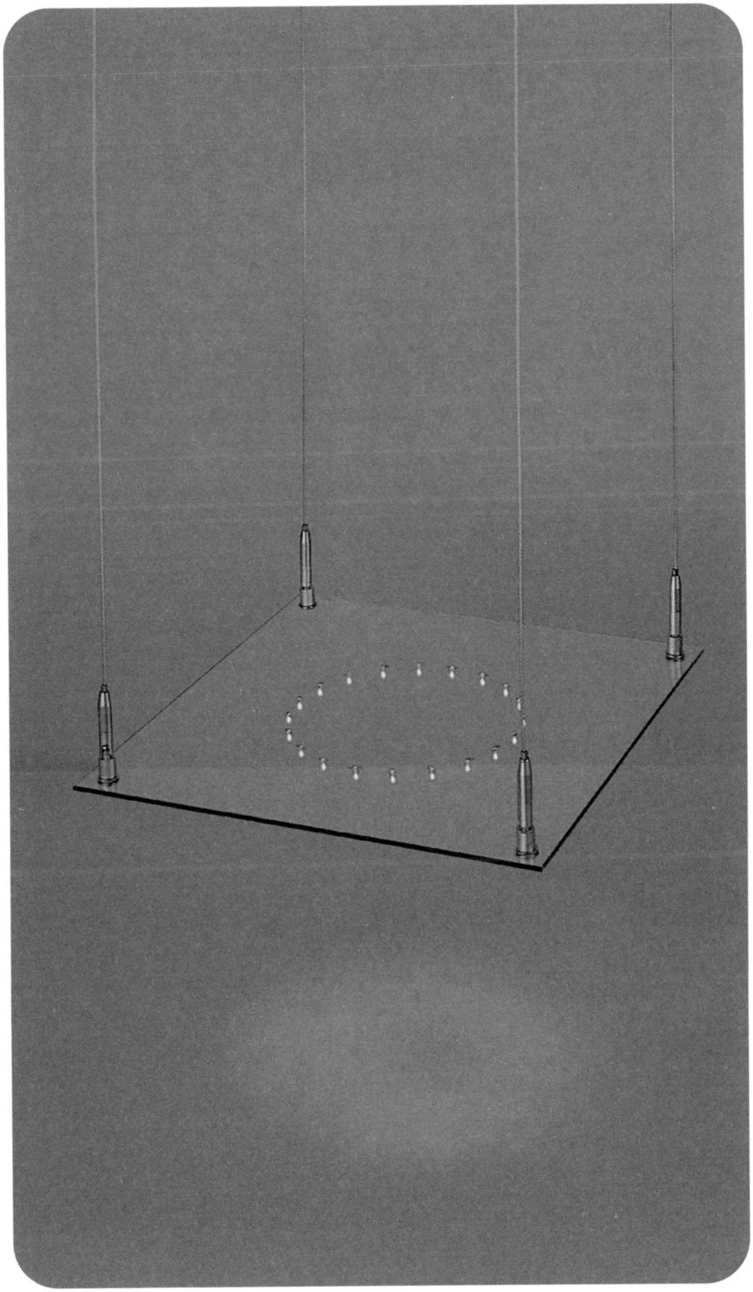

Powerglass®

Eine transparente leitfähige Platte wird von zwei normalen Glasschichten umschlossen. Die Leitfähigkeit richtet sich nach der Art der leitfähigen Beschichtungen, so dass es für diese patentierte Technologie zahllose Einsatzmöglichkeiten gibt, vor allem im Niederspannungsbereich, beispielsweise als Beleuchtung, Schalter, LED-Anzeige usw.

✎	*Glas Platz, D*	317
⚙	*Glas Platz, D*	317
▬	*Transparente, leitfähige Beschichtung, Glas*	295
↻	*• Transparenter elektrischer Leiter*	329

DELIGHT

Diese dekorative Wandplatte fungiert zugleich auch als Wandleuchte. Die verführerische Beleuchtungsatmosphäre entsteht durch den gefärbten Schirm aus Silikon.

✎	*Adrien Gardère, F*	306
⚙	*Ligne Roset, F*	319
▮	*Silikon, Elektronik, Lampe*	341
♺	*• Multifunktional*	329

Wall Bracket

Diese Wandleuchte wurde auf das absolut Wesentliche reduziert und beeindruckt durch ihr ökonomisches Design. Die Fassung für das elektronische Vorschaltgerät und die CFL-Lampe (Kompaktleuchtstofflampe) sitzen auf einem einfachen Halter aus gepresstem Metall, an dem wiederum eine gebogene Polypropylenscheibe angebracht ist.

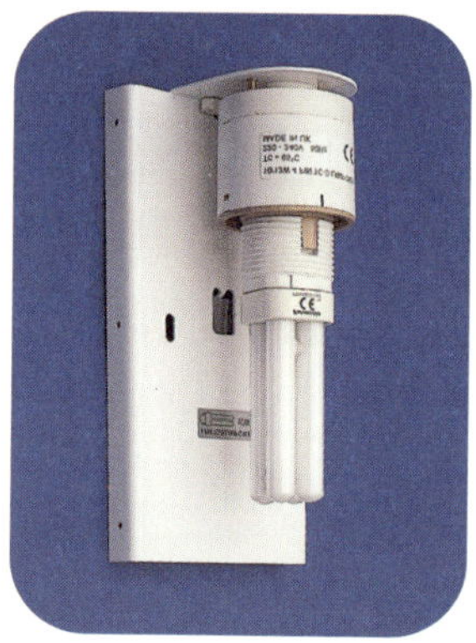

✎	*Lampholder 2000 plc, GB*	319
⚙	*Lampholder 2000 plc, GB*	319
▮	*Metall, Polypropylen*	295, 341
♺	*• Ökonomischer Materialverbrauch* *• Kaum Energieverbrauch*	327, 329

Helmut

Die Herkunft der widerstandsfähigen, farbenfrohen Außenleuchte ist an den vielen Farbstückchen in dem recycelten HDPE-Kunststoff zu erkennen. In diesem interessanten Entwurf kommen die besonderen Eigenschaften des Materials optimal zur Geltung.

✎	*Bär + Knell, D*	304
⚙	*Bopp Leuchten GmbH, D*	313
▬	*Recycelter Kunststoff*	283, 295
♻	• *Recyceltes Material*	327

Moonlight MFL

Robustes, wetterfestes, halb lichtdurchlässiges Polyethylen wird zu Kugeln in vier verschiedenen Größen geformt. Diese sind mit unterschiedlichen Sockeln versehen, so dass die Energie sparenden Lampen (5-23 Watt) sowohl in die Erde gesteckt als auch auf harten Böden verwendet werden können. Und bei einem Stimmungswechsel brauchen Sie aus bis zu 250 Farben nur einen anderen Farbfilter für die Glühlampe auszuwählen.

✎	*Moonlight Außenleuchten, D*	320
⚙	*Moonlight Außenleuchten, D*	320
▬	*Polyethylen*	341
♻	• *Multifunktional* • *Geringer Energieverbrauch*	329

Pod Lens

Beleuchtung ist i.d.R. statisch, untrennbar mit der elektrischen Verkabelung eines Gebäudes verbunden. Pod Lens hingegen ist ein modulares System für Innen und Außen. Bestehend aus einem Polykarbonatgehäuse, einer Glühlampe, einer elektrischen Zuleitung sowie einer Reihe von Sockeln als Steh- oder Bodenleuchten.

Ross Lovegrove, GB	308
Luceplan, I	320
Polykarbonat, elektrische Komponenten	296-7
• Multifunktional • Ausbaufähig und einfach zu reparieren	329

Außenleuchte

Recycelte Kunststoffe dienen als Grundstoff, aus dem durch Rotationsgießen ein belastbarer, durchscheinender Leuchtenschirm mit einer an Granit erinnernden Textur entsteht. Spezielle Anschlüsse ermöglichen die Verwendung von Kompaktleuchtstofflampen.

Meta Morf, Inc., USA	320
Meta Morf, Inc., USA	320
Recycelte Kunststoffe, Aluminiumabfälle, Regard-Stahl	341
• Recyceltes Material • Geringer Energieverbrauch	327, 329
IDRA, 1997	332

Solar Bud

Ein Solarpaneel wandelt Sonnenlicht in Energie um. Diese wird in einem Akkumulator gespeichert und an LED-Anzeigen mit Niederspannung abgegeben. Für diese Leuchte sind keine Anschlüsse erforderlich, so dass sie an jedem gewünschten Ort in die Erde oder einen anderen Untergrund gesteckt werden kann. Solar Bud ist ideal als Deko- oder Sicherheitsbeleuchtung im Garten geeignet.

Ross Lovegrove, GB	308
Luceplan, I	320
Metalle, photovoltaische und lichtemittierende Dioden (LEDs)	295
• Solarbetrieben • LEDs mit geringem Energieverbrauch	329

Tsola

Solarbetriebene Systeme für die Außenbeleuchtung sind meist gut sichtbar oberhalb des Bodens angebracht. Dadurch sind sie aber den Elementen, Unfällen und Vandalismus ausgesetzt. Tsola wird in den Boden montiert, man kann darüber gehen und sogar fahren, ohne Schaden anzurichten. Die wartungsarme Beleuchtungsanlage verfügt über einen Intervallschalter, der das Licht in der Nacht nach einigen Stunden automatisch abschaltet, so dass die gespeicherte Energie nicht verschwendet wird.

✎	*Sutton Vane Associates, GB*	324
⚙	*Sutton Vane Associates, GB*	324
▰	*Solarzellen, hochbelastbares Glas, Edelstahl, Akkumulator*	295
♻	*• Solarbetrieben*	329

Außenbeleuchtung

Diese Außenleuchte, die zu 60 % aus recycelten abgesprengten Glastropfen besteht, beweist wieder einmal, dass die Verwendung recycelter Materialien Formgebung und Funktionalität nicht beeinträchtigt. Die kurvenreiche Form verströmt ein sanftes Leuchten.

✎	*John M. Staton, USA*	310
⚙	*Einzelstück*	
▰	*Recyceltes Glas*	295
♻	*• Recyceltes Material*	327
✪	*IDRA, 1995*	332

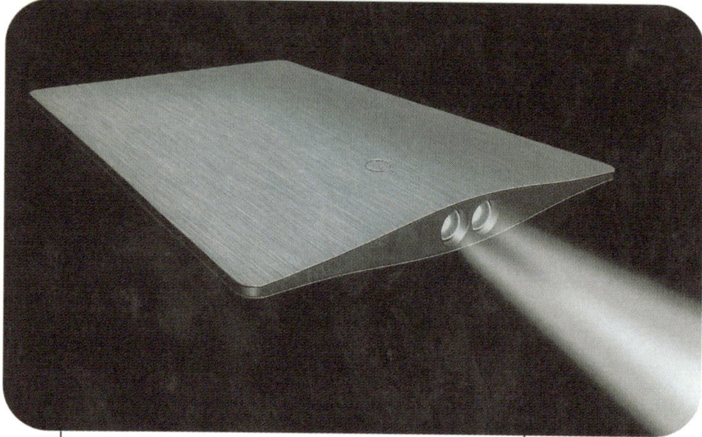

✎	*Iain Sinclair Design, GB*	318
⚙	*Iain Sinclair Design, GB*	318
▬	*Edelstahl*	295
♻	*• Ökonomischer Material- und geringer Energieverbrauch*	327
✪	*iF Design Award, 2000*	332

EON

Der Einsatz von LED-Technologie zu Beleuchtungszwecken ermöglicht einen sparsamen Umgang mit Materialien. Diese Taschenlampe in Kreditkarten-Größe besteht aus Edelstahl.

Taschenlampe Freeplay

Die Hersteller des berühmten Freeplay-Kurbelradios haben ihre Produktpalette um diese handbetriebene Taschenlampe erweitert. Bei dieser Konstruktion muss ein kleiner Hebel gedrückt werden. Daraufhin gibt die Lampe ein schwaches und ziemlich zitteriges Licht ab. Anschließend braucht man nur ein paar Minuten zu kurbeln und hat eine stetige, zuverlässige Lichtquelle, die ganz ohne giftstoffhaltige Batterien auskommt.

✎	*Freeplay Energy Europe, GB*	317
⚙	*Freeplay Energy Europe, GB*	317
▬	*Kunststoffe, wiederaufladbare Batterie, elektronische Komponenten*	296-7
♻	*• Handbetriebene Beleuchtung • Vermeidung umweltschädlicher Produkte*	329

Aladdin Power

Die Energieerzeugung mit handbetriebenen Generatoren ist nichts Neues. Die russische Armee rüstete ihre Rekruten schon in den 1940ern mit robusten, handbetriebenen Taschenlampen aus, und kurbelbetriebene Taschenlampen aus Kunststoff gibt es seit den 1970ern. Nisso Engineering verwendet jedoch leichtere, modernere Materialien und erreicht so eine größere Effizienz. Damit könnte die Konstruktion auch für andere kleine, tragbare Elektrogeräte, beispielsweise Mobiltelefone, interessant werden. Allerdings verfügen diese kurbelbetriebenen Taschenlampen nicht über die Möglichkeit, Energie in einem Akkumulator oder einem Kurbelmechanismus zu speichern.

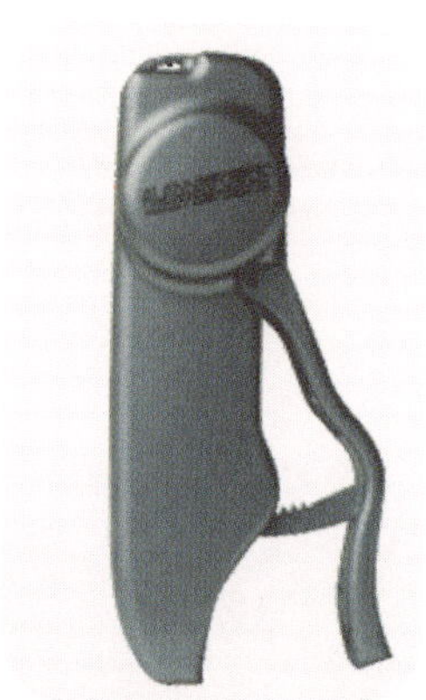

✎	*Nisso Engineering, J*	321
⚙	*Nisso Engineering, J*	321
▬	*Polymere, elektronische Komponenten, Dynamo*	296-7
♻	*• Erneuerbare Energiequelle • Verringerte Abfallproduktion (Batterien)*	327, 328

Hedda Besse, IDEO Product Development für BP Solar International, GB	304, 307
BP Solar International, GB	313
Solarzellen, Polykarbonat, Edelstahl	341
• Solarenergie	329

L48 Solar Lantern

Über ein Solarpaneel wird eine Batterie aufgeladen, die dann für bis zu vier Stunden Licht erzeugen kann. Die robuste, tragbare Lampe widersteht auch extremen Temperaturen.

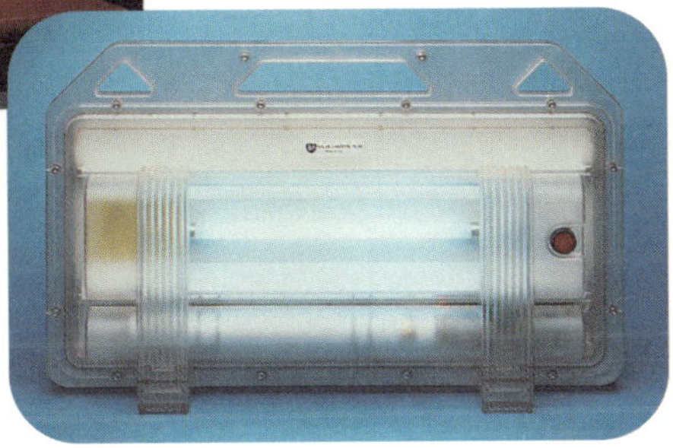

SL-Torch

Bei dieser gut konzeptionierten Taschenlampe dient die Batterie als Griff. Damit lässt sich eine Materialeinsparung von 80 % erreichen. Sie brauchen die Batterie nur in das Gehäuse einzusetzen und durch Drehen einzuschalten.

Antoine Cahen, Les Ateliers du Nord, CH	305
Leclanché, CH	319
Batterie, Glühlampe, Kunststoff	341
• Reduzierter Materialverbrauch	328

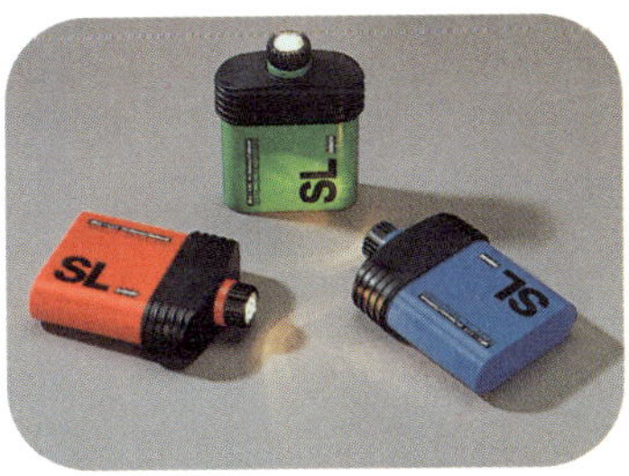

Laterne Solaris™

Aus zwei Stunden Sonnenschein macht diese Laterne eine Stunde Licht. Sie ist selbst bei –30°C und in Höhen von über 7.000 m voll funktionsfähig. Wird der quecksilber-, kadmium- und bleifreie NiMH-Akku voll aufgeladen, kann er bis zu sechs Stunden Licht erzeugen. Es wird automatisch eine Unterspannungstrennung ausgelöst, wenn sich der Akku zu 90 % entladen hat. So wird die Lebensdauer des Akkus verlängert; er kann bis zu 1.000 Mal aufgeladen werden.

Light Corporation, USA	319
Light Corporation, USA	319
Solarzellen, Kunststoff, NiMH-Akku	341
• Erneuerbare Energiequelle • Keine schädlichen Substanzen im Akku	329

Ecotone Ambiance Slimline

Kompaktleuchtstofflampen werden immer kleiner, und so konnte Philips eine kerzenförmige, matte Energiesparlampe mit einem E 14-Gewinde entwickeln. Dies ermöglicht den Einsatz in vielen verschiedenen Fassungen und damit weitere Energieeinsparungen. Die Lampe ist in den Leistungsstufen 6, 9 und 11 Watt erhältlich. Für die Herstellung sind nur ganz geringe Mengen von Quecksilber und Blei erforderlich und die Lebensdauer soll bei etwa sechs Jahren liegen.

	Philips Lighting BV, NL	309
	Philips Lighting BV, NL	309
	Glas, Metalle (auch Quecksilber und Blei)	295
	• Fördert Energieeinsparungen	329
	iF Ecology Design Award, 2000	332

Mini-Lynx Ambience

Diese CFL-Lampe sieht wie eine konventionelle Glühbirne aus, verbraucht aber 80 % weniger Energie. CFL-Lampen in dieser Größe herzustellen ist durchaus eine Herausforderung. Durch das Vorschaltgerät und die gebogenen Leuchtstoffröhren sprengen diese Lampen normalerweise die Größenordnung einer herkömmlichen Fassung. Sylvania ist es gelungen, standardisierte CFL-Lampen zu produzieren, die in Größe und Form einer Glühbirne gleichen. Die Lampen sind in Weiß, Apricot und Rosa erhältlich.

	Sylvania Design Team, GB	310
	SLI Lighting, GB	324
	Glas, Vorschaltgerät, Kunststoff	295
	• Geringer Energieverbrauch	329

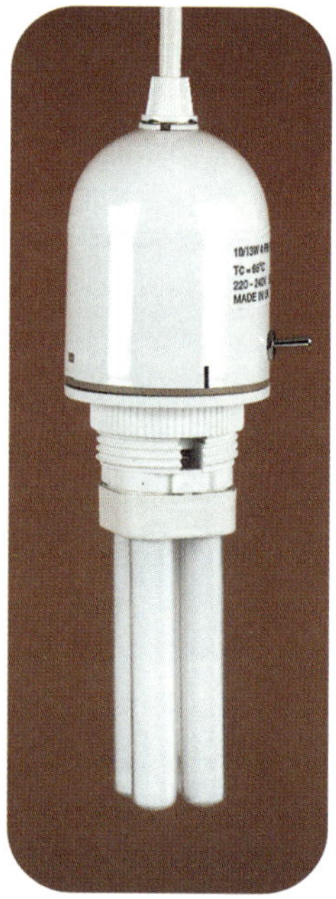

Lampholder 2000

CFL-Lampen mit einer Standard-Bajonettfassung verfügen über eigene Vorschaltgeräte für ein flimmerfreies Einschalten. Lampholder 2000 ist eine Leuchte, in die bereits ein Vorschaltgerät integriert ist. Die Leuchte ist für den Direktanschluss von vierpoligen CFL-Lampen geeignet. Bereits mit dem dritten Austausch einer vierpoligen CFL-Lampe ist eine Kosteneffizienz gegenüber CFL-Lampen mit Bajonettfassung gegeben. Zudem wird der Materialverbrauch bei der Lampenherstellung reduziert.

	Lampholder 2000 plc, GB	319
	Lampholder 2000 plc, GB	319
	Diverse	
	• Energie sparend • Reduzierter Materialverbrauch	329

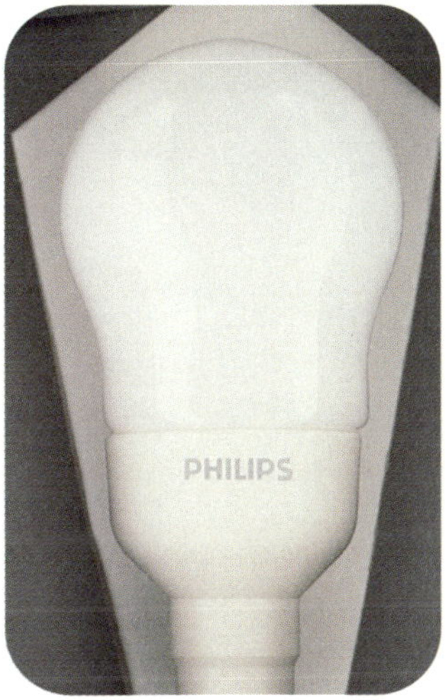

Philips Ecotone Ambiance

Kompaktleuchtstofflampen verbrauchen zwar bis zu 80 % weniger Energie als herkömmliche Glühbirnen mit einem Wolframfaden. Die U-förmigen Röhren der älteren Entwürfe standen in konventionellen Fassungen jedoch oft über. Philips hat eine Kompromisslösung für dieses Problem gefunden. Die CFL-Lampe wird zwar in Form und Größe an konventionelle Glühlampen angepasst, das Vorschaltgerät befindet sich jedoch nach wie vor im Sockel. Die Lampen sind in den Leistungsstufen 5, 9 und 11 Watt erhältlich. Einen Nachteil hat diese Konstruktion: Für die Produktion sind kleine Mengen Quecksilber erforderlich.

✎	*Fons Baohm und Patrick van de Voorde, Philips Lighting BV, NL*	309, 311
⚙	*Philips Lighting BV, NL*	309
▬	*Glas, Kunststoffe, Elektronik, Quecksilber*	283, 295
♻	*• Fördert Energieeinsparungen • Einheitl. Form für konventionelle Fassungen • Haltbar*	329

LED® DecorLED

LEDs (lichtemittierende Dioden) werden mit Niederspannung betrieben und sind sehr Energie sparend. Ledtronics bietet eine breite Palette von Lampen – auch in Kugel- oder Spotform – mit Edinsongewinde für den Wechselstrombetrieb. Eine Lampe mit 17 LEDs gibt weißes Licht ab, in dem alle Spektralfarben enthalten sind. Das abgegebene Licht entspricht dem einer herkömmlichen Wolfram-Glühlampe, es werden aber nur 1,7 Watt verbraucht. LED-Lampen erzeugen in der Regel nur sehr wenig Hitze. Insgesamt sind so erhebliche Energieeinsparungen möglich, zumal LED-Lampen bis zu zehnmal länger als CLF-Lampen und 133 Mal länger als Wolfram-Glühlampen halten.

✎	*Ledtronics, USA*	319
⚙	*Ledtronics, USA*	319
▬	*LEDs, Metall, Glas*	295
♻	*• Geringer Energieverbrauch • Langlebiges Produkt*	329

iChef

In der Induktionstechnik wird elektrisch erzeugte Hitze mit Hilfe magnetischer Felder direkt auf den Inhalt des Kochtopfs übertragen. Fast 95 % der elektrischen Energie wird in Hitze umgewandelt. Damit werden Gasherde angeblich um das Fünffache übertroffen. Auch ist das System erheblich schneller als herkömmliche elektrische Kochplatten. Eine Glasplatte trennt die Drahtspule und die Pfanne oder den Topf. Sie erhitzt sich dabei nicht, da die gesamte Energie an den Kochbehälter weitergeleitet wird. So entsteht ein Sicherheitsvorteil gegenüber konventionellen Herden. Über eine digitale Anzeige kann die Temperatur genau eingestellt werden.

✎	*Induced Energy, GB*	318
⚙	*Induced Energy, GB*	318
▮	*Metall, Glas*	295
♻	*• Verbesserte Energieeffizienz und Sicherheit*	329

Aga

Aga-Rayburn Herde finden sich in über einer halben Million britischer Haushalte und werden weltweit exportiert. Die „Agas", wie sie liebevoll genannt werden, sind ein Symbol klassischen, dauerhaften Designs. Seit den Anfängen der Industriellen Revolution werden sie in der Eisen produzierenden Stadt Telford in Shropshire hergestellt. Die Gießerei Coalbrookdale, in der die Gussteile für die Herde produziert werden, fertigte 1779 sogar Teile der ersten Eisenbrücke der Welt. Die handgefertigten Gussteile als Hauptkomponenten der Herde werden aus Eisenschrott und Roheisen angefertigt. Teile von minderer Qualität werden einfach wieder recycelt. Ursprünglich wurde der Aga-Rayburn für feste Brennstoffe entwickelt. Im Laufe der Zeit wurden jedoch technische Verbesserungen vorgenommen, die nun auch die Nutzung von Öl, Natur- und Propangas oder, in Schwachlastzeiten, Elektrizität ermöglichen. Seit den 1940ern kann er außerdem als Boiler für die Warmwasserversorgung und die Zentralheizung fungieren. Agas sind heute begehrte Statussymbole der Mittelschicht. Der Aga kann repariert und/oder eingeschmolzen und erneut gegossen werden.

✎	*Dr. Gustaf Dalen, schwedischer Physiker, 1920er*	
⚙	*Aga-Rayburn, GB*	312
▮	*Gusseisen*	295
♻	*• Recyceltes und recycelbares Material • Langlebiges Produkt*	327, 329

Solar Cooker

Pappe wird mit einer speziellen reflektierenden Oberfläche beschichtet, die die Sonnenenergie auf einen dunkelfarbigen Kochtopf bündelt. In subtropischen und tropischen Regionen lässt sich der Jahresverbrauch eines durchschnittlichen Haushalts an Feuerholz mit diesem Design um 30 % senken. In Entwicklungsländern mit knappen Brennholzressourcen haben die Menschen so eine Möglichkeit, Wasser zu sterilisieren und Essen zu erhitzen.

✎	*Bernard Kerr und Pejack Campbell, USA*	304
⚙	*Solar Cookers International, USA*	324
	Pappe, reflektierende Folie	341
	• Passive Solarenergie	329

Café Duo HD 1740/42, Cucina Duo

Diese Kaffeemaschine für eine oder zwei Tassen ist nicht nur ästhetisch reizvoll, sondern sie entspricht auch den hohen Umweltstandards von Philips. Im Stand-by-Modus verbraucht der Automat keine Elektrizität. Alle Komponenten können recycelt werden.

✎	*Philips Design, NL*	309
⚙	*Philips Electronics BV, NL*	322
	Metall, thermoplastische elektrische Komponenten	341
	• Energieeffizient *• Zerleg- und recycelbar*	328, 329
	iF Design Award, 2000	332

Glass Kettle, Glass Toaster, Microclimate

Stefano Marzano, Leiter der Design-Abteilung bei Philips Electronics, war für ein Projekt verantwortlich, bei dem die „Anonymität im Design“ untersucht werden sollte. Im heiß umkämpften Markt für Elektrogeräte unterscheiden sich Produkte oft nur noch durch den Markennamen – selbst wenn Apple schon seit langem beweist, dass überzeugende Ästhetik in Verbindung mit starker Leistung sich auf dem Markt immer durchsetzen kann. Philips ließ Verbraucherbefragungen durchführen, die ergaben, dass Funktionalität nicht das einzige Kaufkriterium ist. Gekauft werden Produkte, die in Teilen die Persönlichkeit des Käufers widerspiegeln. Schon Mitte der 1990er war dieser Faktor bekannt. In der Produktpalette von Philips-Alessi wird er seit dieser Zeit auch umgesetzt. Die Herausforderung besteht nach wie vor darin, Verbraucher anzusprechen und sie zum Nachdenken über ihre Kücheneinrichtung zu bewegen. Laut der Firmenphilosophie von Philips ist eine Kombination aus verbesserter Funktionalität, umfassenderem Einsatz digitaler Technologien und größerer „persönlicher“ Ausdruckskraft der Schlüssel für die Produkte der Zukunft. Glass Kettle, Glass Toaster und Microclimate sind Prototypen im Entwurfsstadium, bei denen dieser neue Ansatz umgesetzt werden soll.

	Philips Electronics BV, NL	322
	Prototypen im Entwurfsstadium	
	Glas, Kunststoffe, Elektronik	295
	• Verbesserte Energienutzung und Funktionalität *• Potenziell verlängerte Lebensdauer*	329

Rondo

Alle Komponenten dieses handlichen Sprühgeräts können zu Reparatur- und Recyclingzwecken voneinander getrennt werden. So kann sich der Kunde auch Farbe und Finish des kugelförmigen Behälters mit einem Fassungsvermögen von 0,75 l aussuchen. Eine einstellbare Düse und ein Pumpendruck von bis zu 3 Bar machen dieses Gerät zu einem nützlichen Hilfsmittel beim Saubermachen.

	BEST, Büro für Produktgestaltung, D	304
	Gloria-Werke, H. Schulte-Frankenfeld, D	317
	Verschiedene Polymere und Metalle	295-7
	• *Recycelbare Komponenten*	327

POLTI Ecologico AS810

Dieser Staubsauger ist ein Segen für Asthmakranke. Das wasserbasierte Filtersystem entfernt 99,99 % aller Staubpartikel von bis zu 0,3 Mikron, einschließlich Pollen, Ausscheidungen von Hausmilben und Zigarettenrauch. An Stelle der herkömmlichen Papierfilter tritt ein entnehmbarer Wasserfilter, der nach Gebrauch geleert wird und eine Lebensdauer von bis zu sechs Monaten hat.

	Polti, I	322
	Polti, I	322
	Diverse Kunststoffe, Metalle	295-7
	• *Weniger Verbrauchsmaterial* • *Verbesserte gesundheitliche Bedingungen*	328, 329

Kärcher 670 M

Viele Merkmale dieses Produkts werden für umweltbewusste Hersteller bald zum Standard gehören. Die Metall- und Kunststoffteile (größtenteils recycelbares ABS und PA) lassen sich ohne großen Aufwand voneinander trennen. Der Hersteller garantiert die Rücknahme nicht mehr einsetzbarer Produkte. Der Verpackungsanteil aus Pappe wird so gering wie möglich gehalten, das Handbuch ist auf recyceltem Papier gedruckt und das Gerät benötigt so gut wie keine Wartung.

	Teams Design, D	310
	Alfred Kärcher GmbH, D	312
	Recycelbare Kunststoffe, Metalle	295-7
	• *Zerlegbar, wartungsarm* • *Rücknahme des Produkts durch den Hersteller* • *Reduzierte Verpackung*	327, 328, 330

Produktreihe Dyson Dual Cyclone

Als James Dysons beutelloser Staubsauger in den 1990ern einen erheblichen Anteil am Markt errang, sahen Hoover und andere große Staubsaugerfabrikanten ihre Verkaufszahlen sinken. Das neue Modell verwendet statt eines Beutels ein Zyklonsystem mit zwei sich schnell drehenden Zentrifugalkammern. Konventionelle Staubsauger verlieren an Saugkraft, wenn sich die Beutel füllen und die Filter zu verstopfen beginnen, aber bei diesem System lässt die Saugkraft nicht nach. Auch das lästige Auswechseln der vollen Beutel entfällt, stattdessen braucht lediglich der Hauptbehälter geleert zu werden. Der erste Dyson Dual Cyclone kam 1986 in Großbritannien auf den Markt, konnte sich aber bis 1993 nicht durchsetzen. Dann wurde er mit einem Mal zum meistverkauften Handstaubsauger. Dyson Appliances stellt inzwischen eine breite Palette von Boden- und Handstaubsaugern her. Die Fliehkraft hat sich als Prinzip für den Staubsauger etabliert und trägt erheblich zur Vermeidung von Abfall in Form von gebrauchten Papierbeuteln bei.

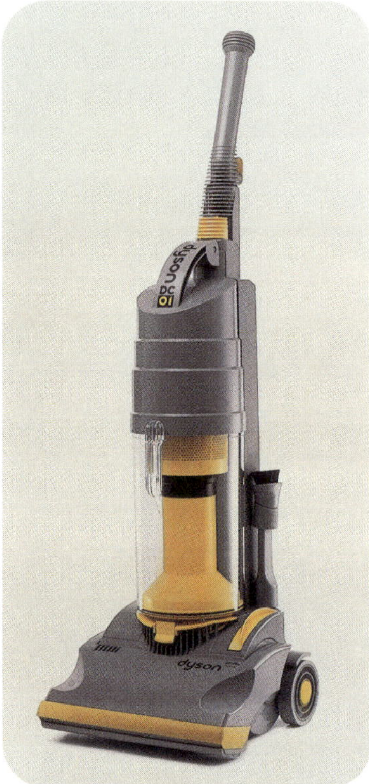

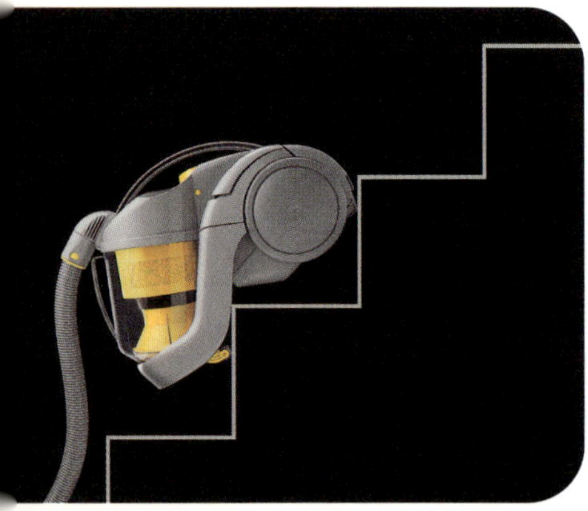

✎	*James Dyson und Dyson Appliances, GB*	306
⚙	*Dyson Appliances, GB*	315
	Kunststoffe, Motor, Elektronik	283, 295
	• Weniger Verbrauchsmaterial (Papiertüten) *• Verbesserte Effizienz, dadurch größere Sauberkeit und gesundheitliche Vorteile* *• Einfache Wartung*	327

POLTI Vaporetto 2400

Heißer Dampf ist bei der Reinigung von Teppichen, Matratzen und Polstern äußerst effektiv und kann starke chemische Reinigungsmittel überflüssig machen. Auch zur Bekämpfung von Hausmilben und anderen Insekten ist Dampf eine sichere Methode. Leitungswasser wird in einem Stahlbehälter erhitzt und über einen Schlauch abgegeben, an dessen Ende Bürsten und Aufsätze befestigt werden.

✎	*Polti, I*	322
⚙	*Polti, I*	322
	Diverse Kunststoffe, Edelstahl	283, 295
	• Weniger Verbrauchsmaterial *• Verbesserte gesundheitliche Bedingungen*	327

Öko-Lavamat 86720**

Ein verbessertes Schleuderverfahren und Mikroprozessoren mit Fuzzy Logic in einem Öko-Lavamat-Gehäuse – das ergibt eine der effizientesten Waschmaschinen der Welt. Um 5 kg dreckige Baumwollwäsche bei 60°C zu waschen, sind nur 39 l Wasser und 0,89 kWh Strom erforderlich. Damit liegt das Modell 86720 in der Effizienzklasse A des Öko-Zertifikats der EU. Wassermenge und -temperatur sowie die Dauer des Waschgangs werden durch die Mikroprozessoren gesteuert. Diese können aufgerüstet werden, falls neue Waschmittel und andere Hilfsstoffe entwickelt werden.

	AEG, D	312
	AEG, D	312
	Stahl, Metalle, Gummi, Elektronik, Motor und Pumpe	283, 295
	• Energie- und Wassereinsparungen	329, 330

Titan

Den Wäschekorb einfach in die Waschmaschine stellen? Auf diese Idee ist man bei Monotub Industries gekommen. Dort wurde eine Waschtrommel entwickelt, die schräg in die Maschine eingesetzt wird. Das Wasser wird durch Edelstahldüsen zugeführt, die in die Wand der Waschtrommel integriert sind. Das Fassungsvermögen liegt 40 % über dem Durchschnitt. Titan verfügt nicht nur über eine sich weit öffnenden Tür und eine Bedienung per Knopfdruck, die Maschine erfüllt auch die Anforderungen der EU-Effizienzklasse A für Waschleistung und Energieeffizienz.

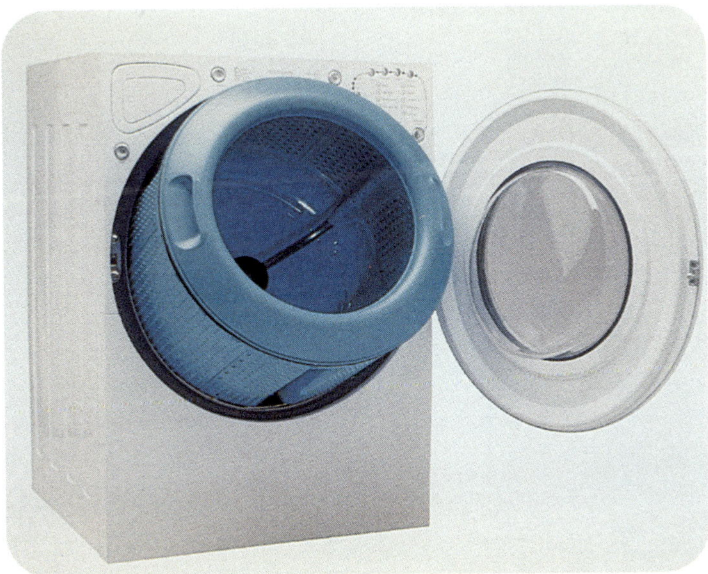

	Monotub Industries mit TKO Design und Cock & Hen, GB	320
	Monotub Industries, GB	320
	Polypropylen, Stahl, Elektronik	295, 341
	• Hohe Energie- und Wassernutzungseffizienz *• Kombination aus Wäschekorb und Waschmaschine*	329, 330

Hoover Quattro Whisper Easy Logic Modell AE230

Mit der New Wave-Serie erhielt Hoover 1993 als erster Waschmaschinenhersteller das Öko-Zertifikat der EU, das als Grenzwerte einen Energieverbrauch von 0,23 kWh/kg und einen Wasserverbrauch von 15 l pro 1 kg Wäsche vorgibt. Das Unternehmen hat sich seitdem mit Maschinen, die die Kriterien der EU-Effizienzklasse A erfüllen, einen Namen gemacht. Zur aktuellen Produktpalette gehört auch das geräuscharme System Quattro Whisper Easy Logic mit schalldämpfenden Paneelen und einer verbesserten Aufhängung. Das Powerjet-Sprühsystem und die überdurchschnittlich große Trommel vereinfachen die Waschbewegungen, so dass bei einem Waschgang mit 5 kg Wäsche nur 49 l Wasser verbraucht werden.

	Hoover Group, GB	318
	Stahl, Kunststoffe, elektrische Pumpe und Motor	283, 295
	Diverse	
	• Niedriger Energie- und Wasserverbrauch	329, 330

Staber System 2000

Staber System 2000 ist ein Toplader, in den ein Wäschekorb aus Edelstahl eingesetzt wird. Damit widersetzt er sich dem Trend zu Vorderladern mit horizontaler Achse. Ein Motor mit variabler Geschwindigkeit trägt zur Energieeinsparung bei. Die vordere Abdeckung lässt sich abnehmen und gewährt so Zugriff auf die Innenteile. Außerdem kann an ihr ein selbstreinigender Filter befestigt werden, der die Wartung vereinfacht. Nach Angaben der Hersteller wurden Energie-, Wasser- und Waschmittelverbrauch reduziert.

	Staber Industries, USA	324
	Staber Industries, USA	324
	Edelstahl, Stahl, Harze und diverse andere Materialien	284, 295
	• Energie und Wasser sparend *• Energieeffizienz erfüllt Energy Star-Vorgaben*	330

OZ23

Durch die geschwungenen Linien und den kugelförmigen unteren Türbereich sind die Kühl- und Gefrierfächer einfacher zugänglich als bei konventionellen Kühl-/Gefrierkombinationen. Der Kühlschrank hat ein Fassungsvermögen von 211 l. Durchdachtes Design zeigt sich bei der Verwendung des Kühlmittels Isobutan R600A und des Isoliermittels Cyclopentan, die beide FCKW-frei sind und somit weniger Luftverschmutzung verursachen sowie beim geräuscharmen Kompressor mit 38 dbA. Ob dieses Modell eine längere Lebensdauer als andere gängige Kühlschränke hat und sich leicht warten und reparieren lässt, wird sich im Laufe der Zeit herausstellen – möglicherweise aber behandelt man ein so außergewöhnliches Produkt zumindest mit Sorgfalt. Auch die wichtige Frage der Entsorgung ist noch offen. Nimmt Electrolux Zanussi die Geräte wieder zurück?

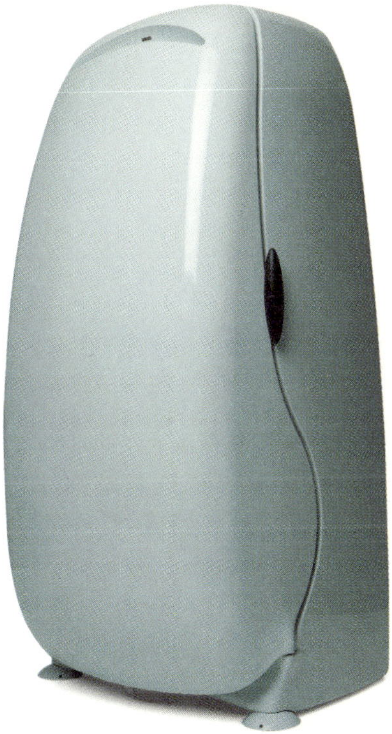

✎	*Roberto Pezzetta, Luciano Pesavento, Zanussi Industrial Design Centre, I*	309
⚙	*Electrolux Zanussi, I*	315
▬	*Diverse*	
♲	*• Verbesserte Funktionalität • Energie sparend*	329

Planet DC

Diese Kühl-/Gefrierkombination mit einem Fassungsvermögen von 0,33 m³ wird in einem 12- oder 24-Volt-Stromnetz betrieben. Als Energiequelle reichen private Systeme zur Erzeugung erneuerbarer Energie mit zyklenfesten Batterien aus, beispielsweise ein Solarmodul à 150 Watt.

✎	*Planet, USA*	322
⚙	*Planet, USA*	322
▬	*Diverse*	
♲	*• Niederspannungsgerät für erneuerbare Energiesysteme im Haushalt*	329

Supercool™

Für die Herstellung von Kühlschränken kommen normalerweise chlorierte Kohlenwasserstoffe als Kühlmittel zum Einsatz. Supercool AB hat sich stattdessen den Peltier-Effekt von Thermoelementen aus gedoptem Wismuttellurid zu Nutze gemacht. So kann die Verwendung von die Ozonschicht schädigenden Gasen vermieden werden. Eine in einem Niederspannungssystem (12 oder 24 Volt) betriebene thermoelektrische Leiterplatte kann mit nur 10 Watt eine Minibar im Hotel kühlen. Darüber hinaus arbeitet das System geräuschlos.

Supercool AB, S	324
Supercool AB, S	324
Thermoelektrisches Modul, Wismuttellurid, Kunststoffe	341
• Reduzierter Energieverbrauch • FCKW- und HFCKW-freies Kühlsystem ohne Giftstoffe	329, 340

Kühltasche Supercool™

Eine Leiterplatte mit Thermoelementen aus gedoptem Wismuttellurid dient als „Wärmepumpe“ und sorgt für die Kühlung dieser tragbaren Kühltasche, die mit 12 oder 24 Volt betrieben wird.

Supercool AB, S	324
Supercool AB, S	324
Thermoelektrisches Modul, Wismuttellurid, Kunststoff	341
• Energie sparend • FCKW- und HFCKW-freies Kühlsystem ohne Giftstoffe	329, 340

Vestfrost BK350

Vestfrost ist einer der weltweit führenden Hersteller für Kühl- und Tiefkühlsysteme. Schon 1993 hat das Unternehmen sich mit seiner Verantwortung gegenüber der Umwelt auseinandergesetzt und FCKW und HFCKW aus der Produktpalette entfernt. Stattdessen wird das alternative Kühlmittel „Greenfreeze“ verwendet. Vestfrost ist der einzige Hersteller, der in dieser Geräteklasse das Öko-Zertifikat der EU erhalten hat.

David Lewis, GB	308
Vestfrost, DK	325
Metall, Kunststoffe, Gummi, Elektromotor und -kompressor	341
• Energie sparend • Umweltfreundliche Produktion	327, 329

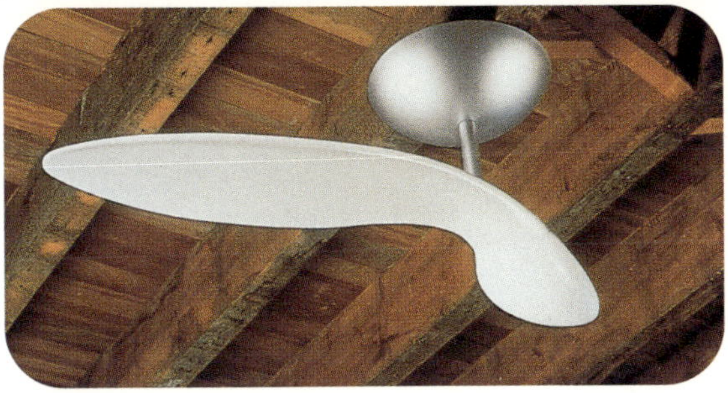

Sycamore Fan

Als Inspiration für diesen einflügeligen Ventilator diente der Samen des Ahornbaums. Das organische Design besteht aus recyceltem PET. So entsteht ein leichtes Ventilatorblatt, dessen Betrieb energieeffizient und geräuscharm ist.

	Danny Gasser, Michael Hort, Ben Sheperd und Quisinh Tran, AUS	306
	Limitierte Serie	
	Recyceltes PET	341
	• *Recyceltes Material* • *Energie sparend*	327, 329
	IDRA, 1997	332

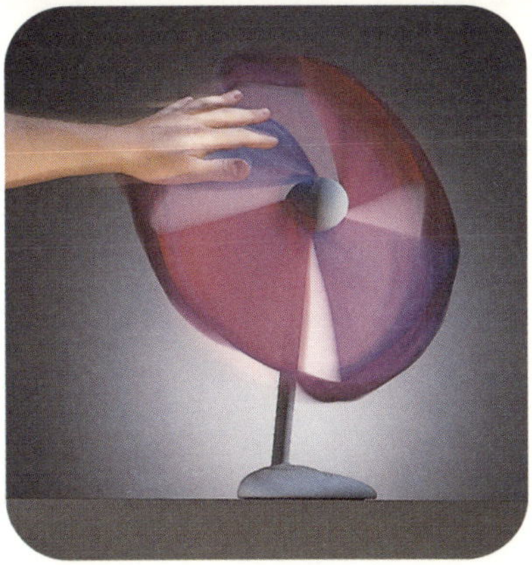

Soft Fan

Dieser Standventilator erinnert zunächst an eine verwelkte Blume. Nach Einschalten des Motors erwacht er zu neuem Leben und die Fliehkraft entfaltet die „Blätter" aus Stoff. Wenn diese sich bei zunehmender Geschwindigkeit vollständig gespannt haben, produzieren sie einen Farbenwirbel und einen breitwinkligen Luftstrom.

	Paul Priestman in Zusammenarbeit mit dem Aeronautics Department des Imperial College, London, GB	309
	Prototyp	
	Stoff, Kunststoff, Elektromotor	283, 290-1
	• *Reduzierter Materialverbrauch gegenüber konventionellem Design*	327

Wind

Während der Industriellen Revolution übernahmen Eisen und Stahl die Funktionen natürlicher Materialien. Für das Gehäuse dieses elektrischen Ventilators wurde diese Entwicklung jedoch geschickt umgekehrt: Rattangewebe tritt an die Stelle von gepresstem Feinblech oder Kunststoff. Zugleich macht der Ventilator eine Wandlung von einem kalten, funktionalen zu einem eher verspielten Objekt mit recycel- oder kompostierbaren Materialien durch.

	Jasper Startup, Startup Design, GB	310
	Gervasoni SpA, I	317
	Rattan, Stahl, Elektrotechnik	281, 295
	• *Recycel- und kompostierbares Material*	327, 330

Felt 12 x 12

Mit den mit Klettverschlüssen versehenen Filzquadraten von Fortunecookies können Sie Ihre Mode jetzt selbst entwerfen. Stellen Sie einfach eine Jacke, eine Hose, ein Hochzeitskleid oder jedes beliebige andere Kleidungsstück in Ihrem persönlichen Stil zusammen. Und wenn Ihnen Ihr Entwurf langweilig wird, können Sie alles wieder auseinandernehmen.

	Fortunecookies, DK	306
	Einzelstück, Fortunecookies, DK	306
	Filz, Klettverschluss	301
	• *Modulares System mit wieder verwendbaren Komponenten* • *Erneuerbares Material*	327

✎	*Hussain Chalayan, Amaya Arzuaga, Gaspard Yurkievich, Pret à Porter*	304, 305, 309, 311
⚙	*Diverse*	
▬	*TENCEL®*	291
♻	• *Erneuer- und kompostierbares Material* • *Umweltfreundlichere Produktion*	327, 330

Modische Kleidungsstücke aus TENCEL®

Drei international anerkannte Designer zeigen, welche Vielseitigkeit in einer künstlich produzierten Faser aus natürlicher Zellulose steckt. Das Rohmaterial für TENCEL® entstammt einer erneuerbaren Quelle, nämlich aus bewirtschafteten Wäldern. Die umweltfreundliche Produktion erfolgt in einem geschlossenen Kreislauf. Die gute Drapierbarkeit von TENCEL® und die große Bandbreite der Oberflächenbeschaffenheit und der Webarten machen diesen Stoff genauso bequem und angenehm zu tragen wie moderne Synthetikstoffe. All dies beweist, dass moderne Ansprüche an Bequemlichkeit und Stil auch ohne Gefährdung der Umwelt aufrechterhalten werden können.

10939 Hochzeitskleid

Bei Hess Naturtextilien hat man sich Gedanken darüber gemacht, wie ein Hochzeitskleid ökologischer werden kann. Im Mittelpunkt der Überlegungen stand die Extravaganz dieses Kleidungsstücks, das mit großem Aufwand gefertigt, aber nur an einem einzigen Tag genutzt wird. So entstand ein Kleid, das zu 40 % aus gewobenem Hanf und zu 60 % aus Seide besteht. Das Unterkleid wird aus organischer Baumwolle und Spitzen gefertigt. Der Einsatz von Chemikalien und der Wasserverbrauch bei der Produktion können auf diese Weise erheblich reduziert werden. Im ersten Jahr nach Herstellung wird das Kleid an glückliche Bräute vermietet, anschließend wird es zum Verkauf angeboten. Später wird es der Altkleidersammlung zugeführt und so recycelt.

✎	*Hess Naturtextilien GmbH, D*	318
⚙	*Hess Naturtextilien GmbH, D*	318
	Hanf, Seide, Baumwolle	291
	• Vermietung statt Erwerb • Erneuerbares Material • Umweltschonende Produktion	327, 328
	Auswahlliste des Design Sense Award, 1999	332

Levis Engineered Jeans

Jeans sind heute ein fester Bestandteil der Populärkultur und haben im Laufe des letzten Jahrhunderts Millionen von Menschen als Arbeitskleidung gedient. Das beliebteste Rohmaterial bei Jeans-Herstellern sind Baumwollfasern. Die Herstellung der Fasern birgt jedoch etliche Umweltbelastungen in Form von Pestiziden und anderen giftigen Substanzen in sich. Levi Strauss, eines der weltweit größten Bekleidungsunternehmen, verwendet für die neue Produktreihe Levis Engineered Jeans deshalb TENCEL®, eine umweltschonende Faser aus natürlicher Cellulose.

	Levi Strauss, Inc., USA	319
	Levi Strauss, Inc., USA	319
	TENCEL®	291
	• *Kompostierbares Material* • *Umweltschonende Produktion*	327

New Nomads

1997 hat Philips das strategische Projekt „Vision for the Future" ins Leben gerufen. Daraus gingen 70 Prototypen hervor, unter anderem die Produktreihe New Nomads, die tragbare Kleidung mit Informationstechnologie kombiniert. Das Konzept des modernen Nomaden, uneingeschränkt mobil und an moderne Informationssysteme angeschlossen, lässt sich nur verwirklichen, wenn das Mitsichführen und Aufladen elektronischer Geräte gewährleistet ist. Deshalb wird aus einer Weste mit zahlreichen Taschen mit Hilfe eines Solarpaneels auch eine Ladestation für die tragbaren Elektrogeräte.

	Philips Design, NL	309
	Prototyp, Philips Design, NL	309
	Verschiedene Textilien, Elektronik	291
	• *Solarbetriebener Generator* • *Geringer Batterieverbrauch*	329

Sensor Sportswear

Mode und Elektro-Technologie sind zwei Bereiche, die heutzutage viele Menschen faszinieren. In diesem Prototyp von Philips Design/Philips Research treffen beide Bereiche zusammen. Audio Streetwear ist authentische Jeanskleidung mit einem integrierten Audiosystem. Imaginair-Airline Workwear aus Stretchwolle ist Arbeitskleidung für Flugzeugbesatzungen mit einem integrierten Kommunikationssystem für den Einsatz in Flugzeugen. Und Sensor Sportswear verfügt über eine Elektronik, die die Körperfunktionen überwacht. Darüber hinaus garantiert der eingebaute, globale Ortungssatellit, dass Snowboarder auch weitab von den regulären Pisten sicher nach Hause finden.

✎	*Philips Design/Philips Research, NL*	309
⚙	*Prototyp*	
▮	*Textilien, Elektronik*	291
⋒	*• Verbesserte Funktionalität*	329

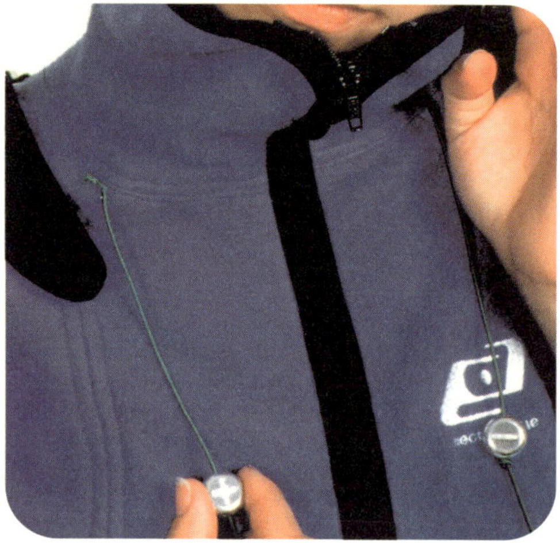

Titshirt

Die skulpturellen Entwürfe von Designern wie Issey Miyake haben schon oft als Inspiration gedient. Erfreulicherweise erkunden auch junge Talente die Möglichkeiten dreidimensionaler Techniken und entwickeln daraus Kleidungsstücke, die den weiblichen Körper regelrecht umarmen. Vielleicht sind die Tage des Wonderbra gezählt…

✎	*Marije Vogelzang, Diplomandin 2000, Design Academy Eindhoven, NL*	311
⚙	*Prototyp*	
▮	*Garn*	290-1
⋒	*• Neue Ansätze für bequemere Kleidung*	329

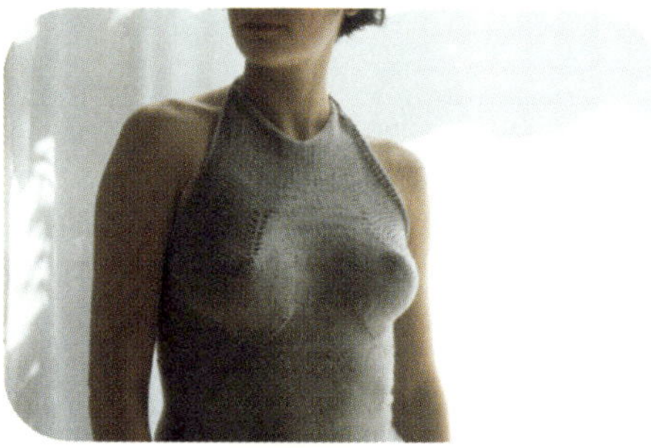

Euro comfort...with an edge!™

Deep E®, Hersteller von Freizeitschuhen, fühlt sich dem Prinzip verpflichtet, nur ökologisch und sozial verträgliche Materialien zu verwenden. Die haltbaren Slipper aus der Brazilia-Kollektion werden aus Sustana®-Leder und Nativa Rubber gefertigt. Sustana®-Leder stammt aus der biologischen Rinderzucht der Coleman-Ranch in Colorado. Gegerbt wird es in Wisconsin. Dabei kommen nur giftstoffarme, chlorfreie, wasserbasierte Farbstoffe und Lacke aus dreiwertigem Chrom zum Einsatz. Bei der Verarbeitung wird auf umfassendes Recycling und eine geringe Abwasserproduktion geachtet. Nativa Rubber wird aus dem Kautschuk wild wachsender Gummibäume im Amazonas-Gebiet hergestellt. Auf diese Weise werden sowohl der Regenwald als auch das lokale Wirtschaftssystem bewahrt. Klebstoffe auf Wasserbasis sind in größerem Umfang an die Stelle von lösemittelbasierten Klebstoffen getreten.

✎	*Deep E®, USA*	315
⚙	*Deep E®, USA*	315
▬	*Leder, Gummi*	283, 285
♺	• *Materialien aus erneuerbaren Ressourcen* • *Optimierte Versorgungskette*	327

Hausschuhe aus Wollfilz

Reiner, dicker Wollfilz wird einfach um den Fuß gewickelt und mit Klettverschlüssen befestigt. So entsteht ein bequemer Hausschuh.

✎	*Daniel Ohlsson, S*	309
⚙	*Limitierte Serie*	
▬	*Filz, Klettverschlüsse*	301
♺	• *Herstellung ohne Hitze* • *Erneuerbares Material* • *Ökonomischer Materialverbrauch*	327, 328

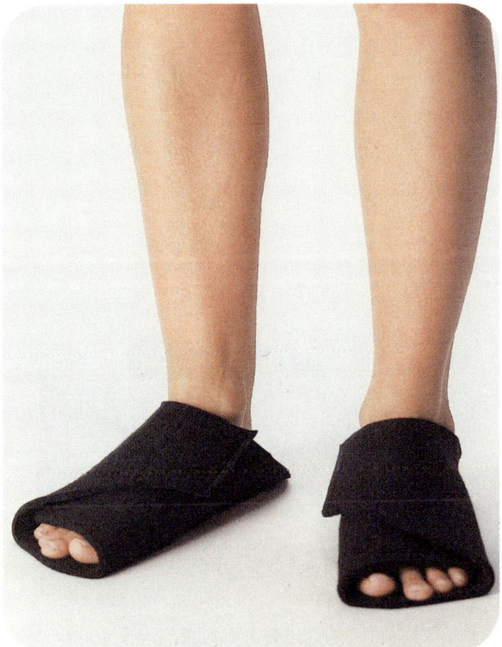

Body Shop-Produkte

Seit seiner Gründung in den 1970ern ist „The Body Shop“ einem holistischen, natürlichen Ansatz bei Körperpflege und persönlicher Hygiene verpflichtet. Auch die ökologische, ethische und soziale Verantwortung der Wirtschaft sind Teil des Firmenethos. „The Body Shop“ ist mit dieser Philosophie zum Vorbild für an ethischen Werten orientierte internationale Unternehmen geworden. Recycling gehört zum Alltagsgeschäft: Viele Produkte werden in HDPE-Flaschen verkauft. Wenn das Produkt aufgebraucht ist, kann der Kunde die leere Flasche im Geschäft nachfüllen lassen oder zum Recycling zurückgeben. Die Produktinformationen werden in der Regel direkt auf die Flasche gedruckt und machen aufgeklebte Etiketten überflüssig.

	The Body Shop, GB	313
	The Body Shop, GB	313
	Natürliche Öle, Pflegespülungen, Seifen und recycelbares HDPE	341
	• Wieder verwendbare, recycelbare Behälter • Hoher Anteil natürlicher Inhaltsstoffe	327, 330

DOMINO 4

Lederne Schnittreste von Kuhhäuten, die mit pflanzlichen Gerbstoffen behandelt wurden, werden geschickt zugeschnitten und zu neuen Taschen verarbeitet. Die glatte Oberfläche des Leders und die Textur der Kuhhäute bilden einen interessanten Kontrast. In dieser modernen Neuauflage eines klassischen Designs der 1970er wird aus Produktionsabfällen Mode.

	BREE Collection GmbH KG, D	313
	BREE Collection GmbH KG, D	313
	Leder, Kuhhaut	285
	• Erneuerbares Material • Abbau von Produktionsabfällen	327, 328
	iF Design Award, 2000	332

La Vie Prolongée

Auch Mode hat zwei Seiten: Neben den in Massenproduktion hergestellten und in Einkaufszentren verkauften Markenprodukten stehen Einzelanfertigungen und limitierte Serien. Sonja Trachsel imprägniert Seiten aus alten Zeitschriften mit Sonnenblumenöl und umschließt sie mit zartem Organza-Gewebe: Handtaschen, die sich durch Leichtigkeit auszeichnen.

✎	*Sonja Trachsel, CH*	310
⚙	*Limitierte Serie, Sonja Trachsel, CH*	310
▬	*Zeitschriften, Sonnenblumenöl, Organza*	341
♻	*• Ökonomische Nutzung recycelten und natürlichen Materials*	327

The Inner Tube

In Großbritannien landen über 70 % aller Luftschläuche in Verbrennungsanlagen oder auf Mülldeponien. McDonagh macht aus diesen Abfällen klassische Mode. Umweltbewusstes Design auf Szeneparties – dafür hat die Designerin den britischen Millennium Product Award erhalten.

✎	*Julie McDonagh, GB*	308
⚙	*The Inner Tube, GB*	318
▬	*Gummi von Gebrauchsgegenständen*	283
♻	*• Wiederverwertung von Abfällen*	327

Citymobil C1

Im Mai 1998 stellte BMW auf seinem jährlichen Technologietag mit dem Citymobil C1 ein neues Fahrkonzept vor, das die Mobilität in städtischen Ballungsräumen verbessern soll. Bei fast 80 % aller Stadtfahrten sitzt nur eine Person im Auto. Die Markteinführung des C1 im April 2000 brachte eine Alternative für alle Autofahrer, die nicht mehr im Stau stehen wollen. BMW hat sich auch der Nachteile von motorisierten Zweirädern angenommen und sowohl Sicherheitsstandards als auch den Komfort verbessert. Spezielle Anti-Crash-Elemente und ein verwindungssteifer Rahmen bieten bei einem Frontalaufprall oder Auffahrunfall ähnlichen Schutz wie ein Kleinwagen. Das optionale ABS-System verhindert, dass das Fahrzeug beim Bremsen ins Rutschen kommt, und die gebogene Windschutzscheibe bildet eine Fahrgastzelle, die einen viel besseren Schutz bei schlechtem Wetter bietet als herkömmliche Motorräder. Der Treibstoffverbrauch liegt bei nur 2,9 l/100 km und ein Dreiwegekatalysator sorgt für reduzierte Abgasemissionen. Es bleibt abzuwarten, ob der C1 mit niedrigeren KFZ-Steuern und Betriebskosten, wenig Treibstoffverbrauch und reduzierter Abgasemission ein breites Publikum für sich gewinnen kann.

✎	*BMW, D*	313
⚙	*BMW, D*	313
▮	*Aluminiumrahmen, Gummireifen, diverse Kunststoffe (teilweise recycelt und recycelbar)*	285, 341
↻	*• Reduzierung von Treibstoffverbrauch und Abgasemission • Alternative zum Auto für den Transport einzelner Personen*	329
✪	*Design Sense Award, 2000*	332

Ecobasic

Vom Topolino über die Fiat 500-Serie der späten 1940er und frühen 1950er bis hin zum Panda und Cinquecento in den 1980ern und 1990ern ist Fiat seiner Vision treu geblieben, die Freiheit der Straße mit preisgünstigen Produkten auch dem breiten Markt zugänglich zu machen. Ecobasic ist der Prototyp eines neuen Modells, das nur 5.000 Euro kosten soll und mit 1 l Treibstoff 35 km zurücklegen kann. An einem Stahlrahmen werden farbige Kunststoffpaneele und eine Heckklappe aus einem Stück Polykarbonat befestigt. So entsteht ein minimalistisches Design mit einem vierzylindrigen 1,2-Liter-Turbodiesel-JTD-Motor (16 Ventile) und einem Fünfgang-Automatikgetriebe. Eines der beiden Automatikprogramme, „Econ", sorgt dafür, dass der Motor nach vier Sekunden Stillstand automatisch ausgeschaltet wird. Wird das Gaspedal betätigt, startet der Motor sofort wieder. Auch eine viertürige Version wird erhältlich sein. Dafür brauchen lediglich die hinteren Kunststoffpaneele durch Türen ausgetauscht zu werden.

✎	*Fiat Auto, I*	316
⚙	*Prototyp, Fiat Auto, I*	316
▰	*Stahl, Thermoplasten, andere Materialien*	295, 341
♻	*• Reduzierter Treibstoffverbrauch • Modulare Leichtbauweise*	329

EV1

Der EV1, im Dezember 1996 auf den Markt gebracht, war für General Motors das erste Fahrzeug mit Elektromotor für den privaten Abnehmer. So versuchte man, die Auflagen der Umweltgesetzgebung einzuhalten, zum Beispiel ein Gesetz des Staates Kalifornien von 1985, nach dem ab 1998 2 % aller Verkäufe mit emissionsfreien Fahrzeugen erzielt werden sollten. Der EV1 konnte in 9 Sekunden von Null auf 100 km/h beschleunigen und erreichte eine Höchstgeschwindigkeit von 129 km/h. Diese beachtliche Leistung wurde jedoch durch das enorme Gewicht der Batterien (533 kg) beeinträchtigt, die erforderlich waren, um das Fahrzeug mit einem Gesamtgewicht von 817 kg zu bewegen.

Glücklicherweise hat die Technologie im Bereich der Batterien inzwischen erhebliche Fortschritte gemacht und derartige Leistungs/Gewicht-Verhältnisse gehören der Vergangenheit an.

	General Motors, USA	317
	General Motors, USA	317
	Diverse	
	• Keine Abgasemissionen (bei Wiederaufladbarkeit aus einer erneuerbaren Energiequelle)	329

Insight

Dieser Wagen soll das effizienteste Benzin betriebene Auto der Welt sein. Eigentlich ist der Insight mit dem Integrated-Motor-Assist (IMA™) von Honda eine Kreuzung aus Benzin- und Elektroauto. Im IMA-System wird ein hocheffizienter 1,0-Liter-Benzinmotor mit einem sehr leichten, in Reihe geschalteten, bürstenlosen Gleichstrommotor kombiniert. So lassen sich eine hohe Treibstoffeffizienz (30 km/l) sowie sehr niedrige Treibstoffemissionswerte von 80 g/km (weniger als die Hälfte des EU-2000-Grenzwerts) erreichen. Der Elektromotor ist direkt mit der Kurbelwelle verbunden. Seine Energie bezieht er aus einer 20 kg schweren Nickel-Metallhydrid-Batterie, die über eine elektronische Steuereinheit weitergeleitet wird, wenn der Elektromotor bei der Beschleunigung seine unterstützende Funktion aufnimmt. Wenn die Geschwindigkeit abnimmt, laden sich die Batterien wieder auf, so dass das Auto nicht auf eine externe Elektrizitätsversorgung angewiesen ist.

	Honda, J	318
	Honda, J	318
	Diverse	
	• Treibstoff sparend • Leichte Konstruktion	329

Daimler Chrysler CCV (Composite Concept Vehicle)

Das 1997 aufgenommene CCV-Projekt war schwerpunktmäßig mit der Entwicklung eines ökonomischen Autos befasst, das auch der außergewöhnlichen Beanspruchung in Entwicklungsländern, etwa durch schlechte Straßen und exzessive Belastung, Stand halten kann. Die Karosserie wird aus zwei im Spritzgussverfahren hergestellten Hälften zusammengesetzt, die mit vier Schrauben und Klebstoffen an einem Stahlrahmen befestigt werden. Eine zusätzliche Farbgebung ist nicht erforderlich. Der Zeitaufwand für die Produktion liegt so bei weniger als einem Drittel der für ein konventionelles Auto üblichen 20 Stunden. Die Kosten für das Material der Karosserie (PET) liegen bei 10 bis 20 % der Kosten für konventionelle Materialien. Die Verwendung dieses Kunststoffs ermöglicht eine Gewichtsreduktion auf nur 545 kg sowie einen für den Zweizylindermotor sehr ökonomischen Einsatz von Treibstoffen(18 km/l).

✎	*Daimler Chrysler, USA*	314
⚙	*Daimler Chrysler, USA (Prototyp)*	314
▮	*Karosserie: recycelbares Polyethylenterephthalat (PET)*	341
♻	*• Recycelbare Kunststoffkarosserie • Reduzierter Material- und Energieverbrauch bei Herstellung • Geringer Einsatz fossiler Brennstoffe • Leicht zerlegbar*	328, 329, 330

G90

Innovative Verfahren zur Gewichtsreduktion und seine Aerodynamik machen dieses Auto so Treibstoff sparend. Dazu trägt der Dreizylinder-ECOTEC-Motor bei, der von Vauxhall für den Corsa entwickelt wurde.

✎	*General Motors, USA, with Vauxhall Motors Ltd, GB*	317, 325
⚙	*General Motors, USA, with Vauxhall Motors Ltd, GB*	317, 325
▮	*Diverse*	
♻	*• Treibstoff sparend*	329

ICVS (Intelligent Community Vehicle System)

Die Erkenntnis, dass unsere Transportsysteme gründlich überdacht werden müssen, hat Unternehmen, Regierungen und Universitäten dazu gebracht, sich mit so genannten intelligenten Transportsystemen (ITS) zu beschäftigen. Zu den fortschrittlichsten Konzepten gehört sicherlich ICVS (Intelligent Community Vehicle System) von Honda. Dieses System besteht aus drei elektrischen Fahrzeugen und einem sowohl elektrisch als auch mit Muskelkraft betriebenen Fahrrad. Sie werden innerhalb eines räumlich begrenzten Gebiets gemeinschaftlich genutzt. Der City Pal, ein kompaktes Elektroauto für vier bis fünf Personen, bietet sich als Transportmittel für kleine Gruppen an. Zwei elektrische Fahrzeuge, Stepdeck und Monopal, eignen sich für kurze Strecken innerhalb von Städten, für den Weg zur Arbeit oder zum Einkaufen. Racoon, ein Fahrrad mit elektrischem Hilfsmotor, ist eine Verkehrslösung für alle möglichen Zwecke.

✎	*Honda, J*	
⚙	*Prototypen*	
▪	*Diverse*	340
♻	• *Gemeinschaftliche Nutzung statt individuellem Besitz* • *Reduzierte Abgasemissionen* • *Energieversorgung aus erneuerbaren Energiequellen möglich*	328, 329

Multipla und Multipla Hybrid Power

Der Multipla mit seinem Rahmengitter aus Stahlprofilen kann bis zu sechs Personen aufnehmen. Für den Antrieb stehen verschiedene Optionen zur Auswahl, darunter ein 1,6-Liter-Vierzylinder-Motor mit 16 Ventilen, der zwei Treibstoffe, Benzin und Methangas, verwerten kann. Methan ist ein benzol- und partikelfreier Treibstoff mit einem um 25 % reduzierten Kohlendioxidausstoß. Der Multipla Hybrid erreicht mit einer Kombination aus Benzin- und Elektromotor noch geringere Abgasemissionen. Im hybriden Betrieb werden auf 100 km 6,8 l Treibstoff und 3 kWh verbraucht, im elektrischen Betrieb liegt der Stromverbrauch bei etwa 30 kWh pro 100 km. Das Auto erzeugt nur etwa halb so viele Abgase wie herkömmliche Benzin-Modelle.

✎	*Fiat, I*	316
⚙	*Fiat, I*	316
▮	*Stahl, Verbundpaneele*	295
♻	• *Reduzierte Emission von Treibhausgasen* • *Reduzierte Luftverschmutzung* • *Multifunktionaler Personenkraftwagen mit verbesserten Einsatzmöglichkeiten*	329, 340

P2000 HFC Prodigy

Ford hat die Brennstoffzellen-Technologie im Hybridmotorsystem mit Wasserstoff- und Elektroantrieb der Prodigy-Limousinen erstmals 1999 auf dem Genfer Automobilsalon vorgestellt. Gemeinsam mit Ballard Power Systems und der Daimler Chrysler AG hat das Unternehmen jetzt ein fortschrittliches Antriebssystem entwickelt, das aus drei PEM-Stacks (Proton Exchange Membrane) mit 400 Brennstoffzellen bis zu 75 kW (100 PS) abgeben kann. Das System wiegt nur 172 kg, weitere 91 kg trägt der elektrische Induktionsmotor mit 120 PS bei. Mit einem Fassungsvermögen von 1,4 kg Wasserstoff hat der Wagen eine Reichweite von etwa 160 km. Die Treibstoffeffizienz entspricht somit der eines benzinbetriebenen Wagens, der in einer nach EPA-Standards definierten gemischten Stadt-/Autobahnfahrt 28,5 km/l zurücklegt. Bei einem Leergewicht von insgesamt 1.514 kg beschleunigt das Auto innerhalb von 14 Sekunden von 0 auf 100 km/h und erreicht eine Spitzengeschwindigkeit von 145 km/h. Derzeit werden die HFC-Autos in Kalifornien einer dreijährigen Testphase unterzogen. Auch andere Varianten des P2000 werden derzeit entwickelt, beispielsweise im Ford Forschungszentrum Aachen (FFA) eine leichtere Version, die nur 900 kg wiegen soll.

✎	*Ford Motor Company, USA*	316
⚙	*Ford Motor Company, USA*	316
▮	*Diverse*	
♻	• *Keinerlei Wasserstoffemissionen aus den Brennstoffzellen* • *Treibstoff sparend*	329

Prius

Im Oktober 1997 brachte Toyota als erster internationaler Automobilhersteller ein hybrides Antriebssystem in einem massengefertigten Auto auf den Markt. Der mit herkömmlichem Treibstoff betriebene Verbrennungsmotor und ein 43-KW-Elektromotor arbeiten durchgehend variabel zusammen. In einer 21 Seiten langen Beilage der Novemberausgabe der Zeitschrift „Time" erläuterte Toyota 1997 sein Engagement für umweltfreundlichere Technologien und Produkte. Hat das Unternehmen diese Erwartungen erfüllt? Bis heute wurden mehr als 10.000 dieser Wagen in Japan verkauft, inzwischen sind sie auch in Nordamerika und Europa erhältlich. Toyota hat sich für ein paralleles hybrides System (THS, Toyota Hybrid-System) entschieden, bei dem zwischen Benzin- und Elektroantrieb hin- und hergewechselt wird. Eine Alternative wären serielle hybride Systeme gewesen, bei denen der Elektromotor als Antrieb dient und der Verbrennungsmotor lediglich zur Erzeugung von Elektrizität. Beim THS-System kommen die beiden Energiequellen je nach Fahrverhalten zum Einsatz. Bei niedrigeren Geschwindigkeiten zu Fahrtbeginn versorgt der Elektromotor den Wagen mit Energie, für das normale Fahren ist dann eher der Verbrennungsmotor zuständig. Bei der Beschleunigung arbeiten beide Motoren zusammen, beim Bremsen oder einer Geschwindigkeitsabnahme wird aus der kinetischen Energie Elektrizität erzeugt, die in Hochleistungs-NiMH-Akkumulatoren gespeichert wird. Die Treibstoffeffizienz liegt bei 28 km/l, also doppelt so hoch wie bei dem Toyota Carina mit Automatikgetriebe. Die CO_2-Emissionen wurden um 50 % gesenkt, die CO-, HC- und NOx-Emissionen um 14,8 bzw. 12 %. Kernstück dieser Fortschritte im Umweltschutz sind der nach dem so genannten Atkinson-Zyklus arbeitende Verbrennungsmotor und der Permanentmagnetmotor/-generator. Die Verbrennungseffizienz wird durch die VVT-i-Technologie (variable intelligente Ventilsteuerung) noch gesteigert, und ein hohes Expansionsverhältnis sorgt für eine verbesserte Energieübertragung auf den Antriebsstrang. Für die Stoßdämpfer, das Armaturenbrett, die Deckstütze und die sonstige Innenausstattung des Wagens werden recycelte und recycelbare Materialien verwendet, insbesondere das leicht zu recycelnde Toyota Super-Olefin-Polymer (TSOP).

✎	*Toyota, J*	325
⚙	*Toyota, J*	325
▪	*Diverse*	
♺	• *Reduzierter Treibstoffverbrauch* • *Nutzung recycelter Materialien und vereinfachte Demontage*	327, 329

Sparrow

Wer sich noch an das berüchtigte Elektroauto C5 erinnern kann, das Sir Clive Sinclair Anfang der 1980er entwarf und das nach weit verbreiteter Ansicht eine Gefährdung des Verkehrs darstellte, sollte vielleicht einen Blick auf dieses einsitzige Elektrofahrzeug werfen. Das Design erinnert an die Kabinenroller der 1960er, der Sparrow erreicht jedoch Spitzengeschwindigkeiten von 112 km/h. Angetrieben wird er mit 13 Batterien, die elektrische Energie speichern. Voll aufgeladen kommt er etwa 96 km weit, und das für nur 1,50 DM. Das äußerst sparsame Fahrzeug hat Seitentüren und schützt den Insassen vor schlechtem Wetter. Allerdings sollte man bedenken, dass die Umweltfreundlichkeit dieses Fahrzeugs davon abhängt, aus welcher Stromquelle es gespeist wird.

	Corbin Motors, USA	314
	Corbin Motors, USA	314
	Diverse	
	• Keine Abgasemissionen bei Nutzung erneuerbarer Energiequellen • Wetterfestes Transportmittel für eine Person	329

Smart Car

Der Smart wurde vom deutschen Automobilhersteller Daimler-Benz und von der Firma Swatch, die für ihre farbenfrohen, modernen Uhren bekannt ist, gemeinschaftlich entwickelt. Im Oktober 1998 bestand das Auto ausgedehnte Sicherheitstests und wurde in Europa auf den Markt gebracht. Das extrem kompakte Auto sieht aus, als wäre es geradewegs aus den Seiten eines Comic-Hefts herausgerollt. Es ist nur 2,5 m lang, halb so lang wie ein normales Auto (reduzierter Materialverbrauch) und benötigt ein Drittel weniger Benzin (im Durchschnitt 21 km/l) als seine Hauptkonkurrenten, der Ford Ka und der Volkswagen Polo. Obwohl der Wagen für kurze Strecken innerhalb von Städten gedacht ist, beschleunigt der Benzinmotor mit Turbolader sehr schnell (auf 60 km/h innerhalb von sechs bis sieben Sekunden) und die Spitzengeschwindigkeit von 130 km/h erfüllt alle Erwartungen moderner Autofahrer. Die Insassen werden durch einen Monocoque-Stahlrahmen geschützt. Auch individuelle Anpassungen sind durch die breite Auswahl modularer Paneele und Elemente für die Innenausstattung möglich, so dass modische Trends berücksichtigt werden können. Austauschbare Komponenten könnten eine wichtige neue Entwicklung in der Automobilbranche darstellen.

	Daimler Chrysler, D	314
	Daimler Chrysler, D	314
	Diverse	
	• Reduzierter Treibstoffverbrauch • Ausbaufähig und leicht zu reparieren	329

TH!NK City

Zwischen der ersten Idee zu diesem umweltfreundlichen Auto und der tatsächlichen Produktion sind fast 25 Jahre verstrichen. Die Energiekrise 1973 regte Lars Ringdal und die norwegische Bakelittfabrikken dazu an, über ein leichtes Auto mit einer Karosserie aus Kunststoff nachzudenken. Diese Idee stand fast zwei Jahrzehnte lang im Raum, bis sie 1990 von PIVCO (Personal Independent Vehicle Company) aufgegriffen wurde. Der erste Prototyp entstand 1992, an einen Aluminiumrahmen konnte erfolgreich eine Karosserie aus Thermoplasten angebracht werden. 1998 lief bei PIVCO Industries AS ein Modell vom Band, das alle europäischen Sicherheitsstandards erfüllte. Im folgenden Jahr erwarb die Ford Motor Company eine Aktienmehrheit an dem Unternehmen und benannte es in TH!NK Nordic AS um. Die Produktionskapazität liegt derzeit bei 5.000 Fahrzeugen pro Jahr. Der TH!NK City wurde für die Verwendung in Großstädten konzipiert. Der dreiphasige Elektromotor erzeugt eine Leistung von 27 kW. Das Auto beschleunigt innerhalb von nur sieben Sekunden von 0 auf 50 km/h und erreicht eine Höchstgeschwindigkeit von 90 km/h. Nachdem das Auto acht Stunden an ein 220-Volt-Stromnetz angeschlossen und somit voll aufgeladen wurde, befördern die 19 Nickel-Kadmium-Batterien es bis zu 85 km weit. Beim Bremsen und bei Gefällen lädt sich die Batterie wieder auf. Die übliche Fließbandproduktion wird man bei diesem Auto nicht antreffen. In zehn Produktionszentren werden die Kunststoffpaneele mit der Fahrgastzelle aus Aluminium verklammert, die wiederum auf einem stabilen Stahlrahmen ruht. Für dieses Auto sind nur 425 Komponenten erforderlich, während in konventionellen Autos Tausende von Teilen zum Einsatz kommen. Hierdurch wird auch die Demontage und dadurch wiederum das Recycling vereinfacht. Zusammengefasst lässt sich sagen, dass für den TH!NK City die Möglichkeiten der Lebenszyklusanalyse voll ausgeschöpft wurden und dass er möglicherweise als Vorlage für andere Kleinwagen dienen wird. TH!NK Nordic AS bewegt sich eindeutig in die richtige Richtung.

✎	*TH!NK Nordic AS/Ford, N*	325
⚙	*TH!NK Nordic AS/Ford, N*	325
▬	*Polyethylen, Aluminium, Stahl*	295, 341
♺	*• Keine Abgasemissionen (bei Nutzung erneuerbarer Elektrizitätsquellen)* *• Unterdurchschnittlicher Energieverbrauch bei der Herstellung* *• Bauteile und Batterien in großem Umfang recycelbar*	327, 328, 329

Triax

Dieses Elektrofahrzeug der dritten Generation verfügt über drei verschiedene Antriebssysteme: elektrischer und hybrider Allradantrieb sowie Zweiradantrieb mit Verbrennungsmotor.

✎	*General Motors, USA*	317
⚙	*General Motors, USA*	317
▬	*Diverse*	
♻	*• Verbesserte Treibstoffeffizienz* *• Optional emissionsfrei*	329

VW Lupo 3L TDI

Am 16. Mai 2000 machte sich in Berlin ein Volkswagen Lupo 3L TDI zu einer Weltumrundung auf. Mit seinem 1,2-Liter-TDI-Motor (Turbodiesel mit Direkteinspritzung) sollte er einen neuen Rekord aufstellen und diese Strecke mit dem effizientesten Kraftstoffverbrauch zurücklegen. In 80 Tagen fuhr er 53.333 km mit einer Durchschnittsgeschwindigkeit von 85-86 km/h und einem bemerkenswert geringen Treibstoffverbrauch von 2,38 l auf 100 km durch fünf Kontinente. Die kommerziellen Lupo-Modelle verbrauchten im MVEG-Verbrauchszyklustest 2,99 l auf 100 km. Die Bezeichnung „3L" steht zwar für drei Liter, bezieht sich aber mehr auf die Treibstoffeffizienz als auf die sonst übliche Angabe der Motorgröße. Das Auto kann mit einer Tankfüllung 1.000 km zurücklegen. Die Kohlendioxidemissionen liegen bei weniger als 90 g pro 1 km. Neben dem effizienten Motor ist dies auch das Verdienst der leichten Baumaterialien, insbesondere Aluminium, die für den Wagenkasten, das Fahrgestell und das Laufwerk verwendet werden. Auch das Fünfgang-Direktschaltungsgetriebe mit Automatikmodus und das Start-Stopp-System leisten ihren Beitrag zum Energiesparen. Eigentlich bleibt nur noch eine Frage offen: Warum können nicht alle Automobilhersteller solche Energie sparenden Kleinwagen produzieren?

✎	*Volkswagen AG, D*	326
⚙	*Volkswagen AG, D*	326
▬	*Diverse*	
♻	*• Erheblich reduzierter Treibstoffverbrauch*	329

NECAR 4

Der NECAR 4 (New Electric Car) ist der A-Klasse von Mercedes nachempfunden. Angetrieben wird das Auto durch einen wasserstoffbetriebenen Brennstoffzellengenerator. Dieser erzeugt genug Elektrizität für einen 55-kW-Motor und stößt lediglich Wasserdampf aus. Das emissionsfreie Fahrzeug kann mit einer Tankfüllung Wasserstoff 450 km zurücklegen, erreicht eine Höchstgeschwindigkeit von 144 km/h und bietet Platz für bis zu fünf Personen. Die von der dbb Fuel Cell Engines GmbH, einer gemeinsamen Tochterfirma von Daimler Chrysler, Ballard Power Systems und der Ford Motor Company, entwickelten Verbesserungen der Brennstoffzellentechnologie ermöglichen eine um 30 % höhere Energieerzeugung im Vergleich zum NECAR 2. Mit diesem Auto ist Daimler Chrysler seinem Ziel, bis 2004 marktfähige Brennstoffzellenfahrzeuge zu produzieren, einen Schritt näher gekommen.

	Daimler Chrysler AG mit dbb Fuel Cell Engines GmbH, D	314
	Daimler Chrysler AG, D	314
	Diverse	
	• Abgasfrei	329

INDEPENDENCE™ 3000 IBOT™

Herkömmliche Rollstühle bieten nur eine sehr eingeschränkte Mobilität. Mit dem IBOT™ können Gehbehinderte nun auch unebene Oberflächen überqueren, sich hinstellen und Treppen hinauf- und hinuntersteigen. Möglich wurde dies durch Kreiselgelenkverbindungen am Rahmen und den drei Radgruppen.

✎	*DEKA Research and Development and Independence Technology, USA*	307, 315
⚙	*Prototyp*	
	Diverse	
	• Verbesserte Funktionalität und Mobilität für Gehbehinderte	329

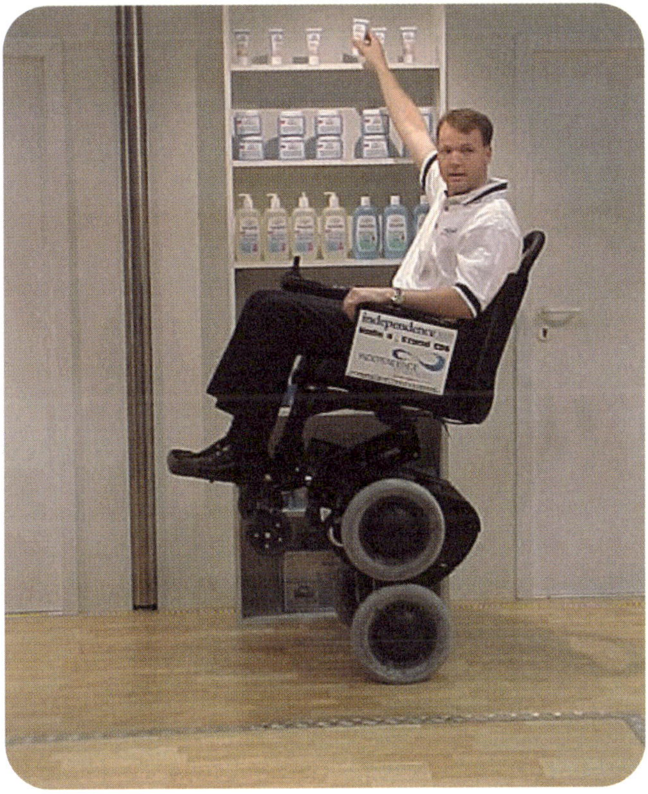

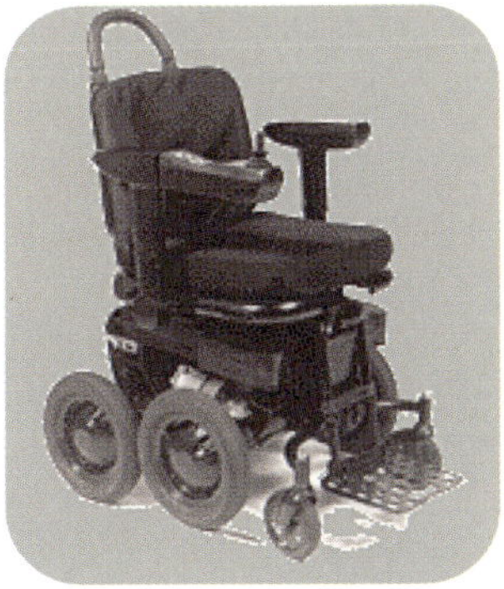

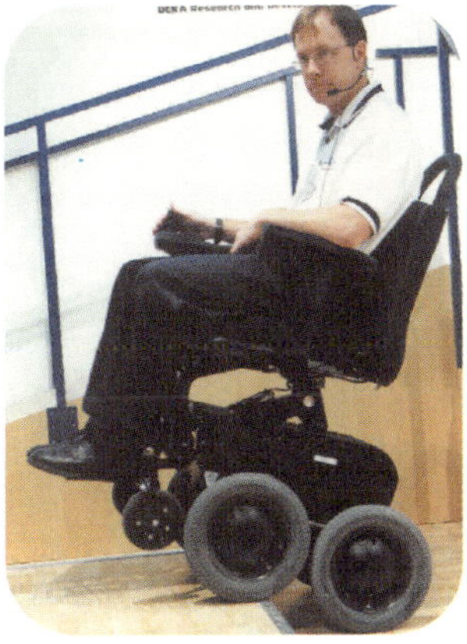

Bambus-Fahrrad

Aus handbearbeitetem, holzverstärktem Bambus und Verbindungsstücken aus Kohlefasern entsteht ein Fahrradrahmen. Für den Rahmen und die Gabel wird außerdem maschinell schwarz gefärbtes Chrom verwendet. Die handgearbeiteten Radfelgen bestehen aus Buchenholz, der Sitz aus Leder und die Griffe der Lenkstange aus Kork. Der Anteil organischer, erneuerbarer und biologisch abbaubarer Materialien ist erheblich höher als bei konventionellen Fahrrädern. Allerdings wirft die Beschaffung von Bambus mit durchgehend hoher Qualität gewisse Probleme auf.

✎	*Antoine Fritsch, F*	306
⚙	*Prototyp für Hermès, F*	318
▬	*Bambus, Buchenholz, Kork, Leder, schwarzes Chrom und Stahl*	281, 285, 295
♻	*• Verstärkte Nutzung erneuerbarer Materialien • Geringerer Energieaufwand bei Herstellung*	327, 328

Hybrides Fahrrad

Die Hersteller von Luxusautos verlegen sich inzwischen auch auf Fahrräder mit elektrischem Hilfsmotor. Dieses Produkt von Mercedes Benz kann mit voll aufgeladener Batterie etwa 30 km zurücklegen. Qualität und Lebensdauer des Produkts entsprechen den mit dem Markennamen verknüpften Erwartungen.

✎	*Daimler Chrysler Japan Holding, J*	314
⚙	*Daimler Chrysler Japan Holding, J*	314
▬	*Diverse*	
♻	*• Antrieb mit Elektrizität und Muskelkraft • Keine Abgase (bei Aufladen aus erneuerbaren Energiequellen)*	329

Delite

Ein Standardrahmen lässt sich mit Hilfe modularer Komponenten zu einem Rennrad, einem Tourenrad oder einem ganz normalen Alltagsrad umrüsten.

✎	riese und müller GmbH, D	888
⚙	riese und müller GmbH, D	888
▮	Diverse	888
↻	• Modulares Design	888

Elektrisches Fahrrad

In dieses Klapprad sind in der Mitte des Rahmens neben der Pedalkurbel und dem Wellenantrieb eine Batterie und ein Motor integriert. Um Bequemlichkeit zu gewährleisten, können Sitz und Lenkstange variabel eingestellt werden.

✎	Christophe Moinat, Ecole cantonale d'art de Lausanne, CH	308
⚙	Prototyp	
▮	Diverse	
↻	• Fahrzeug mit Hybridantrieb (Muskelkraft/ Elektrizität)	329

Fahrrad Nexus

Die kalifornische Neuerfindung des Fahrrads als „Mountainbike" in den späten 1980ern führte weltweit zu einem verstärkten Interesse an Fahrrädern als Freizeitgeräten. Kann dieses aerodynamische Hi-Tech-Fahrrad ähnliche Auswirkungen haben und das Rad als Alternative im Stadtverkehr wieder populär machen? Unter dem gestylten Äußeren des Nexus verbirgt sich eine speziell für Radrennen im Velodrom entwickelte Hochgeschwindigkeitstechnologie mit niedrigem Luftwiderstandswert.

✎	Seymour Powell Ltd, GB	310
⚙	Prototyp	
▮	Diverse	
↻	• Mit Muskelkraft betrieben	329

Strida 2

Der Strida 2 lässt sich in nur zehn Sekunden ausklappen. Dabei fällt der dreieckige Rahmen auf, eine radikal andere als die für Klappräder übliche Konstruktion. Da die Gestänge aus Aluminium und die Räder sowie sonstige Komponenten aus glasverstärktem Polyamid, einem stabilen, dauerhaften und leichten Polymer, hergestellt sind, wiegt das Rad nur 10 kg. An die Stelle der üblichen Fahrradkette tritt ein Riemenantrieb auf Ritzeln aus reibungsarmem Polymer. Dieses Rad braucht nicht geölt zu werden und auch die Wartung ist erheblich einfacher. Die versetzte Ausrichtung von Rahmen und Rädern erleichtert Reparaturen an den Reifen und am Riemen. Das Fahren erfordert eine gewisse Übung, da die Torsionssteifigkeit des Rahmens geringer als bei herkömmlichen Klapprädern ist.

	Mark Sanders, Roland Plastics, GB	310
	Roland Plastics, GB	323
	Glasverstärktes Polyamid, Aluminium, Gummi, Edelstahl	341
	• Ökonomischer Materialverbrauch • Einfache Wartung	327

Windcheetah

Der kreuzförmige Rahmen ermöglicht einen niedrigen Körperschwerpunkt. In Verbindung mit der stromlinienförmigen Verkleidung aus Kohlenstofffasern entsteht daraus eine äußerst effiziente Aerodynamik. Ein einzigartiges Steuerhebelsystem garantiert eine punktgenaue, auch in Kurven stabile Lenkung. Das geringe Materialgewicht und die hochwertige Feinmechanik machen den Windcheetah zum Rolls Royce unter den Liegerädern. Auch Kurier- und Lieferdienste haben ihr Interesse an diesem effizienten Design bereits bekundet.

	Advanced Vehicle Design, GB	312
	Advanced Vehicle Design, GB	312
	Metalllegierung, Gummi, Kohlenstofffaser, Kevlar	341
	• Mit Muskelkraft betrieben	329

Rattan-Fahrrad

Rattan ist das Holz einer Kletterpalme, die in tropischen Regenwäldern wächst. Das stabile Rohr kann in getrocknetem Zustand gewoben und gebogen werden. Die nicht tragenden Komponenten dieses Fahrrads, also Schutzbleche, Kettenschutz, Korb und Lenkergriffe, sind zu 100 % aus Rattan hergestellt. Für die übrigen Komponenten werden Stahl und Rattan kombiniert. So besteht der Hauptrahmen aus mit Rattan überzogenem Stahl, der Sattel aus gewebtem Rattan, und auch Gabel, Lenkstange, Gepäckträger und Schutzblechstützen wurden mit Rattan umwickelt. Zwar ist für die Stabilität immer noch Stahl erforderlich, der Anteil organischer Materialien hat sich jedoch erheblich erhöht.

✎	*Unbekannt*	
⚙	*Prototyp*	
▬	*Rattan, Stahl, Gummi*	281, 283
♻	*• Erneuerbares Material*	327

Brompton

Klappfahrräder sind keine neue Erfindung. Von der Firma Brompton werden sie schon seit drei Jahrzehnten hergestellt. Die langlebigen Räder von Brompton gehören wohl zu den bekanntesten Markenprodukten in Großbritannien. Der robuste, normal große Stahlrahmen lässt sich innerhalb von 20 Sekunden zu einem kleinen Paket zusammenfalten, das weniger als 12 kg wiegt und kaum größer ist als der Raddurchmesser von 40 cm. Zur Zeit werden zwei Dreigangmodelle (L3, T3), ein Viergangmodell (L5) und ein Fünfgangmodell (T5) angeboten. Alle Räder haben einen Gepäckträger und einen Dynamo. Die T-Modelle verfügen außerdem über Lampen. Optional ist auch eine Sonderausstattung erhältlich, im Wesentlichen hat sich das Design des Rads seit Einführung kaum geändert. Ein Klappfahrrad trägt in Beruf und Freizeit erheblich zur persönlichen Mobilität bei. Fahrtzeiten lassen sich deutlich verkürzen, wenn Strecken zu Teilen mit dem Fahrrad und mit Transportmitteln des öffentlichen oder privaten Nahverkehrs zurückgelegt werden. Auch lassen sich Klappräder viel leichter im Zug, Bus oder Flugzeug mitnehmen als herkömmliche Räder.

✎	*Brompton Bicycle Ltd, GB*	313
⚙	*Brompton Bicycle Ltd, GB*	313
▬	*Gummi, Stahl, Kunststoff*	283, 295
♻	*• Multifunktional* *• Langlebiges Produkt*	329

	Studenten, Professoren und Ehemalige des Massachusetts Institute of Technology, USA	320
	Studenten, Professoren und Ehemalige des Massachusetts Institute of Technology, USA	320
	Solarzellen, leichte Metalle und Verbundstoffe	341
	• Erneuerbare Energie • Keine Abgasemission	329

Daedalus 88

Mit einem Gewicht von nur 31,4 kg hat Daedalus 88 einen neuen Entfernungsrekord für mit Muskelkraft betriebene Flugzeuge aufgestellt und legte in 3 Stunden 54 Minuten eine Strecke von 199 km zurück. Dass Fliegen mit Muskelkraft möglich ist, steht außer Frage. Eine viel größere Herausforderung liegt in der Umsetzung dieser technischen Entwicklung für den Alltag.

Gossamer Albatross

Die Gebrüder Wright haben das Fliegen Wirklichkeit werden lassen. Im Bereich des mit Muskelkraft betriebenen Fliegens hat Paul McCrady von AeroVironment die Pionierarbeit geleistet. Sein Luftfahrzeug, der Gossamer Albatross, überflog 1979 den Ärmelkanal. Zwar handelt es sich hier um eine begrüßenswerte Erfindung, die Konstruktion größerer, muskelkraft- und solarenergiebetriebener Passagierflugzeuge hat sich jedoch als sehr schwierig herausgestellt.

	Paul McCrady, AeroVironment, USA	304, 308
	Prototyp, AeroVironment, USA	304
	Kohlenstofffasern und Grafitharze, Kevlar	284
	• Keine Abgasemission	329

Der Pickup

In vielen Innenstädten weltweit bewegt sich der Verkehr gerade noch mit der Geschwindigkeit eines Radfahrers. Außerdem unterliegen motorisierte Fahrzeuge Einfahrts- und Parkverboten. Deshalb kommt diese Weiterentwicklung der traditionellen Fahrrad-Rikscha von Robert Dixon gerade recht. Die Rikscha ist ein in Südostasien altbekanntes Transportmittel, wurde jetzt aber für mögliche Einsätze in Industrieländern abgeändert. Der Pickup verfügt über zahlreiche Funktionen, die der menschlichen „Energiequelle" größtmögliche Bequemlichkeit garantieren sollen, und ist auch als Lastfahrzeug einsetzbar. Eine Verkleidung schützt den Fahrer, der das vierrädrige Gelenkfahrwerk in halb liegender Position fährt. Eine siebengängige Nabenschaltung mit einer leichten Ausgleichschaltung gewährleistet, dass Antriebsstrang und Lenkung dem Großstadtverkehr optimal angepasst sind. Es sind Durchschnittsgeschwindigkeiten von 22 km/h möglich, und bei Steigungen kann auf einen elektrischen Hilfsmotor zurückgegriffen werden. Der hintere Teil des Fahrzeugs kann eine reguläre Europalette (1,8 Kubikmeter) transportieren.

Robert Dixon, Advanced Vehicle Design, GB		306
Advanced Vehicle Design, GB		312
Diverse		
• *Keine Abgasemission* • *Muskelkraftbetrieben*		329

Ciro Magic

Dieser stabile, kompakte Klapproller bietet sich als Transportmittel für kurze Strecken in Städten oder als Sport- und Freizeitgerät an. Er ist leichter als die kleinsten Klappräder und eine gute Kompromisslösung für die individuelle Mobilität. Die Polyurethan-Räder dämpfen Stöße durch Unebenheiten, die Bremse wird durch Treten auf eine flexible Leiste am Hinterrad ausgelöst, und gesteuert wird durch Verlagerung des Gewichts.

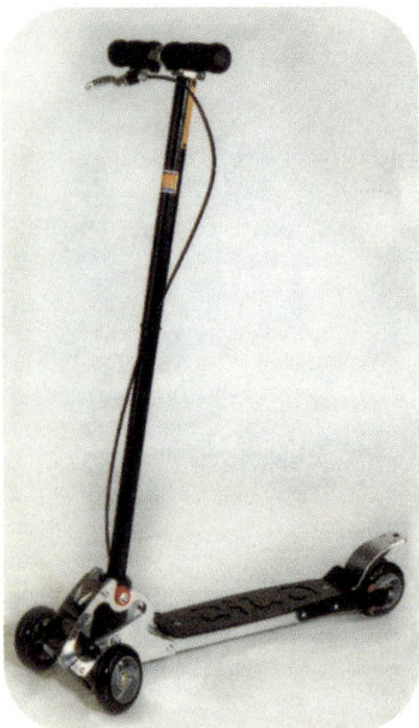

	sTRAKa sPORTs Ciromachines GmbH, D	324
	sTRAKa sPORTs Ciromachines GmbH, D	324
	Polyurethan, Metalle	283, 295
	• Mit Muskelkraft betrieben	329

	Skoot International, GB	324
	Skoot International, GB	324
	Diverse	
	• Leichtes, tragbares Fahrrad	327

Skoot

Ein Koffer? Nein, Skoot ist ein Fahrrad, das sich innerhalb von nur 20 Sekunden aufklappen lässt und lediglich 15 kg wiegt. Bei starkem Seitenwind sind zwar etwas aufwändigere Fahrmanöver notwendig, dafür landen Öl oder Schmierfett garantiert nicht an der Hose des Großstadtmenschen.

	Nova Cruz Products, USA	321
	Nova Cruz Products, USA	321
	Buchenholz, Aluminium, Polyurethan	283, 295
	• Mit Muskelkraft betrieben	329

Xootr Cruz

In diesem Tretroller treffen Skateboard-Kultur und Fahrrad aufeinander. Der leichte Aluminiumrahmen, die Räder und das breite Deck aus laminiertem Buchenholz sorgen für Manövrierfähigkeit und Flexibilität. Das Gerät wiegt nur 4,5 kg, misst zusammengeklappt nur 80 cm und lässt sich so problemlos transportieren.

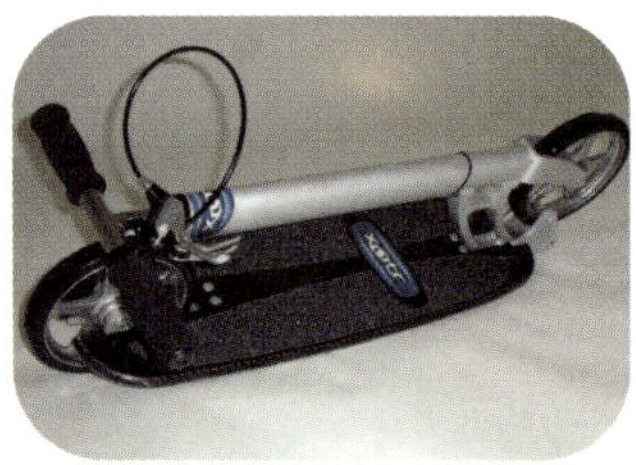

Tricycle, Euro, Classic, Mountain, Folding

Powabyke ist der Name einer Fahrradserie mit elektrischem Hilfsmotor, die die Ansprüche aller Altersgruppen in Stadtverkehr und Freizeit erfüllt. Je nach Modell lässt es sich mit dem Motor ohne zusätzliches Treten 21 bis 48 km weit kommen. Die Batterien, versiegelte Bleiakkumulatoren, benötigen acht Stunden, um sich voll aufzuladen. Für Pendler steht auch eine klappbare Version zur Verfügung.

✎	*Powabyke Ltd, GB*	322
⚙	*Powabyke Ltd, GB*	322
	Diverse	
	• Fördert hybride Transportmittel mit Muskelkraft-/Elektrobetrieb	329

Plumbers' Cart

Für lokal tätige Geschäftsleute mit einem kleineren Einzugsbereich stellt dieses Transportmittel vielleicht eine gute Alternative zum Auto dar. Der Fahrradanhänger von Michel Zillig bietet genügend Platz für alle Geräte und Werkzeuge, die beispielsweise ein Klempner mit sich führt. Er lässt sich mühelos vom Zugfahrzeug abkoppeln und dank der Dreirädrigkeit ganz einfach Treppen und Bordsteinkanten hinaufziehen. Aus dem Anhänger wird so eine mobile Werkstatt.

✎	*Michel Zillig, Diplomand, Design Academy Eindhoven, NL*	311
⚙	*Prototyp*	
▮	*Synthetische Polymere, synthetisches Gummi*	296-7
♻	*• Fördert die Nutzung mit Muskelkraft betriebener Transportmittel • Multifunktional*	329

SRAM 9.0 sl

SRAM stellt Bremsen, Übersetzungen und Gangschaltungen her, die höchsten Ansprüchen genügen. Der Anteil an recyceltem Material liegt bei vielen der Einzelteile zwischen 30 und 50 %. Die Teile sind zerlegbar, so dass ein getrenntes Recycling der Materialien mit hohem Reinheitsgrad gewährleistet ist.

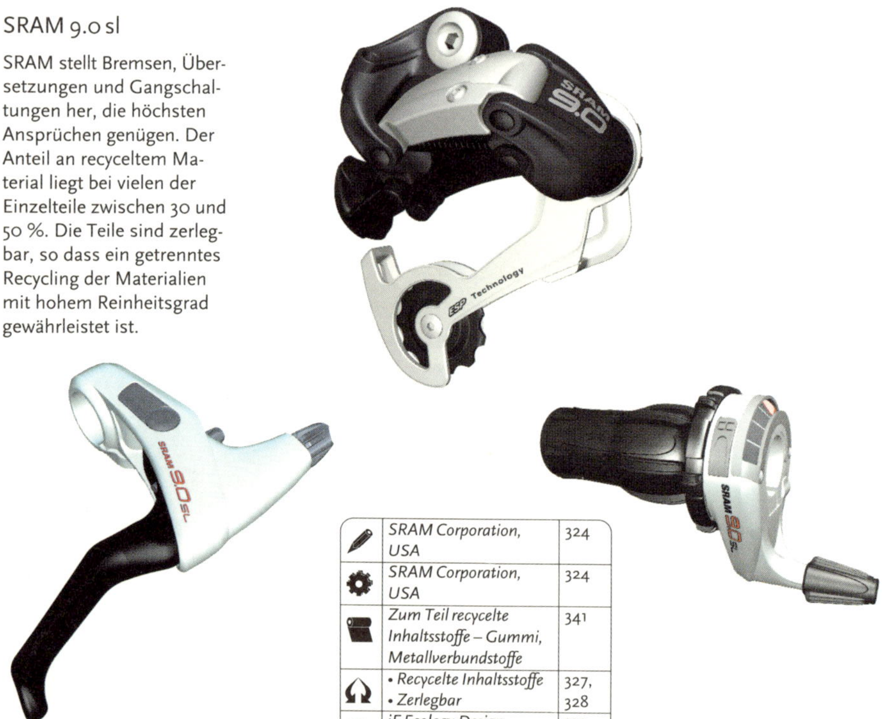

✎	*SRAM Corporation, USA*	324
⚙	*SRAM Corporation, USA*	324
▮	*Zum Teil recycelte Inhaltsstoffe – Gummi, Metallverbundstoffe*	341
♻	*• Recycelte Inhaltsstoffe • Zerlegbar*	327, 328
✪	*iF Ecology Design Award, 2000*	332

Airsaddle

Seit über 125 Jahren versuchen Designer, den Fahrradsattel bequemer zu machen. Die hier gezeigte Lösung wurde durch laterales Denken gefunden: ein aufblasbarer Gummisattel mit Luftpolsterung. Der Airsaddle verfügt über ein konventionelles Luftventil, wird mit einer normalen Luftpumpe für Fahrräder aufgepumpt und passt sich ganz den Bedürfnissen des Benutzers und den Gegebenheiten des Geländes an.

✎	*Ian Thorp und Steve Morris, Slough Rubber Company, GB*	310, 324
⚙	*Slough Rubber Company, GB*	324
▬	*Gummi, Stahl*	283, 295
♺	• *Geringerer Materialverbrauch* • *Verbesserte Ergonomie*	327, 329

Leggero Twist

Dieser Fahrradanhänger zur Beförderung von Kindern weist mit einem niedrigen Schwerpunkt, Sicherheitsgurt, einer Schutzverschalung aus Kunststoff und einer Signalflagge eine Reihe von Sicherheitsvorkehrungen sowie einen Wetterschutz auf.

✎	*Christophe Apotheloz, CH*	304
⚙	*Bruggli Produktion & Dienstleistung, CH*	313
▬	*Diverse*	
♺	• *Fördert mit Muskelkraft betriebene Transportmittel für die Familie*	329

Reitsattel Wissel

Dieser flexible, leichte Kunststoffsattel mit einem neuartigen Sattelgurt, der durch das Spannband ganz einfach zu verwenden ist, liegt sanft auf dem Pferderücken auf und bietet dem Reiter viel Bequemlichkeit. Der Bezug lässt sich auswechseln und gewährleistet so verbesserte Hygiene. Die Steigbügel lassen sich ohne Klammern verstellen.

	Marit de Haas, Diplomandin 2000, Design Academy Eindhoven, NL	305
	Prototyp	
	Leichter Kunststoff, Metall	283, 295
	• Tierfreundliches Produkt *• Größere Bequemlichkeit*	329, 330

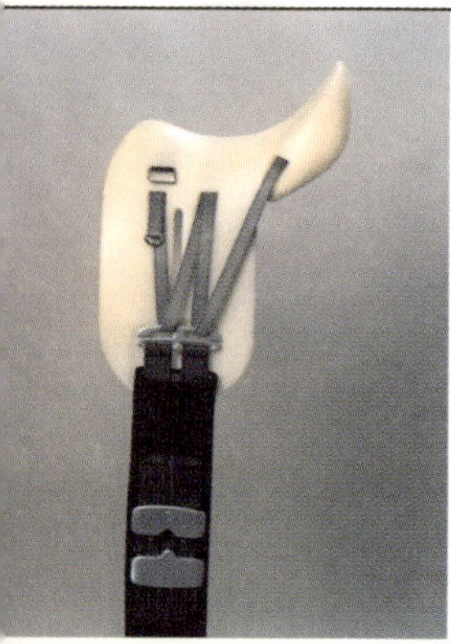

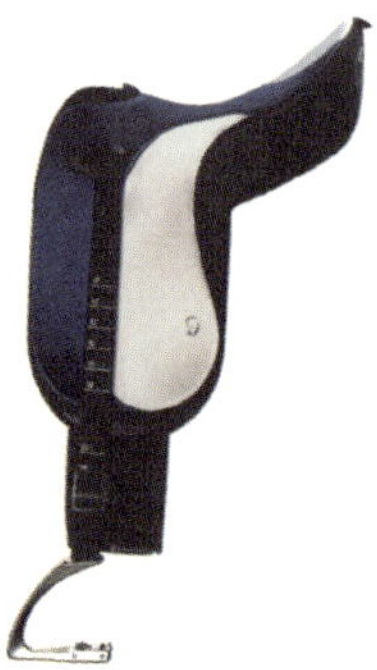

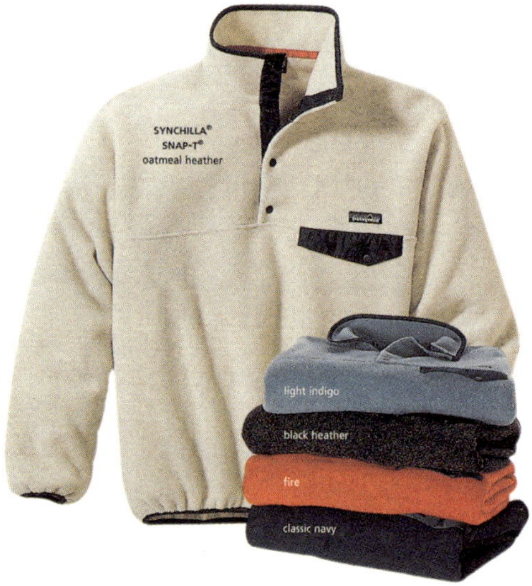

Synchilla® Snap T®

1991 erklärte die Firma Patagonia, dass alles, was produziert würde, zu Umweltverschmutzung führe. Von diesem Zeitpunkt an wurden die Produktionsprozesse des Unternehmens auf Baumwolle aus organischem Anbau und Webpelze aus recycelten Plastikflaschen umgestellt, um auf diese Weise die Umweltbelastungen zu reduzieren. Synchilla® PCR-Fleece besteht aus recyceltem Hausmüll. Für jedes Kleidungsstück werden 25 2-Liter-PET-Flaschen verbraucht, die sonst auf der Müllkippe landen würden.

	Patagonia, USA	322
	Patagonia, USA	322
	Synchilla® Fleece, Supplex® Nylon	300-1
	• Recyceltes Material *• Reduzierte Emissionen im Vergleich zur Neugewinnung von PET-Fasern*	327, 329

NIGHTEYE®

Diese leichte Stirnlampe ist mit einer speziellen, patentierten Energiesparlampe von Xenon und mit einem speziellen Reflektor ausgestattet. Ein Strahler mit einer Leuchtdiode sorgt rückseitig für Sicherheit. Alle Komponenten einschließlich der Polykarbonatgehäuse sind lediglich aneinander geklemmt und lassen sich gut auseinandernehmen.

	PROFORM Design, D	309
	Nighteye GmbH, D	321
	Polykarbonat, Leuchtdioden, Xenon-Glühlampe	341
	• Energie sparend	329
	iF Design Award, 2000	332

Pod Floating Lounger

Dieses gut durchdachte Produkt verkörpert mehrere der Leitprinzipien eines „grünen" Designs. Alle Materialien werden sparsam eingesetzt. Es besteht ausschließlich aus recycelten Wasserflaschen, recycelten Kunststoffbohlen von Partek und anderen recycelten Materialien und Komponenten. Die problemlose Montage und Demontage vereinfacht Reparaturen (und weiteres Recycling). Für John Amato ist dieses Produkt Bestandteil eines zyklischen Prozesses.

	John Amato, Meta Morf, Inc., USA	304, 320
	Meta Morf, Inc., USA	320
	Wasserflaschen, Kunststoffbohlen	294, 341
	• Recyceltes Material • Zerlegbar/leicht zu reparieren • Geringer Materialverbrauch	327, 328
	IDRA, 1995	332

Veloland

Veloland bietet Informationen und Dienstleistungen rund um ein Netzwerk von nationalen und regionalen Fahrradwanderwegen mit einer Gesamtstreckenlänge von über 6.300 km an. Karten, Reiseführer und eine Website bieten landesweit – und darüber hinaus – Zugriff auf die Informationen. Die Wanderwege verfügen über Anschluss an öffentliche Transportsysteme, an angeschlossenen SBB-Bahnhöfen gibt es sogar Fahrradvermietungen.

	Veloland Schweiz, CH	311
	Diverse	
	Diverse	
	• *Fördert Fahrradfahren als Freizeitbeschäftigung/öffentliches Transportmittel*	329

Kajak

Alte Kajaks vergehen nicht, sie werden recycelt. Die Firma Ocean Kayak fordert ihre Kunden auf, nicht mehr zu gebrauchende Kajaks zu zersägen und per Nachnahme an die Fabrik zurückzuschicken. Dort wird das Polyethylen zermahlen und in eine neue Form gebracht.

	Tim Niemeir, USA	309
	Ocean Kayak, USA	321
	Recyceltes Polyethylen	341
	• *Kontinuierliches Recycling der Materialien* • *Produktrücknahme*	327, 329

Modell Skystreme 729

Dieser aufblasbare Drachen wiegt nur 43 g und ist nicht viel größer als eine Kreditkarte. Er passt in jede Tasche und ist im Notfall immer griffbereit. Aufgeblasen steigt er dank eines Tragflächensystems auf und wird zu einem Notsignal, das mit bloßem Auge oder von einem Radar leicht ausgemacht werden kann. Der Skystreme dient auch als Schutzdecke gegen Unterkühlung und als Schiene für gebrochene Gliedmaßen.

	Skystreme UK Ltd, GB	324
	Skystreme UK Ltd, GB	324
	Leichter, stark reflektierender Kunststoff	283, 295
	• *Ökonomischer Materialverbrauch* • *Multifunktional* • *Erhöhte Gesundheit und Sicherheit*	327, 329

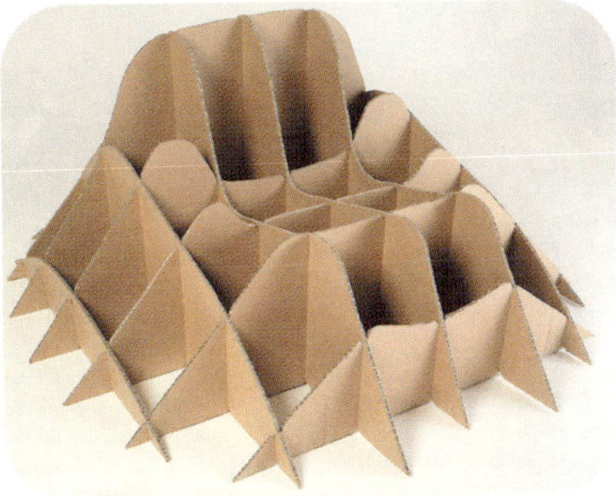

✎	*N Fornitore, I*	321
⚙	*N Fornitore, I*	321
▬	*Wellpappe, Grassamen, Erde*	292
♻	*• Erneuerbare, kompostierbare und vor Ort verfügbare Materialien*	327, 330

Sessel Terra Grass

Dieser pfiffige Gartensitz verkörpert das Verschmelzen von Mensch und Natur. Äußerlich erinnert er ein wenig an einen Miniatur-Grabhügel der Bronzezeit. Die Rahmenstruktur besteht aus Wellpappe. Sie wird mit vor Ort verfügbarer Erde und Grassamen gefüllt. Innerhalb weniger Wochen ist Ihr ganz privater grüner Thron dann mit saftigem Gras bedeckt.

E-tech

Der Zweitaktmotor E-tech für Kettensägen und Vertikutierer verbindet effiziente Energieerzeugung mit einem neuen Katalysator. So erfüllt er die strengsten Emissionsrichtlinien für tragbare motorisierte Garten- und Forstwirtschaftsgeräte weltweit, den CARB-Standard des Kalifornischen Luftressourcengremiums. Darüber hinaus ist die Firma Electrolux, weltweit führender Hersteller von Kettensägen, Partnerschaften mit Ölgesellschaften eingegangen, um Treibstoffe mit reduzierter Abgasemission zu entwickeln. Das finnische Unternehmen Raision beispielsweise bietet über Husqvarna ein pflanzliches Öl als Schmiermittel für Kettensägen an.

✎	*Husqvarna/The Electrolux Group, S*	315
⚙	*Husqvarna/The Electrolux Group, S*	315
▬	*Metalle, Kunststoffe*	283, 295
♻	*• Reduzierte Emissionen und Verbrauch von Betriebsmitteln*	329

Can-O-Worms

Geliefert werden ein kompaktes Set ineinander gesetzter Schalen aus 100 % recycelten Kunststoffabfällen und ein Kokosfaserblock, die zusammengesetzt werden. Dafür wird der Block angefeuchtet, zerbrochen und – mit der untersten angefangen – in die mit biologischen Abfällen gefüllten Schalen gelegt. So wird einheimischen Kompostwürmern eine Behausung geboten. Das Drahtgeflecht an der Schalenunterseite ermöglicht es den Würmern, sich durch den ganzen Stapel zu bewegen und den Abfall in Kompost umzuwandeln.

✎	*Reln, AUS*	323
⚙	*Reln, AUS, mit Wiggly Wigglers, GB*	323, 326
▮	*Kunststoffe, lebende Würmer*	283, 295
♺	*• Fördert biologischen, lokalen Abbau von Abfällen • Recyceltes und erneuerbares Material*	327, 330

Spaliere Nature's Choice

Dieses vielseitige Spaliersystem bietet Gärtnern verschiedene Möglichkeiten, ihre Pflanzen zu stützen. Es besteht aus zu 80 % recyceltem und zu 20 % neu gewonnenem Styropor und ist in vier verschiedenen UV-beständigen Farben erhältlich. Das Material gleicht in Aussehen und Textur einer Holzkonstruktion, ist jedoch Wasser und Fäulnis abweisend und benötigt im Gegensatz zu Holzspalieren keine toxischen Konservierungsstoffe.

✎	*Metpost, GB*	320
⚙	*Metpost, GB*	320
▮	*Styropor*	341
♺	*• Recyceltes Material • Weniger toxische Hilfsstoffe*	327, 329

Compost Converter

Der zu 95 % aus recyceltem Kunststoff hergestellte Compost Converter ist eine stabile Tonne mit einem Fassungsvermögen von 220 l und einer breiten Öffnung an der Oberseite. Er soll die Entsorgung biologisch abbaubarer Haushalts- und Gartenabfälle und deren Kompostierung vereinfachen. Durch eine breite Luke an der Unterseite kann der reife Kompost entnommen werden. Die Firma Blackwall stellt eine breite Palette von Komposttonnen für den privaten Gebrauch her. Von Spritzgusstonnen aus recyceltem Thermoplast mit imitierter Holzmaserung zur Selbstmontage bis hin zu Tonnen auf einem verzinkten Stahlrohrrahmen sind die unterschiedlichsten Modelle erhältlich. Auf die Tonnen gibt es zehn Jahre Garantie.

✎	*Blackwall Ltd, GB*	313
⚙	*Blackwall Ltd, GB*	313
▮	*Kunststoffe, verzinktes Stahlrohr*	283, 295
♺	*• Fördert Kompostierung vor Ort • Recyceltes Material*	327, 330

MicroBore

Ein poröses Röhrennetz, das in oder auf der Erdoberfläche verlegt wird, leitet das Wasser direkt zu den Wurzeln der Pflanzen. Der flexible Gummischlauch besteht aus zerkleinerten, recycelten Reifen und ist perforiert. Aus den Löchern kann das Wasser in die Erde sickern. Die Röhren sind mit unterschiedlichen Durchmessern erhältlich, angefangen beim MicroBore mit einem Durchmesser von 4 oder 7 mm, der besonders für die Bewässerung von Blumenkästen und Büropflanzen geeignet ist, bis hin zum HortiBore und ProBore mit Durchmessern von 13, 16 oder 22 mm für kommerzielle Gartenanlagen und Landschaftsgärtnerei. Zubehörteile ermöglichen auch die Nutzung aufgefangenen Regenwassers.

✎	*Porous Pipe, GB*	322
⚙	*Porous Pipe, GB*	322
Material	*Recycelte Reifen*	283
♻	*• Wasser sparend • Recyceltes Material*	327, 330

Rasenmäher mit Pedalantrieb

Mit den alten mechanischen Rasenmähern konnte man vielleicht noch einen kleinen Vorgarten pflegen. Dieser vierrädrige Rasenmäher mit Pedalantrieb hält den Fahrer fit, mäht problemlos mittelgroße bis große Rasenflächen und erzeugt keinerlei Abgase.

✎	*Remko Killaars, Diplomand, Design Academy Eindhoven, NL*	308
⚙	*Prototyp*	
Material	*Metalle, Gummi, Kunststoffe*	283, 295
♻	*• Keine Emissionen • Einfache Wartung und Reparatur*	329

Solar-Rasenmäher

1997 verband die Firma Husqvarna Robotertechnik mit Solarenergie und entwickelte einen einzigartigen Rasenmäher, der eine Fläche von bis zu 1.200 m² selbstständig pflegen kann. Mit dem Auto Mower wurde 1998 ein weiterer mit Robotertechnik ausgestatteter Rasenmäher konstruiert, der am Stromnetz aufgeladen wird.

✎	*Husqvarna/The Electrolux Group, S*	315
⚙	*Husqvarna/The Electrolux Group, S*	315
Material	*Kunststoffe, Metall, Motor, Akkumulator*	283, 295
♻	*• Solarbetrieben • Keine Emissionen*	329

Glass Sound

Klobige Lautsprecherboxen sucht man in diesem minimalistischen Audiosystem vergeblich. Eine Aufhängung aus Edelstahldrähten leitet das Signal an eine dünne Glasmembran weiter. Diese sendet die Schallwellen aus. Dabei kommt NXT-Technik zum Einsatz.

✎	*Christopher Höser, Designteam, Glas Platz, D*	306, 317
⚙	*Glas Platz, D*	317
▭	*Glas, Edelstahl*	295
♻	*• Minimaler Materialverbrauch*	327
✪	*iF Ecology Design Award, 2000*	332

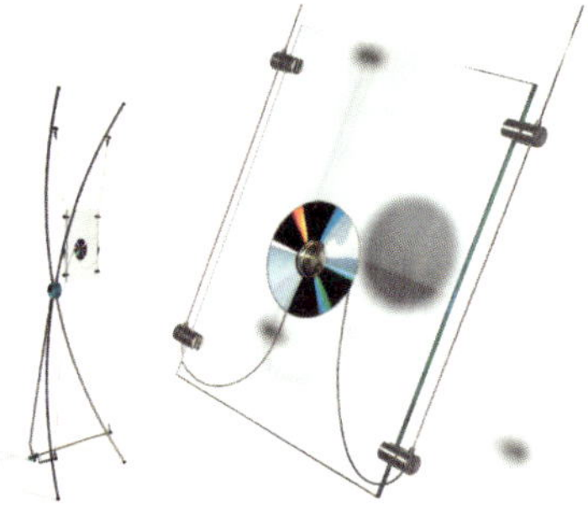

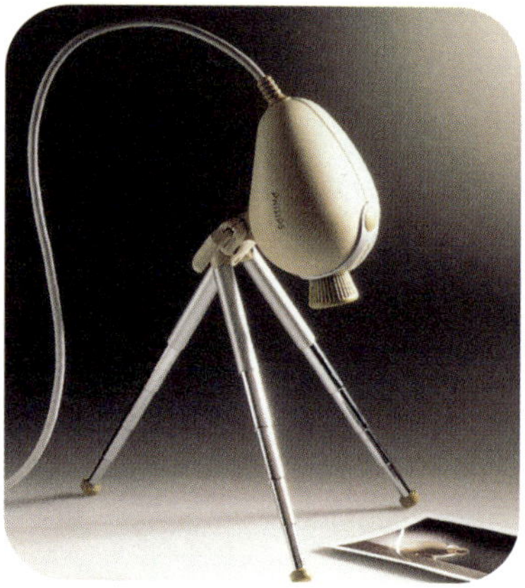

Kamera V-Mail

Ein verstellbares Stativ und eine Linse mit variabler Brennweite sind die wichtigsten Bestandteile dieser Kamera, mit der grafische Vorlagen oder Photografien sowie 3-D-Szenen digitalisiert werden können. Sie lässt sich an einen Computer anschließen und besteht aus recycelbaren Materialien.

✎	*Philips Design, NL*	309
⚙	*Philips Electronics, NL*	322
▭	*Recycelbare Kunststoffe und Metalle*	283, 295
♻	*• Recycelbares Material • Entmaterialisierung der Photographie*	327
✪	*Preisträger, Gold Industrial Design Excellence Award, 1999, Industrial Society of America*	

Canon IXUS

Mitte der 1990er brachte die Fotoindustrie weltweit ein neues Filmformat auf den Markt, APS, Advanced Photo System (Fortschrittliches Fotosystem). Durch das im Vergleich mit herkömmlichen 35-mm-Filmen um 24 % kleinere Filmformat sind auch die Kameras oft erheblich kleiner als konventionelle Spiegelreflexkameras. Das System hat jedoch noch eine Reihe weiterer Vorteile, zum Beispiel unterschiedliche Fotoformate (Kleinbild-, Vollbild- und Panoramaformat), die Auswechselung teilbelichteter Filme und eine Belichtungsanzeige, mit deren Hilfe der Abzug optimiert werden kann. Mit APS werden also erheblich weniger Rohmaterialien, Filme und Abzüge benötigt. Seit ihrer Markteinführung 1996 wurde die IXUS-Kamera schnell zur am weitesten verbreiteten Kompaktkamera. Das James-Bond-Styling und die scharfen Abzüge haben wohl viele Menschen vom APS-System überzeugt. Das aktuellste Modell ist die IXUS-M1.

✎	*Yasushi Shiotani, Canon, Inc., J*	310, 314
⚙	*Canon, Inc., J*	314
▬	*Rostfreier Stahl, Polykarbonat*	341
♻	• *Reduzierter Material- und Betriebsmittelverbrauch*	327

Digital Mavica FD73H

In Digitalkameras treten licht empfindliche digitale Speicherscheiben an die Stelle von Silberhalogenidfilmen. So wird die Fotografie „entmaterialisiert“. Seit Mitte der 1990er brachten die großen internationalen Hersteller von Fotoausrüstung nach und nach immer mehr Digitalkameras auf den Markt. 1998 gab es bereits mehr als 50 Modelle, die viele unterschiedliche PC-Karten als Übertragungs- und Speichermedium zwischen Kamera und Computer verwendeten. Die Firma Sony hat einmal mehr ihre Gewitztheit bewiesen, indem sie sich dem Kampf der verschiedenen Speicherformate um die Vorherrschaft entzogen und stattdessen in der Digital Mavica FD7 herkömmliche 3,5“-Disketten als Speichermedium eingesetzt hat. Spezielle PC-Karten oder Verbindungskabel zwischen Kamera und Computer sind dadurch überflüssig geworden. Um sich die Bilder anzusehen, braucht man nur noch die Diskette einzulegen. Dieses Design von Sony ist nicht nur besonders innovativ, es schont auch die Umwelt, da Verbraucher mit dieser Kamera nicht gezwungen sind, sich immer neue Peripheriegeräte zu kaufen.

✎	*Shin Miyashita, Sony Corporation, J*	309, 324
⚙	*Sony Corporation, J*	324
▬	*Kunststoffe, Metalle, Elektronik, CCD-Chip, Diskette*	341
♻	• *Fördert die Entmaterialisierung (von Filmen)* • *Universell einsetzbares Speichermedium*	327

Radios Freeplay FPR2 und Global Shortwave

Die Übermittlung von Informationen und Bildung durch Fernsehen und Radio gestaltet sich in Entwicklungsländern sehr schwierig. Da eine zentrale Stromversorgung fehlt und Batterien sehr teuer sind, haben Millionen Menschen dort keinen Zugang zu diesen für uns so selbstverständlichen Medien. Von dieser Erkenntnis angetrieben, entwickelte Trevor Bayliss ein mit Muskelkraft betriebenes Radio. 60 Umdrehungen der handbetriebenen Kurbel versorgten den Generator des ersten Modells, BayGen, mit genügend Energie für einen 30-minütigen Betrieb. Um einen möglichst flächendeckenden Empfang für Sendungen aller Art wie Nachrichten, kulturelle Sendungen, Warnungen vor Naturkatastrophen, Gesundheitsinformationen aber auch Fernunterricht und Alphabetisierungskampagnen zu ermöglichen, mussten die Radios im Stande sein, AM, FM und Kurzwelle zu empfangen. Das ABS-Gehäuse war widerstandsfähig, wetterfest, attraktiv und einfach herzustellen. Ursprünglich wurde das Radio in Südafrika in einer Fabrik hergestellt, die vorwiegend besonders bedürftige Arbeiter beschäftigte. Das Radio wird inzwischen von internationalen Hilfsorganisationen und in Programmen der Vereinten Nationen eingesetzt. Freeplay Energy Europe hat auch neuere Modelle für den internationalen Markt entwickelt. Diese verfügen über durchsichtige Kunststoffgehäuse, ein Solarpaneel für die Stromerzeugung und einen Adapter für den Anschluss an den Netzstrom. Wenn der Strom aus einer erneuerbaren Energiequelle bezogen wird, zeichnen sich alle Modelle durch Umweltfreundlichkeit aus. Werden die Freeplay Radios jedoch einfach an die Steckdose angeschlossen und mit Energie aus Kraftwerken betrieben, ist das Ziel verfehlt. Sind wir zu faul ein bisschen zu kurbeln, um unseren Lieblingssender hören zu können?

	Freeplay Energy Europe, GB	317
	Freeplay Energy Europe, GB	317
	Diverse	
	• *Muskelkraft- und/oder solarbetrieben*	329

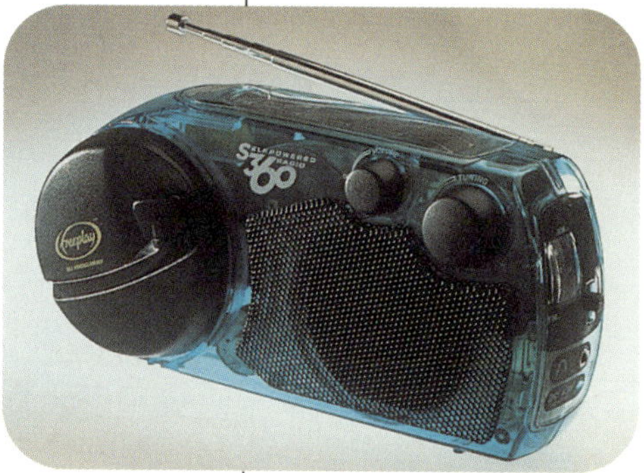

Freeplay S360

BayGen, das erste Kurbelradio von Freeplay, war für den Einsatz in entlegenen afrikanischen Dorfgemeinschaften gedacht. Die Nachfrage durch Händler in Industrieländern führte bald zur Entwicklung neuer Modelle für den Verbrauchermarkt. Zunächst kam ein Modell mit drei Betriebsoptionen (Kurbel, Solarenergie, Netzstrom) auf den Markt, das aber noch schwer und massig war. Das hier vorgestellte Folgemodell ist leichter, kompakter und verfügt über ein Solarpaneel, einen kurbelbetriebenen Generator und eine Betriebsdauer von bis zu 15 Stunden.

	Freeplay Energy Europe, GB	317
	Freeplay Energy Europe, GB	317
	Diverse	
	• *Muskelkraft- oder solarbetrieben* • *Überwiegend recycelbare Komponenten*	329

Radio

Die Designer dieses Radios haben sich dem derzeit allgegenwärtigen Trend zur Miniaturisierung widersetzt und sich damit die Möglichkeit erhalten, mit anderen Materialien als Kunststoff zu experimentieren. Hier wird Holz von alten Maschinengehäusen verwendet. Für die innere Verschalung kommt MDF zum Einsatz, für die vordere und hintere Abdeckung gefärbte Stoffe von alten Mehlsäcken. Es gibt einen speziellen Schaltknopf, der auf den bevorzugten Sender eingestellt werden kann. Da natürliche Materialien in die Produktion einfließen und letzte Arbeitsschritte von Hand vorgenommen werden, wird dieses Radio modische Trends eventuell überdauern. Die Fertigung kann in kleinen Werkstätten erfolgen, die neue Arbeitsplätze in ländlichen Gegenden schaffen und so eine zentralisierte Produktion in Großstädten verhindern. Das Design geht bis auf die Ideen der „Arts and Crafts„-Bewegung im England des 19. Jahrhunderts zurück, moderne ästhetische Grundsätze und die Verwendung wieder aufladbarer Batterien geben ihm seine Aktualität.

	Singh S. Kartono, RI	308
	Limitierte Serie	
	Wiederverwendetes Holz, MDF, Stoff, wieder aufladbare Batterie	341
	• *Erneuerbares und wiederverwendetes Material* • *Wieder aufladbare Energiequelle* • *Modeunabhängig*	327, 329

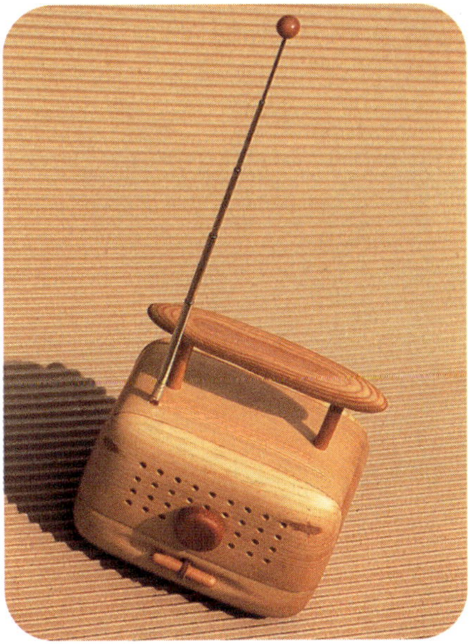

AE1000 Free-power Radio

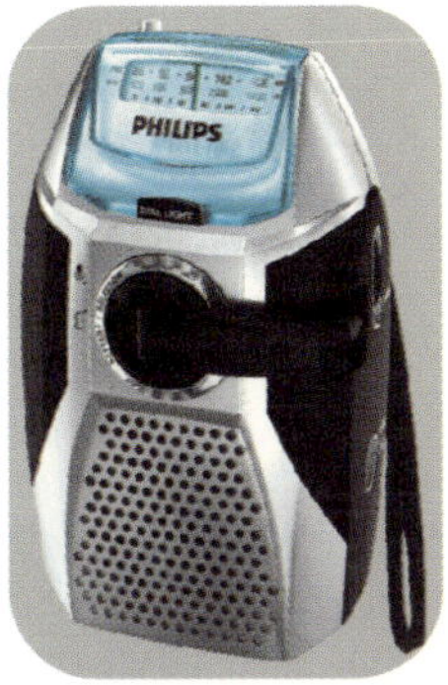

Philips hat das Konzept der BayGen-Kurbelradios aufgegriffen und zu einer Taschenversion weiterentwickelt. Der integrierte, hocheffiziente Stromgenerator ermöglicht nach nur einer Minute Kurbeln einen 30-minütigen Empfang von AM/FM-Sendern. Eine LED-Anzeige leuchtet auf, wenn die optimale Geschwindigkeit für das Aufladen erreicht ist. Dieses handliche Radio benötigt ausschließlich Muskelkraft und die lästige Suche nach Batterien oder einer Steckdose entfällt.

	Mike Jerome, Philips Electronics, NL	307
	Philips Electronics, NL	322
	Diverse	
	• *Erneuerbare Energiequelle*	329

Tykho

Entgegen dem üblichen Trend verwendet Berthier für dieses UKW-Radio kein Thermoplast-Gehäuse. Gummi macht nicht nur ein neues, attraktives Design möglich, es schützt auch besser als Kunststoffe vor Erschütterungen und Wasser.

	Marc Berthier, F	304
	Lexon Design Concepts, F	319
	Gummi, elektrische Komponenten	283
	• *Erneuerbares und/oder synthetisches Material*	327

Grundig 15"-Farbfernseher

Dieser Fernseher kann mit 12- oder 24-Volt-Gleichstrom oder mit 90-260-Volt-Wechselstrom bei 50/60 Hz betrieben werden. Damit kann er beispielsweise in Wohnwagen, auf Booten oder auch an Niederspannungsstromnetzen mit erneuerbarer Energiequelle laufen.

✎	*Grundig, D*	317
⚙	*Grundig, D*	317
▮	*Diverse*	
♻	*• Niederspannungs-Fernsehgerät*	329

Serie FL5

Diese Modellserie von 1997 steht für eine langfristige Denkweise. Sie wurde in der Annahme entworfen, dass die Rücknahme elektronischer Produkte durch den Hersteller zukünftig gang und gäbe sein wird.

Das Gehäuse wurde aus nur einem Material gefertigt. Hierdurch wird ein späteres Recycling vereinfacht. Farben auf Wasserbasis leisten einen weiteren Beitrag zur Minderung der Umweltbelastung.

✎	*Philips Corporate Design, NL*	309
⚙	*Philips Electronics, NL*	322
▮	*Nur ein Material, wasserbasierte Farben*	286-7
♻	*• Zerleg- und recycelbar*	327, 328

SmartWood Les Paul

Die Firma Gibson Guitars ist für die Qualität und den Klang ihrer akustischen und elektrischen Gitarren berühmt. Für dieses Modell werden hartes Ahornholz, Honduras-Mahagoni und tschetschenische Hölzer verwendet, die von der Firma EcoTimber, Inc. geliefert werden und SmartWood- und FSC-zertifiziert sind. Gibson-Gitarren werden von ihren Besitzern hoch geschätzt und haben so in der Regel eine lange Lebensdauer. Die Verwendung zertifizierter Hölzer für hochwertige Produkte entspricht der Forderung nach langlebigen Designs aus erneuerbaren Rohstoffen.

✎	*Gibson Guitars, USA*	317
⚙	*Gibson Guitars, USA*	317
▬	*Hölzer, Metall, Elektronik*	295, 339
♻	• *Erneuerbares Material* • *SmartWood- und FSC-zertifiziertes Nutzholz*	333

The Basic Bass

Der modulare Aufbau aus standardisierten Teilen macht dieses Instrument äußerst flexibel. Es kann wie eine Gitarre oder wie ein Bass gespielt und für Links- und Rechtshänder umkonfiguriert werden. Die Mikrofone und Elektronik lassen sich ausbauen und können so leicht repariert oder aufgerüstet werden. Das Objekt wurde auf seine wesentlichen Bestandteile reduziert.

✎	*Jean-Remi Conti, Diplomand 2000, Design Academy Eindhoven, NL*	305
⚙	*Prototyp*	
▬	*Diverse*	
♻	• *Reduzierter Materialverbrauch* • *Erweiterbar* • *Universelles Design*	327

Savvy

Dieses Handy verfügt über eine Joystick-Steuerung, die Zugriff auf seine zahlreichen Funktionen, darunter ein Taschenrechner, eine Uhr mit Stoppuhrfunktion und Spiele, bietet. Verschiedenfarbige Plastikgehäuse erlauben indivi-

duelle Anpassung des Designs und eine einfache Demontage. So können einzelne Teile repariert, recycelt oder Modetrends angepasst werden. Mit einem reduzierten Stromverbrauch und 30 % weniger Einzelteilen versucht Philips, dieser Ikone moderner Kommunikation ein wenig Umweltbewusstsein zu vermitteln.

✎	*Philips Design, NL*	309
⚙	*Philips Electronics, NL*	322
▮	*Recycelbare Kunststoffe*	283, 295
♺	*• Zerleg- und recycelbar* *• Energie sparend*	328, 329

Xenium™ 939 Dual Band

Philips Electronics ist darum bemüht, die Entwicklung umweltfreundlicher Produkte voranzutreiben. Dies zeigt sich auch am jüngsten Handy-Modell des Unternehmens. Das Gehäuse aus gestanztem Metall, 35 % weniger Einzelteile, ein geringerer Energieverbrauch und kleinere wieder aufladbare Batterien tragen dazu bei, die Umweltbelastung durch dieses Gerät im Vergleich zu älteren Modellen zu verringern. Eine reine Trennung der Materialien oder Materialgruppen bei Demontage ist problemlos möglich.

✎	*Philips Design, NL*	309
⚙	*Philips Electronics, NL*	322
▮	*Metall, Elektronik*	295
♺	*• Reduzierter Energie- und Betriebsmittelverbrauch*	329
✪	*iF Design Award, 2000*	888

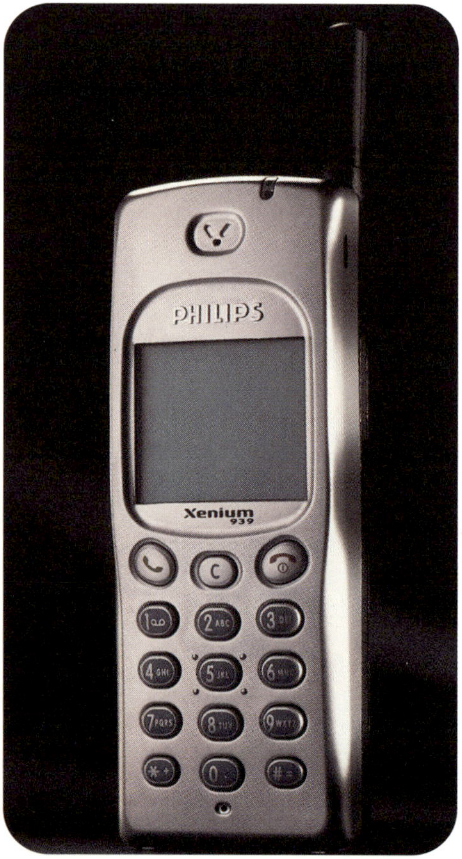

ROCKET eBOOK

Es liegt eine gewisse Ironie darin, dass Amazon.com, eine der erfolgreichsten amerikanischen Internet-Firmen, über dieses elektronische Medium ausgerechnet Bücher aus Papier verkauft. Vielleicht bietet das Unternehmen schon bald elektronische Bücher über das Internet an, die vom Kunden auf speziellen Geräten wie dem ROCKET eBOOK gelesen werden können, und rettet so ganz nebenbei große Waldgebiete. Die meisten elektronischen Bücher der 1990er kamen nicht über das Stadium eines Prototypen hinaus, die neue Generation könnte es aber schaffen.

	Ralf Gröne und Dallas Grove, Palo Alto Products International, USA	307, 309
	NuvoMedia, USA	321
	ABS-Kunststoff, Elektronik	341
	• Kann eine erhebliche Verringerung des Verbrauchs von Papier, Druckfarben, Verpackungen und Transportenergie bedeuten	327, 328

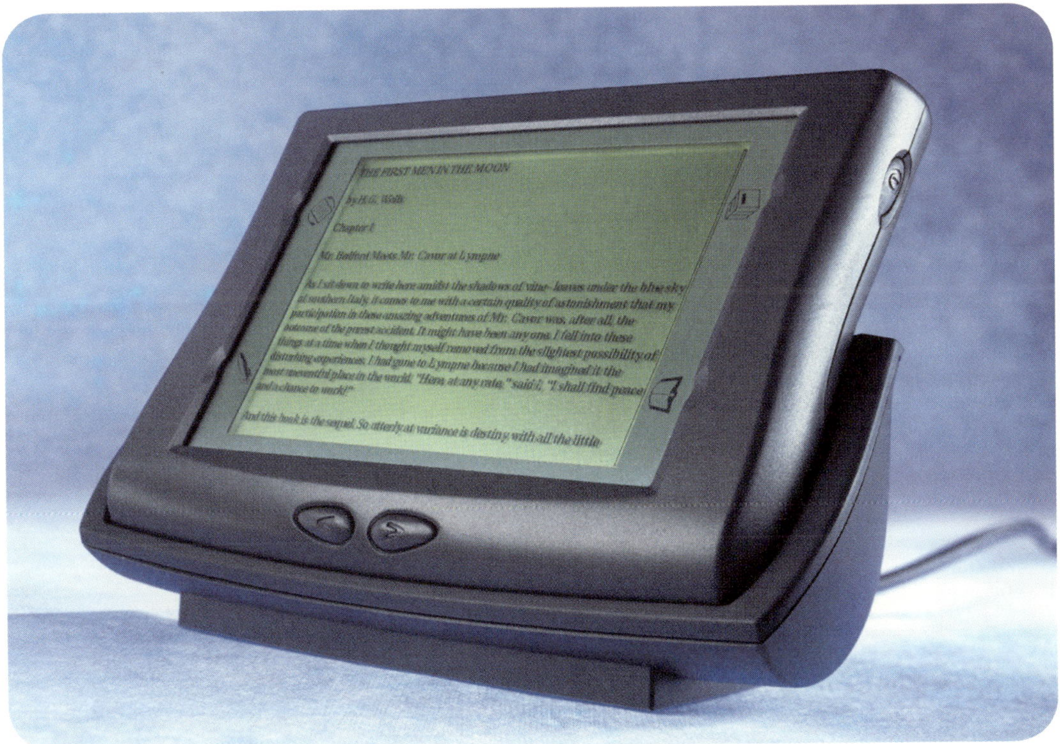

Projekt Morphy One

So genannte „Open Source"-Software, deren Quellcode veröffentlicht wird und jedem zur Programmierung neuer Anwendungen zur Verfügung steht, hat mit der Markteinführung des Betriebssystems Linux durch Linus Torvals neuen Auftrieb erhalten. Im Gegensatz zu firmeneigenen Systemen, etwa denen von Microsoft, Apple und anderen führenden Software-Unternehmen, kann Linux von jedem verwendet werden. Es gab jedoch vor dem Morphy One-Projekt keine „Open Source"-Hardware, die die öffentlich zugängliche Software komplettiert hätte. Morphy One wurde in einem Benutzerforum von Hewlett Packard-Fans geboren. Diese Chatgruppe war dem HP 200LX Palmtop gewidmet. Als die Produktion 1999 eingestellt wurde, begann „Mr Toyozo", so das Pseudonym eines Gruppenmitglieds, einen neuen Hardware-Schaltkreis zu entwickeln, veröffentlichte die Ergebnisse im Forum und löste eine überwältigende Reaktion aus. Das Ergebnis war der Morphy One, ein Palmtop-PC für die Betriebssysteme MS-DOS und Linux. Andere Hardware-Entwickler haben Zugriff auf die technischen Daten und den Quellcode. Morphy One ist ein kleiner Rettungsanker für all diejenigen, die die Entwicklung des Informationszeitalters menschenfreundlicher gestalten und den Prozess nicht den internationalen IT-Firmen überlassen wollen.

✎	*Mr Toyozo und das „Nifty Hewlett Packard-Benutzerforum", J und weltweit*	309
⚙	*Diverse Prototypen*	
	Diverse	
	• Öffentlich zugängliches, menschenfreundliches Design	327

Bob

Diese kaltgefertigte Betonvase stellt die Dominanz von Töpferwaren in Frage und reflektiert die Suche nach neuen Ausdrucksformen für dieses moderne Material. Erst eine Lebenszyklusanalyse wird zeigen, ob Töpferwaren, die für das Brennen des Tons viel Energie benötigen, für die Umwelt schonender oder belastender als Beton sind. Auch zu dessen Herstellung wird Energie benötigt, außerdem entstehen bei der Produktion Abgase.

	Goods, NL	317
	Goods, NL	317
	Beton	295
	• Reichlich natürlich vorhandenes Material der Geosphäre	327, 340

Ecolo

Dieses Büchlein wurde von Enzo Mari geschrieben und von dem bekannten italienischen Hersteller Alessi veröffentlicht. Es regt Leser und Leserin dazu an, die Abfälle der Konsumkultur in exquisite, schöne Objekte zu verwandeln. Wie ein Schmetterling aus einer Puppe entwickelt sich eine Shampoo-Flasche von einem nutzlosen, verbrauchten Objekt in eine elegante Blumenvase. Design ist so nicht mehr Sache der Spezialisten.

	Enzo Mari, I	308
	Alessi, I	312
	Haushaltsabfälle (Behälter)	341
	• Wiederverwendung von Abfall *• Design-Demokratisierung*	328

Malvinas

Stahl gehört auf der ganzen Welt zu den am effizientesten recycelten Materialien. Mit Ausnahme von handgeschmiedeten Möbeln und ähnlichen Objekten findet er jedoch kaum seinen Weg in den dekorativen Bereich. Hier wird aus dem schlichten Material ein eleganter Tafelaufsatz.

	Alfredo Häberli und Christophe Marchand, I	307
	Danese srl, I	315
	Stahl	295
	• Recycelbares Material	327

Fruchtkörbe

Man nehme nicht mehr benötigtes Besteck, stecke es in eine spezielle Zementmischung, lasse es sich setzen und stelle es in einen Brennofen. Das Ergebnis sind einzigartige Designs zur Aufbewahrung von Obst, bei denen die Früchte im Mittelpunkt stehen. Die Fertigung erfolgt wohl am ehesten in limitierten Serien, das Prinzip lässt sich jedoch auf viele andere funktionale Objekte übertragen.

	Pamela Hatton, GB	307
	Einzelstücke	
	Beton, gebrauchte Küchenutensilien	295, 341
	• Wiederverwendung vorhandener Produkte • Materialien mit geringem Energiegehalt	340

Wagga-Wagga

Die Balance zwischen Harmonie und Spannung zeichnet diesen Entwurf aus. Zur Herstellung werden Materialien verwendet, die in Kaltproduktion oder durch Hitze bearbeitet werden.

	Camille Jacobs, AUS	307
	Limitierte Serie	
	Flachglas, Bambus	281, 295
	• Ökonomischer Materialverbrauch • Recycelbares Material	327

Spiralbaum

In einem flachen Paket wird ein Rechteck aus lasergeschnittenem Sperrholz geliefert, das sich beim Aufhängen zu einer Spirale entfaltet. Dieses Weihnachtsbaumdesign lässt sich bis zum nächsten Jahr im Keller lagern und rettet so jedes Jahr eine Sitka-Fichte vor der Mülldeponie.

✎	*Feldmann & Schultchen, D*	316
⚙	*Prototyp für Werth Forsttechnik, D*	326
▬	*Sperrholz, Stahl*	295, 339
♲	*• Wieder verwendbares Produkt*	331

Schwammvase

Wanders bezieht die Natur selbst in den Herstellungsprozess ein, fügt eine Porzellanröhre hinzu und eröffnet eine neue Dimension für das Design von Vasen. Auch andere Designer sollten aktiv nach Möglichkeiten suchen, Produkte aus der Natur zu verwenden, die mit minimalem Energieaufwand oder kleinen Änderungen zu neuen Objekten verarbeitet werden können. Vielleicht können wir uns ja schon bald auf spezialisierte „Produktfarmen" freuen, in denen Schwämme biologisch hergestellt werden oder Biokunststoffe sich spontan in vorgegebenen Formen entwickeln?

✎	*Marcel Wanders, Droog Design, NL*	306, 311
⚙	*Wanders Wonders, NL*	326
▬	*Naturschwamm, Porzellan*	295
♲	*• Erneuerbares Material*	328

Tafelgeschirr

Für diese Kollektion von Tellern und Serviertabletts wurden Lichtverteiler aus strukturiertem Glas verwendet, die ursprünglich Teil der Neonbeleuchtung eines Gebäudes der amerikanischen Regierung waren.

	Maria Ruano, USA	310
	Bedrock Industries, USA	313
	Recyceltes Glas	295
	• Recyceltes Material	327
	IDRA, 1998	332

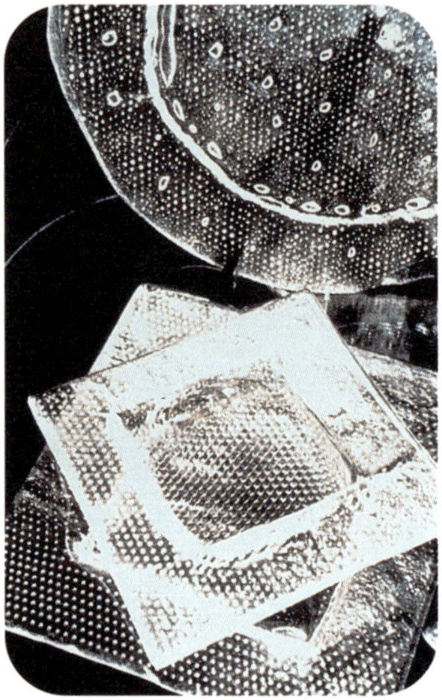

Soft Vase

Für diese Vase im klassischen Stil experimentiert Hella Jongerius mit flexiblem, gummiertem Polyurethan und stellt so unsere Einstellung zu Polymeren in Frage. Welche Wertschätzung bringen wir für Kunststoffe auf? Designer-Objekte aus Kunststoff werden hochgeschätzt, andere Gegenstände, wie die allgegenwärtige Plastiktüte, einfach weggeworfen. An Stelle der traditionellen Materialien für die Fertigung von Vasen, harter, haltbarer Keramik oder widerstandsfähigem, glänzenden ABS, hat sich Jongerius für das weiche, flexible Polyurethan entschieden und ermutigt so zu Experimenten mit der Form der Vase.

	Hella Jongerius, JongeriusLab, NL	307
	Droog Design, NL	306
	Polyurethan, Elastomere	283, 295
	• Benutzerfreundlich • Langlebiges Produkt • Recycelbar	329

Ceramic Bowls

Keramikreste aus Haushalts- und Produktionsabfällen werden gemahlen und mit frischem Ton vermischt. So entstehen diese „natürlich" gefärbten Schalen: Die Farbe variiert je nach Zusammensetzung des Abfalls.

	Annelies de Leede, NL	305
	Oak Product Design, NL	309
	Keramikabfälle, Ton	295
	• Recyceltes Material	327

Attila

Angesichts des enormen Bedarfs nach bequem zu konsumierenden Getränken werden Getränkedosen aus Stahl oder Aluminium wohl zum 21. Jahrhundert gehören. In den 1980ern wurde das Recycling für diese Dosen zwar erheblich verbessert, jede Technik, die aktiv zu noch mehr Recycling anregt, ist jedoch begrüßenswert. Attila ist eine langlebige und erfreulich einfach zu bedienende Presse: Man legt die Dose einfach auf den Boden der durchsichtigen Röhre, drückt die Arme nach unten und hört das befriedigende Knirschen beim Zusammendrücken einer Getränkedose.

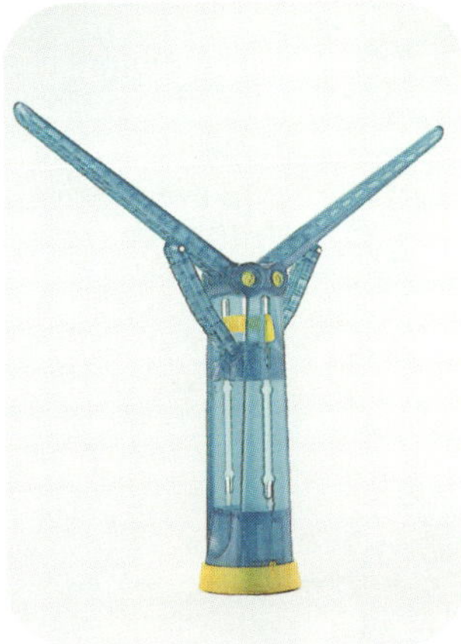

✎	*Julian Brown, Studio Brown, GB*	305
⚙	*Rexite SpA, I*	323
▬	*Spritzgegossenes ABS, Polykarbonat, Santoprene*	297, 340
♻	*• Fördert Recycling*	328

Cricket

Der Verkauf von Wasser und anderen Getränken in PET-Flaschen hat im Laufe der letzten zehn Jahre erheblich zugenommen. Deshalb ist jedes Gerät, mit dem sich das Recycling vereinfachen lässt, ein sinnvoller Beitrag zum Umweltschutz. Mit dieser pfiffigen Flaschenpresse macht Recycling Spaß.

✎	*Julian Brown, Studio Brown, GB*	305
⚙	*Rexite SpA, I*	323
▬	*Stahl, Kunststoff*	283, 295
♻	*• Fördert Recycling*	328

Straßensammelbehälter von LINPAC Environmental

Seit die Sammelbehälter von LINPAC Environmental 1996 in der britischen Stadt Sheffield eingeführt wurden, sind mehr als 20 Millionen Plastikflaschen nicht auf der Mülldeponie, sondern in Recyclinganlagen gelandet, wo sie zu neuen Behältern verarbeitet werden. Der stabile, robuste Behälter unterstützt Gemeinden und private Unternehmer bei einem verstärkten Recycling.

✎	*LINPAC Environmental, GB*	319
⚙	*LINPAC Environmental, GB*	319
▮	*Alte HDPE-Flaschen*	341
♻	*• Recyceltes Material* *• Fördert Recycling*	327, 328

Zago™

Das Recycling von Haushaltsabfällen hat ein problematisches Image. Deshalb ist ein Vorstoß, diese Aktivität unterhaltsamer zu gestalten, begrüßenswert. Die drei dreieckigen Mülleimer von Zago™ sind aus recy-celter Pappe, werden in flachen Paketen verkauft und dienen nach dem Aufbau als Mülltrennungssystem für verschiedene Arten von Abfall. Auf der Außenseite ist jeweils angezeigt, welcher Abfall in welche Tonne gehört.

✎	*Benza, Inc., USA*	313
⚙	*Benza, Inc., USA*	313
▮	*Recycelte Pappe*	341
♻	*• Recyceltes Material* *• Fördert Recycling*	327, 328

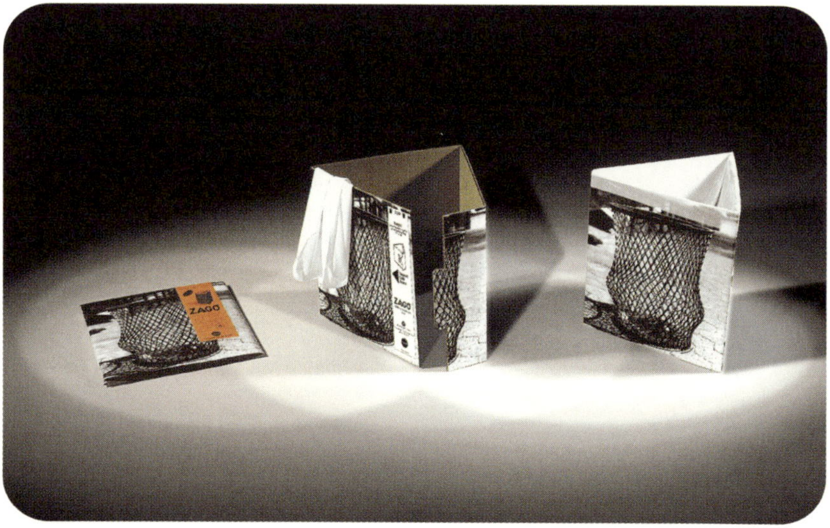

Flaschenstöpsel und -öffner

Die Firma Oxo ist für ihre Liebe zum Detail und die Ergonomie ihrer Handwerkzeuge bekannt. Dieses benutzerfreundliche Gerät ist herkömmlichen Produkten einen Schritt voraus, da es zwei Funktionen verbindet.

Human Factors in Zusammenarbeit mit Oxo International, USA	307, 321
Oxo International, USA	321
Gehärtetes Gummi	283
Zweifache Funktion	329

Besteck

Dieses Gabel-Design steht jedem Material, ob es sich dabei um Bambus, Buchenholz oder Stahl handelt. Wird dieses Modell aus lokal verfügbaren Materialien gefertigt, lässt sich beim Transport Energie sparen.

Patrick Laing, GB	308
Prototypen	
Bambus, Buche, Stahl	281, 295
• *Universelles Design für verschiedene, lokal verfügbare Materialien*	327

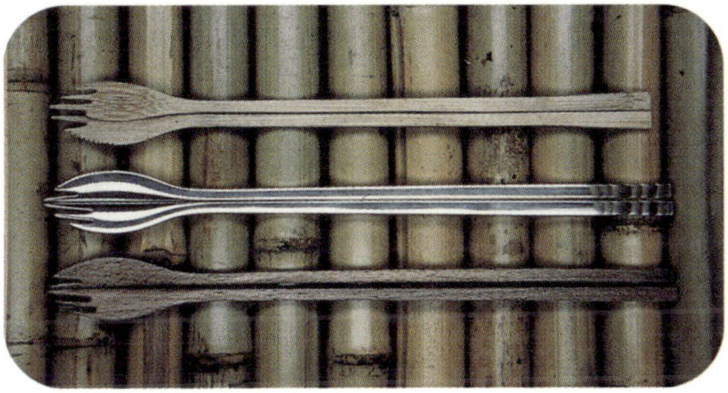

Fold

Beim Ausschneiden und Stanzen dieser auf die wichtigsten Bestandteile beschränkten, pfiffig gestalteten Besteckkollektion fällt kaum Abfall an.

William Warren, GB	311
Limitierte Serie, ww.modcons, GB	326
Edelstahl	295
• *Ökonomischer Materialverbrauch* • *Verringerte Abfallproduktion*	327, 328

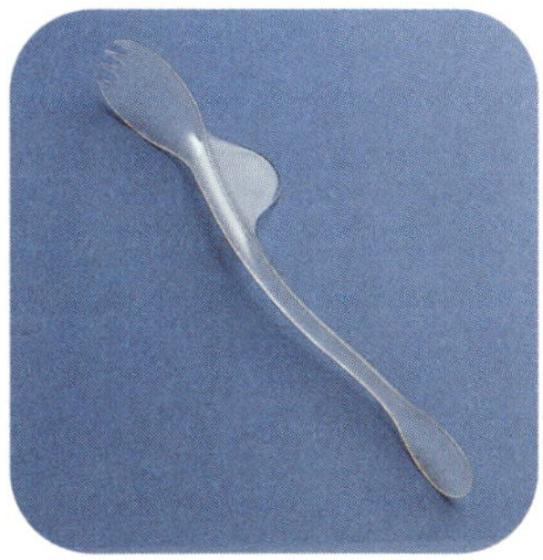

Besteck

Dies könnte der Prototyp für ein „universelles" Besteck-Design werden. Die Funktionen von Messer, Gabel, Löffel und Teelöffel wurden geschickt in einem einzigen Objekt vereint.

Nina Tolstrup, DK	310
Prototyp	
Kunststoff	283, 295
• *Multifunktional* • *Ökonomischer Materialverbrauch*	327, 329

Double-cup

Espresso oder Cappuccino? Mit diesen in der Mitte verbundenen, ansprechenden Geschirrstücken haben Sie jederzeit die Wahl.

✎	*Erik-Jan Kwakkel, NL*	308
⚙	*REEEL, NL*	323
▬	*Porzellan*	295
♻	• *Multifunktional* • *Ökonomischer Materialverbrauch*	327, 329

Wegwerfbesteck und -schale

Pappeln gehören zu den am schnellsten wachsenden Bäumen. Die so gewonnene Biomasse kann man für kompostierbares Wegwerfgeschirr sehr gut nutzen.

✎	*Marcel Wanders, Droog Design, NL*	306, 311
⚙	*Prototyp für das Projekt Oranienbaum*	
▬	*Pappelholz*	339
♻	• *Erneuer- und kompostierbare Materialien*	327

Trinkglas

Zwei PET-Flaschen werden zerschnitten und die beiden jeweils anderen Hälften als Glas zusammengesetzt. Der ursprüngliche Schraubverschluss dient als Befestigung. Ob die Schnittabfälle recycelt oder für andere Produkte verwendet werden können, ist noch unklar.

✎	*Aki Kotkas, FIN*	308
⚙	*Limitierte Serie*	
▬	*PET-Flaschen*	341
♻	• *Wieder verwendetes Material*	328

Drinking Vessel

Alte Weinflaschen wurden von Boontje in Kleinarbeit zerschnitten, geglättet und mit dem Sandstrahler bearbeitet. Mit minimalem Aufwand erhalten diese Gegenstände so ein neues Leben als Krug oder Becher und lenken unsere Aufmerksamkeit auf die Schönheit des Materials.

✎	*Tord Boontje, NL*	305
⚙	*Limitierte Serie*	
▬	*Glasflaschen aus Haushaltsabfällen*	328, 341
♻	*• Recyceltes Material • Energie sparende Herstellung*	327, 328

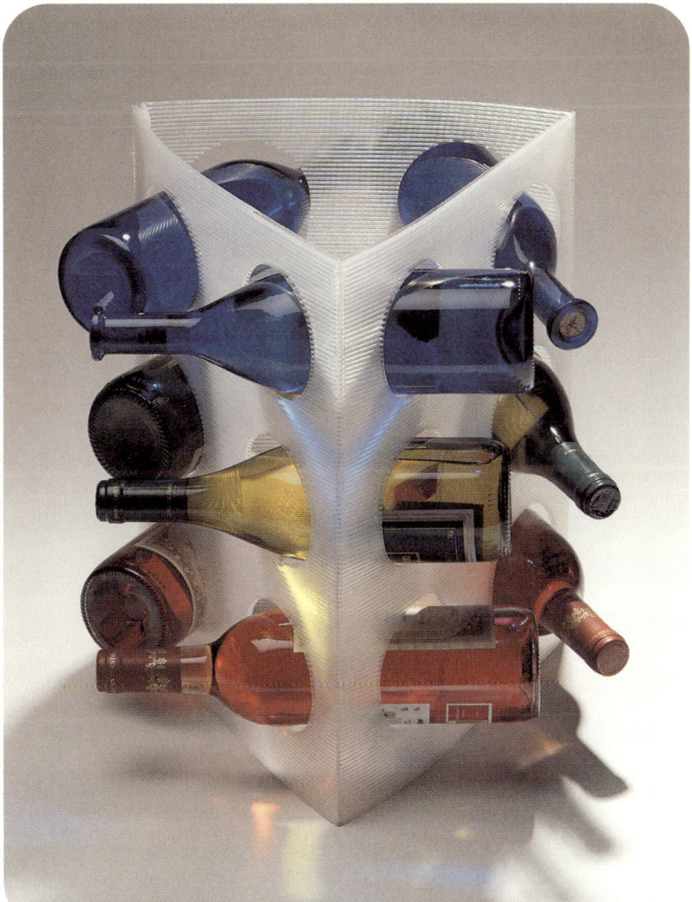

Weinregal

Bei der Produktion dieses in flachen Paketen verpackten dreieckigen Weinregals aus geriffeltem Polypropylen entsteht keinerlei Abfall, da die Schnittreste vom Versandhaus als Untersetzer mitgeliefert werden.

✎	*Stuart Bristow, GB*	305
⚙	*Designed to a „t" Ltd, GB*	306
▬	*Polypropylen*	283, 295
♻	*• Kein Produktionsabfall • Recycelbar*	327, 328

Basket 2 Hands

Mit der Kollektion farbenfroher, robuster und dennoch eleganter Haushaltsgeräte hat Authentics dazu beigetragen, Kunststoffen im Haushalt ein besseres Image zu verleihen. Mit minimalistischem Ansatz, guten Materialkenntnissen und dem ironischen Verweis auf traditionelle Körbe sichert sich Grcic den Respekt des Benutzers.

✎	*Konstantin Grcic, D*	307
⚙	*Authentics artipresent, D*	313
▰	*Recycelbares Polypropylen*	283, 295
♻	*• Recycelbares Material*	327

Barnacle

In den 1990ern hat Droog Design angefangen, nach neuen Ansätzen für die traditionelle Badezimmerkachel zu suchen. Moerel hat dieses Thema wieder aufgegriffen und mit den organisch geformten Tonkacheln für eine Befreiung von langweiligen Badezimmerwänden gesorgt.

✎	*Marre Moerel, NL/USA*	308
⚙	*Limitierte Serie*	
▰	*Ton*	295
♻	*• Verwendung vorhandener Materialien der Geosphäre • Langlebiges Produkt • Multifunktional*	329, 340

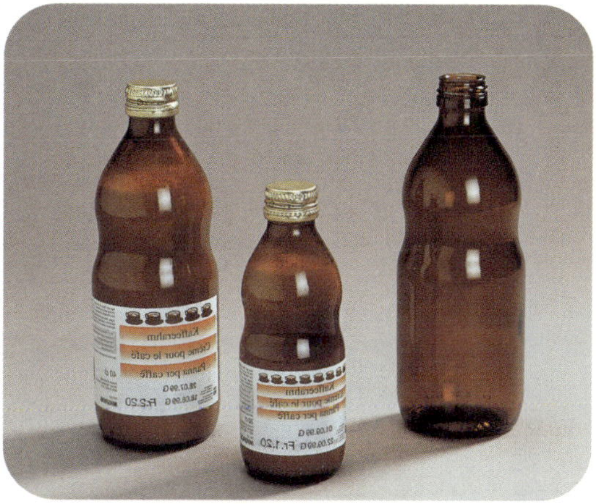

Kondensmilchflaschen

Bei dieser Flaschenfamilie, die für die zentrale Molkerei Aargau entworfen wurde, führen kleine Details zu einem verbesserten Umweltschutz. Der enge innere Radius und der nach innen gebogene Rand an der Flaschenöffnung verhindern, dass die Milch durch das Schraubgewinde nach oben gelangt. Hierdurch wird die Sterilisation gebrauchter Flaschen einfacher und Energie sparender.

✎	*Thomas Liebe, Ad Rem Design, CH*	304
⚙	*Vetropack, CH*	326
▮	*Glas, Metall*	295
♻	*• Reduzierter Energieaufwand bei Produktion und Transport*	327, 328

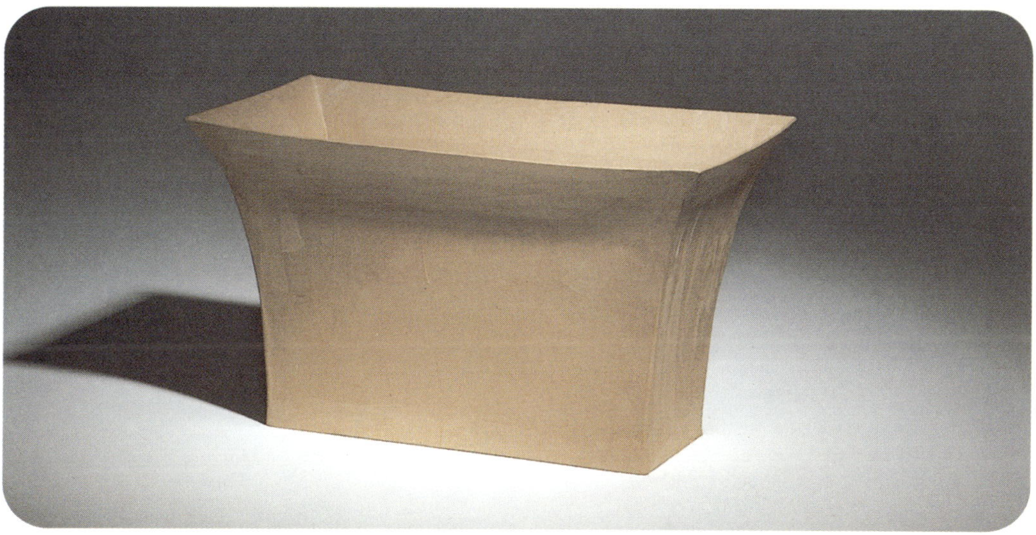

Elster

Aus kostengünstigen, erneuerbaren Materialien wird in Handarbeit ein viereckiger, schornsteinförmiger Abfalleimer geformt. Straff gespanntes braunes Packpapier wird an einem Rahmen aus Weichholz festgeklebt.

Wettstein hat diese einfache Technik auch für andere Möbelstücke wie zum Beispiel Sessel, Schemel und Chaiselongues eingesetzt.

✎	*Robert A. Wettstein, CH*	311
⚙	*Einzelstücke/Limitierte Serie, Robert A. Wettstein, CH*	311
▮	*Papier, Holz*	288-9, 339
♻	*• Erneuerbares Material • Energie sparende Herstellung*	327, 328

Durex Avanti

Natürliches oder synthetisches Latex ist seit langem das wichtigste Material bei der Herstellung von Kondomen. Allerdings bringt es Probleme mit sich: Latex hat einen klar erkennbaren Eigengeruch und die für einen vollständigen Schutz beim Geschlechtsverkehr erforderliche Dicke kann sich negativ auf das Empfindungsvermögen auswirken. Außerdem ruft das Material bei manchen Menschen Allergien hervor. In umfangreichen Forschungen hat eine bestimmte Polyurethansorte alle Anforderungen erfüllt. Das Material ist so stark wie Latex, aber 40 % dünner, geruchsfrei und fast durchsichtig. Auch ein Geschmack kann hinzugefügt werden. Und so hat man ein Mittel für den individuellen Gebrauch, das garantiert bei der Kontrolle der Bevölkerungszahl und beim Kampf gegen sexuell übertragbare Krankheiten wie AIDS hilft.

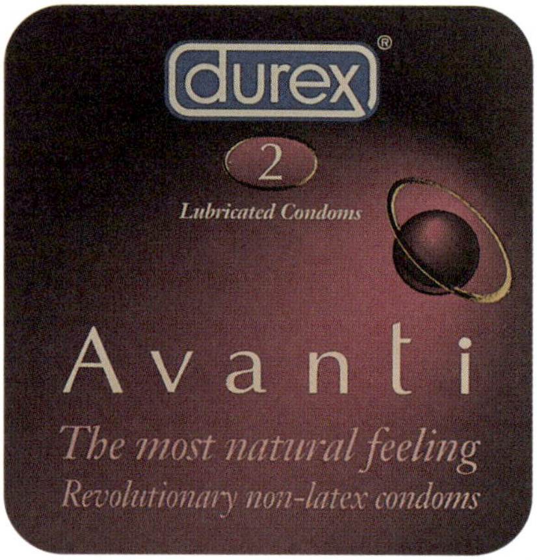

	Durex, GB	315
	LRC Products, GB	319
	Polyurethan	341
	• Hilfe bei Kontrolle der Bevölkerungszahl, schützt die Gesundheit	328

Earthsleeper™

Diese Särge werden mit Sundeala-Platten aus recycelten Zeitungen und Zeitschriften sowie mit Eckverbindungen, Schrauben und Muttern aus Holz gefertigt. Demnach sind sie größtenteils kompostierbar und verursachen weniger Umweltbelastungen als herkömmliche Holzsärge. Die Särge sind fertig montiert oder als Bausatz erhältlich.

	Vaccari Ltd, GB	325
	Vaccari Ltd, GB	325
	Sundeala-Platten	292
	• Recyceltes Material • Kompostierbar	327, 328

eco-ball™

Wer empfindlich auf moderne chemikalische Waschpulver reagiert, dem bietet eco-ball™ jetzt eine Alternative. Der Kunststoffball enthält ein ionisiertes Pulver, das Sauerstoff an das Wasser abgibt. Dieser fördert die Durchdringung der Textilien mit Wasser und damit die Lösung von Schmutz. Bei sehr schmutziger Wäsche kann ein bisschen Waschpulver nicht schaden, nach Angaben des Herstellers sollten aber normalerweise drei Bälle 750 Waschladungen sauber bekommen, ehe ihre Aktivität nachlässt.

	eco-ball	315
	eco-ball	315
	Kunststoff, ionisiertes Pulver	283, 295
	• Reduzierter Waschpulververbrauch	328

Ecover®

Ecover ist, ähnlich wie „The Body Shop“, jedem umweltbewussten Konsumenten seit den 1980er Jahren ein Begriff. Ecover wurde 1979 gegründet und hat seitdem immer eine Geschäftsstrategie verfolgt, in deren Mittelpunkt die Harmonie zwischen Wirtschaft und Ökologie stand. Dies betrifft auch die Produktentwicklung, die umweltfreundliche Architektur der wichtigsten Fabrikanlage in Belgien und das internationale Vertriebsnetzwerk, in dem 12.000 kleinere Reformhäuser und Läden für gesunde Nahrungsmittel neben großen Supermarktketten immer noch 45 % des Gesamtumsatzes ausmachen. Die Firmenpolitik lässt nur umweltfreundliche Produkte aus natürlichen Bezugsquellen mit geringer Toxizität zu, die mindestens genauso effizient hergestellt wurden wie konventionelle umweltschädlichere Produkte. Produkte von Ecover dürfen keine petrochemischen Reinigungs-/ Lösungsmittel/Duftstoffe, Säuren, keine Polykarbonate, tierischen Seifen, Perborate, Sulfate, Farbstoffe, Phosphate sowie keine optischen und chlorhaltigen Bleichmittel enthalten. Tierversuche sind ebenfalls untersagt. Auch die Verpackungspolitik ist Teil dieser Philosophie: Die 1-Liter-Behälter für flüssige Waschmittel können im Laden nachgefüllt werden – aus größeren Behältern mit einem Fassungsvermögen von 25 l, die ihrerseits in der Fabrik wieder aufgefüllt werden. Die Polyethylen-Flaschen verfügen über extrabreite Flaschenhälse aus Polypropylen, einen Flüssigkeitsstandsanzeiger, Kunststoffetiketten (auch recycelbar) und eine voraussichtliche Lebensspanne von 20 Nachfüllungen, bevor sie schließlich recycelt werden. So wird Abfall vermieden.

	Ecover Products, B	315
	Ecover Products, B	315
	Diverse Reinigungsmittel, Kunststoffbehälter	341
	• Reduzierte Abgabe von Giftstoffen und Verschmutzungen *• Wiederverwendung/ Recycling der Behälter* *• Vertriebssystem mit kleinen und großen Verkaufsstellen*	328

Fingermax

Diese Fingerpinsel eröffnen neue kreative Möglichkeiten für alle, denen der Umgang mit konventionellen Malpinseln schwer fällt. Durch eine Spirale mit elliptischem Querschnitt aus thermoplastischen Harzen wird gewährleistet, dass die Pinsel bei allen Nutzern richtig sitzen.

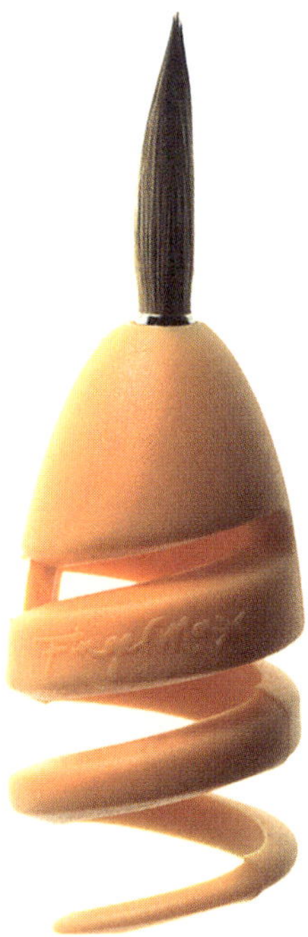

	Büro für Form, D	305
	Fingermax Gbr, D	316
	Polymer	296-7
	• Universelles Design • Bedarfsgerechtes Design	327, 328
	iF Design Award, 2000	332

Getränkekartons

Auf einer Ausstellung des britischen Crafts Council mit dem Titel „Recycling: Forms for the Next Century – Austerity for Posterity" zeigten Handwerker 1996, wie sie Haushaltsabfälle in neuen Produkten wieder zum Leben erwecken. Die vollendete Geschicklichkeit, mit der bei diesem Produkt die Kartons miteinander verwoben und vernäht wurden, und das Design insgesamt zeigen, welch überzeugende Ergebnisse mit Materialien erzielt werden können, die normalerweise als „Abfall" abgetan werden.

	Lois Walpole, GB	311
	Einzelstück	
	Getränkekartons aus Haushaltsabfällen	341
	• Wieder verwendetes und recyceltes Material	327, 328

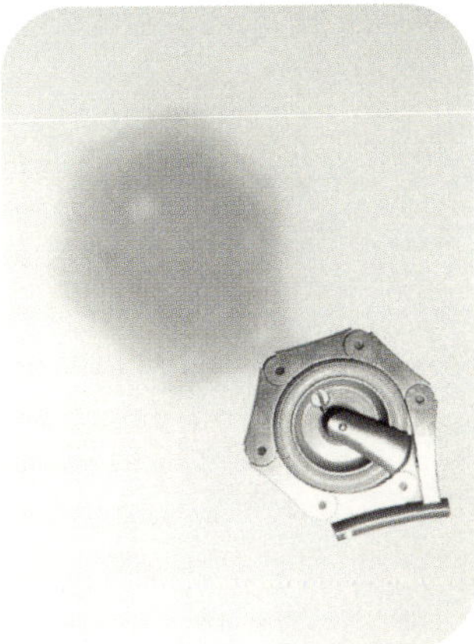

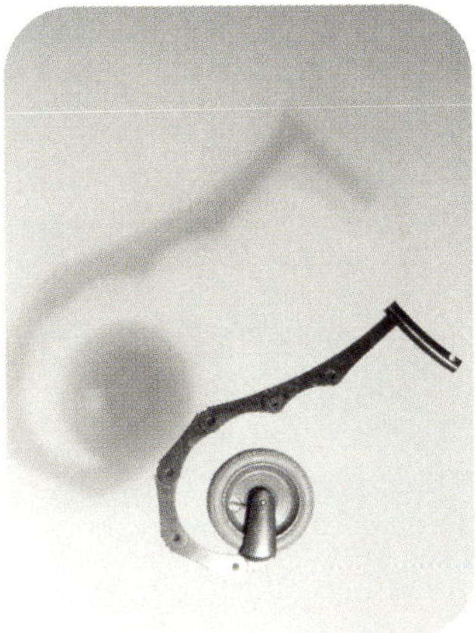

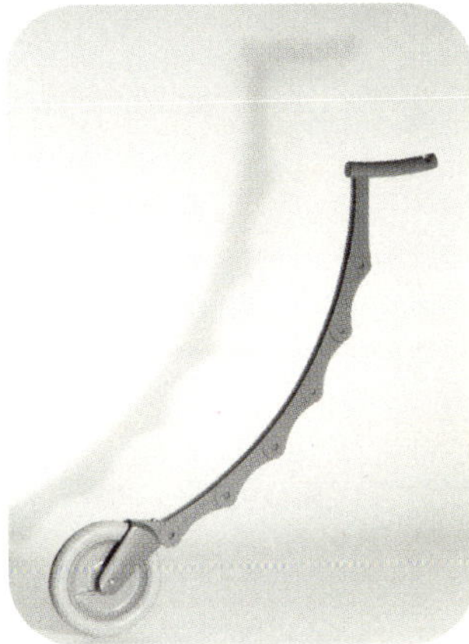

Kango

Mit diesem einrädrigen Einkaufswagen braucht man ab sofort nicht mehr so oft zum Supermarkt zu fahren. Sein Fassungsvermögen reicht aus, um Lebensmittel für eine ganze Woche zu transportieren. Er ist sehr gut lenkbar und lässt sich nach Gebrauch zu einem handlichen Paket zusammenfalten. Ob regelmäßige oder nur gelegentliche Nutzung, für die Freizeit oder auf Reisen, er lässt auf jeden Fall all die hässlichen, zweirädrigen Wagen aus kariertem Kunstleder alt aussehen.

✎	*Feldmann + Schultchen, D*	316
⚙	*Patentierter Prototyp, Feldmann + Schultchen, D*	316
▮	*Cordura, Gummi, faserverstärkter Kunststoff*	283
♻	*• Fördert energieeffizientes Einkaufen*	329

Zahnbürste von Muscle Power

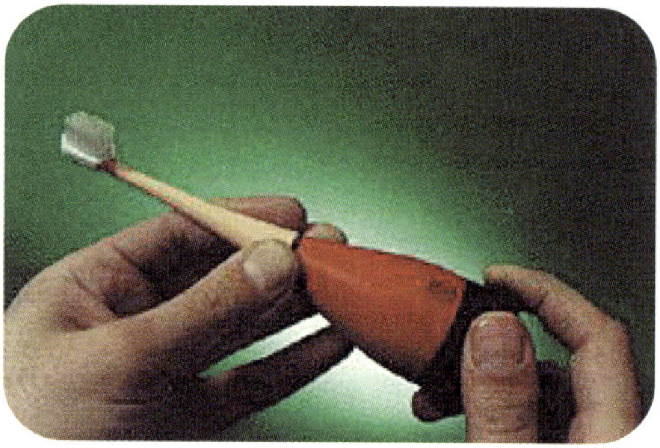

Produkte von Muscle Power konfrontieren die Verbraucher schon beim Einkauf mit der Frage, ob sie wirklich eine batteriebetriebene Zahnbürste brauchen, und schärfen somit das Bewusstsein der Konsumenten. Für einen so simplen Akt der Gesundheitsvorsorge wie das Zähneputzen werden eine ganze Reihe verschiedener Energiequellen zur Auswahl angeboten. Eine Lösung bietet diese aufziehbare Zahnbürste, die auch wie eine konventionelle, statische Zahnbürste verwendet werden kann, aufgezogen aber eine gründliche Massage liefert. Schreuder hat herausgefunden, dass die meisten Menschen für die Reinigung ihrer Zähne 30 Sekunden aufwenden, obwohl die Fluoride eigentlich erst nach zwei Minuten ihre volle Wirkung entfalten. Wird der Mechanismus ganz aufgezogen, liefert er für genau zwei Minuten Energie.

✎	*Hans Schreuder, NL*	310
⚙	*Muscle Power, MOY, NL*	320
▬	*Kunststoffe*	283, 295
♻	• *Gesundheitsförderlich* • *Mit Muskelkraft betrieben*	329

Zeitschriftenständer

Aluminiumbeine aus einem Stück halten eine gebogene und geschnittene Sperrholzplatte. Das rationale Design dieses Zeitschriftenständers beschränkt sich ganz auf das Wesentliche und kommt mit einem Minimum an Materialien aus.

✎	*Mark Rogers, GB*	310
⚙	*Limitierte Serie, BUT, GB*	313
▬	*Birkensperrholz, Aluminium*	295, 339
♻	• *Ökonomischer Materialverbrauch*	328

Mega Solar

Diese mit Solarenergie betriebene Uhr ist das moderne Gegenstück zu den Sonnenuhren der Antike, die die Zeit an der Länge der Schatten maßen. Heutzutage wird die Sonnenenergie mit Hilfe eines Solarpaneels genutzt, an das ein Akkumulator angeschlossen ist. Selbst in nördlichen Breitengraden, in denen wolkenverhangene Tage keine Seltenheit sind, wird genug Energie gespeichert, um die digitale Anzeige mit Energie zu versorgen.

	FrogDesign, D	306
	Junghans Uhren GmbH, D	318
	Solarzellen, Elektronik, Batterie	341
	• Reduzierter Energieverbrauch	329

Pin Up Clock

In vielen Fällen lohnt es, den Verwendungszweck von Materialien auf den Prüfstand zu stellen. Für Ziffernblätter wird sonst ein hartes Material verwendet, hier wird mit Stecknadeln ein Stück Woll-Fleece an der Wand befestigt.

	Giovanni Pellone und Bridget Means, Benza, USA	309
	Benza, Inc., USA	313
	Woll-Fleece, Stecknadeln, Uhrwerk	341
	• Erneuerbares Material	328

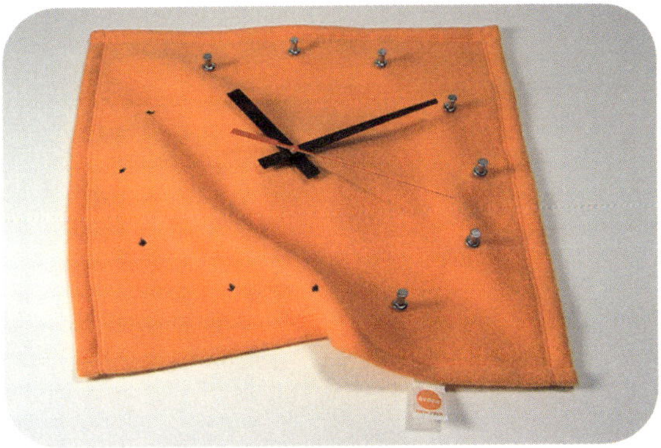

Mega 1

Es gibt im Wesentlichen zwei Methoden, eine Armbanduhr mit Energie zu versorgen, ohne sie täglich mechanisch aufzuziehen oder Batterien zu verbrauchen. Einerseits kann kinetische Energie, erzeugt durch jede Bewegung des Trägers, verwendet werden, um einen schwachen elektrischen Strom zu erzeugen. Die zweite Möglichkeit, die in dem hier vorgestellten Modell zur Anwendung kommt, besteht in der Nutzung der Sonnenenergie. Solaruhren sind zwar keine neue Erfindung, dieses minimalistische und dennoch robuste Design setzt neue Maßstäbe.

	FrogDesign, D	306
	Junghans Uhren GmbH, D	318
	Solarzellen, Elektronik, Batterie	341
	• Reduzierter Energieverbrauch	329

Phoenix Thermos

Die Schnittreste von Stoffen, die bei einem Segelhersteller anfallen, werden zu einem zweilagigen kleinen Sack mit isolierender Wattierung und einer Schnur zum Zuziehen der Öffnung verarbeitet. Dieser dient als Thermoschutz, mit dem die Temperatur gekühlter oder heißer Getränke bewahrt werden kann. Phoenix Thermos bricht mit der Tradition der festen Thermoskanne und kann problemlos in der Tasche oder Handtasche mitgenommen und bei Bedarf genutzt werden. Allerdings hat dieses Design auch einen leichten Nachteil, da es der Verwendung von Getränkeflaschen aus PET entgegenkommt. Für zu Hause zubereitete Getränke ist es jedoch ebenso gut geeignet.

✎	*SMAC, Sergio Macchioni, I*	308
⚙	*Limitierte Serie, SMAC, Sergio Macchiani, I*	308
	Segeltuch, Seil, Metall	290-1, 300-1
	• Recyceltes Material	327

Pet Pod™

Dieses Design ist für eine Katze oder einen kleinen Hund ein bequemer Schlafplatz. Das Papiermaché wirkt isolierend, so dass der Pet Pod besonders für Haustiere in ungeheizten Gebäuden geeignet ist.

	Vaccari Ltd, GB	325
	Vaccari Ltd, GB	325
	Papiermaché	288-9
	• Recyceltes Material • Kompostierbar	327, 330

Rollerbag

Dieser Trolley mit nur einem Rad kann auch als Einkaufstaschen- oder Kofferersatz verwendet werden. Er lässt sich mit geringem Kraftaufwand ziehen und wird mit allen Oberflächen fertig.

	Feldmann + Schultchen Design, D	316
	Traveller, D	325
	Diverse	
	• Zweifache Funktion	329

Schreibwaren

Von Elektrohändlern aussortierte Leiterplatten finden hier Verwendung als steife Schutzumschläge für Schlüsselringe, Ringbücher, Fotoalben und Klemmbretter. Wenn neue Gesetze Elektronikhersteller zunehmend zwingen, sich um die ordnungsgemäße Entsorgung ihrer Abfälle und Altprodukte zu kümmern, stehen diese Abfälle vielleicht nicht mehr zum Recycling zur Verfügung. Es stellt sich natürlich die Frage, was mit den so wieder verwendeten Leiterplatten passiert, wenn sie von den Verbrauchern weggeworfen werden. Gelangen metallische Schadstoffe auf diesem Weg auf städtische Müllkippen? Die Firma Cutouts stellt auch Schreibwaren aus recycelten HDPE- und LDPE-Kunststoffbögen her.

	Cutouts, GB	314
	Cutouts, GB	314
	Recycelte Leiterplatten, Kunststoffe	341
	• Wiederverwendetes und recyceltes Material	327

U-Box

Dieser Vielzweckbehälter aus Polypropylen, der auch stapelbar ist, verfügt über verschiedene Fächer. So entsteht ein vielseitiges Lagerungssystem für Haus, Werkstatt oder Büro.

✎	*Hansjerg Maier-Aichen, Authentics artipresent, D*	308, 313
⚙	*Authentics artipresent, D*	313
▮	*Recycelbares Polypropylen*	341
♻	• *Recycelbares Material* • *Multifunktional*	327, 329

Abfalleimer

In der Druckindustrie werden enorme Mengen von Material erzeugt, das niemals für seinen eigentlichen Verwendungszweck eingesetzt wird. Überschüssige Drucke, verworfenes Werbematerial, eingestampfte Zeitschriften – all dies trägt zu den immensen Abfallmengen bei. Werbeplakate mit 48 Blättern sind auf Grund der hohen Konzentration farbiger Tinte und des wasserfesten Spezialpapiers besonders schwer zu recyceln. Allerdings machen genau diese Eigenschaften sie auch zu idealen Rohstoffen für bestimmte Produkte. Dies beweist die Firma Goods mit ihren Papierkörben, die aus gerade diesen Plakaten hergestellt werden. Kreative Ideen aus Brainstorming-Sitzungen landen oft im Papierkorb. Die besten Ideen aber werden zum Papierkorb!

✎	*Goods, NL*	317
⚙	*Goods, NL*	317
▮	*Nicht verwendete Werbeplakate*	341
♻	• *Verwertung von Abfällen* • *Energie sparende Herstellung*	327, 328

Korb

Zeitungen werden zu einer Art Garn verdreht und mit widerstandsfähigen Weinreben zu Körben verwoben.

✎	*Brian Dougan, USA*	306
⚙	*Einzelstücke*	
	Zeitungen, holzige Weinreben	281, 341
	• Wieder verwendetes und recyceltes Material	327, 328
	IDRA, 1998	332

Abfalltonne

Alte Stahlbänder von Schiffscontainern werden zu einer Abfalltonne verwoben und vernietet. Die Tonne macht sich in privaten Gärten ebenso gut wie in öffentlichen Anlagen.

✎	*Arunas Oslapas, USA*	309
⚙	*Einzelstück*	
	Metall	295
	• Wieder verwendete Materialien	328
	IDRA award, 1998	332

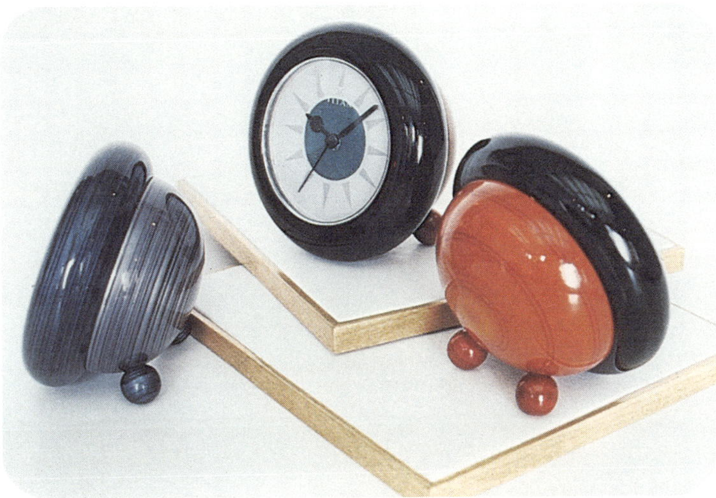

Uhr

Diese Uhr bringt die Postmoderne mit einem indischen Touch auf ein Kaminsims oder einen Tisch. Das Grundmaterial ist Holz aus nachhaltig bewirtschafteten Wäldern, das Finish bilden farbige Lacke.

	Abhijit Bansod, IND	304
	Titan Design Studio, IND	304
	Holz, Lack, Uhrwerk	341
	• Erneuerbares Material	327
	IDRA, 1998	332

Sprechender Wecker

Diese Uhr mit Kontaktschalter besteht zu 70 % aus recyceltem HDPE. Der Einsatz des Materials läutet das 21. Jahrhundert für das Design von Uhren ein. Eine Uhr mit Persönlichkeit wird von Eigentümer oder Eigentümerin voraussichtlich mit größerer Sorgfalt behandelt werden!

	Pedro Carrasco, P	305
	Prototyp	
	Recyceltes HDPE, Uhrwerk	341
	• Recyceltes Material	327
	IDRA, 1995	332

2.0 Arbeitswelt

Arbeit: Ein Begriff verändert sich

Wir stellen uns die Welt zwar gerne als eine große, postindustrielle Gemeinschaft vor. In Wirklichkeit besteht sie jedoch aus unzähligen Gemeinschaften, die zum Teil noch tief in landwirtschaftlichen, feudalen Systemen verwurzelt sind. Daneben gibt es Industriegesellschaften und solche, die auf Dienstleistungen aufgebaut sind. Es wäre also falsch und möglicherweise sogar gefährlich und irreführend, davon auszugehen, dass die Begriffe Nachhaltigkeit und Arbeit überall dasselbe bedeuten.

In den am weitesten entwickelten Ländern sind Informationen ein ebensolcher Rohstoff wie es Holz, Eisen, Stahl und Chemikalien in einer Industriegesellschaft sind. Deshalb müssen Arbeitnehmer in der Informationsgesellschaft Zugang zu einer Arbeitsstation haben. Diese kann sich ebenso gut zu Hause wie im Büro oder, wenn es sich um einen Laptop handelt, irgendwo unterwegs befinden. Durch Mobiltelefone und schnurlose Technologien benötigen Arbeitsstationen keinen physischen Anschluss an lokale Netzwerke (LANs) oder Telekommunikationseinrichtungen mehr. Arbeitnehmer brauchen sich nicht tatsächlich von einem Ort an den anderen zu begeben, um zu ihrem Arbeitsplatz zu gelangen, und somit werden Transportkosten gespart. In einer Industriegesellschaft müssen die Arbeiter jedoch zur Fabrik kommen.

Eine Gemeinsamkeit haben die Arbeitnehmer der Informationsgesellschaft und die Arbeiter der Industriegesellschaft: Beide verbrauchen begrenzte Ressourcen und Energiequellen und erzeugen dabei Abfälle, Giftstoffe und gefährliche Chemikalien. Deshalb stehen alle Gesellschaften vor der Herausforderung, Produkte, Materialien und Dienstleistungen zu entwickeln, die der Umwelt so wenig Schaden wie möglich zufügen.

Personen- und Güterverkehr

Arbeit ist nicht denkbar, ohne dass Personen und Güter von einem Ort zum anderen transportiert werden. Zwar lassen sich die Mobilitätsanforderungen an den Menschen durch Computer-Netzwerke verringern. Die Notwendigkeit, sich körperlich an einen anderen Ort zu begeben, bleibt in der Regel aber nach wie vor bestehen. Deshalb ist die Entwicklung effizienterer Transportsysteme von entscheidender Bedeutung. Der Treibstoffverbrauch von mit Verbrennungsmotoren betriebenen Transportmitteln muss gesenkt werden. Darüber hinaus ist es von großer Bedeutung, umweltschonendere Treibstoffe sowie erneuerbare Energiequellen für Fahrzeuge zu entwickeln. Vor allem aber muss das öffentliche Transportwesen besser koordiniert werden, um dieselbe Flexibilität und Freiheit zu ermöglichen, die bisher nur individuelle Transportmittel wie das Auto bieten.

Bei einem ganz normalen Einkauf im Supermarkt, in einem Möbelgeschäft oder in einer Handelsagentur bekommt man, vor allem in den Industrienationen der nördlichen Hemisphäre, Produkte aus aller Herren Länder zu sehen, die mitsamt ihrer Verpackung über große Entfernungen transportiert werden. In manchen Fällen wird für den Transport eines Produkts mehr Energie benötigt als für seine Herstellung. Deshalb besteht die Aufgabe, das Gewicht und Volumen von Verpackungen zu reduzieren. Auch wenn die Einsparungen am Verpackungsmaterial beim einzelnen Produkt kaum auffallen, können sie in der Vertriebskette die für den Transport benötigte Energie und die Abfallproduktion ganz erheblich senken. Einweg-Verpackungen lassen sich in vielen Fällen durch leichte, mehrfach verwendbare Systeme ersetzen. Auch lokal erzeugte und vertriebene Produkte spielen bei der Senkung von Transportkosten eine wichtige Rolle.

Leichter arbeiten – nachhaltiger arbeiten

Im Büro und in der Fabrik

Gut durchdachte, langlebige und einfach zu wartende Produkte leisten einen wichtigen Beitrag zu einer effizienteren Arbeitsweise. Moderne Bürogeräte können inzwischen für ein gesamtes Computer-Netzwerk die Funktion eines Faxgeräts, Kopierers, Druckers und Scanners übernehmen. Digitale Dateien können in lokalen und internationalen Netzwerken gemeinsam genutzt werden. Das papierlose Büro ist zum Teil schon Realität. Für Büros gibt es haltbare, modulare Möbel- und Teppichsysteme, die im Rahmen eines kombinierten Leasing-/Wartungsvertrags ausgetauscht werden. Auch Verbrauchsmaterialien aus recycelten oder wieder verwendbaren Inhaltsstoffen sind erhältlich.

In der Zusammenarbeit von Designern und Umweltmanagern können Fabrikanlagen mit effizienteren Produktions- und Vertriebsverfahren entwickelt werden. Abfallströme werden zu Rohstoffquellen, Chemikalien und Materialien aus dem Fertigungsprozess werden in einem geschlossenen Kreislauf recycelt. Damit wird nicht nur die Produktion umweltfreundlicher, auch die Kosten sinken, und die Arbeiter sind besser vor Gesundheitsschäden geschützt. Letztlich kann ein geschicktes Design einen dreifachen Gewinn bringen: verbesserten Umweltschutz, soziale Vorteile und Rentabilität.

Im privaten Bereich

Auch zu Hause gibt es die unterschiedlichsten Arbeiten zu erledigen: Geschirr, Wäsche und das Auto müssen gewaschen werden und das Haus selbst wird repariert und in Schuss gehalten. In Zukunft könnten diese Aufgaben etwas anders aussehen. Dann muss vielleicht der Generator gewartet werden, der aus erneuerbaren Quellen Energie erzeugt, oder das Wassersparsystem, oder die wasserlose Toilette muss vom Kompost geleert werden.

An einem zukunftsträchtigen Arbeitstag im Jahr 2025 sehen Sie also vielleicht die folgenden Produkte...

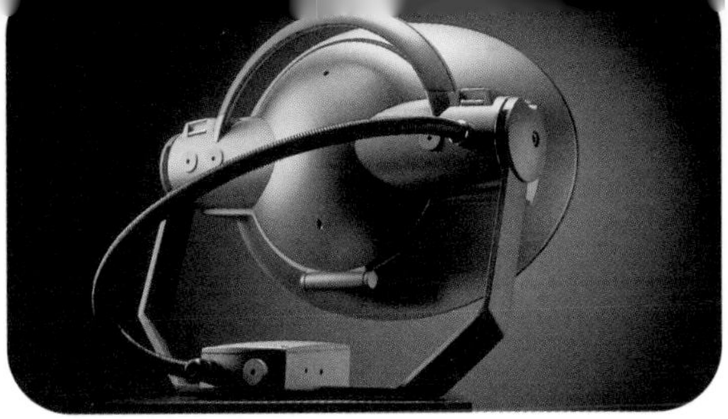

Arena Vision 401

Diese ovale Beleuchtungsanlage ist ideal für Innen- und Außensportanlagen geeignet. Bei gleichbleibender Energiezufuhr wurde die Lichtstärke um 10 bis 15 % erhöht. Bei der Demontage können die Materialien der Komponenten gut voneinander getrennt werden.

	Philips Design, NL	309
	Philips Electronics, NL	322
	Pressgussaluminium, Glas	295
	• Verbesserte Energieeffizienz • Zerlegbar	328, 329

Serie XK

Hinweisschilder für Notausgänge sind in der Regel mit Glühlampen ausgestattet. Jetzt können stattdessen energieeffiziente Leuchtdiodenlampen eingesetzt werden, die Energieeinsparungen von bis zu 90 % ermöglichen.

	Lumatech Corporation, USA	320
	Lumatech Corporation, USA	320
	Leuchtdioden (LEDs)	
	• Verbesserte Energieeffizienz	329

Virtual Daylight™ Systems

Die schlechte Beleuchtung am Arbeitsplatz löst bei vielen Büroangestellten Müdigkeit und Krankheiten aus. Virtual Daylight™ Systems erzeugt mit einer Kombination aus Polarisierungs-, Hochfrequenz- und Vollspektrum-Technologie eine Beleuchtung mit normalem Tageslicht entsprechenden Eigenschaften. Die Systeme verschwenden weniger Energie als konventionelle Bürobeleuchtungssysteme und helfen auch Menschen mit Winterdepressionen.

	Clearvision Lighting, GB	314
	Clearvision Lighting, GB	314
	Diverse	
	• Simuliertes Tageslicht erzeugt eine gesündere Arbeitsumgebung	328

LED 100-TE

Das LED 100-TE-System umfasst eine Palette von Lichtdiffusoren und Reflektoren für Tiefstrahler sowie zwei verschiedene Gehäuse. Es stehen neun Diffusor-/Reflektoroptionen der Serie „Architectural", vier Optionen „Deco" und sechs Optionen „Eco" zur Auswahl. Alle Gehäuse enthalten eine Kippfassung für Energie sparende Lampen und ein Vorschaltgerät, das im Vergleich mit herkömmlichen Geräten 30 % Energie spart.

	Concord Lighting, GB	314
	Concord Lighting, GB	314
	Pressgussaluminium und Polykarbonat	
	• Energie sparendes, anpassbares Beleuchtungssystem	329

Biomorph Multi Desk

Bei der Arbeit am Computer ist die richtige Sitzhaltung von entscheidender Bedeutung für die Gesundheit. Bei diesem Tisch sind die Platte für den Monitor und die Platte für die Tastatur höhenverstellbar. Außerdem sind alle Ecken aus Sicherheitsgründen abgerundet.

✎	*Stephen Barlow-Lawson, USA*	304
⚙	*Ground Support Equipment (US) Ltd, USA*	317
▰	*Gestrichene Faserplatte, Stahl*	339
♺	*• Umfassend höhenverstellbarer Tisch für bessere Gesundheit*	329

Aeron

Beim Design von Bürostühlen stellt der Aeron-Stuhl einen großen Schritt nach vorne dar. Mit Rücksicht auf die unterschiedlichen Körpermaße und -gewichte wird der Stuhl in drei verschiedenen Größen angefertigt. Er kann Benutzer bis zu einem Gewicht von 136 kg tragen und ist für alle Körpergrößen vom ersten anthropometrischen Perzentil der Frauen bis hin zum 99. Perzentil der Männer geeignet. Eine äußerst fortschrittliche Ergonomie mit pneumatischer Höhenverstellung, dem technisch ausgereiften Kinemat-Neigungsmechanismus und der synthetischen, atmungsaktiven Pellicle-Membran ermöglicht eine Anpassung der Sitzschale an die jeweilige Körperform. Für den Herstellungsprozess wird weniger Energie gebraucht als bei herkömmlichen Schaumstoffkonstruktionen. Die Verwendung separater Synthetikkomponenten und recycelter Materialien vereinfacht die Demontage und die Reparatur abgenutzter Komponenten, die recycelt werden. Auf diese Weise wird die Lebensdauer des Produkts erheblich verlängert.

✎	*Bill Stumpf und Don Chadwick, Herman Miller*	305
⚙	*Herman Miller, Inc., USA, 1991 bis heute*	318
▰	*Kunststoffe (PET, ABS, Nylon und glasgefülltes Nylon), Stahl, Aluminium und Schaumstoff/Stoff*	341
♺	*• Verbesserte Ergonomie • Zerleg-, recycel- und neu produzierbar • Komponenten aus jeweils einem Material*	328, 329

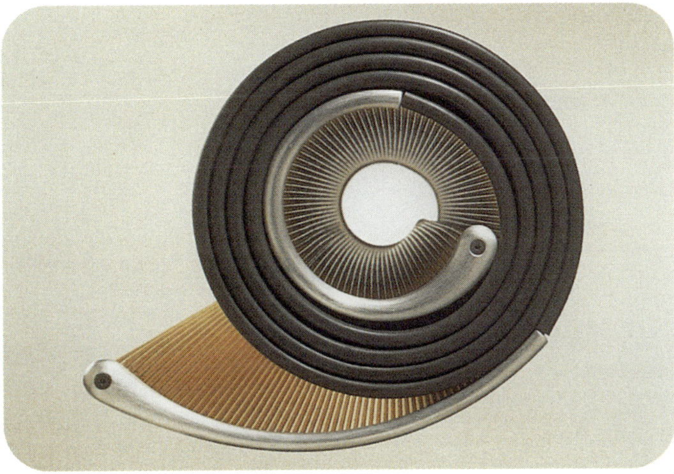

Cartoons

Cartoons ist eine flexible, freistehende Trennwand für Büroräume und zu Hause. Gewellte Pappe aus reiner Zellulose wird mit einem Verschluss aus kaltverarbeitetem, FCKW-freien Polyurethan an den Kanten und mit Pressgussaluminium an den Enden verstärkt. Damit ist eine bogenförmige Aufstellung je nach Bedarf möglich. Wenn die Trennwand nicht verwendet wird, kann sie aufgerollt werden.

✎	*Luigi Baroli, I*	304
⚙	*Baleri Italia SpA, I*	313
▰	*Wellpappe, Aluminium, FCKW-freies Techno-polymer*	339, 341
♻	*• Erneuer- und recycelbares Material • Umweltfreundliche Produktion*	327, 328

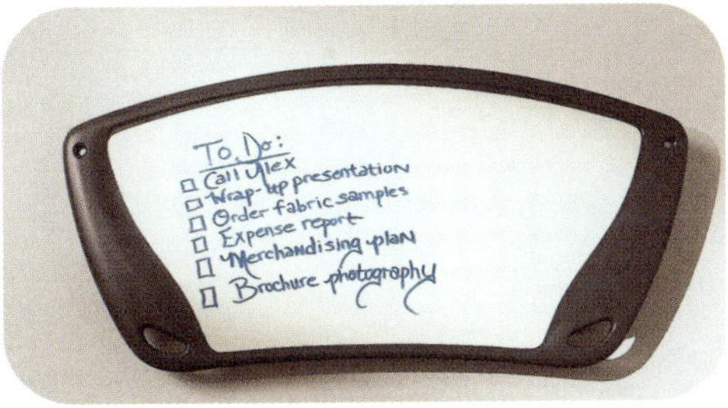

Lap Desk

Neue Arbeitspraktiken in Büros, wie gemeinsam genutzte Arbeitsplätze (Hot Desking) und Telearbeit über Intra- und Extranetzwerke, stellen heutzutage größere Anforderungen an die Flexibilität der Büroausstattung. Da insbesondere der Platz für Schreibtische knapp ist, hat Haworth ein Objekt entwickelt, das selbst in den überfülltesten Büros noch seinen Zweck erfüllt: den Lap Desk, einen Arbeitsbereich für Laptops oder für die unentbehrliche „To-do-Liste".

✎	*Haworth, Inc., USA*	317
⚙	*Haworth, Inc., USA*	317
▰	*Verschiedene Polymere*	
♻	*• Multifunktionales Büroobjekt*	329

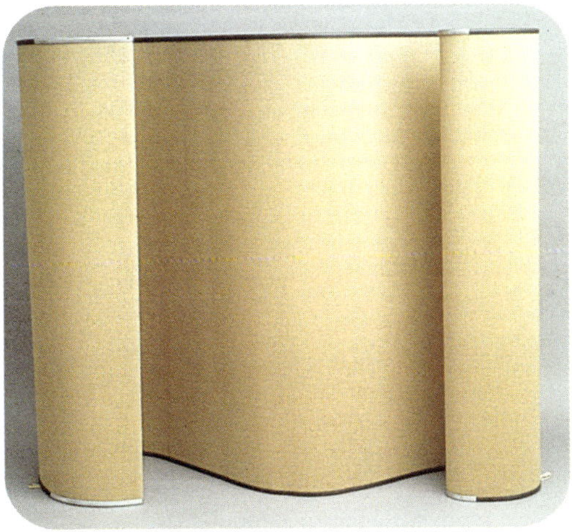

Natura

1993 brachte die Firma Grammer eine neue Bürostuhl-Kollektion mit dem Namen Natura auf den Markt. Die wichtigste Vorgabe für das Design-Team lautete, eine Produktgruppe zu entwickeln, die nach Ablauf ihrer Nutzungsdauer von der Firma zurückgenommen und dort repariert oder in wieder verwendbare Einzelteile zerlegt werden konnte. Außerdem sollten Haltbarkeit und Lebensdauer des Produkts verlängert werden und umweltfreundlichere Materialien zum Einsatz kommen. Mit dieser Produktreihe hat Grammer ein gutes Beispiel für eine verantwortungsbewusste Herstellung mit einer langfristigen Sichtweise gegeben.

✎	*Grammer AG, D*	317
⚙	*Grammer AG, D*	317
▬	*Verschiedene Polymere, Metalle mit recycelten Inhaltsstoffen*	295-7
↻	• *Recycel- und wiederverwendbare Materialien und Komponenten* • *Produktrücknahme*	327, 328

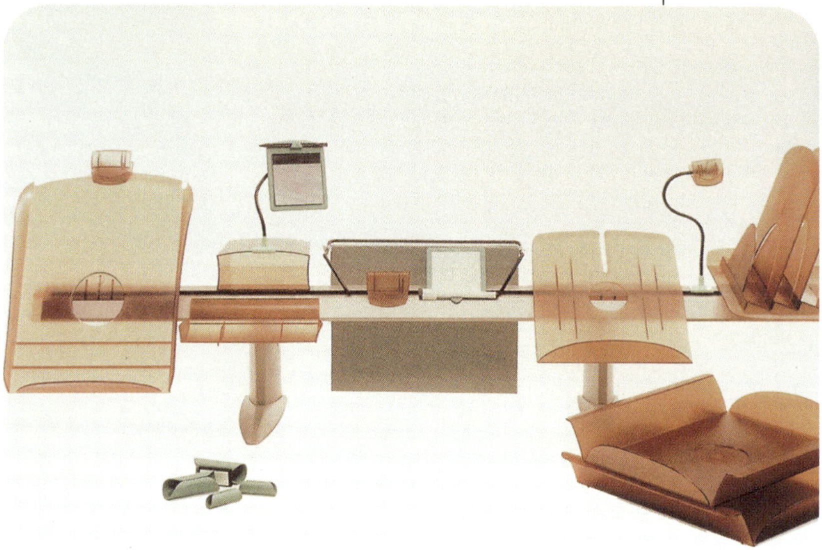

Jump Stuff, Jump Stuff II

Die eigene Wohnung richtet jeder nach seinen Wünschen und Bedürfnissen ein. Wieso sollte das nicht auch am Arbeitsplatz möglich sein? Mitte bis Ende der 1990er führte die Firma Haworth eine Reihe von umfangreichen Projekten durch und entwickelte verschiedene konzeptuelle Prototypen wie die Arbeitsstation Flo & Eddy, um Erkenntnisse zur kognitiven Ergonomie von Arbeitsplätzen zu gewinnen. Diese Entwürfe führten schließlich zum Jump Stuff-System: Der Benutzer kann selbst die Komponenten auswählen, die er für eine maximale Funktionalität und Bequemlichkeit seines Schreibtischs benötigt. Kernstück des Systems ist eine Schiene, die freistehend aufgebaut werden kann oder an einer Platte oder Wand befestigt wird. An dieser Schiene werden die modularen Komponenten befestigt, die für die jeweilige Aufgabe und den alltäglichen Arbeitsablauf erforderlich sind. Es gibt vier Grundvarianten dieses Systems. Alle Module können aber auch einzeln bezogen werden, so dass das System „mitwachsen" kann.

✎	*Haworth, Inc., USA*	317
⚙	*Haworth, Inc., USA*	317
▬	*Verschiedene Metalle und Polymere*	295-7
↻	• *Multifunktionales, modulares System* • *Bedürfnisgerechtes Design*	328, 329

Ensemble B10

Dieser Spritzgussstuhl wurde aus Stapron N, einer ABS- und PA-Mischung mit integrierten Lufttaschen, gefertigt. Das Material ist weich, schmiegsamer und damit bequemer als Polypropylen, das sonst oft als Werkstoff für derartige Stühle zum Einsatz kommt. Stapron N kann vollständig recycelt werden.

✎	*Alfred Hofmann, DK*	307
⚙	*Fritz Hansen, DK*	317
▮	*Stapron N, verchromter Stahl*	295
♻	• *Aus einem Kunststoff, recycelbar*	327

Herman Miller Office Environment, 1999

In modernen Büros kämpfen die unterschiedlichsten Produkte um Platz und Beachtung. Das Ganze wird von einem nicht mehr beherrschbaren Kabelsalat zusammengehalten. Im traditionellen Design von Büroräumen werden Fußböden und Möbel als voneinander getrennte Einheiten behandelt. Für Ross Lovegrove beginnt Büro-Design „ganz unten". Mit der Büroumgebung „Herman Miller Office Environment" lotet er das gesamte Spektrum moderner Materialien aus und hat ein integriertes, modulares und zugleich flexibles System entwickelt. Über einer Grundplatte mit reichlich Platz für Verkabelungen und Rohrleitungen wird ein Fliesenboden verlegt. Tischbeine lassen sich mit in den Fliesen integrierten Halterungen fixieren und sind ihrerseits wiederum mit leichten Tischplatten verbunden. So entsteht über dem Boden eine moderne, transparente, dreidimensionale Matrix, die bestens an aktuelle und zukünftige Bedürfnisse des Kunden angepasst werden kann. Die technisch hochwertige Verarbeitung der Komponenten garantiert eine einfache Wartung, den Austausch abgenutzter Teile sowie eine leichte Demontage mit anschließender Wiederverwendung oder Recycling. Jetzt, da die US-amerikanische Gesetzgebung Hersteller immer mehr in die Pflicht nimmt, weist dieses System in die richtige Richtung.

✎	*Ross Lovegrove, GB*	308
⚙	*Konzeptioneller Prototyp, Herman Miller, USA*	318
▮	*Technopolymere, hochschlagfestes Styropor, Aluminium, Stahl, gasgefüllte Polymere*	295-7
♻	• *Anpassbares, modulares System* • *Langlebiges, wartungsarmes, zerlegbares Design*	328, 329

Dr Oola

Dieser flexibel einstellbare Fußschemel aus recyceltem Kunststoff wurde für Leute entworfen, die lange Stunden an ihrem Schreibtisch oder Computer verbringen müssen. Objekte wie dieser Schemel sind ideal geeignet, um die Verwendung recycelter an Stelle neugewonnener Materialien durchzusetzen.

	Philippe Starck, F	310
	Vitra AG, D	326
	Recycelte Kunststoffe	341
	• Recyceltes und recycelbares Material *• Nur ein Material, einfacheres Recycling*	327

Arbeitsplatz Eddy

Bequemlichkeit und Ergonomie der meisten Büroarbeitsplätze lassen viel zu wünschen übrig. Zwischen 1996 und 1997 hat die Firma Haworth eine Reihe von konzeptionellen Entwürfen getestet, in denen die Erkenntnisse der kognitiven Ergonomie zum Einsatz kamen, d.h. der Arbeitsplatz spiegelt die Aktivitäten des menschlichen Gehirns wider. So können in diesem Modell Informationen, Notizen und Geräte räumlich im zentralen Arbeitsbereich der in einzelnen Stufen angeordneten, gebogenen Fiberglasplatte gruppiert werden.

	Clarkson Thorpe und Steve Beukema, Haworth Inc., USA	310, 317
	Prototyp, Haworth Inc., USA	317
	Fiberglas, Plexiglas, Leder, Silikon, Latex, Gummi, Stahl	
	• Verbesserte Arbeitsumgebung für größere Produktivität und Bequemlichkeit	329

Leap™ Seating

Im Leap™ Seating, einem der wichtigsten Produkte von Steelcase im Hinblick auf Recycling, reduzierte Abfallproduktion und umweltschonende Fertigung, wurde das Design des Protégé-Stuhls von 1991 weiterentwickelt. Das einfache Design ist langlebig, die Einzelteile lassen sich zu Reparatur- oder Nachrüstungszwecken jedoch leicht entnehmen. Mindestens 92 % der Komponenten des Stuhls können recycelt werden. Als Polsterstoff wurde zu 50 % recyceltes PET verwendet. Die Verwendung von Klebstoffen und Farben ohne oder mit nur einem geringen Anteil an flüchtigen organischen Verbindungen (FOV) und der Einsatz wasserbasierter Galvanisierungsprozesse bei der Herstellung verringen die Abgabe schädlicher Stoffe an Luft und Wasser ganz erheblich. Auch die Arbeitsbedingungen der Angestellten in der Fabrik in Grand Rapids, Michigan, USA, wurden mit Hinblick auf die gesundheitlichen Auswirkungen optimiert. Bislang ist noch ungeklärt, wie mit nicht mehr gebrauchten Stühlen verfahren werden soll.

✎	*Steelcase, Inc., USA*	324
⚙	*Steelcase, Inc., USA*	324
▮	*Recyceltes PET, beschichteter Stahl, Polyester*	341
♻	*• Zerlegbar und einfach zu reparieren • Recyceltes und recycelbares Material • Erneuerbares Material*	327, 328

Modell 4070

Deutschland ist das einzige Land, in dem Getränkekartons zu dichten, stabilen Platten verarbeitet werden. Diese können für Möbel, Ladeneinrichtungen und Bürozubehör verwendet werden. Der hier gezeigte Konferenztisch besteht aus Tectan® und einem Stahlrahmen. Tectan® setzt sich zu 75 % aus Papier, zu 20 % aus Polyethylen und zu 5 % aus Aluminium zusammen. Dies entspricht dem ursprünglichen Verhältnis der Materialien in den Getränkekartons, die von internationalen Herstellern wie TetraPak produziert werden. Die Abfälle werden von der „Duales System Deutschland AG" gesammelt, sortiert und zerhäckselt. So entsteht ein Rohstoff geringerer Qualität mit 5-mm-Partikeln. In einer Form werden die Partikel durch Hitze und Druck wieder verbunden, ohne dass zusätzliche Klebstoffe erforderlich wären.

✎	*Tectan, D*	324
⚙	*Tectan, D*	324
▮	*Tectan®, Stahl*	292
♻	*• Recyeltes Material*	327

Sessel

Berkowitz konzentriert sich auf organische Büromöbel. Dafür verwendet er Eichenholz aus nachhaltig bewirtschafteten Wäldern, Netztuch aus gewobenem Hanf sowie ein Finish aus Zitrusöl oder organischen Farben.

✎	*Adam Berkowitz, USA*	304
⚙	*Arbor Vitae, USA*	312
▮	*Eichenholz, Hanfstoff, organisches Finish*	290-1, 339
♻	*• Beschaffungspolitik mit zertifizierten Bezugsquellen*	327

Raumteiler X-In Balance

Eine ökonomische Materialnutzung ist gleichbedeutend mit einer direkten Schonung der Umwelt. Allerdings stellt die Umsetzung dieses Prinzips oft große Herausforderungen, da hier Leichtigkeit in einem sinnvollen Verhältnis zur Funktionalität des Objekts stehen muss.

✎	*Gerald Wurz, A*	311
⚙	*Nova Form/Kautzky Mechanik, A*	319, 321
▬	*Ballonseide, Stahl*	290-1, 295
♻	*• Ökonomischer Materialverbrauch • Recycelbares Material • Geringer Energieaufwand bei Herstellung und Transport*	327, 328

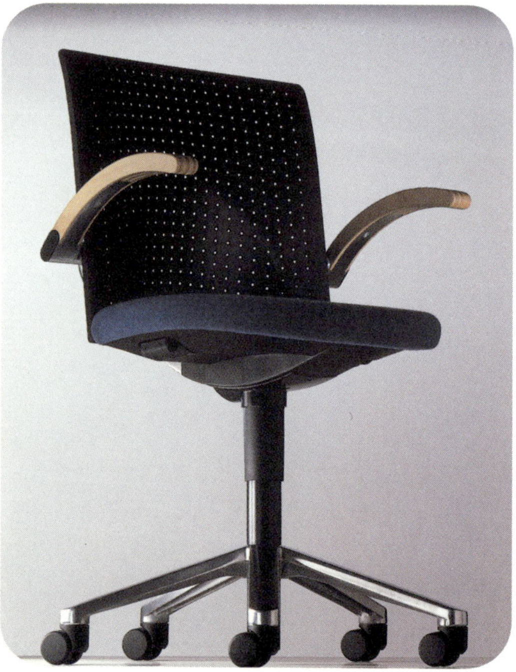

Picto, Kendo Stitz, FS-Linie

1992 initiierte die Firma Wilkahn ein vom niedersächsischen Umwelt- und Wirtschaftsministerium unterstütztes Projekt. Nach einer Überprüfung der Öko-Bilanz des Unternehmens wurden Teams eingerichtet, deren Aufgabe es war, die bei der Produktion verursachten Umweltbelastungen zu reduzieren und in einer integrierten IT-Struktur Materialien auszuwählen. Die Bürostühle von Wilkhahn wurden mit dem Ziel entworfen, die Umweltverschmutzung bei der Fertigung so gering wie möglich zu halten. Soweit möglich werden Metalle nicht verchromt, die Polsterungen werden ohne Kleben oder Schweißen aus haltbaren, abriebfesten Woll- und Polyesterstoffen hergestellt. Alle Möbelstücke sind einfach zusammenzubauen, zu zerlegen und zu warten und bei der Demontage lassen sich einzelne Komponenten problemlos getrennt recyceln.

✎	*Produkt Entwicklung Roericht, D*	309
⚙	*Wilkhahn + Hahne GmbH, D*	326
▬	*Reine Materialien, Thermoplasten*	295
♻	*• „Grüne" Produktion • Zerleg- und recycelbar*	327, 328

Büromöbel

Für dieses modulare System mit Regalen, Arbeitsflächen und Schreibtischen wurden die Verbundmaterialien Homasote und Medex sowie Pappe mit ihrem natürlichen Aussehen verwendet. Das Design hebt die schlichten Materialien hervor.

✎	*Erez Steinberg und Gia Giasullo, Studio eg, USA*	310
⚙	*Studio eg, USA*	324
▮	*Homasote, Medex, Pappe*	278
♻	*• Material mit geringem Energiegehalt*	328

Giftstofffreier Arbeitsplatz

Diese modulare, organische Büromöbelserie kann nach Ablauf der Nutzungsdauer recycelt oder kompostiert werden. So werden die einzelnen Bestandteile an die Geosphäre zurückgegeben. Die Liebe zum Detail zeichnet diese flexible Arbeitsumgebung mit verschiedenen Konfigurationsmöglichkeiten aus.

✎	*Erez Steinberg, Studio eg, USA*	310
⚙	*Bds/Studio eg, USA*	324
▮	*Organische Materialien, recyceltes u. wieder verwendetes Holz und Papier*	341
♻	*• Erneuer- und recycelbares Material • Umweltschonend*	327, 340

Sundeala Medium Board Screen

1898 nahm die Firma Sundeala die Produktion von Faserplatten aus Zelluloseabfällen auf. Im Laufe der Jahre wurden vor allem recycelte Zeitungen und Zeitschriften als Rohmaterial für Sundeala-Platten verwendet. Die naturbelassenen, nicht gebleichten Platten der Qualitätsklasse „K“ sind für den Einsatz in geschlossenen Räumen, die Qualitätsklasse „A“ mit natürlichen Bindemitteln und Farbstoffen zum Schutz vor Feuchtigkeit gedacht.

✎	*Celotex, GB*	314
⚙	*Celotex, GB*	314
▮	*Recycelte Zeitungen, natürliche Bindemittel*	341
♻	*• Weniger Abfälle • Recyceltes und recycelbares Material*	327, 328

Viper

Recycelte Pappröhren mit elliptischem Querschnitt werden oben und unten durch einen speziell geformten Kunststoffaufsatz miteinander verbunden. Die nebeneinander liegenden Röhren sind so beweglich, dass der Wandschirm aufgerollt werden kann, wenn er nicht gebraucht wird.

✎	*Hans Jakobsen, DK*	307
⚙	*Fritz Hansen, DK*	317
▬	*Pappe, Kunststoff*	283, 288-9
♻	*• Recyceltes Material*	327

STEP

Unterschiedlich große Tischplatten aus leichtem Sperrholzfurnier lassen sich schnell und je nach Bedarf in flexibler Anordnung zusammensetzen. Die Beine und Kopplungselemente bestehen aus Aluminium. Alle Komponenten können in einem für diesen Zweck entwickelten Transportwagen untergebracht werden.

✎	*Korb & Korb, CH, und Dyes, D*	308, 315
⚙	*Dyes, D*	315
▬	*Aluminium, Sperrholz*	295
♻	*• Leichtes, multifunktionales Möbel*	329

Supine Work Station

Dieser maßangefertigte Arbeitsplatz wurde für einen Computerspezialisten entwickelt, der auf Grund von drei verwachsenen Wirbeln im unteren Rückenbereich nicht in der Lage war, über einen längeren Zeitraum an einem herkömmlichen Schreibtisch zu arbeiten. Das „Center for Rehabilitation Technology“ (Zentrum für Rehabilitationstechnologie) entwickelte deshalb einen Arbeitsplatz, der sich auf den Stuhl zurollen und in einer bestimmten Position fixieren lässt.

✎	*Julius T. Corkran und Alan Harp, USA*	305
⚙	*Center for Rehabilitation Technology, College of Architecture, Georgia Institute of Technology, USA*	305
▬	*Diverse*	
♻	*• Individualisiertes Design, besonders komfortabel*	329

Curva

Wenn vorhandene Materialien oder vorgefertigte Komponenten wieder verwendet werden, ist nur sehr wenig oder gar keine Energie erforderlich und die Ressourcen sind schnell wieder im Materialkreislauf integriert. Mit dem flexiblen, aber unzerbrechlichen Lineal Curva hat De Denktank ein anregendes Beispiel für eine derartige Wiederverwendung geliefert. Als Grundstoff dienen Latten von Aluminiumjalousien aus örtlichen Recycling-Anlagen. Diese behalten ihre ursprüngliche Farbe und werden bedruckt. Zu 100 % recyceltes Packpapier dient als Schutzverpackung beim Transport und im Verkauf.

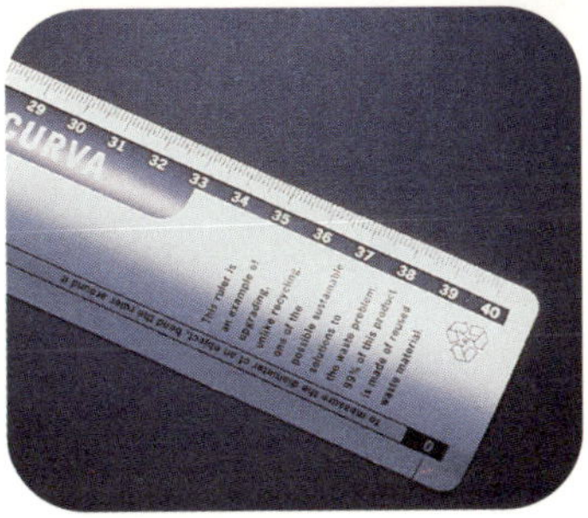

	De Denktank, NL	305
	De Denktank, NL	305
	Wieder verwendetes Aluminium	295
	• Wieder verwendetes Material u. Energie sparende Herstellung	328
	Design Sense Award, 1999	332

Karisma

Sanford UK gehört zur Sanford Corporation, dem weltweit größten Hersteller von Bleistiften aus Holzabfällen, einer Mischung aus Holzmehl und Polymeren. Alle von Sanford UK produzierten Bleistifte werden mit Holz aus nachhaltig bewirtschafteten Wäldern produziert. Geschützt werden sie soweit möglich durch wasserbasierte, in ultraviolettem Licht gehärtete Lacke an Stelle von lösungsmittelhaltigen Tinten. Die Verpackung und die Kunststoffabfälle werden in der Fabrik recycelt.

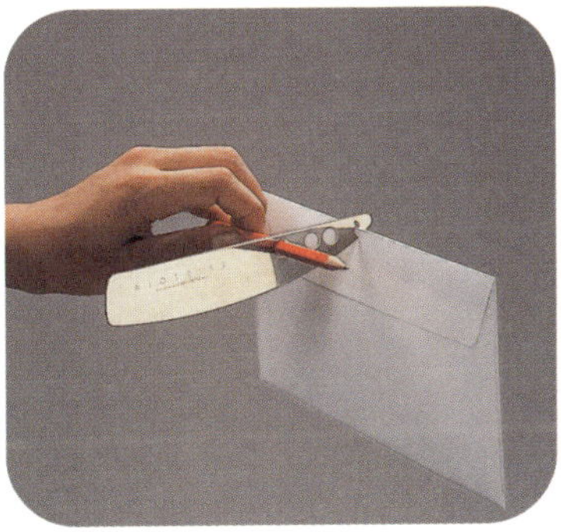

Episola

Ein Bleistift dient als Drehachse für diese schlichte Briefwaage. Die Waage kann auch als Brieföffner verwendet werden. Material- und Energieaufwand bei der Herstellung sind denkbar gering.

	Teo Enlund, S	306
	Simplicitus, S	324
	Metall	295
	• Ökonomischer Materialverbrauch u. geringer Energiegehalt	327, 328, 340

	Sanford UK Ltd, GB	323
	Sanford UK Ltd., GB	323
	Holz, wasserbasierte Lacke	298, 339
	• Recyceltes Material *• Umweltfreundliche Produktion* *• Integriertes Vertriebsnetz*	327, 328

Remarkable Recycled Pencil

Gebrauchte Polystyrol-Becher aus Automaten werden gehäckselt und zu einer neuen „Kunststofflegierung“ verarbeitet. Dabei werden Grafit und andere Materialien mit dem Polystyrol vermischt und in einer speziellen Pressform extrudiert. So entsteht ein neuartiger Bleistift, der genauso funktionsfähig ist wie herkömmliche Bleiminen, jedoch ohne Holzverschalung auskommt.

	Edward Douglas-Miller, Remarkable Pencils, GB	307, 323
	Remarkable Pencils, GB	323
	Recyceltes Polystyrol, Grafit, Zusatzstoffe	341
	• Verringert den Ressourcenverbrauch • Verringerte Abfallproduktion • Recycling	328

Save A Cup

In Getränkeautomaten werden täglich enorme Mengen von Polystyrol-Bechern in 8-cm-Standardgröße verbraucht, um den Durst von Büroangestellten und von Menschen, die irgendwo unterwegs sind, zu stillen. Diese Becher wandern alle in den Müll. Save A Cup hat, zum Teil in Zusammenarbeit mit anderen Organisationen, in allen größeren Städten Großbritanniens Sammelaktionen mit eigenen Tonnen gestartet. Die Becher werden dann mit speziell zu diesem Zweck entwickelten Maschinen gehäckselt. Unternehmen, die beim britischen Umweltministerium registriert sind, erhalten für recycelte Stoffe einen Verpackungsrücknahmebeleg.

	Save A Cup Recycling Company, GB	323
	Save A Cup Recycling Company, GB	323
	Polystyrol	341
	• Recyceltes Material	327

GreenDisk

Von Disketten mit alten Microsoft-Programmen werden die Daten gelöscht. Anschließend werden sie getestet um sicherzustellen, dass sie virus- und fehlerfrei sind. Die recycelten Disketten erhalten ein neues Etikett und werden verpackt.

	GreenDisk, USA	317
	GreenDisk, USA	317
	Recycelte Disketten	341
	• Wiederverwendung vorhandener Produkte	327

Stift Sensa™

Wenn man einen Stift über einen längeren Zeitraum in der Hand hält, kann das unangenehm sein. Am Griffbereich dieses Stifts erwärmt sich ein weiches, nicht toxisches Gel unter der Berührung des Benutzers, passt sich seinem Griff an und ermöglicht so eine bequemere Griffhaltung. Beim Abkühlen nimmt es seine ursprüngliche Form wieder an.

	Boyd Willat, USA	327
	Willat Writing Instruments, USA	327
	Metall, Gel	295
	• Komfortables, individuelles Design	329

EPSON Stylus Scan 2000

Das Zusammenwachsen verschiedener digitaler Technologien hat es Epson ermöglicht, in einem Gerät drei Funktionen zu vereinen und so erheblich Materialien zu sparen. Dieser handliche Drucker/Scanner/Kopierer verkörpert eine Design-Philosophie, die der im „Faktor-4-Prinzip" geforderten Verringerung des Materialverbrauchs sehr nahe kommt. Da das Unternehmen erkannt hat, dass Ästhetik auch im Büro eine wichtige Rolle spielt, wird das Gerät mit verschiedenfarbigen Abdeckungen angeboten.

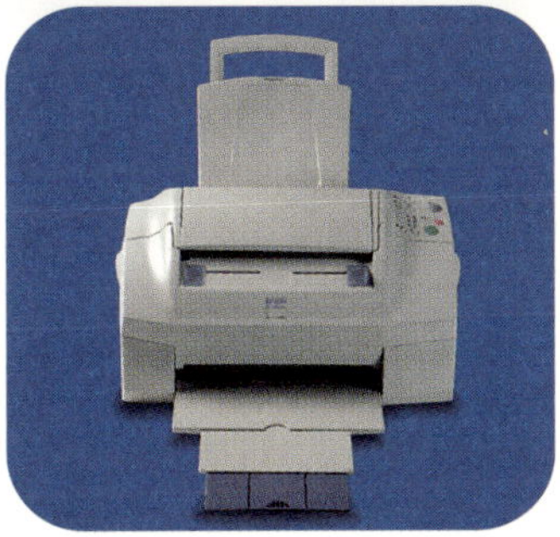

	Seiko Epson Corporation, J	310
	Epson Deutschland GmbH, D	316
	Verschiedene	
	• Ressourcen sparend	329
	iF Design Award, 2000	332

Einhändige Tastatur

„Zugang für alle" ist die Botschaft des Informationszeitalters. Für Menschen mit Behinderungen kann die konventionelle Tastatur jedoch eine Zugangsbarriere sein. Die einhändigen Tastaturen mit Kopf-/Mundstift von Maltron helfen über diese Hürde hinweg und ermöglichen so Dinge, die andere als selbstverständlich nehmen. Die „Etype-Tastatur" ist auch für Menschen geeignet, die an *der* Krankheit des Computerzeitalters, Bewegungsschmerzen bei der Bildschirmarbeit, leiden.

	PCD Maltron Ltd, GB	322
	PCD Maltron Ltd, GB	322
	Diverse Kunststoffe, Elektronik	341
	• Gesundheitsfördernd • Verbesserter Zugriff auf Informationen für Behinderte	329

GP225-Serie

In den meisten Firmen gehören ein Kopierer, ein Drucker, ein Faxgerät und seit kurzem auch ein Scanner zur Standardausrüstung. In den Bürosystemen von Canon, zu denen die GP225-Serie gehört, sind all diese Funktionen in einem vernetzten System integriert. Die Papierverschwendung, die mit der Benutzung mehrerer Maschinen mit unterschiedlicher Funktion einhergeht, wird so vermieden. Das System kann zu einer Produktivitätssteigerung führen, und Toner und Papier werden eingespart.

	Canon, J	314
	Canon, J	314
	Diverse	
	• Reduzierter Einsatz von Verbrauchsgütern und Energie	328, 329
	Öko-Kennzeichen Environmental Choice EcoLogo M, CAN	

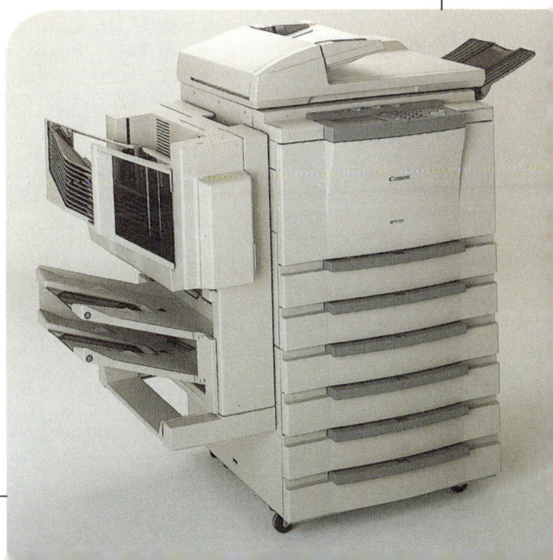

PagePro8

Dieser kompakte, kleine Laserdrucker zeichnet sich durch eine kleine Standfläche und, da er keinen Lüfter verwendet, durch einen geräuscharmen Betrieb aus. Eine geringe Schadstoffabgabe, ein geringer Energieverbrauch und ein recycelbares Kunststoffgehäuse machen den PagePro8 zu einem Musterbeispiel für eine verantwortungsbewusste Produktion.

	Yoshihiro Ichi, Industrial Design Division, Minolta, J	307
	Minolta, J	320
	Kunststoffgehäuse, Electronik	283, 295
	• *Energiesparend* • *Geringe Schadstoffabgabe* • *Geräuscharm* • *Recycelbares Material*	328, 329
	iF Ecology Design Award, 1999	332

ECOSYS

Die ECOSYS-Serie von Kyocera umfasst derzeit neun Laserdrucker. Eine modulare Konstruktion ermöglicht die Aufrüstung von einem einfachen, kleinen Drucker für den Privatgebrauch, dem FS-680 mit 8 S/Min, zu dem freistehenden FS-9000 mit 36 S/Min. Anstelle von Patronen für diese Drucker kommt eine langlebige Trommeltechnologie zum Einsatz, so dass lediglich Toner nachgefüllt werden muss. Demnach sind auch die Wartungsansprüche und die Betriebskosten des Druckers sehr niedrig.

	F. A. Porsche mit Kyocera, J	309
	Kyocera, J	319
	Diverse	
	• *Reduzierter Bedarf an Verbrauchsmaterialien* • *Modulare Aufrüstung*	328

Xerox® Document Centre 470 und 460®-Serien

Die Xerox Corporation war eines der ersten Unternehmen, die eine umweltfreundliche Herstellung, Umweltmanagementsysteme und die Rücknahme von Produkten einführten. Dies führte zur Entwicklung standardisierter Teile, die in einer ganzen Reihe von Produkten eingesetzt werden können. Um eine Wiederverwendung, das Recycling und die Trennung der Materialien zu vereinfachen, sind alle Teile eindeutig gekennzeichnet. Ein wesentlicher Aspekt der Design-Philosophie war auch die Reduzierung der Gesamtzahl der Einzelteile, die für ein Gerät benötigt werden. Die Xerox® Document Centre 470 und 460®-Serien sind vernetzte, multifunktionale Geräte, die ebenso als Kopierer wie als Drucker, Faxgerät oder Scanner eingesetzt werden können. Die Serien erfüllen die Energy Star-Richtlinien. Im Standby-Modus verbraucht das Gerät nur 65 Watt, im Normalbetrieb 1.425 Watt und im Energiesparmodus 260 Watt.

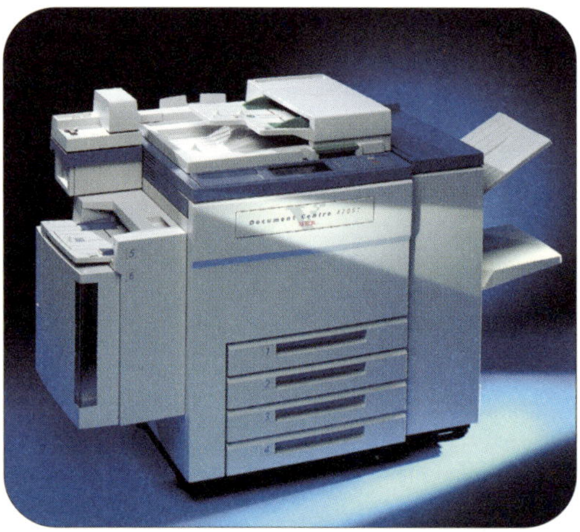

	Xerox Corporation, USA	326
	Xerox Corporation, USA	326
	Diverse	
	• *Multifunktional* • *Zerlegbar* • *Reduzierter Materialverbrauch bei Herstellung* • *Produktrücknahme*	327, 328, 329

Multisync® LT 140

Dieser leichte, kompakte Datenprojektor verfügt über einen PCMIA-Steckplatz und kann deshalb auch unabhängig von einem Computer verwendet werden. Die Gesamtzahl der Komponenten wurde auf ein Minimum reduziert. Soll das Gerät zerlegt werden, lassen sich die Materialien rein voneinander trennen. Mit einer Maus können Anmerkungen in die projizierten Daten eingefügt werden.

	IDEO Product Development, J	307
	NEC Deutschland GmbH, D	321
	Diverse	
	• Ökonomischer Materialverbrauch *• Zerlegbar*	327, 328
	iF Ecology Design Award, 2000	332

IBM IntelliStation E Pro

Dies ist der erste Computer der Welt, bei dem die Gehäuse des Monitors, des Prozessors und der Tastatur ausschließlich aus zu 100 % recyceltem Kunststoff bestehen. Die Komponenten sind um 20 % billiger als solche aus neugewonnenen Materialien. Diese anspruchsvolle Arbeitsstation mit kleiner Standfläche ist für den professionellen Einsatz geeignet.

	IBM Personal Systems Group Design, IBM Corporation, USA	318
	IBM Corporation, USA	318
	Recycelte Kunststoffe, Elektronik	283, 295
	• Recycelte Komponenten	327
	iF Design Award, 2000	332

Air Box

Verpackungsmaterialien stellen totes Gewicht dar, das die Transportkosten in die Höhe treibt und Energie verbraucht. Leichte, aber dennoch widerstandsfähige Materialien sind deshalb für jeden Verpackungs-Designer oberste Zielsetzung. Die Air Box-Produktreihe besteht aus im Handel erhältlichen, aufblasbaren und durchsichtigen Nylon-/PE-Tüten mit wieder verschließbaren Ventilen, die kaum etwas wiegen. Der Hersteller empfiehlt zwar, einen zusätzlichen externen Schutz, zum Beispiel Pappe, zu verwenden, um die Polymermischung vor Löchern zu schützen. Im praktischen Einsatz hat sich jedoch gezeigt, dass es sehr werbewirksam sein kann, wenn die Air Box und damit ihr Inhalt sichtbar sind.

	Air Packaging Technologies, USA	312
	Air Packaging Technologies, USA	312
	Nylon- und Polyethylenmischung	296-7
	• Leichtes Verpackungssystem	328

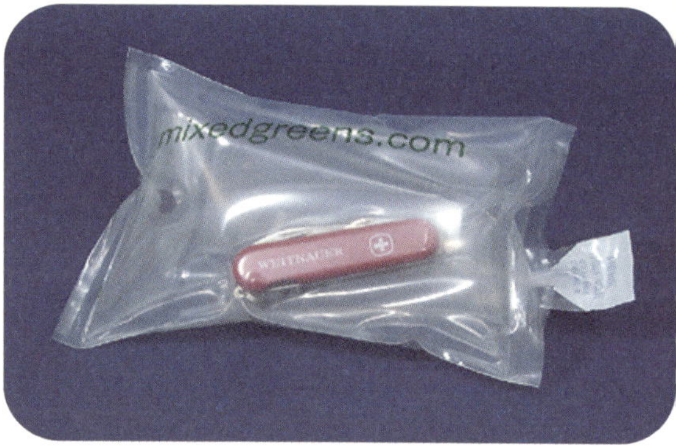

Airfil

Als stoßdämpfendes Material für die leichte Verpackung aus Polyethylen dient Luft. Die Airfil-Lufttüten sind in Standardgrößen oder als Maßanfertigung erhältlich und bieten eine funktionsfähige, kostengünstigere Alternative zu den üblichen „Chips" und „Blasenfolien" aus Polystyrol. Das Airfil-System beansprucht wenig Platz, und auch die Stärke der äußeren Verpackung kann reduziert werden. Darüber hinaus ist es wieder verwendbar, sauber und staubfrei.

	Amasec Airfil, GB	312
	Amasec Airfil, GB	312
	Polyethylen	296-7
	• Verringerter Materialverbrauch • aus einem Kunststoff, recycelbar	327, 328

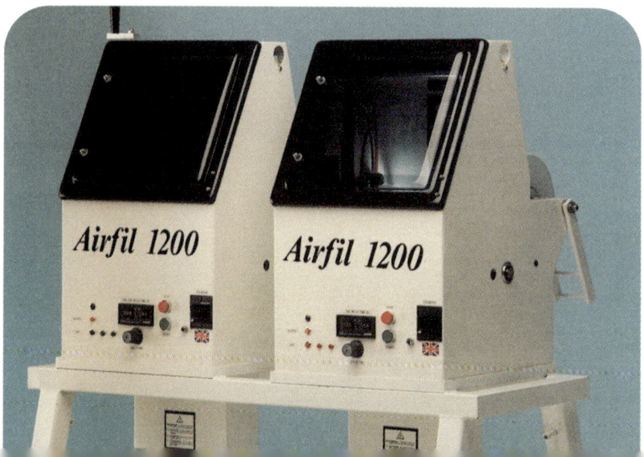

Akylux

Polypropylen-Platten sind eine widerstandsfähige Alternative zu Wellpappe und können darüber hinaus auch noch mehrfach benutzt werden. Die Firma Kayserberg Packaging hat verschiedene Kästen mit internen Abtrennungssystemen entwickelt, die für den Transport von Komponenten und Endprodukten verwendet werden können. Das Produkt wird ausschließlich aus PP hergestellt, so dass ein späteres Recycling mühelos möglich ist.

	Kayserberg Packaging, F	319
	Kayserberg Packaging, F	319
	Polypropylen	296-7
	• Recycel- und wieder verwendbar • Label „Blauer Engel"	328

Kompostierbare organische Mülltüte

Die Entsorgung biologisch abbaubarer Abfälle wie Blätter, Gras und Unkraut wird durch diesen Sack aus Polylactid (PLA), einem biologisch abbaubaren Thermoplast, das aus Milchsäure gewonnen wird, erheblich vereinfacht. Auf Müllkippen oder Kompostieranlagen können die Tüten einfach zusammen mit dem Abfall entsorgt werden. Sie haben eine größere Reißfestigkeit auch bei feuchtem Inhalt und eine einfachere Handhabung.

	Cargill Dow Polymers, USA/NL	314
	Cargill Dow Polymers, USA/NL	314
	PLA - EcoPLA®	283
	• Biologisch abbaubarer Kunststoff	327

Natürliche Kürbisverpackung

Bauern beherrschen schon lange die Kunst, standardisierte Naturprodukte herzustellen. Jetzt profitieren auch Designer davon, die Natur zu ihren Zwecken einzusetzen. Kürbisse, die in tropischen Ländern bereits als Behälter verwendet werden, wachsen in unterschiedlichen Sperrholzformen zu den gewünschten Maßen heran.

	A. J. Velthuizen, European Design Centre, und R. S. Wall, Rotterdam Academy of Architecture & Urban Planning, NL	311
	Prototyp	
	Kürbisse	339
	• Erneuer- und kompostierbares Material • Biologische Herstellung mit minimaler Energie	327, 328

Cull-Un Pack

Dieses Verpackungssystem ist von der UNO für den Transport gefährlicher Chemikalien in Glasbehältern zertifiziert. Boden und Deckel sind aus stabilem, geformtem Zellstoff, der aus gebrauchten Pappkartons gewonnen wird. Sie schützen die Behälter, die wiederum in einer äußeren Kombinationsverpackung aus Wellpappe untergebracht sind. Das System hat strenge Sicherheitstests überstanden, darunter auch einen Fall aus 1,90 m Höhe. Sonst bestehen diesen Test nur Verpackungen aus Polystyrolschaumstoff. Es werden nur recycelte Materialien verwendet.

	Robert Cullen & Sons, GB	323
	Robert Cullen & Sons, GB	323
	Zu 100 % recyceltes Papier und recycelte Pappe	288-9
	• Recyceltes, erneuerbares Material	327

IFCO Verpackungs- und Transportsystem

Die wieder verwendbaren, flach zusammengelegten Kunststoffbehälter mit offener Wandkonstruktion für eine bessere Belüftung sind in elf Standardgrößen erhältlich und vor allem für den Transport frischer Produkte aller Art gedacht. Das IFCO-System kommt in über 30 Ländern zum Einsatz, und es sind ca. 70 Millionen Verpackungseinheiten im Umlauf. Es ist für Euro- und ISO-Paletten geeignet. Die Verpackungseinheiten mit konstanter Tara lassen sich einfach reinigen, können zusammengefaltet werden und benötigen zusammengefaltet 80 % weniger Speicherplatz. Sie haben ein Leergewicht zwischen 0,64 kg und 1,75 kg. Nach Ablauf der Nutzungsdauer kann das Polypropylen

recycelt werden. Eine Ökobilanz der Ecobalance Applied Research GmbH ergab, dass die Umweltbelastungen durch das IFCO-System weit unter denen konventioneller, nur einmal verwendeter Pappkartons liegen.

	International Food Container Organization GmbH, D	318
	International Food Container Organization GmbH, D	318
	Polypropylen	296-7
	• *Aus einem Material, recycelbar* • *Geschlossener Kreislauf* • *Verringerter Energieaufwand bei Herstellung und Transport* • *Label „Blauer Engel“*	328, 329

Pallecon 3 Autoflow

Dieser Behälter aus Stahlblech und massivem Stahl ist für den Transport verschiedener industrieller Flüssigkeiten, von pharmazeutischen Produkten bis hin zu Lebensmitteln, geeignet. Er wird durch recycelbare Ventile in einen Auffangbehälter geleert und kann zwischen zwei Transporten problemlos gereinigt werden. Die Seiten lassen sich zusammenklappen. So hat der Behälter nur noch ein Drittel seiner ursprünglichen Größe. Der Pallecon 3 Autoflow erfüllt die relevanten EU-Standards. Er kann ca. zehn Jahre verwendet und danach recycelt werden.

	LSK Industries Pty Ltd, AUS	319
	LSK Industries Pty Ltd, AUS	319
	Stahl	295
	• *aus einem Material, erleichtert Recycling* • *Recycel- und wieder verwendbar* • *Kann Energie bei Transport einsparen*	328, 329
	iF Design Award, 2000	332

Pressholzpalette

Im Gegensatz zu traditionellen Holzpaletten brauchen die „Inka"-Paletten nicht geklammert oder genagelt zu werden. Sie bestehen aus recycelten Nutzholzabfällen, die mit wasserfesten, synthetischen Harzen gebunden werden. Den konventionellen Paletten sind sie außerdem durch die Möglichkeit einer kompakteren Stapelung und ein geringeres Leergewicht überlegen. Die Standardgrößen entsprechen den europäischen Normen. Seit Januar 2000 fällt auch Holz unter die EU-Richtlinie über Verpackungen und Verpackungsabfälle, und der verringerte Holzgehalt dieser Paletten senkt die entstehenden Kosten.

	Werzalit AG + Co., D	326
	Werzalit AG + Co., D	326
	Nutzholzabfälle, Harze	284, 339
	• Recyceltes Material • Reduziert den Energieverbrauch	327, 328

Rexpak™

Dieser mehrfach verwendbare Pappkarton wird derzeit in Großbritannien als Verpackung für den Transport von Lebensmitteln getestet. Er lässt sich zusammen- und für den Gebrauch wieder entfalten und wird dann mit Velcro®-Klettverschlüssen stabilisiert und in Form gehalten. Ein Karton kann ungefähr zehnmal verwendet werden, bevor er recycelt wird.

	Rexam, GB	323
	Rexam, GB	323
	Wellpappe	288-9
	• Wieder verwendbare Verpackung	328

VarioPac®

Mit diesem gut konzeptionierten und ausgeführten Produkt gehört der Kampf, CDs aus ihrer Schutzhülle herauszubekommen, der Vergangenheit an. Man braucht lediglich einen seitlichen Hebel zu betätigen und die CD wird ausgeworfen. Eine zu den konventionellen Rover-CD-Hüllen von VarioPac durchgeführte Studie ergab, dass für die Herstellung des taktilen, durchsichtigen und bruchfesten Metocenes (Metallocen-Polypropylen) im Spritzgussverfahren 46 % weniger Energie erforderlich ist und das Transportvolumen um 33 % reduziert werden konnte.

	VarioPac Disc Systems GmbH, D	311
	Ehlebracht AG, D	315
	Metocene X 50081	296-7
	• Reduzierter Materialverbrauch • Insgesamt reduzierter Energieaufwand	327, 328
	iF Ecology Design Award, 2000	332

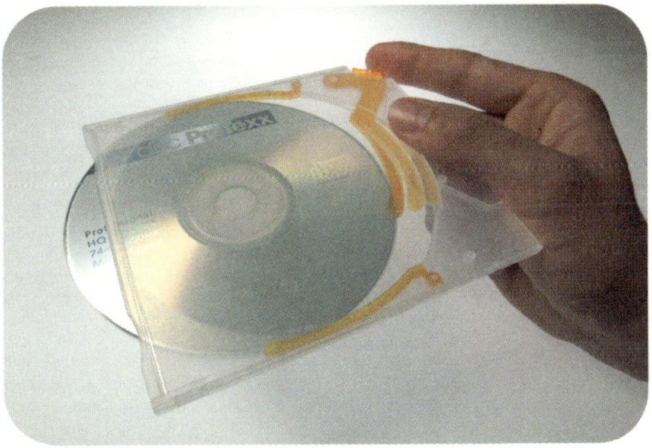

Sylvania

Die Firma Sylvania Lighting International erzielt einen großen Teil ihres Umsatzes mit Direktverkäufen an Elektrogroßhändler. Auf der Verpackung aus einfacher brauner Pappe sind das Firmenlogo und eindeutige technische Informationen aufgedruckt, die den Großhändlern die Identifizierung der Produkte erleichtern sollen. Gleichzeitig sind die Leuchten so ausreichend geschützt. Diese Philosophie wurde auch auf andere Werbematerialien wie Kataloge, Ladenauslagen und anderes mehr ausgeweitet.

✎	*Premsela und Vonk, NL*	309
⚙	*Sylvania Lighting International, CH und USA*	310
▮	*Pappe, Papier, Druckfarbe*	288-9
♻	*• Reduzierter Verbrauch von Druckfarben*	330

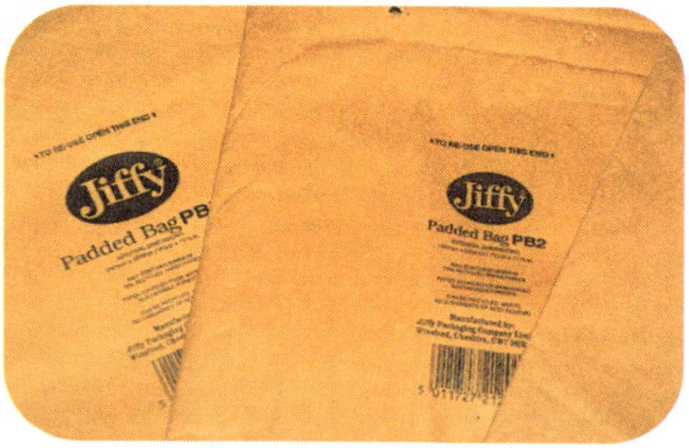

Jiffy®

Jiffy stellt eine Serie von Beuteln her, die per Post oder Kurierdienst versandte Waren schützen. Die Polsterung besteht zu 72 bis 75 % aus recycelten, gehäckselten Zeitungen und Zeitschriften. Umschlossen wird sie von Packpapier.

✎	*Jiffy Packaging Company Ltd, GB*	318
⚙	*Jiffy Packaging Company Ltd, GB*	318
▮	*Recycelte Zeitungen und Zeitschriften*	341
♻	*• Recyceltes Material, wieder verwendbar*	327, 328

SCHÄFER ECO KEG

Boden und Deckel aus gespritzten Thermoplasten sind bei diesem Getränkebehälter an den Rumpf aus Edelstahl angeklemmt. So sind keine Klebstoffe erforderlich, um Dichtungsringe aus Gummi oder Polyurethan zu befestigen. Alle Teile können auseinandergebaut werden und lassen sich so reparieren, ersetzen oder getrennt recyceln. Der Behälter kann in allen automatisierten Getränkeabfüllanlagen eingesetzt werden und lässt sich einfacher stapeln als konventionelle Behälter. So wird Laderaum gespart und der Transport ist effizienter.

✎	*Schäfer Werke GmbH, D*	323
⚙	*Schäfer Werke GmbH, D*	323
▮	*Edelstahl, Thermoplast*	295
♻	*• Langlebig, zerleg- und recycelbar • Energie sparender Transport*	328, 329
✪	*iF Ecology Design Award, 2000*	332

Top Box

Die Top Box ist ein Transportbehälter mit einem flach zusammenfaltbaren Körper aus Pappe und einem Scharnierdeckel aus Kunststoff. Dieser verfügt über einen diebstahlsicheren Riegel und Tragegriffe. Der Karton lässt sich gut stapeln, wodurch bei Lagerung oder Transport kaum Platz beansprucht wird.

	Sams Design und Reed Corrugated Cases, GB	310
	Reed Corrugated Cases, GB	310
	Pappe, Kunststoff	288-9
	• *Wieder verwendbarer, multifunktionaler Behälter* • *Ermöglicht Energieeinsparung beim Transport*	328, 329

3M™ 8000

Wenn unbekannte Kunststoffsorten in recyceltes Kunststoffmaterial geraten, wird dieses dadurch nutzlos, und die Produktionsanlage kann sogar beschädigt werden. Es ist nicht immer möglich, die relevanten Informationen auf eine Komponente oder ein Produkt zu prägen. Deshalb hat 3M aufklebbare Etiketten entwickelt, die beim

Recycling von ABS und Polykarbonat sowie Polystyrol verwendet werden können. Für die Elektronik-Industrie wird die Identifizierung von Materialien bei der Zerlegung eines Produkts im Laufe der nächsten Jahre an Bedeutung gewinnen, wenn die EU-Richtlinie zur Entsorgung von Elektronikgeräten in Kraft tritt.

	Hiep Nguyen, Gerald Schniedermeier, Yolanda Grievenow, Den Suoss, 3M Deutschland, D	312
	3M Deutschland, D	312
	Kunststoffe	283, 295
	• *Vereinfacht die Identifizierung und das Recycling von Kunststoffen*	330
	iF Ecology Design Award, 1999	332

Biopac

Dieses biologisch abbaubare Verpackungsmaterial ist besonders für die Verpackung pharmazeutischer Produkte und Süßwaren geeignet. Biopac besteht aus essbarer Stärke.

	Haasa, A	317
	Haasa, A	317
	Essbare Stärke	339
	• *Biologisch abbau- und kompostierbar*	327

Allison Bus

Mit dem Hybridsystem Allison Electric Drives, das von der General Motors-Tochter Allison Transmission entwickelt wurde, lässt sich eine Treibstoffeinsparung von 50 % im Vergleich zu konventionellen Systemen erreichen. Außerdem wird die Kohlenmonoxid-, Kohlenwasserstoff-, Partikel- und Stickoxidemission erheblich reduziert. Der Allison-Bus zeigt einen Weg auf, wie das öffentliche Transportwesen umweltfreundlicher gestaltet werden kann. Ein gut besetzter Bus mit einer derart umweltschonenden Technologie ist ein nachhaltiges Transportmittel.

✎	*General Motors, USA*	317
⚙	*General Motors, USA*	317
▣	*Diverse*	
♻	*• Verbesserte Treibstoffeffizienz • Reduzierte Emissionen*	329

Schnellzug Metropolitan

Anders als bei den meisten modernen Zügen besteht die Innenausstattung dieses neuen Zugsystems ausschließlich aus natürlichen oder recycelbaren Materialien. Die Sitzschalen aus laminiertem Formholz mit Lederpolsterung erinnern an die von Charles und Ray Eames entworfenen Herman Miller-Liegestühle Modell Nr. 670 und 671 von 1956. Regelmäßige Bahnnutzer werden die kleinen Extras, wie die gepolsterte Kopfstütze, sehr zu schätzen wissen.

✎	*gmp - Architekten, D*	307
⚙	*Deutsche Bahn AG und Metropolitan Express Train GmbH, D*	315
▣	*Leder, Sperrholz, Edelstahl*	395
♻	*• Erneuer- und recycelbares Material*	327
✪	*iF Design Award, 2000*	332

Checkpoint und Checktag

Wenn lose Radmuttern sich lösen, kann dies zu tödlichen Unfällen und zum Auslaufen von Schad- und Giftstoffen führen. Checkpoint und Checktag sind zwei verschiedene Kunststoffkappen, die auf die Muttern gesetzt werden, nachdem diese so fest wie nötig angezogen wurden. Die Pfeile auf den Kappen sind parallel ausgerichtet und weichen nur dann voneinander ab, wenn sich die Muttern gelöst haben.

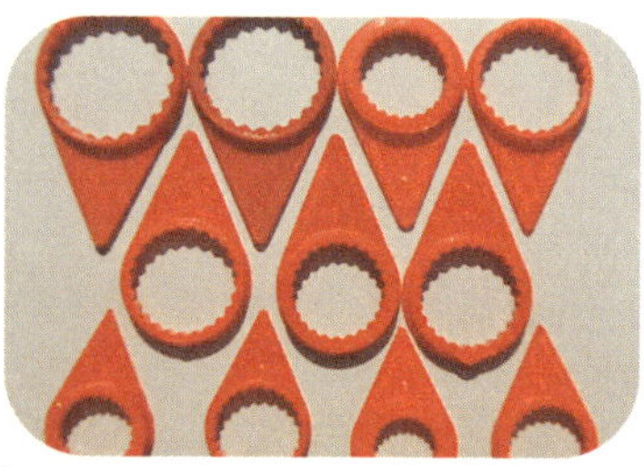

✎	*Mike Marczynski, GB*	308
⚙	*Business Lines, GB*	313
▣	*Kunststoff*	283, 295
♻	*• Erhöhte Verkehrssicherheit • Reduzierte Emissionen*	328, 329

Cold Feather

Da alle Transportfahrzeuge auf europäischen Straßen einer Gewichtsbeschränkung von maximal 40 t Bruttogewicht unterliegen, ist eine Verringerung des Leergewichts gleichbedeutend mit mehr Ladekapazität. Dem Design-Team ist es gelungen, zwei Längsträger für das Fahrgestell überflüssig zu machen, da der Wagenkasten des Anhängers aus zweischichtigem Verbundstoff auch so die erforderliche Stabilität aufweist: Die obere Schicht setzt sich aus einer Mischung von Aramidverbund, Glasfasern und Balsaholz mit hoher Druckspannung zusammen, die untere Schicht besteht aus Glasfasern und Aluminium mit einer Füllung aus PVC-Schaumstoff. Für die Seitenplatten kommen kohlenfaserverstärkte Harzplanken zum Einsatz und für die Außenhaut ein Aramid-Epoxid-Harz. Insgesamt spart diese Konstruktion gegenüber herkömmlichen Modellen 3 t Leergewicht ein.

✎	*30-köpfiges Design-Team, University of Technology Delft, NL*	311
⚙	*Konzeptioneller Prototyp*	
▮	*Verschiedene Verbundstoffe, Stahl, Aluminium*	395
♻	*• Reduzierter Treibstoffverbrauch*	330

EVEC

Dieses Gerät wird am Einlass eines Verbrennungsmotors installiert und kann den Kohlenmonoxidanteil der Abgase um bis zu 62 % und den Kohlenwasserstoffanteil um bis zu 35 % senken. Nach Angaben des Herstellers hat eine Lebenszyklusanalyse ergeben, dass das Gerät nach 800 km Fahrt die Rentabilitätsschwelle erreicht. Im Gegensatz zu den meisten Katalysatoren, die nur in modernen Motoren für bleifreie Treibstoffe einsetzbar sind, kann EVEC auch in ältere Fahrzeuge eingebaut werden.

✎	*Hawtal Whiting Environmental, GB*	317
⚙	*Hawtal Whiting Environmental, GB*	317
▮	*Aluminium*	395
♻	*• Reduzierte Abgasemissionen*	329

Flexitec

Um Systeme zur Verkehrsberuhigung mit konventionellen Techniken einzurichten, sind nicht nur viele Arbeitskräfte erforderlich, der Aufbau führt auch zu erheblichen Verkehrsbehinderungen. Flexitec ist ein modulares System von Schwellen, Blöcken und Rampen aus beständigem, recyceltem Gummi, das einfach mit der Straßenoberfläche verschraubt wird. So kommt es während des Aufbaus zu weniger Staus. Das System kann dauerhaft oder nur vorübergehend zur Verkehrsberuhigung eingesetzt werden.

✎	*BTM International Ltd, GB*	313
⚙	*BTM International Ltd, GB*	313
▮	*Recyceltes Gummi*	283
♻	*• Recyceltes Material • Wieder verwendbar • Energie sparende Installation*	327, 328

Tank Signal System

Ein Funksender überwacht den Treibstoffstand in einem Vorratstank und überträgt diese Informationen an ein telemetrisches Gerät, den „Signalman", das in das Fernsprechnetz des Kunden integriert ist und die Daten an den Treibstofflieferanten übermittelt. So kann dieser jederzeit die beste Streckenführung und die vom Kunden benötigte Treibstoffmenge ermitteln – und die Zahl der erforderlichen Fahrten von Lieferfahrzeugen lässt sich um die Hälfte reduzieren.

✎	*Sensor Systems Watchman, GB*	323
⚙	*Sensor Systems Watchman, GB*	323
▮	*Funksender, telemetrisches Gerät, Computer*	341
♻	*• Erhebliche Reduzierung des Energieverbrauchs beim Transport*	328

Electrically Power Assisted Steering (EPAS)

Herkömmliche Servolenkungen benötigen in der Regel einen Hydraulikmotor sowie das zugehörige Rohrsystem. Für EPAS kommt stattdessen ein elektronisch gesteuerter Elektromotor mit Direktantrieb zum Einsatz. Auf diese Weise sollen Kraftstoffeinsparungen von 5 % erreicht werden. Auch Montage und Wartung werden vereinfacht. Von noch größerer Bedeutung ist jedoch, dass auf diese Weise keine ätzenden Hydrauliköle ins Fahrzeug oder in die Umwelt gelangen, wodurch ein späteres Recycling nicht mehr möglich ist.

✎	*TRW Lucas Varity Electrical Steering, GB*	325
⚙	*TRW Lucas Varity Electrical Steering, GB*	325
▮	*Diverse*	
♺	• *Treibstoff sparend, kein Auslaufen von Schadstoffen*	329

Continuously Regenerating Trap (CRT)

CRT (Continuously Regenerating Trap; Kontinuierliche Katalysator-Regeneration) ist ein Katalysatorsystem für Dieseltransporter und -busse in Städten, die mit schwefelarmem Brennstoff betrieben werden. Partikel werden bei hoher Temperatur oxidiert, wobei in diesem System Distickstoffoxid (Lachgas) anstelle von Sauerstoff verwendet wird.

✎	*Johnson Matthey, GB*	318
⚙	*Johnson Matthey, GB*	318
▮	*Diverse*	
♺	• *Verringerung des Partikelausstoßes von Dieselmotoren*	329

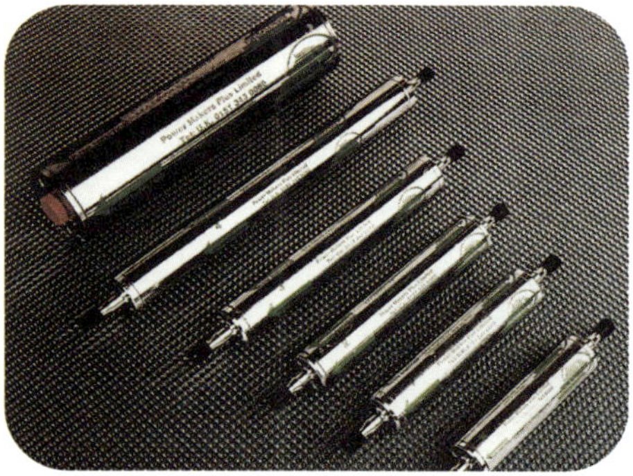

Reifen

Eine Technik, die das Gewicht der Räder von Straßenfahrzeugen reduziert, führt automatisch zu Treibstoffeinsparungen. Resin Transfer Moulding™ ist ein Verfahren zur Herstellung von Rädern aus leichten Verbundstoffen. Kohlenfaserverstärkte Gewebe werden in einem sehr einfach strukturierten Verfahren mit katalysiertem Harz imprägniert. Ähnliche Verfahren lassen sich auch für andere Produkte, die traditionell aus Stahl gefertigt werden, wie z.B. Schutzhelme, anwenden.

✎	*Prins Dokkum BV, NL*	322
⚙	*Prins Dokkum BV, NL*	322
▮	*Harz, kohlenfaserverstärkte Gewebe*	284, 300-1
♺	• *Reduzierter Verbrauch fossiler Brennstoffe* • *Schutz von Metallvorkommen*	328

Fuel Catalyst

In Verbrennungsmotoren eingebaute Katalysatoren verringern die Abgasemission. Dafür kommen meistens seltene Metalle zum Einsatz. Fuel Catalyst ist eine Metalllegierung mit hohem Zinnanteil, die in Katalysatoren verwendet werden kann und die Oxidierung während der Verbrennung verbessert. Dadurch wird der Abgasstrom sauberer und Treibstoff gespart. Der Fuel Catalyst hält mindestens 400.000 km. Nach Angaben von Benutzern konnten die Abgasemissionen um 40 bis 70 % gesenkt und Treibstoffeinsparungen von bis zu 15 % erzielt werden.

✎	*PowerMakers Plus, GB*	322
⚙	*PowerMakers Plus, GB*	322
▮	*Zinn und andere Metalllegierungen*	295
♺	• *Verringerte Abgasemission, Treibstoffeinsparungen*	328

Busse

Seit Mitte der 1990er experimentiert MAN Nutzfahrzeuge, ein deutscher Hersteller kommerziell genutzter Fahrzeuge, mit Prototypen, die mit komprimiertem Erdgas, Flüssiggas (LPG), Wasserstoff-Brennstoffzellen und dem biologischen Treibstoff Rapsöl-Methylester (RME) an Stelle von Diesel betrieben werden. Ein mit Erdgas betriebener Gelenkbus erreicht eine Bremsleistung von 310 PS. In Verbindung mit einem geregelten Katalysator erreicht er die Euro 3-Grenzwerte für Emissionen, die auf einen deutschen Vorschlag zurückgehen und Obergrenzen von höchstens 2 g/kWh Kohlenmonoxid, 0,6 g/kWH Kohlenwasserstoff, 5 g/kWh Distickstoffoxid und 0,1 g/kWh Partikelausstoß (PM10s) vorsehen. Dies entspricht einer Reduzierung um den Faktor 3 bis 5 nach der ersten Abgasregelung Euro 1 von 1990. Auch der Geräuschpegel wurde auf etwa die Hälfte eines normalen, dieselbetriebenen Busses gesenkt. Das Umweltbewusstsein von MAN zeigt sich in der Anerkennung von Umweltmanagement-Normen wie EMAS und, für die Fabrik in Steyr, nach ISO 14001.

✎	*MAN Nutzfahrzeuge, D*	320
⚙	*MAN Nutzfahrzeuge, D*	320
▮	*Diverse*	
☊	*• Geringe Abgasemission* *• Geräuscharm*	328, 329

Flüssiggasbetriebene Fahrzeuge

Die Geschäfte der Ladenkette Marks & Spencer werden täglich von Gelenklastwagen mit Kühleinheiten zum Transport von tiefgekühlten Lebensmitteln beliefert. Nach einer Überprüfung des Liefersystems in Zusammenarbeit mit dem wichtigsten Auftragnehmer, BOC, suchte das Unternehmen nach Möglichkeiten, die Abgasemission und den Geräuschpegel der Fahrzeuge zu reduzieren. Schließlich wurde eine neue Fahrzeugflotte entwickelt, die mit verflüssigtem Erdgas (LNG) betrieben und mit geräusch- sowie schadstoffarmen, eutektischen Kühleinheiten ausgestattet ist. Diese Lieferwagen stoßen 89 % weniger Partikel, 69 % weniger Distickstoffoxid und etwa 10 bis 20 % weniger Kohlendioxid aus.

✎	*Marks & Spencer in Zusammenarbeit mit Varity Perkins, ERF, Gray and Adams und BOC Distribution Services und der Unterstützung des Energy Savings Trust, GB*	313
⚙	*Joint-Venture mit BOC, GB*	313
▮	*Diverse*	
☊	*• Erhebliche Verringerung der Abgasemissionen und des Geräuschpegels*	328, 329

Fahrgast-Informations-System

Im Vergleich zu anderen Anzeigen mit Impulstechnologie spart dieses modulare Fahrgast-Informations-System mit Aluminiumrahmen bis zu 60 % Energie.

✎	*Interform Design, D*	307
⚙	*LUMINO Licht Elektronik GmbH, D*	320
■	*Keramikbeschichtetes Streuglas, Aluminium, Leuchtdioden (LEDs)*	295
♻	*• Energie sparend • Modulare, wartungsarme Konstruktion*	328, 329
✪	*iF Ecology Design Award, 2000*	332

In dem patentierten System kommen Hunderte von Leuchtdioden zum Einsatz. Die gut erkennbare Anzeige und die klare Linienführung ermöglichen eine sehr effiziente Informationsübertragung ohne Aufwand.

Transportbehälter für Lastwagen

Viele Zugfahrzeuge fahren mit Anhängern durch die Gegend, deren Kapazität nicht voll ausgeschöpft ist. Durch die gängige Pritschenkonstruktion lassen sich viele Ladungen nur schwer unterbringen. Der Transport einer gemischten Ladung aus Gasen, Flüssigkeiten, Puder- und Feststoffen wird so zu einem Problem. Eine Lösungsmöglichkeit ist die Verwendung robuster Säcke, in denen weiche Substanzen verstaut werden können. Leere Säcke können einfach zusammengefaltet werden.

✎	*University of Technology, Delft, NL*	311
⚙	*Konzeptioneller Prototyp*	
■	*Diverse*	341
♻	*• Flexiblere Einsatzmöglichkeit von Transportfahrzeugen • Reduzierter Verbrauch fossiler Brennstoffe*	329

Partner Electric

Firmen und Behörden, die oft innerhalb ihres eigenen Geländes Fahrten und Transporte durchführen müssen, sollten sich überlegen, ob dieses elektrische Fahrzeug nicht in ihre Fahrzeugflotte passt. Elektrische Fahrzeuge arbeiten nicht nur energieeffizienter und billiger, sie erzeugen am Einsatzort auch keine Abgase. Wird die Elektrizität aus erneuerbaren Energiequellen bezogen, entstehen tatsächlich keinerlei Schadstoffe. Der Partner Electric von Peugeot, eine Weiterentwicklung des Peugeot 106 Electric, ist ein typisches Beispiel für einen elektrischen Kleintransporter. Er bietet eine Nutzlast von 500 kg, eine Kapazität von 3 Kubikmetern und eine Reichweite von 64 km bei Aufladung über Nacht. 27 6-Volt-Nickel-Kadmium-Batterien versorgen den 28-kW-Gleichstrommotor mit Energie. Das Fahrzeug erreicht eine Höchstgeschwindigkeit von 96 km/h. Man findet es bereits bei der britischen Post, der Royal Mail.

✎	*Peugeot, F*	322
⚙	*Peugeot, F*	322
■	*Diverse*	341
♻	*• Reduzierte Abgasemissionen (bei Aufladung aus nicht erneuerbaren Energiequellen) • Keine Abgase (bei Aufladung aus erneuerbaren Energiequellen) • Geräuscharm*	329

Solarbetriebenes Elektrofahrzeug

Solarzellen auf dem Dach des Busses erzeugen ein Drittel bis ein Fünftel der benötigten Energie und reduzieren so den Treibstoffverbrauch des konventionellen Verbrennungsmotors. In diesem Entwurf zeigt sich, welchen Beitrag Solarenergie zur Reduzierung des Abgasausstoßes leisten kann.

✎	*Foster and Partners, GB*	306
⚙	*Prototyp, 1992-1994*	
▮	*Diverse, darunter Solarpaneele*	341
♻	*• Solarenenergie und verringerter Verbrauch fossiler Brennstoffe*	329

Solo

Mit Solo erreicht die Konstruktion von Kleinbussen einen neuen „Tiefstand“: Über eine automatische, ausfahrbare Rampe am Niederflur-Einstieg können Rollstuhlfahrer direkt vom Bürgersteig in den Bus einsteigen. Der tiefe Schwerpunkt verhindert außerdem ein stärkeres Schlingern des Busses und bietet so allen Fahrgästen eine bequemere Fahrt. Der Einstieg ohne Stufen ermöglicht ein schnelleres Ein- und Aussteigen der Fahrgäste. Dadurch lässt sich der Fahrplan besser einhalten und die Abgasemissionen während des Leerlaufs werden gesenkt.

✎	*Optare, GB*	321
⚙	*Optare, GB*	321
▮	*Diverse*	341
♻	*• Problemloser Zugang für alle Fahrgäste • Zeitsparendes Ein- und Aussteigen*	328

Centurion

Der Centurion ist ein Nachfolgemodell des NASA-Gleiters „Pathfinder" von 1990. Derzeit ist er der größte, unbemannte Flügelgleiter der Welt mit einer Spannweite von 61,80 m und einer Tragfläche von 153 m², die fast zur Gänze mit Solarzellen bedeckt ist. Das Fahrzeug wiegt 529 kg und kann eine Nutzlast von bis zu 272 kg auf eine Höhe von 24.380 m befördern.

Die Solarzellen können die 14 1,5-Watt-Motoren tagsüber 14 bis 15 Stunden antreiben. Dazu kommen noch zwei oder drei Stunden Nachtbetrieb mit Hilfe der integrierten Lithium-Akkumulatoren. Die Zielsetzung des ERAST-Programms ist ein durchgehender Betrieb selbst in den Nachtstunden. Der Centurion kann alle möglichen Überwachungsaufgaben ausführen und könnte Informationen für die unterschiedlichsten Zwecke liefern, zum Beispiel im militärischen, metereologischen und biologischen Bereich. Ein denkbares Einsatzgebiet wäre die Überwachung des Wachstums und der Gesundheit von Nutzpflanzen und Wäldern.

✎	*ERAST-Programm der NASA, AeroVironment, Inc., und Dryden Research Center, USA*	304, 306
⚙	*Prototyp, 1999*	
	Kohlenfaser und Grafit-Epoxid-Harze, Kevlar, Solarzellen	284, 341
	• Solarbetriebener Lufttransporter für wissenschaftliche und sonstige Missionen	329

FanWing

Hohe Geschwindigkeiten, Lärm und enorme Ausgaben für Treibstoff sind die Kennzeichen heutiger Flugzeuge mit feststehenden Flügeln. Der FanWing, ein geräuscharmes, langsames, aber Treibstoff sparendes Frachtflugzeug, das fast senkrecht abheben kann, wird derzeit als Prototyp getestet. Die Entwickler sind auf die innovative Idee gekommen, an der gesamten vorderen Kante des Flügels einen großen Rotor anzubringen, der direkt vom Motor angetrieben wird. Wenn der Querstromventilator vorne Luft einzieht und sie über die Hinterkante des Flügels beschleunigt, werden so Auftrieb und Schubkraft zugleich erzeugt. Bei Tests in Windkanälen wurde ein Auftrieb von 15 kg pro PS gemessen. Dies entspricht einer Nutzlastkapazität von 1 bis 1,5 t für eine Maschine mit 100 PS. Darüber hinaus ist die Konstruktion einfach und kostengünstig. Die Flugzeuge sind bestens für ein ökonomisches Luftfrachtsystem mit allen möglichen Einsatzbereichen von Katastrophenhilfe bis hin zu Feuerbekämpfung, Aufklärung oder Verkehrsüberwachung geeignet. Die vorläufigen technischen Daten für eine Passagierversion geben die maximale Flugzeit mit 10 Stunden an.

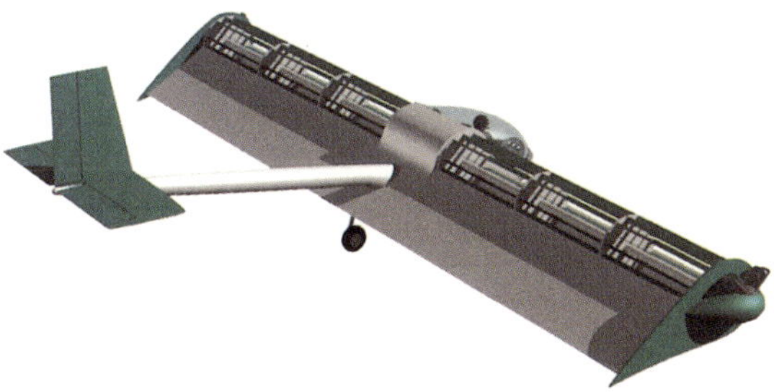

✎	*FanWing, GB/I*	316
⚙	*Prototyp/Modell*	
▬	*Diverse*	341
♻	*• Treibstoff sparend* *• Einfache, kostengünstige Bauweise*	328, 329

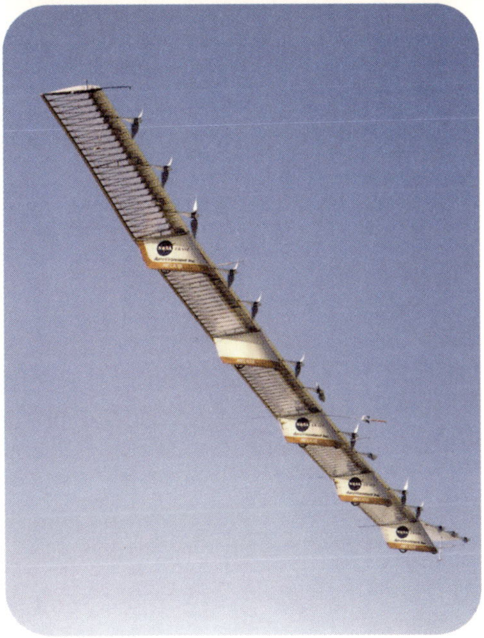

Helios

Helios ist eine größere Version des Centurion-Flügelgleiters. Er hat eine Spannweite von 75 m, das Zweieinhalbfache des Pathfinder, und übertrifft somit sogar die Spannweite einer Boeing 747. AeroVironment hat sich zum Ziel gesetzt, eine durchgehende Flugzeit von 24 Stunden in 30.500 m Höhe und eine durchgehende Flugzeit von 4 Tagen in 15.259 m Höhe zu erreichen. Dabei soll nur Solarenergie zum Einsatz kommen. Das Flugzeug ist ein so genanntes unbemanntes Fluggerät (UAV), das zur Fernerfassung und -aufklärung eingesetzt werden kann. Es verfügt über zahlreiche Funktionen zur Erfassung von Wetter- und Militärdaten.

✎	*NASA, Dryden Research Center, USA, mit AeroVironment, Inc., USA*	304, 306
⚙	*NASA, Dryden Research Center, USA, mit AeroVironment, Inc., USA*	304, 306
▬	*Solarmodule, leichte Materialien und Verbundstoffe*	341
♻	*• Emissionsfrei* *• Erneuerbare Energie*	329

Baby Stingray

Ultraleichte Motorflugzeuge und Hängegleiter sind kein ungewöhnlicher Anblick mehr. Für den Transport von Personen in kleinen, leichten Flugmaschinen bedeutet der Baby Stingray aber einen großen Schritt nach vorn. Er hat nur einen aufblasbaren Flügel mit einer Spannweite von 13 m und einer aerodynamischen, Muskelfasern nachempfundenen Struktur. Interne Luftkammern können einzeln aufgeblasen oder abgelassen werden, so dass sich die Form des Flügels ändert. Auf diese Weise wird das Gefährt gesteuert. Derzeit wird eine größere Passagier-Version getestet.

✎	*Axel Thallemer, Festo Corporate Design, D*	316
⚙	*Prototyp, Festo, D*	316
▬	*Diverse*	341
♻	*• Energie sparend • Verringerte Luftverschmutzung*	329

Trent 700

Die Firmen Rolls Royce, General Electric und Pratt beherrschen den Markt für Flugzeugmotoren. Rolls Royce hat jetzt eine Vorreiterrolle bei der Entwicklung eines Treibstoff sparenden, leichten und kostengünstigen Düsentriebwerks übernommen. Die Gebläseschaufeln bestehen aus Titan. Drei eng beieinander liegende Schichten wurden unter Hitzeeinwirkung zu einer Wabenstruktur verschmolzen. Auf diese Weise wird das Gewicht reduziert. Eine weitere innovative Technologie ist das kontrollierte Abkühlen der geschmolzenen Leichtmetalle, durch das sich alle Moleküle einheitlich ausrichten und zu einem einzigen, extrem harten Kristall vereinigen. Dieser wird für die Turbinenschaufeln verwendet. Der Schmelzpunkt dieses Materials liegt doppelt so hoch wie der normaler kristalliner Metalle. Auch die Drei-Achsen-Konstruktion überzeugt durch vereinfachte Wartung und Aufrüstbarkeit.

✎	*Rolls Royce, GB*	323
⚙	*Rolls Royce, GB*	323
▬	*Diverse*	341
♻	*• Reduzierter Verbrauch fossiler Brennstoffe • Verringerte Luftverschmutzung*	328, 329

Solarshuttle 66 (Helio) und RA82

Die Kopf AG gehört zu den Pionieren bei der Entwicklung solarbetriebener Fähren für Binnengewässer. Der Solarshuttle 66, auch als Helio bekannt, verkehrt seit 1998 zwischen Gaienhofen in Deutschland und Stoeckborn in der Schweiz und zurück. Der Helio hat eine Höchstgeschwindigkeit von 24 km/h und kann bis zu acht Stunden von den 24 Batterien angetrieben werden, ohne sich über die Solarpaneele wieder aufladen zu müssen. Das größere Modell RA82 kann 120 Passagiere befördern. Es ist in Hamburg und Hannover im Einsatz. Die geringen Betriebskosten und minimalen Umweltbelastungen könnten dieses Transportmittel in Städten mit Wasserwegen und in ökologisch gefährdeten Gebieten sehr beliebt machen.

✎	*Dr. Herbert Stark, Kopf AG, D*	310
⚙	*Kopf AG, D*	319
▮	*Edelstahl, Teakholz, Solarzellen, Batterien*	340
♻	*• Emissionsfrei • Solarbetrieben*	329

RA

RA ist ein emissionsfreies, solarbetriebenes Boot, das besonders für Transporte in Süßwasser geeignet ist, da dessen Qualität besonders unter den Schadstoffen konventioneller Diesel- oder Benzinmotoren leidet. Die technisch hochwertige Konstruktion aus burmesischem Teakholz und Edelstahl ist sehr haltbar, wartungsarm und zu 100 % recycelbar. Bei der Beschaffung der Materialien war die internationale Umweltschutzorganisation Greenpeace behilflich. Der solarbetriebene Elektromotor zeichnet sich außerdem durch einen besonders geräuscharmen Betrieb aus, der der Tier- und Pflanzenwelt am und im Wasser zugute kommt.

✎	*Kopf AG, D*	319
⚙	*Kopf AG, D*	319
▮	*Edelstahl, Teakholz, Solarzellen, Batterien*	340
♺	*• Solarbetrieben • Langlebiges Produkt • Emissionsfrei*	329

Treetrunk Bench

Die Firma Droog Design wurde von der Kulturstiftung Dessau Würlitz damit beauftragt, Produkte für das Schloss Oranienbaum und Umgebung zu entwickeln. Das Schloss stammt aus dem 17. Jahrhundert und liegt in einer wirtschaftlich schwachen Region Ostdeutschlands. Mit dieser Bank vermittelt Bey Spaziergängern im Wald ein surrealistisches Erlebnis.

✎	*Jurgen Bey, Droog Design, NL*	304, 306
⚙	*Einzelstücke /limitierte Serie, Droog Design/DMD, NL*	306, 315
▮	*Holz, Bronze*	339
♻	*• Erneuerbare, regionale Materialien • Energiesparende Herst.*	327, 328

De Eurobank

Diese Serie von Sitzgelegenheiten für Außenanlagen und öffentliche Plätze von Baccarne besteht ausschließlich aus recyceltem Kunststoff, einer Mischung aus Polypropylen, Polyvinylchlorid und Polyethylen, die Produktionsabfällen – Abfälle, die beispielsweise einer Fensterrahmen-Fabrik, entstammen.

✎	*Baccarne Design, B*	304
⚙	*Baccarne bvba, B*	313
▮	*Recyceltes Polypropylen, Polyvinylchlorid und Polyethylen*	295
♻	*• Recyceltes Material*	327

Serie Navigator

Die Firma Ecologic produziert eine breite Palette von Möbeln für die Innen- und Außennutzung aus recycelten Kunststoffen und Kunststoff-Verbundstoffen. Die Tischplatten der Navigator-Picknicktische bestehen aus besonders langen Latten, so dass die konventionell fest montierten Bänke Rollstuhlfahrern den Zugang zum Tisch nicht versperren. Der Sockel für die Tischplatten und Bänke besteht aus stabilem, recyceltem Kunststoff. Für die Schlaf- und Wohnzimmermöbel ECO+Plus kommen Massivholz und Environ™ zum Einsatz.

Ecologic, USA	315
Ecologic, USA	315
Recycelter Kunststoff	295
• Recyceltes Material	327

Sofanco

Stein ist ein extrem haltbares, natürliches Material. Oscar Tusquets Blanca hat die Stärke des Materials in seinem Entwurf eingefangen, ihm zugleich aber eine fließende, organische Form verliehen. Dieses Produkt zeichnet sich durch eine lange Lebensdauer aus.

Oscar Tusquets Blanca, E	305
Escofet, E	316
Edelstahl, verstärkter Kunststein	295
• Natürliches, nicht organisches Material	328

Straßenmöbel

Kleine und mittlere Unternehmen stellen zumeist Arbeitskräfte aus der Region ein. Außerdem sind sie ein wichtiger Bestandteil der Möbelindustrie. Typisch für solche Firmen sind Arbeitskräfte mit handwerklichen Fertigkeiten oder Erfahrungen in der maschinellen Produktion limitierter Serien. Ein solches Unternehmen ist Pendlewood im Nordwesten Englands. Es verwendet nur recyceltes, wieder gewonnenes Nutzholz oder Holz aus nachhaltig bewirtschafteten Wäldern.

Pendlewood, GB	322
Pendlewood, GB	322
Harthölzer	339
• Recycelte, wieder gewonnene Hölzer aus nachhaltigen Quellen	327

Öffentliche Sitzgelegenheiten

Das Spritzgussverfahren kommt meistens zur Verarbeitung eines einzelnen Materials zum Einsatz. In diesem Fall wurde aber ein nach spezifischen Vorgaben angefertigter biosynthetischer Verbundstoff benutzt. Dieser lässt erahnen, welche Möglichkeiten in aus pflanzlichen Stoffen und Kunststoffen gemischten Materialien liegen, die Frage nach dem Recycling und/oder der Entsorgung bleibt jedoch offen.

✎	*Danilea Blejer und Saskia Bostelmann, MEX*	305
⚙	*Prototyp*	
▮	*LDPE, Zedernholz-Faserbrei, Polypropylen, Holzmehl*	341
♺	*• Reduzierter Anteil synthetischen Materials*	328

Solarschirm

Mit einem Schwenkmechanismus kann dieser Schirm so eingestellt werden, dass er die Sonnenenergie mit seinen Solarzellen optimal auffängt und maximalen Schatten bietet. Die Akkumulatoren sind in einem Pflanzenkübel untergebracht, der gleichzeitig als Sitzplatz dient.

✎	*Cinzia Abbate für die Energiebehörde Italiens*	304
⚙	*Prototyp*	
▮	*Solarzellen, Akkumulatoren*	340
♺	*• Solarbetriebene, öffentliche Sitzgelegenheit mit Sonnenschirm*	329

Sitz SINE

Ein Holzersatz aus extrudiertem Kunststoff gab den Anstoß für diese innovative öffentliche Sitzgelegenheit, die je nach Bedarf in unterschiedlichen Längen und Krümmungsradien angefertigt werden kann. Der Rahmen aus Gussaluminium ist in zwei verschiedenen Ausführungen, mit und ohne Rückenlehne, erhältlich. Ähnliche Ergebnisse wären mit Hartholz nur zu einem weit höheren Preis zu erzielen.

✎	*V K & C Partnership, GB*	311
⚙	*V K & C Partnership, GB*	311
▮	*Recycelte Kunststoffe, Aluminium*	295
♺	*• Recyceltes und recycelbares Material*	327

Solarbetriebenes Fernsprechgerät

Ein zellularer Sender/Empfänger verbindet diesen Telekommunikationspunkt mit einem Mobilfunknetz. Betrieben mit einem 12-Volt-Akku, der von einem Solarpaneel auf einer Metallstange mit Energie versorgt wird, ist dieses Gerät besonders als Notrufsystem geeignet.

Comarco Wireless Technologies, USA	314
Comarco Wireless Technologies, USA	314
Polykarbonat, Solarzellen, Stahl, Akku	340
• Solarbetrieben	329

ComPoint

Diese Kommunikationseinheiten mit einem Telefon- und Informationssystem können offen an einer Wand oder freistehend mit Überdachung montiert werden. Sie bestehen aus Grundmodulen, die je nach Bedarf eingebaut werden. Alle Komponenten lassen sich zerlegen, reparieren und/oder recyceln. ComPoint kann in geschlossenen Räumen und im Freien eingesetzt werden.

Landmark Design for Public, CH, für Swisscom AG, CH	308
Landmark Design for Public, CH	308
Diverse	341
• Modulares Design • Zerlegbar	328

Epoch

Epoch ist ein langlebiges, widerstandsfähiges Material, dass zu 100 % aus recyceltem HDPE und LDPE besteht. Es weist mit Nutzholz, Metall und Beton vergleichbare Eigenschaften auf. Das Unternehmen EPG fertigt aus Epoch eine umfangreiche Produktpalette von Straßenmöbeln, darunter Bänke, Sitzgelegenheiten, Picknicktische, Pflanzenkübel, Abfalleimer, Zäune, Beschilderungen und Blumenkästen.

Environmental Polymers Group, GB	316
Environmental Polymers Group, GB	316
Epoch (recycelte Kunststoffe)	293
• Recyceltes Material	327

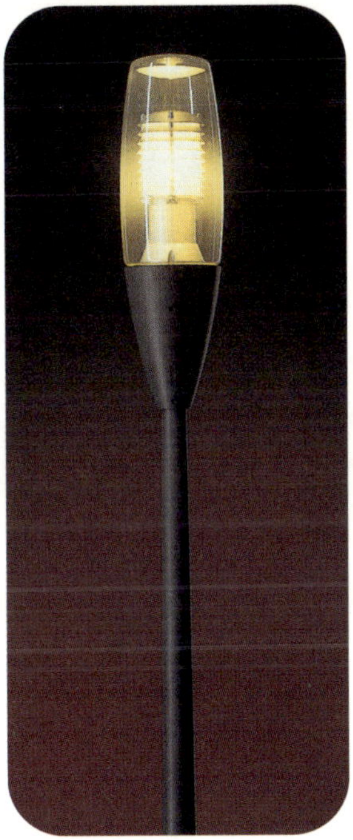

Metronomis

Diese wartungsarme Straßenbeleuchtung wurde von Philips speziell für den Einsatz von Energiesparlampen entwickelt. Die modularen Komponenten sind sehr haltbar und widerstandsfähig gegen vorsätzliche Beschädigung.

✎	*Philips Design, NL*	309
⚙	*Philips Electronics, NL*	322
▮	*Metall, Glas, Lampen*	295
♺	*• Energie sparend* *• Modulares Design* *• Zerlegbar*	328, 329

Nimbus

Ein stabiles Akrylgehäuse enthält einen abgedichteten, wartungsarmen 12-Volt-/115 Ah-Akkumulator und einen Satz monokristalliner Silizium-Solarzellen. Ein Umrichter, eine Ladungskontrolleinheit und ein Dämmerlichtschalter mit Zeitschaltwerk ermöglichen eine äußerst effiziente Nutzung der gespeicherten Energie. Je nach Bedarf können konventionelle Natriumdampf-Niederdrucklampen, Energie sparende Fluoreszenzlampen oder Halogenleuchten eingesetzt werden.

✎	*Solar Solutions (UK), GB*	324
⚙	*Solar Solutions (UK), GB*	324
▮	*Solarzellensatz, verzinkter Stahl, Akryl*	295
♺	*• Solarbetrieben* *• Wartungsarm*	329

Lumalux®

Lumalux® ist die erste Natriumdampf-Hochdrucklampe, die ohne Einsatz von Quecksilber und Blei hergestellt wird. Dadurch wird die Produktion erheblich umweltfreundlicher, und bei der Entsorgung werden weniger giftige Stoffe abgegeben. Nach Schätzungen von Osram Sylvania können mit dieser Außenbeleuchtung jährlich bis zu 150 kg Quecksilber und 14 t Blei eingespart werden. Die Lumalux® Plus-Lampe enthält 90 % weniger Quecksilber als die standardisierte Lumalux®-Lampe, verfügt über einen bleifreien geschweißten Sockel und erfüllt die Vorschriften über die Beseitigung gefährlicher Abfälle.

✎	*Osram Sylvania, D und USA*	310, 321
⚙	*Osram Sylvania, D und USA*	310, 321
▮	*Diverse*	339
♺	*• Geringer Quecksilbergehalt*	328, 329

Street Light F

Der Einsatz von Solarzellen zur Stromerzeugung bietet auch eine gute Gelegenheit, das Design altvertrauter Objekte noch einmal zu überdenken. Bei dieser neuen Generation von Straßenleuchten stand die rechteckige Form des Solargenerators mit 35 Zellen im Mittelpunkt und inspirierte das geradlinige Design des Lichtverteilers aus Polykarbonat. Die Batterien im Sockel des Pfostens können die Leuchtstofflampe sieben Tage mit Energie versorgen, ehe sie wieder aufgeladen werden müssen.

	Roy Fleetwood, GB	306
	YKK Architectural Products, Inc., J	326
	Aluminium, Polykarbonat, Solarzellen	
	• Solarbetrieben	329

Tucan

Mit dieser Leuchte hat die Firma Ecke: Design sich der Herausforderung gestellt, eine Straßenbeleuchtung mit einer erneuerbaren Energiequelle zu entwickeln. Die Tucan-Leuchte vereinigt zwei Funktionen, die Erzeugung elektrischer Energie aus Sonnenlicht und die Lichterzeugung. Mit diesem Design wird die nichts sagende Optik herkömmlicher Straßenlampen überwunden.

	Ecke: Design, D	306
	Uwe Braun GmbH, D	325
	Solarpaneel, Glas, Metall, Akkumulatoren	340
	• Erneuerbare Energiequelle	329

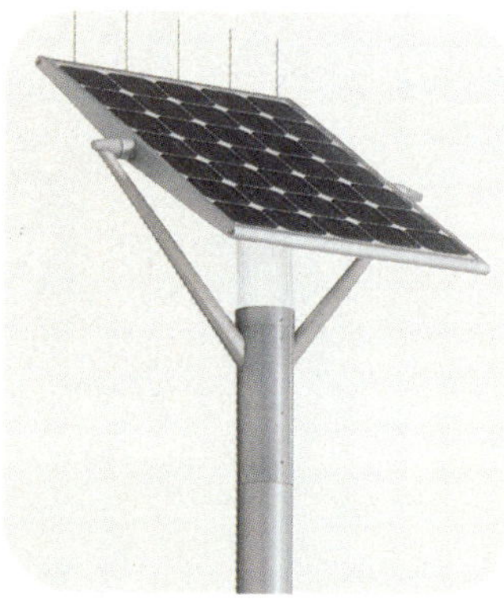

Almere-Billighäuser, Niederlande

Transportbehälter aus Stahl in 12-m-Standardgröße dienen als struktureller Rahmen für die Errichtung dieser kostengünstigen Behausung. Die Wiederverwendung einer industriellen Komponente im Bauwesen ist Teil eines groß angelegten Experiments zur Erweiterung der Funktionen maschinell hergestellter Produkte. Eine Untersuchung des akkumulierten Energieaufwands beim Bau und der Betriebskosten wird klären, ob dieses Konzept wirklich zu einer Verringerung der Umweltbelastung beiträgt.

✎	*Henk Tilder, Architekt, NL*	310
⚙	*Diverse*	
▰	*Transportbehälter*	340
♻	*• Wiederverwendung vorhandener Behälter*	328

BRE, New Environmental Office

Dieses Gebäude, in das mehr als 100 Personen passen, soll 30 % weniger Energie verbrauchen als die derzeit sparsamsten Konstruktionen in Großbritannien. Gekühlt wird es nachts durch eine natürliche automatische Belüftung und durch Grundwasser, das durch die Betonböden und -decken gepumpt wird. Mit einem Energieaufwand von 1 kWh für die Pumpe lässt sich eine Kühlleistung erzielen, die sonst 12-16 kWh erfordern würde. Recyceltes Nutzholz und recycelter Stahl sind die wichtigsten Rohmaterialien. Die thermisch wirksame Masse des Gebäudes, die natürliche Kühlung und ein automatisiertes Überwachungssystem wirken so zusammen, dass sich die klimatischen Bedingungen im Gebäude selbständig regeln.

✎	*Feilden Clegg Architects, Buro Happold, und Max Fordham & Partners, GB*	306
⚙	*Verschiedene Bauunternehmer*	
▰	*Diverse*	340
♻	*• Energie sparend • Verstärkte Nutzung recycelten Materials*	328

Fred

Das Konzept des mobilen Containers ist zwar nicht neu, Fred bereichert es aber um einige zusätzliche Funktionen. Die Raumeinheit hat eine Grundfläche von 3 x 3 Metern, die aber auf 18 m^2 verdoppelt werden kann, wenn die elektronisch gesteuerten Wand- und Deckenelemente ausgefahren werden. Jede Einheit ist, neben einer frei nutzbaren Wohnfläche, mit einer Küche, Toilette und Dusche ausgestattet, muss für deren Nutzung allerdings an die Strom- und Wasserversorgung angeschlossen werden. Eine Wand besteht nur aus Glas und lässt das Tageslicht ein. Die Wände sind gut isoliert, so dass der Energieverbrauch gering bleibt.

	KFN Kaufmann Produkt GmbH, D	308
	Zimmerei Michael Kaufmann, D	308
	Holz, Metall, Glas	295, 339
	• Ressourcen sparender, multifunktionaler Wohnraum • Energie sparend bei Herstellung, Transport und Aufbau	328, 329

Ausstellungshalle

Stellen Sie sich ein Gebäude mit einer Bodenfläche von 3.600 m^2 vor, das nur aus Papier und Pappe besteht. Unmöglich, sagen Sie? Nicht für den Architekten und Designer Shigeru Ban (Japan), der über zwanzig Jahre Erfahrung mit dem Entwurf von Möbeln und Notunterkünften aus diesen Materialien mitbringt. Das Gebäude war erstmals auf der EXPO 2000 in Hannover zu sehen. Damit war es das erste öffentliche Gebäude der Welt mit einem Dach aus Papier- und Plastikgewebe, das, gestützt durch ein Gitterwerk aus Pappröhren, 35 m überspannte. Das Gebäude kann wieder abgebaut und erneut verwendet werden.

	Shigeru Ban, J	304
	Verschiedene Bauunternehmer	
	Papier, Pappe, diverse	288-9
	• Erneuerbares Material • Wieder verwendbar	327, 330

Hope House

Hope House ist Wohngebäude, Büro, Stromgenerator und Freizeitbereich in einem. Die Sonnenenergie wird passiv genutzt. Mit Hilfe von Solarzellen wird Strom erzeugt. Dabei entsteht genug Energie zur Regulierung der Temperatur im Gebäude und zum Betreiben eines Elektroautos (Citroën), das damit 8.500 km p.a. zurücklegen kann. So können 413 t Kohlendioxid p.a. vermieden werden. Die Abhängigkeit von einem Wasserversorgungssystem wird durch die Nutzung von Regenwasser in WC und Waschkeller reduziert. Alles Abwasser wird durch einen Sandfilter geleitet und dann zur Gartenbewässerung verwendet. Das Projekt dient als Vorlage für eine 76 Einheiten umfassende städtische Siedlung, die Peabody Trust plant. Diese Wohltätigkeitsorganisation bemüht sich seit dem Viktorianischen Zeitalter um eine Anhebung der sozialen Standards und der Umweltverträglichkeit städtischer Wohnsiedlungen in GB.

	Bill Dunster Architects, Mark Lovell und Oscar Faber, GB	304
	Diverse	
	Diverse	340
	• Integrierter, Energie sparender Wohn- und Arbeitsraum sowie privates Transportsystem • Wasser sparend	328, 330
	Design Sense Award, 1999	332

Hooke Park Training Centre und Westminster Lodge

Unbehandeltes Rundholz mit einem Durchmesser von 5 bis 25 cm, wie es bei der Auslichtung von Wäldern anfällt, ist das wichtigste Baumaterial für die einzigartige, organische Architektur, die sich die natürlichen Eigenschaften des Holzes zunutze macht. Das Hooke Park Training Centre ist ein großes, freistehendes Dach, in dem Werkstätten des Parnham Trust untergebracht sind. Der Organisation ist ein College angeschlossen, das Unterricht in Möbeldesign mit einem Schwerpunkt auf der Nutzung einheimischer Hölzer anbietet.

✎	*John Makepeace und andere, Hooke Forest (Construction) Lt., GB*	307
⚙	*Hooke Forest (Construction) Ltd, GB*	307
▤	*Rundholz*	339
♻	*• Gebrauch von Holz aus regionalen/lokalen Quellen*	327

SU-SI

Viele denken bei mobilen Häusern oder Wohnwagen an Ferienanlagen und einen ein wenig zweifelhaften Lebensstil. Das gilt jedoch nicht für dieses modulare Wohnsystem des 21. Jahrhunderts, das in wenigen Stunden aufgebaut werden kann, um dann wieder abgebaut und an einem anderen Standort neu errichtet zu werden. Die maschinell produzierten Module im Maß 12,50 x 3,50 x 3,00 m können zusammengesteckt werden. So entsteht ein vielseitiger Raum für Wohn-, Arbeits- und Ausstellungszwecke.

✎	*KFN Kaufmann Produkt GmbH, D*	308
⚙	*Zimmerei Michael Kaufmann, D*	308
▤	*Holz, Metall, Verbundstoffe, Glas*	295, 339
♻	*• Ressourcen sparender, wieder verwendbarer Wohnraum* *• Geringer Energieaufwand bei Fertigung, Transport und Aufbau*	327, 328
✪	*iF Design Award, 2000*	332

The Seawater Greenhouse

Bei diesem Gebäude auf Teneriffa werden Sonne, kaltes Tiefseewasser und Wind eingesetzt, um Süßwasser und kühle Luft zu erzeugen. So kann in dem integrierten Treibhaus Gartenbau betrieben werden. Um das knappe Budget für diesen Auftrag einzuhalten, wurden die Verdampfer aus Wellpappe hergestellt. Durch Kalziumkarbonatablagerungen des Seewassers werden diese auf natürliche Weise verstärkt. Die Kondensatoren bestehen aus Aluminium, der eigentliche Rahmen des Gebäudes aus Stahl. Beide Materialien können recycelt werden. Der Stahlrahmen ist mit recycelbarem Polyethylen beschichtet und trägt zur Stabilisierung des Raumklimas bei. Gebäude sind i.d.R. passive Masse, Energie entsteht nur durch Aktivitäten in ihrem Inneren. In diesem Haus ist jedoch das Gegenteil der Fall, im Inneren würde sich nichts ereignen, wenn es selbst nicht einwandfrei funktioniert. Durchlebt die Architektur so einen Wandel zur Produktivität?

✎	*Charlie Paton, Light Works, GB*	309
⚙	*Diverse Bauunternehmer*	
▮	*Diverse*	341
♺	*• Süßwassererzeugung m. erneuerbarer Energie • Geringe akkumulierte Energie und recycelbares Material*	327, 328, 329
✪	*Erster Platz, Design Sense award, 1999*	332

Solar Office, Duxford International Business Park

In die um 60° geneigte Glasfassade an der Südseite des Gebäudes sind 900 m² Solarzellen integriert. Mit diesem Solarfeld kann eine Spitzenleistung von 73 kWh erzielt werden. Dies entspricht 55.000 kWh im Jahr. Daraus kann ein Drittel bis ein Viertel des erwarteten Energiebedarfs des Gebäudes gedeckt werden. Zu diesem Solarsystem gesellt sich ein natürliches Belüftungssystem aus Luftschächten mit Belüftungsschlitzen. Beide Systeme werden per Computer gesteuert und überwacht. Im Vergleich zu herkömmlichen Bürogebäuden ist mit einem um bis zu zwei Dritteln gesenkten Energieverbrauch zu rechnen.

✎	*Akeler Developments plc, GB*	304
⚙	*Akeler Developments plc, GB*	304
▮	*Diverse, darunter Solar paneele, Überwachungssysteme*	340
♺	*• Energiesparend und -erzeugend*	329

UNHCR Unterkunft

1995 übernahm das Hochkommissariat für Flüchtlinge der UNO diesen Entwurf von Shigeru Ban. Aus 110 wasserfest gemachten Pappröhren entstehen temporäre Unterkünfte. Die einfach zu montierenden Strukturen kamen in Ruanda und, an die lokalen Bedingungen angepasst, nach dem Erdbeben von Kobe zum Einsatz.

✎	*Shigeru Ban, J*	304
⚙	*Vitra AG, CH*	326
▮	*Pappe, wasserabweisende Mittel*	288-9
♻	*• Erneuerbares Material • Geringer Energieaufwand bei Herstellung, Transport, Montage • Wiederverwendb. Geb.*	327, 328

Weobley Schools Sustainable Development

Das Energiemanagementsystem der Weobley Schools dient als Experimentierfeld für nachhaltige Energiesysteme, zu deren Ausweitung eine Behörde in Reaktion auf die lokale Agenda 21 mehrere Initiativen in die Wege geleitet hat. Ein holistischer Ansatz führte zur Entwicklung eines mit Rundhölzern aus gelichtetem Unterholz befeuerten Heißwasserboilers. Die Holzlieferanten werden nach der Wärmeabgabe des von ihnen in Spänen gelieferten Holzes bezahlt, nicht nach der Holzmenge. Dies soll die Qualität der Lieferungen gewährleisten. Die Isolierung entspricht den höchsten technischen Standards: Fußbodenheizung und Klima im Gebäude werden mit computergestützten Systemen überwacht. Hinzu kommen passive Konstruktionsmerkmale wie solare Jalousien, Beleuchtung mit Tageslicht und natürliche Belüftung. Insgesamt betrachtet entsteht aus lokal verfügbaren Ressourcen ein äußerst energieeffizientes öffentliches Gebäude.

✎	*Hereford & Worcester County Council, UK*	307
⚙	*Diverse Bauunternehmer*	
▮	*Biomasse-Brennstoff aus gelichtetem Unterholz*	339
♻	*• Energiebewahrung • Energieerzeugung aus Biomasse*	328

Airtecture

Dieses mobile Gebäude wiegt nur 6 t und lässt sich problemlos auf einen Lieferwagen verladen. Aufgebaut überdacht es eine Fläche von mehr als 357 m². Möglich wird dies durch die Dachkonstruktion aus gekreuzten, aufblasbaren Dachträgern und zwei Reihen aufblasbarer Gabelstützen. Die dünnen Wände mit Luftkammern werden durch pneumatische Muskeln, die sich bei Wind anspannen, gespannt und stabilisiert. Luft dient als wärmedämmendes Material und unterstützt so die Regelung des Raumklimas.

✎	*Festo, D*	316
⚙	*Festo, D*	316
▬	*Diverse*	339
♺	• *Ressourceneinsparungen gegenüber herkömmlichen Bautechniken für Gebäude dieser Größenordnung* • *Wieder verwendbares, mobiles Gebäude mit großer, multifunktionaler Fläche*	327, 329

Projekt Ecover Fabrik, Oostmalle, Belgien

Als Ecover Anfang der 1990er expandierte, musste auch die Fabrikanlage in der Nähe von Antwerpen in Belgien erweitert werden. Mit Hilfe eines von der Universität Eindhoven entwickelten ökologischen Bewertungssystems wurden die umweltschonendsten Materialien für den Bau ausgewählt. Das Bauholz wird aus nachhaltig bewirtschafteten Wäldern bezogen. Als Dämmmaterial kommen Ziegel zum Einsatz, die aus Tonrückständen der Kohlenproduktion bestehen. Ein großes Satteldach aus Rasenziegeln bedeckt das Gebäude mit einer Grundfläche von 5.300 m². Es bietet eine hervorragende Isolierung, fängt Regenwasser auf und die Fabrik fügt sich nahtlos in die Landschaft ein. Getreu der Firmenphilosophie, Wirtschaft mit sozialer Verantwortung und Umweltbewusstsein zu verbinden, wurden bei der Entwicklung der Fabrik auch die Arbeitsbedingungen für die Arbeiter verbessert. Tageslicht dringt durch zahlreiche Oberlichter und den Arbeitern werden solarbetriebene Duschen zur Verfügung gestellt.

✎	*Universität Eindhoven (Bauinitiative Umweltstandards), NL in Zusammenarbeit mit Ecover, B*	311, 315
⚙	*Diverse Bauunternehmer*	
▬	*Diverse natürliche Materialien, Grasziegel, Ziegel aus Tonrückständen*	339
♺	• *Grasziegeldach für Energieeinsparung und Auffangen d. Regenwassers* • *Soweit möglich Einsatz regional erhältl. Materials aus nachhaltiger Bewirtschaftung* • *natürl. Beleuchtung*	327, 329

BedZED Wohnsiedlung

BedZED ist ein Pionierprojekt, eine Anlage mit gemischten Funktionen und Eigentumsverhältnissen, die Wohnräume, Arbeitsplätze und öffentliche Räume umfasst. Gebaut wird sie auf einem Altlastgebiet, dem ehemaligen Standort eines Klärwerks, in Beddington, Sutton, südlich von London. Für das gesamte Projekt wurden strikte ökologische, soziale und finanzielle Vorgaben gemacht. Der Architekt Bill Dunster und die Umweltberater BioRegional haben gemeinsam mit dem Peabody Trust eine holistische Sichtweise der Bedürfnisse der geplanten Gemeinschaft entwickelt. Dazu gehört auch ein „grünes" Transportsystem, das sogar in der Baugenehmigung enthalten ist. BedZED soll den Gesamtverbrauch fossiler Treibstoffe halbieren, da gegenüber herkömmlichen Siedlungen weniger Fahrten zwischen Wohnung und Arbeitsplatz, zum Arzt, zum Einkaufen und zu Freizeitaktivitäten erforderlich sind. Darüber hinaus wird ein hervorragendes Transportnetzwerk entwickelt, bei dem die vorhandenen Züge, Busse und Straßenbahnen um geeignete Abstellmöglichkeiten für Fahrräder, gute Verbindungen auf dem Fußweg und Aufladestellen für Elektrofahrzeuge ergänzt werden. In zehn Jahren soll genug Elektrizität aus Solarenergie produziert werden, um 40 Elektrofahrzeuge zu betreiben. Die 82 Wohnungen und Häuser, die sowohl verkauft als auch vermietet werden, wurden aus ausgewählten natürlichen, erneuerbaren oder recycelten Materialien errichtet. Die Energie sparende Konstruktion der Gebäude beruht auf der passiven Nutzung von Sonnenenergie und einer fortschrittlichen Wärmedämmung mit Dreifachglasfenstern. Die

Wärme und Elektrizität für die Siedlung soll mit einer kombinierten Anlage erzeugt werden, die mit Holzabfällen aus der Siedlung selbst betrieben wird. Außerdem kommen zur Energieerzeugung Solarzellen zum Einsatz. Somit wird dies die erste kohlenstofffreie Siedlung in Europa sein. Aufgefangenes Regenwasser, recyceltes Wasser und Wasser sparende Geräte sollen den Wasserverbrauch in der Anlage um 18 % senken.

Bill Dunster und BioRegional	304
Verschiedene Bauunternehmer	
Diverse, vorzugsweise aus der Region	339
• Kein zusätzlicher Energiebedarf • Kohlenstofffrei • integr. Transportsystem • Wohngebiet f. unterschiedl. soziale Gruppen	328
RIBA Award für das beste nachhaltige Bauprojekt, 2000	333

✎	*K-X Industries, USA*	319
⚙	*K-X Industries, USA*	319
▤	*Holzabfälle, Flugasche, Portlandzement*	339
♻	*• z. T. recyceltes und erneuerbares Material*	327

Faswall®

Wandverschalungen werden mit Stahlbeton ausgefüllt und bilden so eine Pfosten-und-Balken-Struktur. Die Schalungen bestehen aus K-X®, einem Material aus recycelten Holzspänen. Die gesamte Faswall®-Wandstruktur besteht zu 85 % aus K-X®-Aggregat, das mit Portlandzement gebunden wird. Der Flugascheanteil kann bis zu 15 % des Volumens ausmachen. Faswall-Wände haben sehr gute R-Werte (Wärmedämmung) zwischen 18 und 24, sind schalldämpfend und können als Untergrund für Trockenmauern oder direkt aufgetragene Farben verwendet werden. Für die Anfertigung der Zementblöcke werden Standardmaschinen verwendet, so dass die Komponenten für Faswall® lokal hergestellt werden können.

eco-shake®

eco-shake®-Dachschindel bestehen nur aus recyceltem Vinyl und recycelten Zellulosefasern. In vier Farbrichtungen werden verwitterte Shakes aus Holz imitiert. Diese erfüllen strenge Vorgaben für den Feuerwiderstand, die Wind- und Wetterfestigkeit sowie Schlagprüfungen.

✎	*Re-New Wood, USA*	323
⚙	*Re-New Wood, USA*	323
▤	*Recyceltes Holz, recycelte Kunststoffe*	339
♻	*• Recyceltes Material*	327

Criss Cross

Das Pflastersystem Criss Cross bietet eine angenehme Abwechslung von den üblichen rechteckigen Straßenpflastern. Vier verschiedene Steine können in geordneten oder zufälligen Mustern verlegt werden. Die

Glindower Ziegelei brennt die Ziegel in einem Brennofen aus dem Jahr 1870. Durch Abweichungen in den Tonmineralien entstehen unterschiedliche Farben und Texturen.

✎	*Ecke: Design, D*	306
⚙	*Glindower Ziegelei GmbH, D*	317
▣	*Tonmineralien*	295
♻	• *Material aus Geosphäre, ausreich. vorhanden*	327
✪	*iF Design Award, 2000*	332

LockClad Terracotta Rainscreen

Die Regen abweisende Verkleidung aus gebrannten Tonziegeln verbindet Ästhetik und Haltbarkeit des Materials mit der einfachen Montage auf Aluminiumschienen. Gebäudeaußenwände werden so kostengünstig vor den Elementen geschützt. Alle Tonziegel sind fest an der stranggepressten Aluminiumschiene LockRail angebracht, die die britischen und irischen Vorschriften über Windlasten erfüllt. Die sehr wartungsarme, leichte Verkleidung ermöglicht die Anbringung von Dämmmaterial auf der Außenhaut des Gebäudes und trägt zu Energieeinsparungen bei. Die natürliche Belüftung hinter den Tonziegeln und der Sonnenschutz reduzieren die Temperaturschwankungen im Tragwerk.

✎	*Red Bank Manufacturing Company, GB*	323
⚙	*Red Bank Manufacturing Company, GB*	323
▣	*Ton, Aluminium*	295
♻	• *Haltbares, recycelbares Material* • *Reduziert den Energieverbrauch von Gebäuden*	329

Ersgoldbacher Linea

Diese Dachziegel überlappen sich nur sehr wenig, so dass die Materialmenge pro m^3 reduziert, das Verlegen vereinfacht und bei größeren Windstärken eine erhöhte Sicherheit gewährleistet wird. Die Ziegel werden in einem speziellen Sinterbrandverfahren gehärtet und sind für den Einsatz im kommerziellen und privaten Bereich geeignet. Bei Dachneigungen von bis zu 25° sind sie wasserfest.

✎	*Erlus Baustoffwerke AG, D*	316
⚙	*Erlus Baustoffwerke AG, D*	316
▣	*Im Sinterbrandverfahren gehärteter Ton*	295
♻	• *Material der Geosphäre, ausreich. vorhanden* • *Ressourceneinsparungen, gesenkter Energieverbrauch bei Transport*	327, 328
✪	*iF Ecology Design Award, 2000*	332

Majestic Slate

Diese leichten, schieferartigen Ziegel, die jeweils nur 0,5 kg wiegen, bestehen zu 100 % aus recyceltem Gummi, dem Kunststoffe zugesetzt wurden, um die Haltbarkeit zu erhöhen. Die Ziegel können mit einem Messer geschnitten und ganz normal festgenagelt werden. Ihre Biegsamkeit schützt sie vor Beschädigungen.

✎	*Ecostar, USA*	315
⚙	*Ecostar, USA*	315
▮	*Recyceltes Gummi, Polymere*	283, 295
♻	*• Recyceltes Material*	327

Authentic Roof™

Authentic Roof™-Ziegel imitieren natürlichen, verwitterten Schiefer. Sie bestehen zu 100 % aus recyceltem Gummi mit Polymer-Zusätzen, die die Nutzungsdauer verlängern. Verlegt werden sie genauso wie konventionelle Materialien.

✎	*Crowe Building Products, USA*	314
⚙	*Crowe Building Products, USA*	314
▮	*Recyceltes Gummi, Polymere*	283, 295
♻	*• Recyceltes Material*	327

SunPipe

Das Lichtspektrum von natürlichem Tageslicht ist für den Menschen angenehmer als künstliches Licht. Vor allem aber kann es an Arbeitsplätzen Energie sparen. SunPipe transportiert Sonnenlicht vom Dach ins Innere von Gebäuden. Es sind acht verschiedene Versionen erhältlich, die alle nach einem Prinzip funktionieren: Ein universell einsetzbarer Dachaufsatz aus ABS und Akryl trägt eine durchsichtige Dachkuppel mit UV-Schutz aus Polykarbonat. Unterhalb der Haube befindet sich eine Röhre aus Reflectalite 600, einer silberbeschichteten Aluminiumfolie mit einem Reflexionsgrad von 96 %. Vier Röhren mit Standarddurchmessern von 33 bis 60 cm und diverse Kniestücke ermöglichen die Weiterleitung des Lichts an den gewünschten Ort. Für den Einsatz in privaten Gebäuden wird z.Zt. eine Röhre mit einem Durchmesser von 20 cm entwickelt. Eine senkrecht ausgerichtete SunPipe-Röhre mit einem Durchmesser von 33 cm kann bei starker Sonneneinstrahlung im Sommer 890 Lux und bei bedecktem Himmel in gemäßigten Klimazonen 430 Lux liefern. Damit kann ein Bereich von ca. 14 m^3 beleuchtet werden. Wird der Durchmesser verdoppelt, verdoppelt sich in etwa auch die Lichtstärke.

✎	*Terry Payne, Monodraught Ltd, GB*	320
⚙	*Monodraught Ltd, GB*	320
▮	*ABS/Akryl, Polykarbonat, Aluminium*	341
♻	*• Reduzierter Energieverbrauch für die Beleuchtung*	329

Construcel

Seit Jahrtausenden ist eine einfache, massive hohle viereckige Form die Grundlage für das Design von Ziegelsteinen für Bauzwecke. Viereckige Ziegel können zwar zu beeindruckenden architektonischen Strukturen verarbeitet werden, gewölbte Dächer sind ein klassisches Beispiel dafür. I.d.R. herrscht jedoch eine eckige Bauweise vor. Die dreieckigen Polykarbonat-Prismen von Marinho, Construcel, bieten nun einen Ansatzpunkt, die Rolle von Ziegelsteinen in der Architektur zu überdenken. Construcel-Ziegelsteine sind dreieckige Blöcke mit einer offenen Seite, die mit dem jeweils nächsten Stein verzahnt werden. So lassen sich unterschiedliche Gebäudeformen entwickeln. Auch eckige Strukturen sind möglich, die Ziegelsteine sind jedoch besonders für Überdachungen mit sehr weiten Bögen gedacht, z.B. freistehende Überdachungen für Sport- oder Ausstellungshallen, da keine tragende Stahl- oder Betonkonstruktion benötigt

wird. Die Gebäude lassen sich leicht auf- und abbauen, so dass Construcel-Ziegelsteine problemlos wieder verwendet werden können. Sie bieten sich so als Baumaterial für temporäre Gebäude in der Katastrophenhilfe an.

Auch Solarzellen lassen sich leicht in die Außenseite der Ziegel integrieren. Diese innovative Idee muss zwar noch weiterentwickelt werden, sie verfügt jedoch auf jeden Fall über beachtliches Potenzial.

✎	*Reginaldo Marinho, BR*	308
⚙	*Prototyp*	
▤	*Polykarbonat*	295
↻	• *Wieder verwendbare Ziegelsteine* • *Materialeinsparung für tragende Strukturen*	327, 328

Jalousien

Stellen Sie sich einen Raum vor, in dem alle Wände aus Fenstern bestehen und Lichtintensität und -stimmung durch Rolladen aus Holz reguliert werden. Matteo Thun hat diesen „Quiet Room"entwickelt. Die Wand- und Deckenplatten können mit Hilfe von Latten mit elliptischem Querschnitt und einer hellen und einer dunklen Seite reguliert werden. Hellfarbige Hölzer wie z.B. Lindenholz werden mit dunklen Hölzern wie Walnussholz verbunden. Farbige Anstriche werden durch die Ausnutzung des natürlichen Reflexionsvermögens, der Absorptionsfähigkeit und der Farbpalette des Rohmaterials überflüssig.

✎	*Matteo Thun, I*	310
⚙	*Prototyp für das Hi-wood-Projekt des Domus Academy Research Centre, Italien, und des American Hardwoods Export Council, USA*	315
▤	*Harthölzer*	339
↻	• *Erneuerbares Material* • *Regulierung von Sonnenlicht und Sonnenwärme*	327, 329

Parallam®, Timberstrand®, Microllam®

TJM produziert patentierte maschinell gefertigte Nutzhölzer. Diese werden aus Furnier-Spänen oder -blättern gefertigt, mit Klebstoffen oder Harzen gebunden und dann hohem Druck und/oder großer Hitze ausgesetzt. Die Firma stellt drei dieser Nutzhölzer her: Parallam® PSL, Timberstrand® LSL, Microllam® LVL. Dazu kommt ein Deckenträger für Bauzwecke aus Verbundstoffen, Silent Floor®. Nach Angaben von TJM zeichnen sich alle Nutzhölzer durch Stabilität und Widerstandsfähigkeit gegen Risse und Verkrümmungen aus. Zudem können bei der Verwendung von Furnierholz nahezu der gesamte zersägte Baumstamm und auch kleinere Bäume mit geringerem Durchmesser verwendet werden. Verglichen mit Bauholz aus Sägeholz werden so erhebliche Mengen Rohmaterial gespart. Beim Deckenträgersystem Silent Floor® wird z.B. nur ein Baum benötigt, um Mengen zu produzieren, für die normale Deckenträger-/Fußbodensysteme zwei bis drei Bäume benötigen. Für Microllam® LVL können 30 % mehr Holz eines Baumes verwertet werden. Das Material ist zudem stabiler als massives Bauholz, so dass bei gleichem Volumen der doppelte Stützeffekt im Vegleich zu Sägeholz erreicht wird. Allerdings ist für die Produktion dieser Verbundhölzer viel Energie erforderlich. Daher sollte bei jedem Einsatz eine genaue Analyse der akkumulierten Energie von TJM-Hölzern erstellt werden.

✎	*Trus Joist MacMillan (TJM), USA*	325
⚙	*Trus Joist MacMillan (TJM), USA*	325
▬	*Amerikanische Weich- und Harthölzer, wasserfeste Klebstoffe, Polyurethan, Harze*	281, 339
♺	*• Effiziente Materialnutzung*	327

ecoplan/ecoment

Unter dem Produktnamen „Nora“ fertigt die Firma Freudenberg eine breite Palette von Gummifußböden an. Nur „ecoplan“ und „ecoment“ werden zu bis zu 75 % aus Fertigungs- und Montageabfällen hergestellt. Es sind granitähnliche und marmorierte Muster erhältlich. Alle Produkte sind PVC-frei. Auch Weichmacher, Formaldehyde, Asbest, Kadmium und chlorierte Kohlenwasserstoffe werden nicht verwendet. In den Fabriken gelten strikte Abfallrichtlinien. Es werden so wenig Verpackungen wie möglich verwendet und die Arbeitsumgebung ist frei von Emissionen.

✎	*Freudenberg, GB*	317
⚙	*Freudenberg, GB*	317
▬	*Gummi, recyceltes Gummi*	283
♻	• *recyceltes und recycelbares Material* • *Umweltfreundliche Produktion*	327, 328

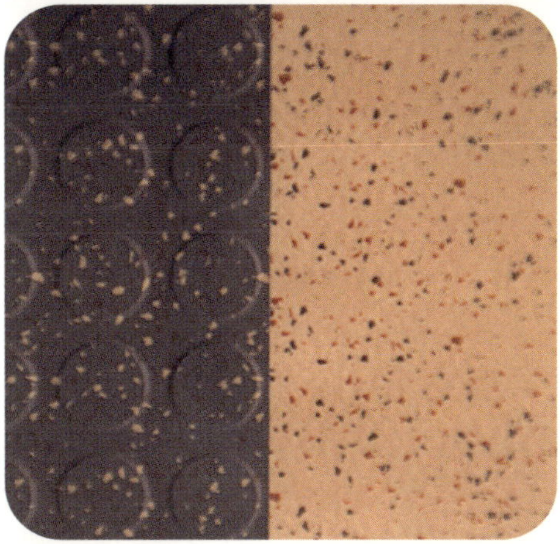

Modena

Diese Veloursteppiche sind in 75 verschiedenen Farben erhältlich. Dennoch werden bei der Produktion nur umweltfreundliche Technologien eingesetzt, die Rohmaterialien dürfen keine schädlichen Substanzen enthalten und die Abfallproduktion liegt ca. 80 % unter der älterer Technologien. Als Teppichbodenrücken wird allergiefreies Texback® verwendet und die Teppiche können mit Hilfe von ecofix®-Klettverschlüssen ohne Klebstoffe verlegt werden.

✎	*Designteam, Hameln, D*	306
⚙	*Vorwerk & Co., Teppichwerke GmbH & Co. KG, D*	326
▬	*Velour, Texback®, ecofix®*	290-1, 300-1
♻	• *Umweltfreundliche Produktion mit reduzierter Abfallentstehung* • *Verlegen ohne Klebstoffe, dadurch vereinfachte Wiederverwendung*	327, 328

Earth Square™

Milliken & Co. produzieren die Earth Square™-Teppichfliesen in einem geschlossenen Kreislauf: Abgenutzte Fliesen werden durch neue ersetzt oder wieder in Form gebracht. Alte Materialien werden der neu gewonnenen Mischung recycelter Fasern wieder zugeführt. Die Earth Square-Fliese war das erste Produkt, das den Evergreen Award der US-amerikanischen General Services Administration, einer mit dem Einkauf von Produkten betrauten Behörde, erhielt.

	Milliken & Co., Carpet Division, USA	320
	Milliken & Co., Carpet Division, USA	320
	Diverse natürliche und synthetische Materialien	339
	• Umweltfreundl. Prod. • z. T. recyceltes Material • Geschl. Prod.-kreislauf	327, 328

Dalsouple

Die Firma Dalsouple produziert standardisierte und maßangefertigte Bodenfliesen aus Gummi, die zu 100 % recycelbar sind. Es steht eine breite Palette von Farben und Oberflächenstrukturen zur Auswahl. Dalsouple-Gummi enthält kein PVC sowie keine chlorierten Fluorkohlenwasserstoffe, Formaldehyde und Weichmacher. Nahezu alle Produktionsabfälle werden in der Fabrik recycelt. Die Abgasemissionen entsprechen den gültigen Vorschriften. Zu den Zulieferern von Dalsouple gehört unter anderem Uzin Adhesives, ein Unternehmen, das wasserbasierte, lösungsmittelfreie Klebstoffe aus Polyurethan und Epoxidharzen fertigt.

	Dalsouple Direct, GB	314
	Dalsouple Direct, GB	314
	Synthetisches und natürliches Gummi	283
	• Recycelbar • Umweltfreundliche, chlorfreie Produktion	327, 328

Evergreen

Als erstes Unternehmen weltweit führte Interface ein System von Büroteppichböden ein, bei dem der Hersteller die Eigentumsrechte am Produkt behält. Wenn das Produkt abgenutzt ist oder ausgebessert werden muss, nimmt die Firma es zurück und repariert oder reinigt es. Schließlich wird es zerhäckselt und zur Produktion neuer Teppichfliesen verwendet.

	Interface, USA	318
	Interface, USA	318
	Diverse	339
	• Wiederverwendung, Recycling • Leasing mit Rücknahme	327, 330

Marmoleum® Real/Fresco

Echtes Linoleum ist ein extrem belastbarer, haltbarer, anti-allergischer Fußbodenbelag, der zu mindestens 30 % aus Leinöl von Flachspflanzen oder ähnlichen erneuerbaren Pflanzenölen besteht. Auch die anderen Inhaltsstoffe wie Kolophonium, Holzmehl und Kalk sind größtenteils natürlicher Herkunft. Unter hohem Druck und starker Hitze wird das Material mit einem Grundgewebe aus Jute (manchmal auch Polyester) verbunden. Forbo-Nairn ist der größte Linoleum-Hersteller in Europa. Das Unternehmen produziert pro Jahr bis zu 25 Mio. m². Marmoleum®-Linoleumböden geben weniger Emissionen und Säurezusätze ab als PVC- oder Teppichböden. Marmoleum® Real ist in 36 Farbrichtungen erhältlich, Marmoleum® Fresco in 12 marmorierten Farbrichtungen.

Forbo-Nairn Ltd, GB	316
Forbo-Nairn Ltd, GB	316
Leinöl, Pinienharz, Holzmehl, Kork, mineralische Füllstoffe, Jute	339
• Erneuerbares sowie reichlich vorhandenes nicht erneuerbares Material • Verringerung von Emissionen und Giftstoffen • Giftstofffrei	327, 329

Papertex

Ein wollartiges Garn aus Holzfasern dient als Kettfaden für die gewobenen Papertex-Teppiche. Das dichte Gewebe ist sehr belastbar, lässt sich leicht reinigen und passt gut zu modernen Einrichtungen im skandinavischen Stil.

Ritva Puotila, FIN	309
Woodnotes Oy, FIN	326
Holz(zellstoff)fasern	339
• Erneuerbares und recycelbares Material	327

Madera®

Die Firma Matrix Composites hat fünf Jahre auf die Entwicklung von Lignasil®, einer Bioverbundstruktur, verwandt. Aus diesem hochverdichteten Wärmedämmstoff werden die festen Madera®-Bodenfliesen hergestellt. Das Material wird aus gereinigten, natürlichen Harthölzern gefertigt, die in einem patentierten Herstellungsprozess gesintert werden. Es lässt sich leicht bearbeiten, ist aber dennoch widerstandsfähig, haltbar, wartungsarm und erfüllt die Normen für die amerikanische Feuerschutzklasse „Class 1",. Außerdem kann es vollständig recycelt werden.

Matrix Composites, Inc., USA	320
Matrix Composites, Inc., USA	320
Lignasil®	279
• Erneuerbares Material • Recycelbar	327

Reykjavik

Dieser Teppichboden von Interface, dem drittgrößten Teppichhersteller weltweit, kann in Büros und im privaten Bereich verlegt werden. Erneuerbare, natürliche Fasern werden mit einem synthetischen Material vermischt.

Interface, Inc., USA	318
Interface, Inc., USA/ Interface Europe - Asia Pacific, GB	318
Diverse	339
• Recycelte und erneuerbare Komponenten	327

Papier Teppich 2000

Dieser glänzende, schwarze Teppich besteht aus einer raffinierten Mischung natürlicher Materialien. Die Abnutzungsfläche ist dicht, haltbar und barfuß ebenso wie mit Schuhwerk ein angenehmer Untergrund. Säurefreies Papier wird mit Hanffasern verstärkt und natürliche Wachse geben der Oberfläche Glanz. Das einfache, natürliche Design wird auch auf den Musterkoffer aus recycelter, neubedruckter Pappe übertragen.

Hugo Zumbuhl und Peter Birsfelder, Teppich-art-Team, CH	310
Anstalten Thorberg, CH	312
Papier, Hanf, Naturwachs	288-9
• Erneuerbares, haltbares Material	327

PLYBOO®

Das Grundmaterial für alle Produkte dieses Unternehmens sind extrem haltbare Bambusstreifen mit einer Länge von 0,5 x 1,9 x 183 cm. Diese Streifen können je nach Bedarf gebogen, gewoben, laminiert und dann zu Bodenbelägen, Innenausstattung oder Möbeln verarbeitet werden. Es sind vier-, zwei- und einlagige Laminate erhältlich.

Smith & Fong Company, USA	324
Smith & Fong Company, USA	324
Bambus, Klebstoff	281, 287, 299
• Erneuerbares Material	327

Colorette, Linorette, Linodur, Marmorette, Uni Walton

Das vielfältige Angebot an Linoleumprodukten ist aus natürlichen Materialien wie Leinöl und Mineralien, z.B. Kalk, gefertigt und durch Hitze- und Druckeinwirkung mit einem Grundgewebe aus Jute oder Hanf verbunden.

	Armstrong World Industries, Inc., USA	312
	Armstrong World Industries, Inc., USA	312
	Leinöl, Flachs, Pinienharz, Holzmehl, Kork, mineralische Füllstoffe	339
	• Erneuerbares Material • Materialien d. Geosphäre, reichlich vorhanden	327

Silencio 6

Diese 6 mm dicke Faserplatte wird zu 100 % aus Fasern von Weichholzabfällen gefertigt. Dieses Material ist hervorragend zur Dämpfung von Körperschall und als isolierende Unterlage unter Holz- oder Laminatfußböden geeignet.

	Hunton Fiber (GB), GB	318
	Hunton Fiber (GB), GB	318
	Recycelte Weichholzfasern	339
	• Abfallvermeidung • Recyceltes, recycelbares Material	327, 328

Stratica

Stratica ist ein laminierter Fußbodenbelag mit einer robusten, haltbaren Abnutzungsschicht aus chlorfreier Ionomerfolie, DuPont Surlyn®, einer bedruckten Schicht, einer Rückenschicht für diese Schicht sowie einer weiteren unteren Schicht. Surlyn® wird auch für die Oberfläche von Golfbällen verwendet. Stratica ist ein biegsames Material, das ohne Weichmacher und flüchtige organische Verbindungen (FOV) auskommt. Beim Bedrucken können mehr als 45 natürliche Oberflächen von Stein über Marmor, Granit und Terrazzo bis hin zu Holz imitiert werden. Dem stehen mehr als 20 einfarbige Designs zur Auswahl. Das Material ist sehr abriebfest und so bleiben die Wartungskosten niedrig. Die ISO 14001-Zertifizierung zeigt, dass Recycling von Haushaltsabfällen, Umweltschutz und Energie sparende Produktion Priorität in dieser Firma haben.

	The Amtico Company, GB	312
	The Amtico Company, GB	312
	DuPont Surlyn®, mit Mineralien angereichertes Polyethylen-Mischpolymer	295
	• Umweltfreundliche Produktion	328

Super Duralay

In der neuen Duralay-Fabrik werden jede Woche mehr als 60.000 gebrauchte Autoreifen zu Gummimehl für Unterlagen von Teppich- und Holzfußböden verarbeitet. Super Duralay ist für starke Beanspruchungen im privaten Bereich geeignet, andere Qualitäten können in der Bauindustrie eingesetzt werden. Bacloc, ein Grundgewebe aus Papier- und Synthetikfäden, verleiht der Unterlage zusätzliche Stabilität.

✎	*Duralay, GB*	
⚙	*Duralay, GB*	
▮	*Recycelte Reifen, Latex, Bacloc oder Polyjute*	283
♺	*• Recyltes Material* *• Platzeinsparung auf Mülldeponien*	327, 330

Underwood

Eine 3 mm dicke Furnierschicht wird mit einer thermoplastischen Verschalung verbunden, in der sich Kanäle für die Installation von Wasser- und Stromleitungen sowie ein System zum Zusammensetzen der einzelnen Blöcke verbergen. Dieser Bodenbelag ist funktionaler als herkömmliche Hartholz- oder Parkettfußböden, verbraucht nur wenig Furnier und kann maßangefertigt werden. Das System wäre noch überzeugender, wenn recycelte Thermoplasten verwendet würden.

✎	*Marc Sadler*	310
⚙	*Prototyp für das Hi-wood-Projekt des Domus Academy Research Centre, Italien, und des American Hardwoods Export Council, USA*	306
▮	*Hartholzfurnier, Thermoplasten*	339
♺	*• Modulares System* *• Reduzierter Hartholzverbrauch*	327, 328

Smart Deck

Zur Fertigung dieses Bohlenbelags wird ein Verbundstoff aus Eichenholzfasern und Polyethylen mit Schäummitteln und Zusatzstoffen verwendet. Mehr als 90 % des Materials (nach Gewicht) wurden recycelt. Es ist sehr feuchtigkeitsabweisend und haltbar, verwittert wie normales Holz, kann aber nicht verfaulen.

✎	*SmartDeck Systems, USA*	324
⚙	*SmartDeck Systems/US Plastic Lumber, USA*	324, 325
▮	*Verbundholz*	339
♺	*• Recyceltes Material*	327

CUADRO

Eine auch ästhetisch ansprechende Konstruktion verbindet die Funktion eines Dachbelags mit der eines Solarkollektors und ermöglicht so erhebliche Materialeinsparungen gegenüber konventionellen Solaranlagen, die über vorhandene Dachbeläge montiert werden. Das Gehäuse besteht aus pressgeformtem, vollständig recycelfähigem Cigelit®.

✎	*AstroPower, USA*	312
⚙	*AstroPower, USA*	312
▬	*Recyceltes Silizium, Aluminium*	295
♻	*• Solarstromgenerator* *• Recycelte Materialien*	327, 329

Aquair 100, Aquair U. W.

Die Wasserturbine Aquair 100 kann von einem Segelboot ins Schlepptau genommen werden. Aquair U.W. wird nicht selbst bewegt, sondern in Wasserströmungen montiert. Bei einer Geschwindigkeit von 6 Knoten (3 m/Sekunde) erzeugt Aquair U.W. 6 Ampere mit einer Spannung von 12 Volt, Aquair 100 produziert 5 Ampere. Haltbare, für den Einsatz unter Wasser geeignete Materialien halten den Wartungsaufwand für die Turbine äußerst gering. In einer schnellen Strömung kann Aquair U.W. bis zu 2,4 kW pro Tag erzeugen.

✎	*Ampair Ltd, GB*	312
⚙	*Ampair Ltd, GB*	312
▬	*Wasserresistente Metalle und Kunststoffe*	295
♻	*• Wasserbetriebene Stromgeneratoren*	329, 330

Rutland 913 Windcharger

Dieser Windgenerator mit einem Gewicht von nur 13 kg kann auf eine 20-jährige Geschichte zurückblicken. Bei unterschiedlichsten Klimabedingungen nützt er Seglern und Wissenschaftlern ebenso wie bei militärischen Operationen und Telekommunikationsprojekten. Schon ab Geschwindigkeiten von 5 Knoten (9,26 km/h) wird Elektrizität im Dauerbetrieb erzeugt. Die Materialien sind ISO 9001-zertifiziert.

✎	*Marlec Engineering Company, GB*	320
⚙	*Marlec Engineering Company, GB*	320
▬	*Edeltahl/Aluminium, glasfaserverstärktes Polymer*	295
♻	*• Erneuerbare Windenergie*	329

AstroPower

Recycelte Siliziumscheiben aus der Halbleiterindustrie werden zu monokristallinen Solarzellen verarbeitet. Der akkumulierte Energieaufwand dieser Zellen ist sehr niedrig, zugleich sind sie aber äußerst effektive Energiewandler. Montiert werden sie auf Aluminiumrahmen, die auch auf Standard-Systeme passen.

	AstroPower, USA	312
	AstroPower, USA	312
	Recyceltes Silizium, Aluminium	295
	• Solarstromgenerator • Recyceltes Material	327, 329

Furlmatic 1803

Dieser dreiphasige Wechselstromgenerator erzeugt bei Windgeschwindigkeiten von 10 m/sek (35 km/h) eine Leistung von 340 Watt, bei sehr niedrigen Windgeschwindigkeiten produziert er schon ab 3 m/sek Elektrizität. Seine Leistung reicht aus, um Wohnhäuser mit Licht zu versorgen oder die Systeme abgelegener Anlagen zu betreiben. Automatisch schaltet sich der Generator bei sehr starken Windgeschwindigkeiten von 15 m/sek und mehr ab, um Beschädigungen zu vermeiden. Der Leistungssteller ist in 12- oder 24-Volt-Ausführung erhältlich. Die dreiflügelige Turbine mit einem Durchmesser von 1,87 m wird auf einen sehr kleinen, 6,50 m hohen Mast montiert. Alle Komponenten werden in einer der ISO 9001-Norm entsprechenden Fabrik hergestellt.

	Marlec Engineering Company, GB	320
	Marlec Engineering Company, GB	320
	Stahl, Aluminium, verstärkter Kunststoff (GFK)	295, 341
	• Erneuerbare Windenergie	329

Farm 2000 „HT" Kessel

Runde oder rechteckige Strohballen von 1 t Gewicht, Holzspäne, Pappe und andere brennbare Abfälle können in diesen Hochtemperatur-Heizkesseln verarbeitet werden. Die Wärmeleistung liegt je nach Heizkessel zwischen 20 und 300 kW, die Kosten betragen nur 25 bis 33 % der Kosten vergleichbarer, mit Kerosin oder Erdgas betriebener Anlagen. Ein Abgasbogen sorgt dafür, dass die Gase vollständig verbrannt werden und kaum Emissionen abgegeben werden. Einjährige oder im Fruchtwechsel angebaute Getreidearten absorbieren das bei der Verbrennung freigesetzte Kohlendioxid. Der Treibhauseffekt wird durch diese Art der Energieerzeugung nicht beeinflusst, da der Gesamtzyklus neutral ist.

	Teisen Products, GB	324
	Teisen Products, GB	324
	Stahl	295
	• Kohlendioxidneutrales Heizsystem • Lokal verfügbare biologische Brennstoffe	328, 329

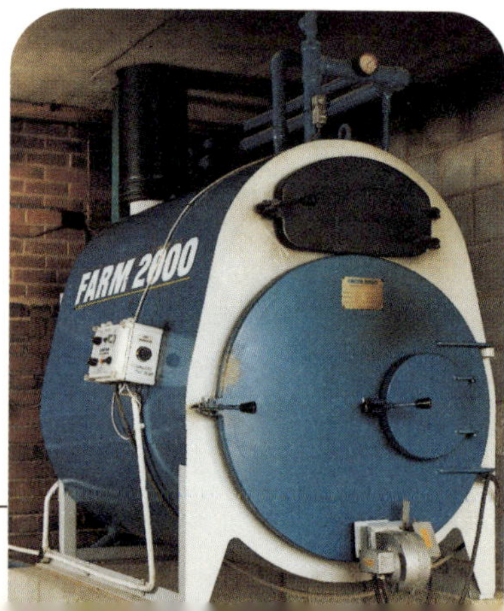

Filsol-Solarkollektor

In gemäßigten Klimazonen kann die Energie für Warmwasserheizungen in Gebäuden ohne weiteres zum Teil durch Solarkollektoren zur Verfügung gestellt werden. Kollektoren aus Akryl fangen das Sonnenlicht auf und leiten 89 % des einfallenden Lichts an die Absorberplatte „Stamax" aus spezialbeschichtetem Edelstahl weiter. Auf diese Weise wird die Platte erhitzt. Farblose Chrom-, Nickel- und Eisenoxide ermöglichen einen Absorptionsgrad von 0,93 der einfallenden Energie. Kanäle in der Absorptionsplatte enthalten eine wässrige Mischung Gefrierschutzmittel, an die die Energie übertragen wird. Die erhitzte Flüssigkeit wird in den Heißwasserbehälter gepumpt, sobald ihre Temperatur die des darin enthaltenen Wassers übersteigt, und gibt dort Wärme ab.

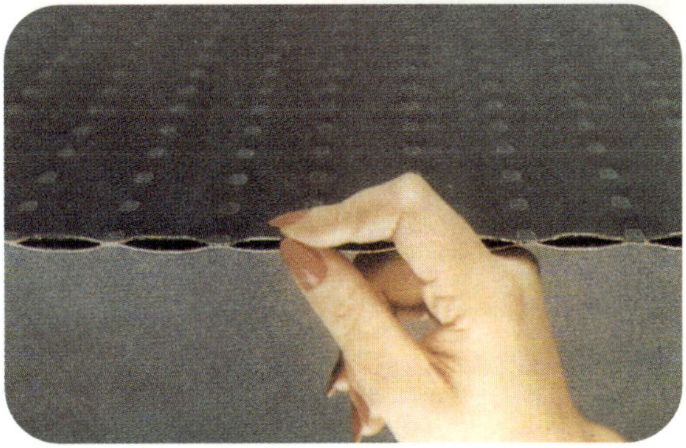

✎	*Filsol, GB*	316
⚙	*Filsol, GB*	316
▮	*Edelstahl, Aluminium, Legierungen, Akryl, Poly-Isocyanoratschaum*	295
↻	*• Energie sparende Warmwasserheizung*	329

Enercon E-66

Bei der Entwicklung der Enercon E-66-Windgeneratoren kamen Technologien aus der Luftfahrt zum Einsatz. Der Mast der 100 m hohen Anlage verjüngt sich und ermöglicht so eine bessere Verteilung der Last. Die Spitzen der Rotorflügel sind gebogen, um Turbulenzen und Geräusche zu reduzieren. Es wird 20 Jahre dauern, bis sich die Investition von ca. 7,5 Millionen Mark pro Anlage rentabilitiert und „kostenlose" Energie erzeugt. Da eine Anlage 1.200 Haushalte mit Strom versorgen kann und die EU sich verpflichtet hat, die Energieerzeugung aus erneuerbaren Quellen bis zum Jahr 2010 auf 10 % der gesamten Energieerzeugung zu erhöhen, könnten diese Generatoren bald zum normalen Landschaftsbild gehören.

✎	*Foster & Partners, GB*	306
⚙	*Prototyp*	
▮	*Diverse*	339
↻	*• Strom aus erneuerbarer Windenergie*	329

NSS (Non-Stop Shoes)

Im Sport werden menschliche Aktivitäten schon immer in Energie umgesetzt. Kann aber Energie aus Alltagsaktivitäten für den Betrieb elektrischer Geräte genutzt werden? Nach Ansicht von Emili Padrós entsteht selbst beim Gehen nutzbare Energie, die in Elektrizität umgewandelt und zum Betrieb von Lampen und Radios verwendet werden könnte. Wenn die Technologie zur Erzeugung und Speicherung von Energie weiterentwickelt wird, wird die Rolle von Schuhen möglicherweise völlig neu definiert.

✎	*Emili Padrós, Barcelona, E*	309
⚙	*Konzeptioneller Entwurf*	
▮	*Diverse, Akkumulator*	339
♺	*• Erneuerbare Energiequelle (Muskelkraft)*	329

GFX

Die Wärme von Haushaltsabwassern lässt sich zurückgewinnen und zur Erhitzung des kalten Wassers verwenden, das dem Warmwasserbehälter neu zugeführt wird. GFX besteht aus einem isolierten Spiralschlauch aus Kupfer, durch den kaltes Wasser geleitet wird. Dieser Kontakt berührt den Wärmetauscher mit Rieselfilm, durch den das

heiße Abwasser nach unten fließt. Mit diesem System können pro Dusche bis zu 2 kW gespart werden.

✎	*WaterFilm Energy, USA*	326
⚙	*WaterFilm Energy, USA*	326
▮	*Kupfer, Dämmmaterial*	295
♺	*• Energieerhaltung*	329

Tastaturgenerator

Wenn Laptops nicht mit Netzstrom betrieben werden, verbrauchen sie schnell die gespeicherte Energie. Die bei normaler Benutzung der Tastatur entstehenden Bewegungen könnten Strom erzeugen, mit dem der Akku wieder aufgeladen wird. An jeder Taste ist ein Magnet befestigt, der sich bei Tastendruck über eine Metallspule bewegt und so Strom erzeugt. Diese patentierte Technologie könnte leichtere Laptops ermöglichen und die Lebensspanne des Akkus erheblich verlängern.

✎	*Adrian Crisan, Compaq, USA*	314
⚙	*Prototyp, Compaq, USA*	314
▮	*Kunststoffe, Drahtspule, Akkumulator, Elektronik*	295
♺	*• Muskelkraftbetrieben*	329

Logamax plus GB112-19 (Linea)

Dieser gasbetriebene Wandheizkessel liefert 9,6 bis 19,1 kW Strom. Ein effizienter Keramikbrenner sorgt für eine vollständige Verbrennung und somit für Emissionswerte, die weit unterhalb der Grenzwerte für das deutsche Umweltkennzeichen „Blauer Engel" liegen.

✎	*Buderus Heiztechnik GmbH, D*	313
⚙	*Buderus Heiztechnik GmbH, D*	313
▮	*Stahl, diverse Metalle, Aluminium-Silizium-Legierung, Keramik (Brenner)*	295
♲	*• Energie sparend • Label „Blauer Engel"*	329

Logano G124

Dieser freistehende Heizkessel liefert 9 bis 34 kW Strom und kann somit eine oder mehrere Wohnungen heizen. Der effiziente Keramikbrenner sorgt für eine vollständige Verbrennung des Erd- oder Flüssiggases und somit für reduzierte Distickstoffoxid- und Kohlenmonoxidemissionen, die noch unter den Grenzwerten für das deutsche Umweltkennzeichen „Blauer Engel" liegen.

✎	*Buderus Heiztechnik GmbH, D*	313
⚙	*Buderus Heiztechnik GmbH, D*	313
▮	*Gusseisen, diverse Metalle, Aluminium-Silizium-Legierung, Keramik (Brenner)*	295
♲	*• Energiesparend • Label „Blauer Engel"*	329

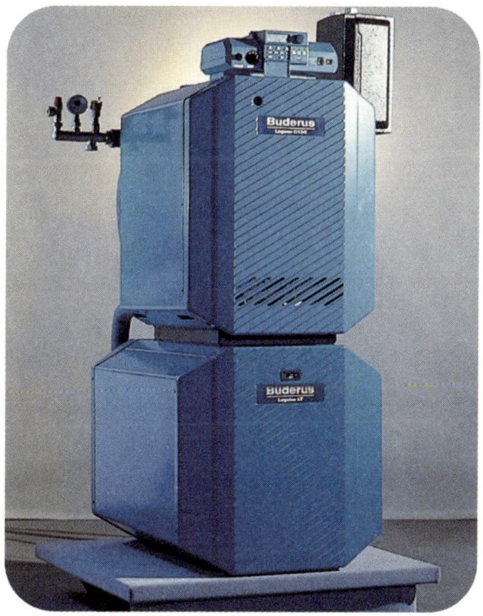

NSD (Non-Stop Doors)

Jeden Tag führen wir zahlreiche wiederholte Bewegungen aus, für die Energie verbraucht wird. In einigen Fällen kann diese Energie gespeichert und später genutzt werden. In öffentlichen Gebäuden werden Türen unzählige Male geöffnet. Die dafür verwandte Muskelkraft wird in Energie umgewandelt, gespeichert und zur Beleuchtung des Türrahmens eingesetzt. So wird jeder Mensch zu einem „Stromgenerator", da die primäre Energie aus Lebensmitteln recycelt wird. Der besondere Vorteil liegt jedoch darin, dass für die Erzeugung erneuerbarer Energie keine gewohnten Verhaltensweisen geändert werden müssen.

✎	*Emili Padrós, Barcelona, F*	309
⚙	*Konzeptioneller Entwurf*	
▮	*Diverse, Akkumulator*	339
♲	*• Erneuerbare Energiequelle (Muskelkraft)*	329

Multibrid Windturbine

Diese Windturbine wurde speziell für den Offshore-Betrieb bei hohen Windgeschwindigkeiten und stark salzhaltiger Luft entwickelt: Alle Komponenten wurden wasserdicht versiegelt. Ein besonders wichtiger Aspekt dieser Konstruktion ist die langsame Drehbewegung, die in den ersten drei Jahren einen wartungsfreien Betrieb ermöglicht. Dieses Windrad mit Rotorblättern von 50 m Spannweite zeichnet sich durch Innovation und eine sehr gute Aerodynamik aus.

✎	*Bartsch Design Industrial Design Gbr, D*	304
⚙	*aerodyn Energiesysteme GmbH, D*	312
▰	*Diverse*	340
♻	*• Erneuerbare Energiequelle*	329

Paradigma CPC Star

Dieser modulare Solarkollektor lässt sich leicht in die einzelnen Komponenten zerlegen und kann so vollständig recycelt werden. Der Materialverbrauch ist sehr gering gehalten. So entsteht ein leichtes Gerät, das auch bei schwacher Sonneneinstrahlung und Umgebungstemperaturen unter dem Gefrierpunkt äußerst effizient arbeitet.

✎	*Büro für Produktgestaltung, D*	305
⚙	*Ritter Energie- und Umwelttechnik GmbH KG, D*	323
▰	*Aluminium, Glas*	295
♻	*• Zerleg- und recycelbar*	328
✪	*iF Ecology Design Award, 2000*	332

POWER Cell

Diese Solarzellen von Sunway wandeln mehr als 16 % des einfallenden Sonnenlichts in Elektrizität um. Im Vergleich zu herkömmlichen Solarzellen ist dies ein äußerst effizientes Verhältnis. Es sind verschiedene POWER Cell-Modelle erhältlich, darunter auch eine Variante mit einer Transparenz von bis zu 30 %. Es wird weißes Licht übertragen, die Zellen selbst sind jedoch in verschiedenen Farben erhältlich, die in einem speziellen Texturierungsprozess ohne den Einsatz von Chemikalien erzeugt werden. So können Solarzellen jetzt auch als Fenster und Oberlichter montiert werden, wodurch die Baukosten sinken.

✎	*Roland Burkhardt, Sunways, D*	305
⚙	*Sunways, D*	324
	Polykristalline Siliziumscheiben	295
	• *Zweifache Funktion als Solarstromgenerator und Fenster*	328, 329

Solar Homes Systems

Indonesien ist eine Inselgruppe mit mehr als 13.000 einzelnen Inseln. Eine landesweite Stromversorgung durch herkömmliche Überlandnetze ist somit nicht möglich. 1988 wurde das Konzept Solar Homes Systems entwickelt. Dabei handelt es sich um kostengünstige Solargeneratoren, die pro Tag bis zu 250 Watt Strom erzeugen. Hessels hat eine speziell für dieses System geeignete Beleuchtung sowie einen Fernsehtisch mit Halterung für den Akku entwickelt. Die Lampu Lita-Hängeleuchten bestehen aus Kunststoff. Ein Ratenkauf mit monatlichen Zahlungen ist möglich.

	Paul Hessels	
	PT Sudimar Energi Surya, Indonesien	321
	Diverse Kunststoffe, Solarzellen	295
	• Kostengünstiges Solarsystem für abgelegene Haushalte	329

Solar Shingle-SHR-17

Wieso sollte man umständlich ein Solarpaneel über einem vorhandenen Dachbelag montieren, wenn der Schutz vor Wettereinflüssen und die Energieerzeugung doch von einem einzigen Produkt übernommen werden können? Mit dem Solar Shingle ist dies möglich. Die 2 m langen und 30 cm breiten Solarpaneele werden einfach an der Grundstruktur des Dachs festgenagelt. Dachschindel und -ziegel werden jetzt nicht mehr benötigt. Die Paneele sind in Abschnitte von 12 x 30 cm unterteilt, so dass optisch der Eindruck eines traditionellen Dachbelags entsteht.

	Uni-Solar, USA	325
	Uni-Solar, USA	325
	Solarzellen, Tefzel-Glasierung, Grundstruktur aus Edelstahl	295
	• Erzeugung von Solarenergie *• Verringerter Verbrauch von Baumaterialien*	328, 329

Solar Moon, tragbare Energieeinheit

Der Deckel dieser Aktentasche ist ein Solarpaneel, mit dem AA-Akkus aufgeladen werden. Diese versorgen die Geräte im Inneren des Koffers – ein Radio, eine Taschenlampe und eine Notleuchte – mit Strom. Auch eine effiziente 10-Watt-Lampe gehört zur Ausstattung dieses Koffers.

	MSK Corporation, J	320
	MSK Corporation, J	320
	Solarzellen, Metall, Akkus, Leiterplatten	295
	• Solarenergie	329

Tedlar™ laminate

BP Solarex ist der weltweit größte Hersteller von Solarzellen und -folien. Das Unternehmen hat das Solarhaus G8 entwickelt, um die Effizienz von solarbetriebenen Niedrigenergiehäusern und -büros zu zeigen. Ein gebogenes Solarfeld aus 176 Folienmodulen ist an einen 240-Volt-Umrichter angeschlossen. Auf diese Weise können bis zu vier energieeffiziente Häuser mit Strom versorgt werden. BP Solarex stellt unterschiedliche Produkte aus dem Bereich der Photovoltaik her, beispielsweise mit Siebdrucktechnik produzierte Zellen, die 12 bis 14 % des Lichts in elektrische Energie umwandeln können, oder hocheffiziente LGBG-Zellen (Laser Grooved Buried Grid; Lasergeriffeltes verborgenes Raster). Bei dieser Technik wird ein sehr feines Kupferraster in die Siliziumscheibe geätzt. Hierdurch wird die Effizienz um bis zu 20 % gesteigert. Bei der Siliziumdünnschichttechnik wird amorphes Silizium mit einer Stärke von 0,002 mm an Stelle von kristallinem Silizium verwendet. Die Dünnschichtzellen sind zwar nicht so effizient wie herkömmliche Zellen, dies wird jedoch bei einer Massenproduktion durch die niedrigen Kosten wieder ausgeglichen. Außerdem stellt BP Solarex photovoltaische Module aus Tedlar™-Spezialfolie her. Bei dieser Folie kann die Dichte der Solarzellen pro Quadratmeter den jeweiligen baulichen Bedingungen entsprechend angepasst werden.

	BP Solarex, weltweit	313
	BP Solarex, weltweit	313
	Silizium, Halbleiter, Kupfer, Glas	295
	• Zweifache Funktion: solare Stromerzeugung und Verglasung	328, 329

Solarbetriebene Service Station Canopy

Die meisten Tankstellen verfügen über Schutzdächer, damit ihre Kunden nicht dem Regen ausgesetzt sind. Die Firma BP Amoco plc verfolgt langfristig das Ziel, zu einem umweltfreundlichen, verantwortungsvollen Energielieferanten zu werden. Im Rahmen dieser Strategie wurden spezielle Solarfelder entwickelt, die auf Schutzdächern montiert werden können und ausreichend Energie liefern, um die Treibstoffpumpen und andere Anlagen mit Strom zu versorgen. Bald werden alle neuen Tankstellen mit dieser energieneutralen Konstruktion ausgestattet sein.

	BP Amoco, GB	313
	BP Amoco, GB	313
	Solarpaneele	339
	• Energieneutraler Betrieb einer spezialisierten Anlage	328

Solar-Dachziegel

Die Solar-Dachziegel haben ähnliche Maße wie herkömmliche Dachziegel oder -schindeln und können an Stelle konventioneller Solarpaneele montiert werden. So wird in einem Arbeitsgang der Dachbelag erneuert und ein solarbetriebener Stromgenerator installiert. Solarziegel sind spezielle Solarzellen, die an ein Akkumulatorsystem oder an das lokale Versorgungssystem angeschlossen werden. Ein Haus mit Sonnenterasse, dessen Dach vollständig mit Solarziegeln gedeckt wurde, könnte an einem Tag unter englischen Wetterbedingungen genug Energie erzeugen, um 800 Mal Brot zu toasten und 350 Tassen Tee zu kochen. So können Hausbesitzer zu Energieversorgern werden, auch wenn diese Investition sehr langfristig gesehen werden muss.

✎	*Solar Century, GB*	310
⚙	*Uni-Solar, USA*	325
▤	*Spezielle Solarpaneele*	339
♻	*• Multifunktional • Solarbetrieben*	329

Thermomax®

Flache Solarkollektoren weisen bei Betriebstemperaturen von 20°C eine Effizienz von 60 % auf. Diese fällt auf 40 %, wenn sich die Betriebstemperatur verdoppelt. Solarkollektoren auf Vakuumröhren behalten jedoch selbst bei Temperaturen von 80°C eine Effizienz von 60 % bei. In einer Vakuum-Glasröhre befindet sich eine Absorberplatte aus Halbleitermaterial. Ein mit einer Spezialflüssigkeit gefülltes Heizrohr berührt die Absorberplatte. Durch die Sonnenwärme verdampft die Flüssigkeit und der Dampf steigt nach oben zum Kondensator. Zwischen dem Rohr und dem Kühler befindet sich eine Feder aus Formgedächtnismetall, die die Wärmeübertragung durch das Rohr begrenzt, sobald eine zuvor festgelegte Temperatur erreicht wird. Auf diese Weise wird eine Überhitzung vermieden. Der Kühler ist von fließendem Wasser umgeben, das die Hitze absorbiert. Selbst an bewölkten Tagen wird die Energie effizient umgewandelt, so dass der Effizienzgrad auf ein Jahr gerechnet bei über 70 % liegt. Damit können die Heizkosten eines Durchschnittshaushalts für die Gas- oder Elektroheizung um ungefähr 40 % gesenkt werden. Alle Fabriken, in denen Thermomax® gefertigt wird, sind ISO 9001-zertifiziert.

✎	*Rayotec Ltd, GB*	322
⚙	*Rayotec Ltd, GB*	322
▤	*Natronglas mit geringem Eisengehalt, Kupfer, Formgedächtnismetall*	295, 339
♻	*• Hocheffizientes, solarbetriebenes Heißwassersystem*	329

Sun Catcher

Diese zwei Solarpaneele passen genau in standardisierte Laptoptaschen. Mit ihnen lässt sich die Laufzeit des Computers verdreifachen, oder sie können zum Aufladen von Ersatzbatterien genutzt werden. Das Gerät ist mit mehr als 300 Modellen kompatibel.

✎	*Kyocera Corporation, J*	319
⚙	*Kyocera Corporation, J*	319
Material	*Solarzellen*	339
♲	• *Erneuerbare Energie*	329

Topolino

In herkömmlichen Holzöfen wird das Brennholz wahllos gestapelt. Auf diese Weise kommt es zu einer unkontrollierten Verbrennung und viel Wärme geht einfach durch den Schornstein verloren. In den Heizöfen von GAAN wird das Holz jedoch vertikal gestapelt und die Verbrennung auf diese Weise optimiert, da der Stapel wie ein Kerzendocht von oben nach unten abbrennt. So wird eine Brennstoffeffizienz von 85 % erreicht. Die heißen Verbrennungsgase müssen eine zweifach gekrümmte Verengung passieren, deren Material die Hitze absorbiert. Die Tür aus gehärtetem Glas strahlt Wärme ab und beheizt den Raum, die verbleibende Hitze wird an die Verkleidung aus Kunststein/Granit oder Speckstein abgegeben, die 60 % der Verbrennungsenergie speichert und im Laufe der nächsten sechs bis acht Stunden wieder abgibt. Die Emissionen liegen erheblich unter den von der EU und der Schweiz vorgegebenen Grenzwerten.

✎	*GAAN GmbH, CH*	306
⚙	*Tonwerk Lausen AG, CH*	325
Material	*Stahl, Glas, Granit*	295, 339
♲	• *Verbesserte Energieerzeugung* • *Haltbare Konstruktion*	329

Axor Starck

Diese funktionale Mischbatterie begrenzt die Wasserabgabe auf 7,2 l pro Minute, verhindert Kalkablagerungen und verfügt über ein Stoppventil. Neben der einfachen Wartung überzeugt auch das Design.

	Philippe Starck, F	310
	Hans Grohe, D	317
	Verchromter Stahl	295
	• Verringert den Wasserverbrauch	330
	iF Design Award, 1999	332

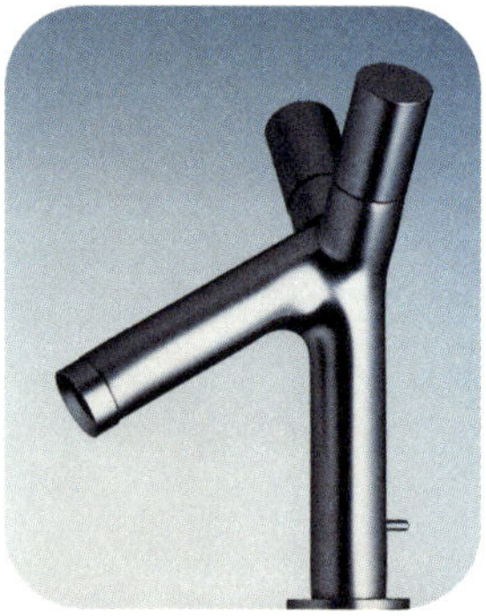

Axor Starck Dusche

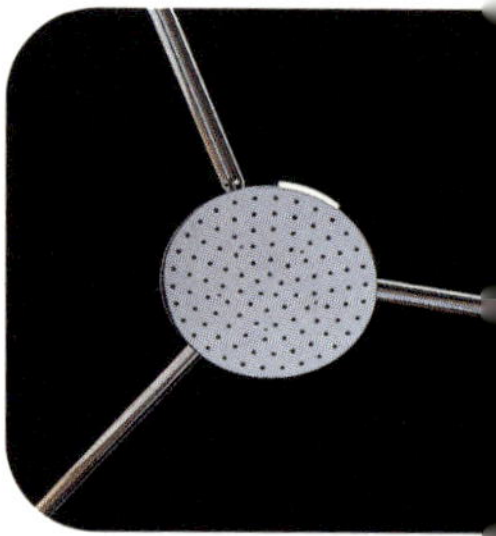

Diese freistehende Duschkabine zeichnet sich durch sparsamen Materialverbrauch aus, da die Heiß- und Kaltwasserleitungen für den Duschkopf und die Handbrause in den Rahmen integriert sind. Der Polyester-Vorhang ist gefältet und kann so nicht am Benutzer kleben bleiben. Die Kabine lässt sich leicht montieren und warten und kann bei einem Umzug mitgenommen werden. Noch umweltfreundlicher wäre dieses Gerät, wenn der verchromte Stahl durch Edelstahl ersetzt würde.

	Philippe Starck, Agence Philippe Starck, F	310
	Hans Grohe, D	317
	Emaillierter u. verchromter Stahl, Polyester, Polymer-Sockel	295
	• Ökonomischer Materialverbrauch	328
	iF Ecology Design Award, 2000	332

Clivus Multrum 2 Composter

Das Unternehmen produziert seit 1939 Kompost-Toiletten. Das hier vorgestellte Modell besteht zu 100 % aus recyceltem Polyethylen und kann als Sanitäranlage in Häusern mit bis zu drei Schlafzimmern verwendet werden. Ein integriertes Befeuchtungssystem verringert das Volumen der Biomasse um 95 %. Als einzige Emissionen entstehen Wasserdampf und Kohlendioxid.

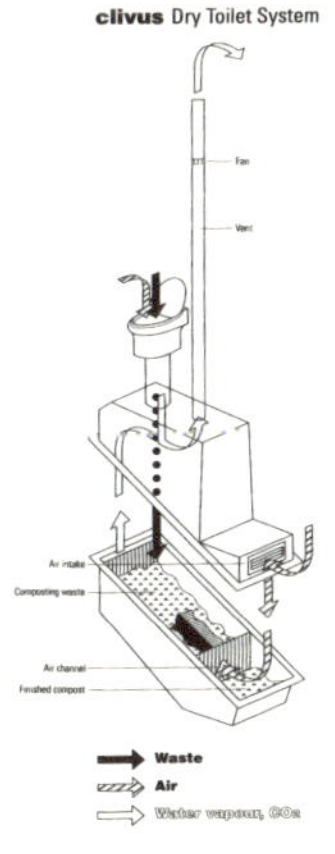

✎	*Clivus Multrum Canada, CAN*	314
⚙	*Clivus Multrum Canada, CAN*	314
▰	*Recyceltes Polyethylen*	341
♻	*• Kein Wasserverbrauch • Recyceltes Material • Komposterzeugung • Kanadisches Umweltkennzeichen „Environmental Choice EcoLogo M“*	327, 328

Columbia Emergency Water System

Ein dreifacher Eintrittsfilter am Eingangsschlauch entfernt Partikel ab einer Größe von 1 Mikrometer und filtert Blei, Chlor, Nitrate, Radon, Quecksilber und verschiedene giftige Chemikalien und Pestizide, sobald das Wasser per Handbetrieb aus dem Speichertank gepumpt wird. Auch Giardia, Zysten, E-Koli-Bakterien, Kryptosporidium und andere Bakterien werden von dem Filter aufgefangen, der so auch vor durch Wasser übertragbaren Krankheiten schützt. Das System ist mobil und kann auch für statische Wasservorräte

✎	*Water Tech Industries, USA*	326
⚙	*Water Tech Industries, USA*	326
▰	*Kunststoff, Metall, Filter*	295
♻	*• Notfallversorgung mit sauberem, sicherem Trinkwasser*	329

Ifö Cera-Kollektion

Der ganz normalen Toilette hat das Industrie-Design schon viel Aufmerksamkeit zukommen lassen. Kaum jemand weiß jedoch, was innerhalb des Spülkastens passiert. Normalerweise werden Toiletten so konstruiert, dass selbst kleine Mengen an Ausscheidungen mit Hilfe enormer Wassermengen abgespült werden. Die Bewahrung von Wasser wird jedoch immer wichtiger, und so haben verantwortungsvolle Hersteller wie Ifö Sanitar duale Spülsysteme entwickelt, die 2 oder 4 l Wasser abgeben können. In der neuen Ifö Cera-Kollektion ist eine Wassermenge zwischen 3 und 8 l dosierbar. Es sind Kunststoffsitze mit hygienischen Oberflächen erhältlich, die ergonomisch konstruiert wurden. Das Design ist im klaren, skulpturalen skandinavischen Stil gehalten.

	Ifö Sanitar AB, S	318
	Ifö Sanitar AB, S	318
	Keramik, Polypropylen oder Hartkunststoff	295
	• *Fördert die Wasserbewahrung* • *Verbesserte Ergonomie*	329, 330

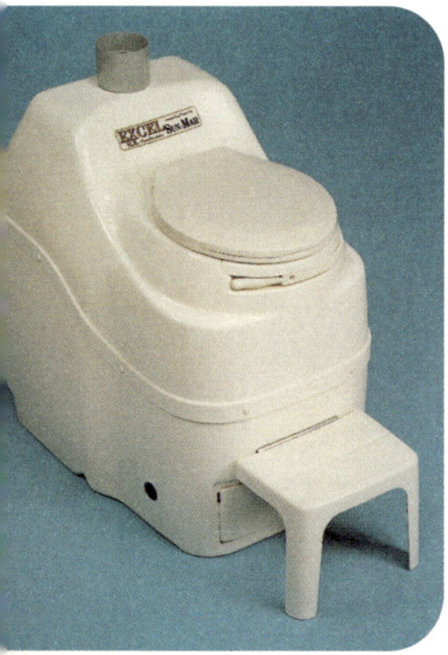

Excel NE

Die Sun-Mar Corporation entwirft schon seit über 25 Jahren wasserlose Kompost-Toiletten und hat diese Erfahrung bei der Entwicklung unabhängiger Kompost-Toilettensysteme eingesetzt. Viele Modelle sind mit einem elektrisch betriebenen Lüfter ausgestattet, der für eine geruchsfreie Umgebung sorgt. Dabei kommt Excel NE ganz ohne Elektrizität aus, sondern bringt eine Abzugsöffnung zum Einsatz. Alle Sun-Mar-Toiletten funktionieren nach dem selben Prinzip. Eine Mischung aus Torf, Mutterboden und/oder „Microbe Mix“ (Mikrobenmischung) wird in die Bio-drum™ gegeben. Pro Person und Tag wird ein Becher mit quellender Torfmischung hinzugegeben. Nach Gebrauch wird die Bio-drum etwa alle drei Tage drei- bis sechsmal bewegt, um die Mischung zu belüften. Der abgebaute Kompost wird nach Bedarf an der Unterseite entnommen. In einer Verdampfungskammer am Ende der Trommel wird überschüssige Feuchtigkeit entfernt. Die Hersteller sind von der robusten Konstruktion überzeugt und bieten drei Jahre lang kostenlos Ersatzteile sowie auf den Fiberglassockel 25 Jahre Garantie an.

	Sun-Mar Corporation, CAN	324
	Sun-Mar Corporation, CAN	324
	Fiberglas	295, 340
	• *Wassereinsparungen* • *Recycling menschlicher Abfallprodukte*	330

Mister Sunnyboy

Bei diesem modularen Destilliergerät, das sich leicht zusammenbauen lässt, wird passive Sonnenenergie genutzt, um mit sandgestrahltem Plexiglas Wasser zu destillieren. Das funktional konstruierte Gerät kann aufgehängt oder auf den Boden gestellt werden und liefert sauberes, aufbereitetes Wasser.

frogdesign, D	306
Prototyp, 1997	
Plexiglas, Kunststoff	295
• *Passive Solarenergie* • *Bereitstellung von sicherem Trinkwasser*	328, 329

Plush Tap

Die Bewahrung von Ressourcen sollte in öffentlichen Gebäuden eigentlich höchste Priorität haben. Eine Innovation ist Plush Tap. Durch einen Aufsatz wird aus einem Wasserhahn mit Drehköpfen ein Druckwasserhahn. So wird Wasser gespart, da der Hahn nicht versehentlich geöffnet bleiben kann. Wenn der Wasserverbrauch gemessen wird, machen sich diese Einsparungen besonders bemerkbar.

Flow Control Water Conservation, GB	316
Flow Control Water Conservation, GB	316
Messing, Dichtungen, Edelstahl	295
• *Fördert die Einsparung von Wasser*	330

„Oxfam Eimer"

Organisationen wie Oxfam verwenden normalerweise 22- oder 45-l-Kanister, um in der Katastrophenhilfe Wasser bereitzustellen. Solide Kanister nehmen allerdings in Hilfsflugzeugen viel kostbaren Laderaum in Anspruch. Deshalb hat Core Plastics einen stapelbaren Eimer mit einem abnehmbaren Deckel entwickelt, der über ein Ausgussloch verfügt. Eine Einbuchtung am Boden verringert die Gefahr von Rückenverletzungen, wenn der Eimer auf dem Kopf getragen wird. Dieser Eimer ermöglicht eine größere Effizienz bei Hilfseinsätzen.

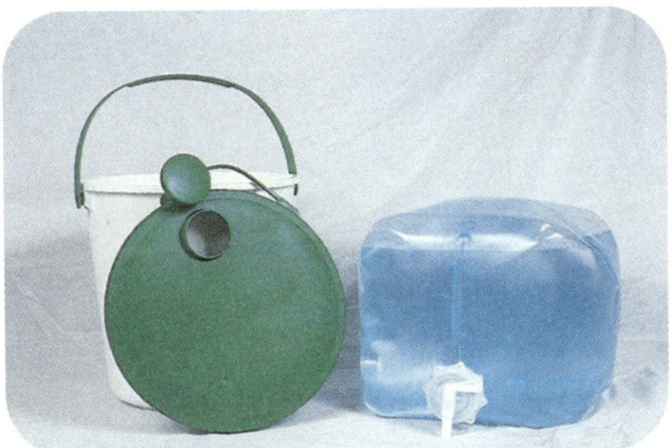

Oxfam/Core Plastics, GB	309
Core Plastics, GB	309
Leichter, UV-beständiger Kunststoff	295
• *Weniger Energie für den Transport pro Wassereinheit*	328

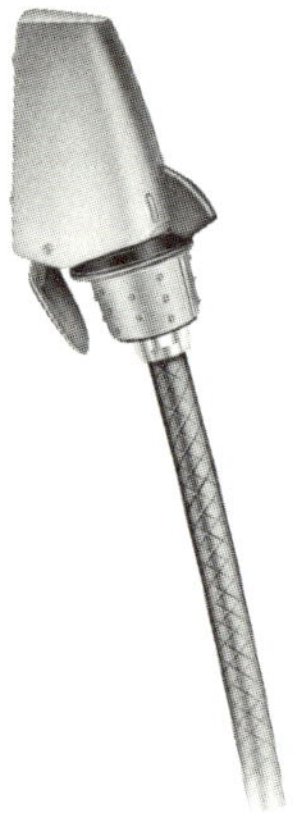

Safe Tap

Immer mehr Haushalte installieren Systeme zum Recycling von Wasser, und damit wächst auch die Gefahr, dass Abwasser (Waschwasser, Badewasser usw.) versehentlich in das Trinkwasser gerät. Dieser Hahn öffnet sich nur, wenn eine spezielle Gartenschlauchverbindung in den Abwasserhahn gesteckt wurde.

✎	*WeLL Design Associates, NeL*	
⚙	*Flamco, NL*	316
▬	*Recycelbares Material*	341
♻	*• Sicherheitsfunktion für Abwassersysteme • Recycelbar*	327, 340

Wasserfänger

In einem chilenischen Fischerdorf wird ein einfaches System eingesetzt, um die Wasserversorgung zu verbessern. In der Gegend gibt es oft Nebel, der die Luft mit Feuchtigkeit sättigt. Feine Nylonnetze werden eingesetzt, um diese Wasserpartikel zu kondensieren. So werden täglich bis zu 10.000 l Wasser gewonnen.

✎	*Vor Ort entwickeltes System*	
⚙	*Vor Ort entwickeltes System, Chile*	
▬	*Nylonnetz*	295
♻	*• Wassersammlung und -bewahrung*	330

Orso-Regensammler

Wasser ist die wichtigste Ressource des 21. Jahrhunderts. Sowohl im industriellen wie auch im privaten Bereich nimmt der Verbrauch zu. Viele Speichersysteme für kleine Mengen bestehen nur aus zylindrischen Kunststoffbehältern mit einem Hahn. Die „Rain Column" verfügt über Anschlussmöglichkeiten für einen Hahn und einen Gartenschlauch. Ein standardisiertes Verbindungsstück ermöglicht die Verbindung einer beliebigen Anzahl von Behältern, so dass die Speicherkapazität vergrößert werden kann.

✎	*Marc De Jonghe, Orso Design, B*	305
⚙	*Prototyp*	
▬	*Kunststoffe*	295
♻	*• Fördert die Einsparung von Wasser • Flexibles Speicherystem*	329, 330

Nutzen von Regenwasser

Die Firma Wagner & Co. produziert verschiedene Speicherbehälter für Regenwasser mit Kapazitäten zwischen 750 und 2.000 l. Diese können an ein Pumpen- und Filtriersystem angeschlossen werden und zur Wasserversorgung von Waschmaschinen, Toiletten, dem Garten und zu Reinigungszwecken eingesetzt werden. Damit wird der Verbrauch von normalem Leitungswasser um bis zu 50 % reduziert. Zugleich werden auch Energie und Chemikalien eingespart, die die Wasserversorger zur Erzeugung von Trinkwasser verwenden. Das Unternehmen ist ISO 14001- und EMAS-zertifiziert.

✎	*Wagner & Co. Solartechnik GmbH, D*	326
⚙	*Wagner & Co. Solartechnik GmbH, D*	326
▬	*Polyethylen, diverse andere Materialien*	341
♻	*• Bewahrung und Nutzung von Regenwasser*	330

Urinal-System von Waterless

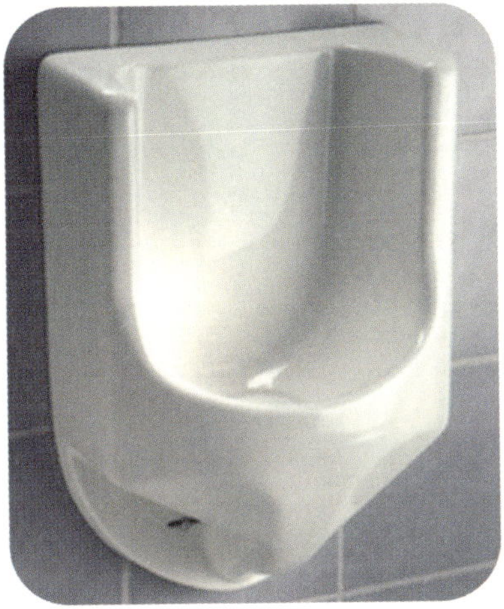

Das Problem der Geruchsentwicklung wird in öffentlichen Toiletten oft mit großen Mengen Wasser einfach weggespült. Waterless UK hat jetzt eine andere Lösung gefunden. Im Schüsselinneren wird ein wasserabweisendes Gel aufgetragen und ein spezieller Filter, der die Feststoffanteile absorbiert, angebracht. Die flüssigen Reste werden ins Abwassersystem geleitet. Ein auf der Oberseite des Filters befindliches Gel verhindert, dass stark riechende Dämpfe die Umgebung verunreinigen. Die Filter halten bis zu sechs Monaten. Um die gesamte Umweltbelastung durch dieses wasserlose System zu ermitteln, müssen jedoch der akkumulierte Energieaufwand bei der Herstellung der Systemkomponenten, die Transportenergie für die Montage sowie die Entsorgung der Filter in Betracht gezogen werden: Vielleicht können mit diesem System Wasserkosten gespart werden.

✎	*Waterless UK, GB*	326
⚙	*Waterless UK, GB*	326
▬	*Wasserabweisendes Gel, auswechselbarer Filter*	341
♻	*• Verringert den Wasserverbrauch*	328

Vulcan Ram

Artesische Pumpen sind hydraulische Pumpen, die Wasser durch den Einsatz von natürlichem Wasserdruck in einem Rohr mit kleinem Durchmesser nach oben befördern. Dafür wird ein fließendes Gewässer genutzt. Es wird durch ein Impulsventil geleitet und dabei beschleunigt. Das Ventil schließt sich automatisch, sobald in der Eingangskammer ein ausreichender Wasserdruck entstanden ist. Hierdurch wird ein Teil des Wassers durch ein Impulsventil in eine Ausgangskammer gedrückt. Normalerweise öffnet und schließt sich das Ventil 40 bis 90 Mal pro Minute. In der Ausgangskammer herrscht Unterdruck, der das stoßweise eintretende Wasser in einen ruhigen Strom verwandelt, der dann in einen oberen Wasserkasten fließt. Artesische Pumpen können innerhalb von 24 Stunden bis zu 250.000 l Wasser 100 m nach oben pumpen. Green & Carter fertigt diese seit 1928 mit Gusseisen- und Rotgusstechniken an und exportiert in die ganze Welt. Das Unternehmen repariert heute noch Pumpensysteme, die von Josiah und James Easton im 18. und 19. Jahrhundert entworfen wurden. Die artesische Pumpe ist ein gutes Beispiel für eine Technologie der Industriellen Revolution, die sich als haltbar, zuverlässig und sparsam erwiesen hat.

✎	*Ursprünglich von Pierre Montgolfier 1816 patentiert*	
⚙	*Green & Carter, GB*	317
▬	*Gusseisen, Metalle, Gummi*	295, 340
♻	*• Energie- und Wasserbewahrung • Langlebiges Produkt*	328, 329

Kolaps-A-Tank

Dieser zusammenfaltbare Wasserbeutel mit einem Fassungsvermögen von 5 l wird gefüllt zu einem Würfel mit einer Seitenlänge von nur 45 cm. Er besteht aus widerstandsfähigem Vinyl und ist ideal für Hilfseinsätze in Dürregebieten geeignet, da er gut über Straßen transportiert werden kann.

✎	*Burch, USA*	313
⚙	*Burch, USA*	313
▬	*Lebensmittelechtes Vinyl*	295
♻	*• Erleichtert die Verteilung von Wasser*	328

APT-Batterie-Adapter

Zylindrische Muffen ermöglichen die Verwendung wieder aufladbarer Batteriezellen der Typen AA und D an Stelle von Batteriezellen des Typs D.

✎	*Unbekannt*	
⚙	*Unbekannt; Vertrieb Jade Mountains, USA*	335
▮	*Karte, Kunststoff, Metall*	295, 340
♻	*• Reduzierter Verbrauch von Rohstoffen bei Herstellung • Fördert die Verwendung aufladbarer Batterien*	328, 329

Eco Charger

Die Lebenserwartung von NiMH-, NiCd- und alkalischen Batterien sinkt normalerweise durch „Überladung". Mit der LCD-Anzeige des Eco Charger kann man den Aufladestatus überwachen und so die Anzahl der Ladevorgänge erhöhen.

✎	*Saitek, USA*	323
⚙	*Saitek, USA*	323
▮	*Kunststoff, Metall, LCD-Anzeige*	295
♻	*• Wiederverwendung und längere Lebensspanne*	328

Trojan L-16

Dieser 6-Volt-Akkumulator mit einer Stromstärke von 360 Ah (amp hour) kann entweder langsam über ein solarbetriebenes System oder aber schnell aus einem Brennstoff-, Wind- oder Wassergenerator aufgeladen werden. Somit ist er ideal für private Systeme zur Erzeugung erneuerbarer Energie geeignet. Das Blei stammt ausschließlich aus recycelten Quellen, und auch das Polyon-Gehäuse ist zu 80 % recycelt. Das Produkt hat eine garantierte Lebensdauer von zehn Jahren. Viele der Komponenten können danach erneut recycelt werden.

✎	*Trojan Battery Company, USA*	325
⚙	*Trojan Battery Company, USA*	325
▮	*Recycelter Kunststoff, recyceltes Blei*	295
♻	*• Hoher Prozentsatz recycelter Materialien*	327

Savaplug

Dieser dreipolige Stecker mit 13 Ampere passt die Stromversorgung an die Bedingungen eines Kühlschranks an und reduziert so, besonders bei alten Modellen mit großen Motoren, den Verbrauch.

✎	*Unbekannt*	
⚙	*SAVAWatt Ltd, GB*	323
▮	*Kunststoff, Messing, Elektronik*	295
♻	*• Energie sparend*	328

Scimat 700/30 und 700/35

Im Gegensatz zu Nickel-Kadmium-Batterien (NiCd) enthalten wieder aufladbare NiMH-Batterien (Nickel-Metall-Hybrid) kein hochgiftiges Kadmium. Als die NiMH-Batterien auf den Markt kamen, wurde zur Trennung der positiven und negativen Elektroden und des Elektrolyts das selbe Nylonmaterial verwendet wie für die NiCd-Batterien. Dieses Trennmittel führte jedoch zu Ladungsverlusten und zersetzte sich chemisch. Die Firma SciMat fand heraus, dass mit ultraviolettem Licht behandeltes Polypropylen Wasser absorbieren kann und hydrophil wird. So kann das Elektrolyt die Trennschicht besser durchdringen; die Ladung bleibt erhalten und die Effizienz der NiMH-Batterien kann auf diese Weise gesteigert werden.

✎	*SciMAT, GB*	323
⚙	*SciMAT, GB*	323
▮	*UV-behandeltes Polypropylen*	341
♻	*• Verbesserte Effizienz und längere Lebensdauer für Akkus*	329

AccuPlus Ultra

Varta war einer der ersten Batterieproduzenten, die im Zuge der Einführung wieder aufladbarer Nickel-Kadmium-Batterien (NiCd) Mitte der 1990er auf die Verwendung von Quecksilber verzichteten. Das Unternehmen hat sich auch weiter um umweltschonendere Produkte bemüht und bietet jetzt wieder aufladbare Nickel-Metall-Hybrid-Batterien (NiMH) mit einer Spannung von 1,2 Volt und 8,4 Volt an. Diese Batterien enthalten weder Quecksilber noch Blei und haben eine längere Lebenserwartung als NiCd-Batterien. Sie können bis zu 1000 Mal auf- und wieder entladen werden.

	Varta, D	325
	Varta, D	325
	Nickel, Metall-Hydrid, Metall	295
	• *Verringerter Materialverbrauch* • *Verringerte Ausscheidung toxischer Stoffe bei Entsorgung* • *Wieder aufladbar*	328, 329

„W" High Efficiency Motor

Brook Hansen ist einer der wichtigsten Lieferanten für Hochleistungs-Elektromotoren in Großbritannien. Für den „W" High Efficiency Motor kommt eine neue Stahlart mit verbesserten magnetischen Eigenschaften zum Einsatz, die die elektrische Effizienz um 3 % steigert. Elektromotoren machen mehr als 65 % des Energieverbrauchs in der britischen Industrie aus, so dass dieser neue Motor die Kohlendioxidemissionen um bis zu 2,5 t jährlich reduzieren kann. Die Verwendung des Spezialstahls führt außerdem zu einer Gewichtsreduktion von 30 % im Vergleich zu herkömmlichem Stahl.

	Brook Hansen in Zusammenarbeit mit den Universitäten Sheffield und Cambridge, GB	313
	Brook Hansen, GB	313
	Stahl, Kupfer, diverse andere Materialien	295
	• *Verringerter Energie- und Materialverbrauch*	327, 328

eNDOSeAL

Die Diskussion um die Verwendung von die Ozonschicht schädigenden Gasen wie FCKW in Kühlschränken hat andere wichtige Innovationen in den Hintergrund treten lassen. Aus Bördelverbindungen austretendes FCKW und HFCKW trägt erheblich zum Abbau der Ozonschicht bei. eNDOSeAL ist eine spezielle PTFE-Dichtung, die einen Austritt von Gasen vollständig verhindert, da das Material in Höhlungen eindringt und auch vom Kühlmittel nicht beschädigt wird. Wenn das Auslaufen von Kühlmittel verhindert wird, verbessert sich automatisch auch die Kühleffizienz, und es wird weniger Strom verbraucht.

	Universal Master Products, GB	325
	Universal Master Products, GB	325
	PTFE	341
	• *Verringerter Ausstoß von Gasen* • *Energie sparend*	328, 340

Erosamat Typ 1, 1A, 2

Gewobene Matten aus Naturfasern, die auf den Boden gelegt werden, fangen den Regen ab und können den Abfluss von Regenwasser und damit die Bodenerosion erheblich verringern. Erosamat-Matten vom Typ 1 und 1A bestehen aus Jutefasern, Matten des Typs 2 sind schwerere Geotextilien für eine stärkere Beanspruchung und werden aus Kokosfasern gefertigt. Dieser Typ schützt stark erosionsgefährdete Böden. Alle Matten können mit Samen bestreut werden, damit ein dichter Vegetationsteppich entsteht, der die Oberfläche noch besser am Boden hält.

	Unbekannt	
	Verschiedene für ABG Ltd., GB	312
	Jute, Kokosfaser	281
	• *Erneuerbares Material* • *Verhindert Erosion*	327, 330

3M Serie 9300

Wenn Schutzmasken unbequem sind, werden sie oft nicht getragen, und so steigt das Gesundheitsrisiko durch feine Partikel am Arbeitsplatz. Diese neue Maske von 3M sitzt besser und ermöglicht ein müheloseres Sprechen, da das steife Mittelteil von flexiblen oberen und unteren Klappen gehalten wird. Durch die dreiteilige Konstruktion lässt sich die Maske flach zusammenfalten und kann so einfacher sauber gehalten werden.

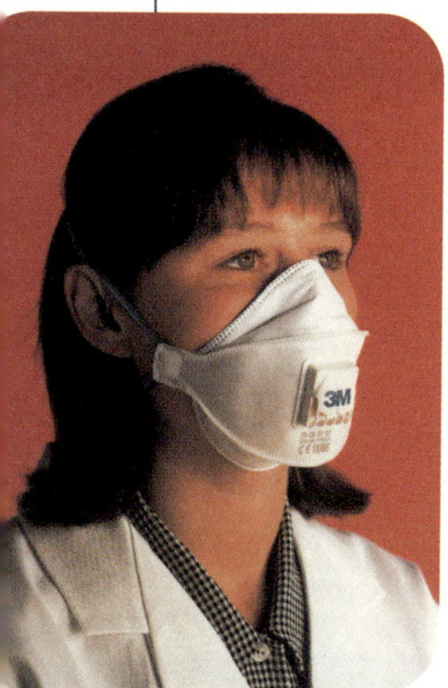

	3M New Products Development Team, D	312
	3M, D	312
	Diverse	339
	• *Verbesserte Sicherheitsausrüstung*	328
	iF Design Award, 1999	332

BioAcoustic Fish Fence (BAFF)

Ansaugöffnungen für Wasser sind normalerweise mit einem Gitter ausgestattet, damit keine Fische mit hineingesogen werden. Diese konventionellen Hindernisse verlangsamen allerdings den Wasserstrom, töten unter Umständen die Fische, die sie doch eigentlich schützen sollen. BAFF ist eine patentierte Technologie, die mit Luftblasen einen akustischen Vorhang erzeugt. Diese Barriere hält Fische davon ab, in das Gebiet hineinzuschwimmen.

	Fish Guidance Systems, GB	316
	Fish Guidance Systems, GB	316
	Diverse	339
	• *Schutz des Fischbestands*	330

Mimid

Landminen, die während der militärischen Auseinandersetzungen des 20. Jahrhunderts ausgelegt wurden, töten oder verletzen unschuldige Zivilisten. Es gibt noch schätzungsweise 100 Millionen nicht entdeckter Minen. Dieses tragbare, kompakte Minensuchgerät ist eine sinnvolle Ergänzung zu den sonst für die Minenräumung erhältlichen Geräten.

Prof. Gerhard Heufler, D	307
P. Schiebel Elektronische Geräte AG, D	321
Diverse	339
• Trägt zu einer sichereren Umwelt bei	328

ExoFly Trap™

In Lebensmittelfabriken ist es von größter Bedeutung, die Ausbreitung von Stubenfliegen unter Kontrolle zu halten. Exosect hat eine Methode entwickelt, bei der zur Tötung der Fliegen keine Insektizide zum Einsatz kommen. Das System verfügt auch über eine Technik zum Entsorgen der toten Fliegen. Ein Pappkarton wird mit optischen Reizen versehen und mit dem Sexualhormon der weiblichen Fliege getränkt. Wenn die Fliegen einmal in dem Karton gefangen sind, gibt es keinen direkten Weg mehr hinaus. Die Kartoninnenseite ist mit einem Pulver beschichtet. Die Fliegen fallen auf den Boden des Kartons, wo sie in einer Schicht dieses Pulvers ersticken.

Xo2 Limited t/as Exosect, GB	326
Exosect, GB	326
Elektrostatisches Pulver, Pappe, Hormone	288-9
• Vermeidung toxischer Substanzen • Verhinderung von Krankheiten	329

Pureprint

Beim konventionellen Rollenrotations-Offsetdruck werden die Druckplatten mit Wasser mit einem 10 %-igen Anteil von Industriealkohol, zum Beispiel Isopropanol, befeuchtet, damit die Druckfarbe fließen kann. Isopropanol ist sehr flüchtig und gut wasserlöslich. Außerdem ist es Krebs erregend und gefährdet so die Gesundheit der Arbeitnehmer. Beacon Press verwendet Silikon anstelle von Wasser oder Alkohol, um die Platten zu befeuchten und eine schärfere Auflösung zu erreichen. Auch bei der Vorbereitung der Folien werden keine Chemikalien verwendet. Die ausgeprägte Umweltpolitik des Unternehmens garantiert, dass alle Druckereien in jeder Hinsicht umweltfreundlich betrieben werden.

Ursprünglich in J und USA entwickelt	
Beacon Print, GB	313
Silikon	283
• Verringerter Wasserverbrauch • Vermeidung toxischer Substanzen	329, 330

Stairmate

Leitern, die auf Neigungen aufgestellt werden, können ein gefährlicher Arbeitsplatz sein. Der Stairmate ist eine zusammenfaltbare Stütze für den Fuß der Leiter. Er bietet einen stabilen Untergrund, von dem aus Leitern dann sicher erklommen werden können.

John Sandham und Stan Lewis, GB	310
Lew San Ltd	310
Metall, Kunststoff	295
• Vergrößert die Einsatzmöglichkeiten eines vorhandenen Produkts	329

TRISIT 2000

Die Automobilindustrie erzeugt ca. 90 Millionen m^3 Textilabfälle bei der Produktion von Sitzbezügen. Trisit hat eine patentierte Technologie entwickelt, mit der ein mehrschichtiges Gewebe in dreidimensionalen Mustern hergestellt werden kann, ohne dass beim Zuschneiden Abfälle entstehen. Die Bezüge können maßgeschneidert angefertigt werden und sind sowohl für Autositze als auch für normale Möbel geeignet.

Trisit Design, D	325
Trisit Textiltechnologie GmbH, D	325
Feuerabweisende Stoffe/Gewebe	300-1
• Verringerte Abfallproduktion • Verringerter Material- und Energieverbrauch	328, 329
iF Ecology Design Award, 2000	332

Tensar® range

Frei gelegte Steilhänge bei z.B. Bauarbeiten können mit Tensar® 80RE, einem uniaxialen Polpropylengitter mit gestreckten Öffnungen, gesichert werden, das die Rissfestigkeit der Oberfläche verbessert. Extrudierte Polyethylen-Bahnen werden in regelmäßigen Abständen gelocht und anschließend unter Hitzeeinwirkung gestreckt. So entsteht ein zugfestes Gitter. Wird diese Geomatte auf die Erdoberfläche gelegt, mildert sie den Aufprall von Regen und trägt so zu einer Verringerung der Bodenerosion bei. Zugleich bietet sie Pflanzenwurzeln Halt.

Netlon, GB	321
Netlon, GB	321
Polypropylen oder Polyethylen	341
• Schutz vor Erosion und Instabilität von Stützkonstruktionen	330

Polyana® 420

Das Recycling von Kunststoffen wird zwar durch ein internationales Kennzeichnungssystem vereinfacht. An Produkten oder Komponenten lassen sich jedoch nicht ohne weiteres Etiketten oder Prägungen anbringen. Ein Auto enthält bis zu 30 verschiedene Kunststoffe. So trägt jede Vorrichtung, die die Identifizierung dieser Materialien vereinfacht, zum Recycling bei. Der „Tribopen", ein stiftartiges Gerät mit einer Messingspitze, misst exakt die elektrostatische Oberflächenladung, um den Anteil von Polycarbonaten und Polypropylenen zu erkennen. Wird einer dieser beiden Kunststoffe identifiziert, leuchtet eine Lampe auf. Polyana ist ein tragbares Detektorgerät, das mit Hilfe von Infrarotstrahlen und Elektrochips das reflektierte Infrarotprofil des getesteten Kunststoffs mit bekannten Profilen vergleicht und so den Typ genau ermitteln kann. Beide Geräte ermöglichen eine schnellere Identifizierung von Kunststoffen und somit ein effizienteres Recycling. Hierdurch wird die Integration in die Versorgungskette vereinfacht.

	Southampton Innovations, University of Southampton und Ford Motor Company, GB	310, 316
	Southampton Innovations, GB	310
	Diverse	341
	• Vereinfacht das Recycling von Kunststoffen	328

Tree Masts

Aufgrund der gestiegenen Nachfrage nach Mobiltelefonen, Internetverbindungen und anderen kostenpflichtigen Dienstleistungen baut die Telekommunikationsindustrie ihre Netzwerke beständig weiter aus. Dafür müssen neue Sende- (und Empfangs-) Masten aufgestellt werden. Da diese Masten das Landschaftsbild stören, hat Orange, der größte Mobilfunkanbieter in Großbritannien, jetzt ein System entwickelt, welches das Aussehen schottischer Kiefern imitiert. Die „Stämme" bestehen aus galvanisiertem Stahl, die „Blätter" sind mit UV-beständiger Kunststofffolie beschichtet und so bemalt, dass sie wie Rinde aussehen. Dieses Produkt behebt zwar eine optische Belästigung, allerdings sollten eigentlich Umweltfragen im Mittelpunkt der Diskussion um die erhebliche Ausweitung der Netze stehen.

	Orange, GB	321
	Orange, GB	321
	Stahl, Farbe, UV-beständiger Kunststoff	295
	• Verringerte optische Störung des Landschaftsbilds	329

3.0 Materialien

Welt der Materialien

Zur Zeit der frühen Hochkulturen im alten Mesopotamien haben Menschen erstmals Methoden entwickelt, um künstliche Materialien aus natürlichen Rohstoffen herzustellen. Die Industrielle Revolution und zwei Weltkriege haben das Tempo beschleunigt, in dem neue künstliche Materialien entwickelt werden. Heutzutage stehen Designer vor der schwierigen Aufgabe, aus Hunderttausenden verschiedener Materialien eine Auswahl zu treffen. Manche davon stellen keine oder eine nur minimale Umweltbelastung dar, andere haben ein ganzes Bündel von Umweltschäden im Schlepptau, etwa die Erschöpfung natürlicher Ressourcen, die Abgabe toxischer oder anderweitig gefährlicher Stoffe an Luft, Wasser und Boden und die Erzeugung großer Mengen von festen Abfallprodukten.

Designer haben Materialien immer schon nach ihren physikalischen, chemischen und ästhetischen Eigenschaften sowie nach Kosten und Verfügbarkeit ausgewählt. Jetzt gewinnen aber auch andere Faktoren wie die Erschöpfung von Ressourcen zunehmend an Bedeutung. Rechtliche Einschränkungen wie das Washingtoner Übereinkommen über den internationalen Handel mit gefährdeten Arten (CITES) müssen bei der Verwendung von Materialien beachtet werden. Diverse Zertifizierungssysteme auf freiwilliger Basis wie das Forest Stewardship Council und SmartWood garantieren die Herkunft aus nachhaltig bewirtschafteten Wäldern. Leider wurden bisher nur wenige Richtlinien veröffentlicht, die Designern dabei helfen, Materialien unter ökologischen, sozialen und ethischen Gesichtspunkten auszuwählen. Die Checkliste in Tabelle 1 zeigt eine derartige Methode, um die Auswirkungen eines Materials zu bewerten.

Öko-Material

Öko-Materialien bringen nur minimale Umweltbelastungen mit sich, dafür aber eine optimale Eignung für die jeweilige Aufgabenstellung. Sie können problemlos wieder in den ursprünglichen Kreislauf integriert werden, Materialien aus der Biosphäre werden von der Natur selbst wieder verwendet und solche aus der Technosphäre in künstlichen Prozessen recycelt.

Akkumulierte Energie

Öko-Effizienz lässt sich an der Effizienz der Energienutzung innerhalb eines Ökosystems messen. Sie umfasst die aufgenommene Energie, Energieströme innerhalb des Ökosystems sowie Energieverluste. Alle Materialien bestehen aus gespeicherter Energie, die entweder der Sonneneinstrahlung entzogen wurde oder bereits in der Lithosphäre der Erde enthalten war. Darüber hinaus enthalten Materialien auch die Energie, die für ihre Produktion aufgewandt wurde. Um eine Tonne Aluminium herzustellen, benötigt man 100mal soviel Energie wie zur Herstellung von einer Tonne Holzbalken. Aluminium enthält also eine relativ hohe akkumulierte Energie. Materialien mit geringer akkumulierter Energie bergen i.d.R. auch weniger Umweltprobleme in sich. Häuig sind dies Substanzen, die direkt der Natur entnommen werden und nicht mehr in größerem Umfang bearbeitet werden müssen. Künstlich hergestellte Materialien enthalten dagegen meistens mehr akkumulierte Energie (s. Tabelle 2).

Für komplexe Produkte wie z.B. Autos, die aus verschiedenen Materialien bestehen, ist die akkumulierte Energie nicht so leicht zu berechnen. Wird z.B. für die Karosserie eines Autos Aluminium statt Stahl verwendet, dann führt die damit einhergehende Reduzierung des Gewichts zu einer effizienteren Treibstoffnutzung, und der gesamte Energieverbrauch für den Lebenszyklus des Produkts nimmt ab. In anderen Fällen ist möglicherweise Produkten mit hoher akkumulierter Energie, die sehr haltbar sind und eine lange Lebensdauer haben, der Vorzug vor Materialien mit niedriger akkumulierter Energie zu geben.

Tabelle 1: Checkliste für die Materialauswahl

Eigenschaft	Niedrige Umwelt-- belastung	Hohe Umwelt-- belastung
Verfügbarkeit	Erneuerbar und/oder reichlich vorhanden	Nicht erneuerbar und/oder selten
Entferung in km (entscheidend für den Energieaufwand beim Transport)	Nah	Weit
Akkumulierte Energie (die gesamte im Material gespeicherte Energie von der Gewinnung bis hin zum fertigen Produkt) in MJ/kg	Niedrig	Hoch
Anteil an recyceltem Material	Hoch	Niedrig
Emissionen (Luft, Wasser und/oder Land)	Keine/gering	Hoch
Abfallproduktion	Keine/gering	Hoch
Produktion giftiger oder gefährlicher Substanzen	Keine/gering	Hoch
Recycelfähigkeit, Wiederverwendbarkeit	Hoch	Gering
Verbleibender Abfall am Ende des Lebenszyklus	Keiner/gering	Hoch
Zyklizität (müheloses Recycling)	Hoch	Gering

Materialien aus der Bio- und der Lithosphäre

Materialien, die aus der Biosphäre, dem lebenden Teil des Planeten, also aus Pflanzen, Tieren und Mikroorganismen gewonnen werden, sind erneuerbar. Dazu gehören auch bestimmte, vom Menschen hergestellte Materialien wie kompostierbare Biopolymere und biologische Verbindungen aus Pflanzenmaterial. Diese Stoffe können problemlos wieder in den Kreislauf der Natur integriert werden. Materialien, die der Lithosphäre (einer geologischen Schicht der Erdkruste) entstammen, lassen sich in zwei Kategorien einteilen: überall verfügbare bzw. reichlich vorhandene Stoffe wie Sand, Kies, Steine und Ton einerseits sowie Materialien mit eingeschränkten Vorkommnissen wie fossile Brennstoffe, Metallerze und Edelmetalle/-steine andererseits. Materialien aus der Bio- und der Lithosphäre werden häufig mittels Synthese oder Konzentration zu Substanzen der Technosphäre weiterverarbeitet.

Tabelle 2: Akkumulierte Energie häufig verwendeter Materialien

Materialtyp	(MJ per kg) akkumulierte Energie
Materialien aus Bio- und Lithosphäre	
Keramische Materialien, z.B. Stein, Kies	2–4
Holz, Bambus, Kork	2–8
Naturkautschuk (ungefüllt)	5–6
Baumwolle, Hanf, Seide, Wolle	4–10
Holzverbindungen, z.B. Spanplatten	6–12
Materialien aus der Technosphäre	
Keramik – Ziegel	2–10
Keramik – Glas	20–25
Keramik – Fiberglas	20–150
Keramik – Karbonfaser	800–1.000
Verbundstoffe – Titankarbid, Matrix	600–1.000
Verbundstoffe – Aluminiumfaser, verstärkt	450–700
Verbundstoffe – Polymer – Thermoplast – Nylon 6 (PA)	400–600
Verbundstoffe – Polymer – Thermoset – Epoxid Matrix – Kevlarfaser	400 –600
Aufgeschäumt – Metalle – hochverdichtetes Alu	300–350
Aufgeschäumt – Polymere – Polyurethan	140–160
Metalle – Eisenh. Legierung – Kohlenstoffstahl	60–72
Metalle – Eisenh. Legierung – Gusseisen – grau (Lamellengrafit)	34–66
Metalle – Leichtmetalllegierung – Alu – gegossen	235–335
Metalle – Nichteisenlegierung – div. Kupferleg.	115–180
Metalle – Nichteisenlegierung – div. Bleileg.	29–54
Metalle – Edelmetalllegierung – Gold	5.600–6.000
Polymere – Elastomere – Butylkautschuk	125–145
Polymere – Elastomere – Polyurethan	90–100
Polymere – Thermoplaste – ABS	85–120
Polymere – Thermoplaste – Nylon	170–180
Polymere – Thermoplaste – Polyethylen	85–130
Polymere – Thermoplaste – Polypropylen	90–115
Polymere – Thermoset – Melamin	120–150
Polymere – Thermoset – Epoxid	100–150

Übernommen aus: Cambridge Engineering Selector, Version 3.0, Granta Design Ltd., GB

Die Technosphäre

Diese Materialien sind in der Regel nicht erneuerbar. Hierbei handelt es sich z.B. um synthetische Polymere (Kunststoffe, Elastomere, Harze), die aus Öl, einem fossilen Brennstoff, hergestellt wurden. Die akkumulierte Energie ist häufig viel höher als die von Materialien der Biosphäre. Die meisten dieser Stoffe lassen sich nicht einfach wieder in den Kreislauf der Natur integrieren. Materialien wie z.B. Kunststoffe, Keramik und Verbundstoffe sind gegenüber mikrobischer Zersetzung immun und können nicht in die Biosphäre zurückgeführt werden. Da die Ressourcen begrenzt sind, ist ein Recycling dieser Stoffe notwendig.

Recycling

Drei Ausstellungen haben in den 1990ern die Aufmerksamkeit von Designern auf recycelte synthetische Materialien und ihre Einsatzmöglichkeiten gelenkt. Die Ausstellung „Re-Materialise" wurde 1994 von Jackie Dehn von der Kingston University (GB) zusammengestellt. Gezeigt wurden Werkstoffe mit einem hohen Gehalt an recyceltem Material. Das Museum of Modern Art in New York legte 1997 mit „Mutant Materials" den Schwerpunkt auf die Einsatzmöglichkeiten von recyceltem Thermoplast und neuartigen Materialien, z.B. speziellen Polymeren, aufgeschäumten Legierungen, aufgeschäumter Keramik und Verbundstoffen.

In Großbritannien zeigte Craftspace Touring 1996 in einer Ausstellung mit dem Titel „Recycling" die ganze Schönheit handgefertigter Produkte aus recycelten Materialien.

Durch biologischen Zerfall oder Kompostierung, die Aktivitäten von Mikroben, die Einwirkung von Wasser und Wetter werden Materialien aus der Biosphäre direkt in den natürlichen Kreislauf zurückgeführt. Die Natur recycelt sich selbst, wir Menschen recyceln jedoch nur einige der von uns produzierten Materialien. Dabei werden Stoffe mit geringem materiellem Wert in der Regel auch nur in geringem Umfang recycelt. Die im Vergleich teuren eisenhaltigen Metalle und Leichtmetalllegierungen enthalten oft 70-80 % recycelter Bestandteile, Nichteisenmetalle zwischen 10 und 80 % und Edelmetalllegierungen (Gold, Platin, Silber) zwischen 90 und 98 %. Andererseits liegt der Anteil recycelter Bestandteile bei den relativ billigen Polymeren nur zwischen 0 und 60 %. Der Recycling-Anteil der am häufigsten wiederverwendeten Kunststoffarten beträgt für PET 20-30 %, für Polypropylen 25-35 %, für Polyethylen als LDPE oder HDPE 50-60 % und für Styropor 35-40 %. Besonders spezialisierte Materialien aus der Technosphäre wie z.B. Thermoset und verstärkte Thermoplasten enthalten oft einen Recycling-Anteil von weniger als 1 %. Das Recycling von Materialien aus der Technosphäre in geschlossenen Kreisläufen trägt erheblich zur Vermeidung von Umweltbelastungen bei. Der akkumulierte Energieaufwand von Metallen und Kunststoffen, die nur aus recyceltem Material bestehen, ist häufig nur halb so hoch wie bei neu gewonnenen Materialien und sinkt in manchen Fällen auf nur 10 %. Wenn wir unsere Einstellung zu „Abfall" neu überdenken, können wir durch eine Erhöhung des Recycling-Anteils viel Energie sparen.

Allzweckplatten

Abfälle aus der Landwirtschaft wie Weizen- und Reisstroh, Baumwoll- und Zuckerrohrstängel u.ä. werden mittels formaldehydarmen Harzen zu Platten und Scheiben verbunden.

Compak Systems Ltd, GB	314
• Erneuerbares Material	327

DuraCane

Aus Pflanzenfaserrückständen von Zuckerrohr, der Bagasse, wird eine harte Platte geformt. DuraCane ist im Innenbereich vielseitig einsetzbar, z.B. für Möbel und Bodenbeläge.

Acadia Board Company, USA	312
• Erneuerbares Material	327

Eco Panel

Kernstück dieser leichten Platte ist eine Gridcore-Schicht, eine Strukturplatte aus verschiedenen Papierabfällen. Diese wird von zwei Furnierblättern, deren Holz aus nachhaltig bewirtschafteten Wäldern stammt, eingeschlossen.

Buchner Design Studio, USA	313
Gridcore Systems International, USA	317
• Erneuerbares Material • Recyceltes Material • Niedrige akkumulierte Energie	327, 328

Elastisches Holz

Dünne Sperrholzschichten werden seitlich gewellt und dann zu einer elastischen, flexiblen Verschalung verbunden, die für viele Einsatzbereiche geeignet ist. Die Elastizität lässt sich durch Stärke der einzelnen Schichten und der Biegungen verändern.

Prototyp von Nickie Kieboom, Diplomandin der Design Academy Eindhoven, Niederlande, 2000	308
• Erneuerbares Material	327

Environ™

Environ™ ist wohl das erste Beispiel für einen in Massenproduktion hergestellten biologischen Verbundstoff. Recyceltes Material wird mit Hilfe von Harzen auf Pflanzenbasis gebunden. Aus recyceltem Papier und Sojamehl entstehen so Platten und Bodenbeläge. Das Material soll härter als Eiche sein und ist für Innenausstattung und Möbel geeignet.

Phenix Biocomposites, USA	322
Phenix Biocomposites, USA	322
• Erneuerbares und recyceltes Material	327

Findlay-Form®

Jute-, Sisal- und Kenaffasern stellen das Rohmaterial für Findlay-Form®, einen natürlichen Verbundstoff, der sich formen lässt und somit für Komponenten in der Autoindustrie geeignet ist.

Findlay Industries, USA	316
• Erneuerbares Material	327

FlexForm™

Das Unternehmen gehört zur Kafus Environmental Industries-Gruppe, die sich auf die Herstellung von Materialien aus alternativen Nutzpflanzen und recycelten Abfällen spezialisiert hat. FlexForm™ besteht aus Kenaf- und Hanffasern, gemischt mit synth. Polymeren. Es ist besonders für Formplatten in der Automobil- u. Baubranche geeignet.

Kafus Bio-Composites, USA	318
• Erneuerbares Material	327

Gridcore™

Gridcore™ ist eine leichte, solide Strukturplatte, die keine Chemikalien enthält und rein aus recycelten Fasern, z.B. Pappe, Zeitungen sowie Jute, Hanf und Holzabfällen, hergestellt wird. Die Scheiben können kreisförmig oder in einem gewünschten Radius gebogen werden und eignen sich besonders für die Inneneinrichtung und Möbel.

Gridcore Systems International (GSI), USA	317
• rec. Inhaltsstoffe • Giftstofffrei	327, 329

N.C.F.R. Homasote®

Nach eigenen Angaben ist Homasote der älteste US-Hersteller von Bauplatten aus 100 % recyceltem Papier. Die Tradition soll bis auf das Jahr 1909 zurückgehen. Alle Produkte des Unternehmens sind frei von Asbest und formaldehydhaltigen Zusatzstoffen. Das Recycling einer Tonne Papier in dieser Fabrik bedeutet im Vergleich mit der Neugewinnung von Holzfasern eine Verringerung der Luft-Emissionen um 73 %, um 40 bis 70 % verringerten Wasserverbrauch und einen um 70 % geringeren Stromverbrauch. N.C.F.R. Homasote® ist eine innen wie außen einsetzbare Platte, die Feuchtigkeit, Lärm und, entsprechend imprägniert, auch Feuer abhält.

Homasote Company, USA	318
• *Recyceltes Material* • *Niedrige akkumulierte Energie*	327, 328

Isobord

Stroh fällt in der Landwirtschaft jedes Jahr als Abfallprodukt an. Wird es verbrannt, kann dies die Umwelt schädigen, und zerfällt es natürlich, kann die Fruchtbarkeit des Ackerlandes sinken. Als Rohmaterial für Verbundplatten kann es Landwirten aber auch ein zweites Einkommen bieten. Isobord stellt eine Alternative zu konventionellen Spanplatten dar. Unter hohem Druck und hoher Temperatur werden Strohfasern mit ungiftigen Isocyanorat-Harzen zu einer widerstandsfähigen, dichten Platte verbunden, deren Oberfläche gestrichen oder laminiert werden kann. Isobord ist für Bau, Ladenbau und Möbel geeignet.

Isobord Enterprises, USA	318
• *Erneuerbares Material* • *Giftstofffreie Herstellung*	327, 329

Kronospan®

Das Schweizer Unternehmen bietet eine breite Palette von Spanplatten, T & G-Platten, MDF, Kronoply (OSB), Laminatfußböden u. Postforming-Elementen an. Die Laminatfußböden sind FSC-zertifiziert, der formaldehydarme Laminatfußboden „Hollywood" auf Spanplattenbasis erfüllt die Kriterien für das Umweltkennzeichen „Blauer Engel", und das Unternehmen selbst ist ISO 14001-zertifiziert. Das Holz wird in der Regel lokal bezogen.

Kronospan AG, CH	319
• *Erneuerbare Materialien* • *FSC- oder „Blauer Engel"-Zertifizierung für diverse Produkte*	327, 328, 333

Kucospan Life

Kucospan Life ist eine formaldehydarme Spanplatte aus Durchforstungsholz aus Nadelwäldern und bis zu 5 % Polyharnstoff, einem Polyurethan-Harz, das als Bindemittel eingesetzt wird.

Kucospan, GB	319
• *Hoher Abfallgehalt erneuerbarer Materialien* • *Reduz. Giftigkeit und Emissionen*	328, 329

Lignasil®

Aus 100 % natürlichen Fasern, die durch eine patentierte Bioverbundstruktur zusammengehalten werden, finden als Hauptkomponente für Madera® Fußbodenfliesen Verwendung.

Matrix Composites, Inc., CAN	320
• *Erneuerbares Material*	327

Maderón

Schalen aus den Abfällen der Mandelindustrie werden mit Harzen zu einem harten, langlebigen Verbundstoff gemischt, der für die Herstellung von Möbeln und Platten geeignet ist.

Lignocel SA, E	319
• *Erneuerbares Material* • *mit recyc. Stoffen*	327

Masonite CP

Diese stabilen Platten bestehen aus langen Holzfasern, die auf eine sehr hohe Dichte von 940 kg/m² gepresst werden. Es zeichnet sich vor allem durch seine strukturelle Stabilität aus. Die Fertigung erfolgt nach ISO 14001-Standards und hat die Empfehlung des „Swedish National Board of Housing".

Masonite Corporation, USA	320
• *Enthält erneuerbares Material*	327

Meadowood Platten und Bahnen

Die Platten aus gepresstem Roggenstroh sind geeignet für alle Arten von Innenausstattungen, Ladeneinrichtungen und Möbeln.

Meadowood Industries, Inc., USA	320
• *Erneuerbares Material*	327

Medite ZF

Medite ZF ist der Handelsname von mitteldichten Holzfaserplatten (MDF) mit innerem Querschnitt, die aus Weichholzfasern und formaldehydarmen synthetischen Harzen als Bindemitteln hergestellt werden. Der Gehalt freier Formaldehyde in Medite ZF liegt bei weniger als 1,0 mg/100 g (ein Teilchen auf 100.000). Dies entspricht in etwa dem Gehalt von Naturholz. Die

Werte liegen deutlich unter dem im Freien üblichen Umgebungswerten. Alle anderen Medite-MDF-Platten erfüllen die europäische Norm EN 622 Class A, Part 15, die den Gehalt freier Formaldehyde auf weniger als 9,0 mg/100 g beschränkt. Die FSC-Zertifizierung für Medite ist beantragt.

	Willamette Europe Ltd, GB	326
	• Erneuerbares Material • Reduzierte toxische Inhaltsstoffe und Emissionen	327, 329

Öl-gehärtete Hartfaserplatte

Diese Hartfaserplatte besteht hauptsächlich aus natürlichen Zellulosefasern. Die natürlichen Klebstoffe der Fasern ersetzen synthetische Klebstoffe als Bindemittel.

	Masonite CP, GB	320
	• Erneuerbares Material	327

Pacific Gold Board

Diese Bauplatte auf Strohbasis ist für den Einsatz in Innenräumen geeignet.

	BioFab LLC, USA	313
	• Erneuerbare Ressourcen	327

Easiboard und Easiwall

Zur Herstellung einer Reihe diverser Wandplatten wird Weizenstroh verwendet.

	Pierce International, Inc., USA	322
	• Erneuerbares Material	327

Pacific board™

Diese Bauplatte auf Strohbasis ist für die Verwendung in Innenräumen gedacht.

	Pacific Northwest Fiber, USA	321
	• Erneuerbares Material	327

Allzweckspanplatte

Rund 14.000 t Weizenstrohabfälle werden jährlich für die Produktion dieser 1 cm dicken Spanplatte verwendet. Sie ist besonders für Möbel, als Baumaterial und für die Innenausstattung geeignet.

	Prairie Forest Products, USA	322
	• Erneuerbares Material	327

Resincore

Resincore ist eine formaldehydfreie Spanplatte aus Sägespänen, Phenolharz und Wachs.

	Rodman Industries, USA	323
	• Erneuerbares und recyceltes Material	327

Schauman Wisa® Sperrholze

Birken-, Fichten- und Kiefernholz aus bewirtschafteten Wäldern in Finnland wird zur Herstellung diverser Sperrholze verwendet. Diese sind als Schalungen für die Innen- und Außenausstattung, den Bau und als Tischlerplatten geeignet. Das ISO 14001-zertifizierte Unternehmen fertigt Laminatfußböden aus Sperrholzplatten mit Nut- und Federverbindung wie Schauman Birchfloor, Spruce Dek und Sprucefloor.

	Schauman Wood Oy, FIN	323
	• Erneuerbares Material • aus. bewirtschafteten Wäldern	327

ShetkaBoard

Diese Verschalungsmaterialien aus recyceltem Papier sind für Bauzwecke und für die Innenausstattung geeignet.

	All Paper Recycling, Inc., USA	312
	• Recyceltes Material	327

Stramit

Diese Verbundfaserplatte besteht zu 100 % aus Weizenstroh und ist von recyceltem Papier umschlossen.

	Stramit USA, USA	324
	• Erneuerbares und recyceltes Material	327

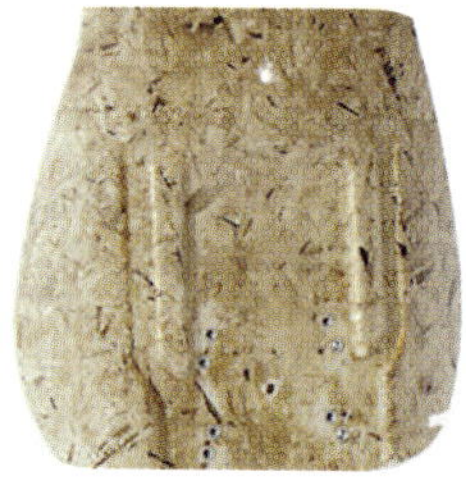

Holzverbundstoff

Späne von Espenholzfasern werden geformt und zu Möbeln und Autoteilen wie Stützen, Verkleidungen und Rückenlehnen verarbeitet.

	Strandwood Molding, Inc., USA	324
	• Erneuerbare Materialien	327

Thermo-ply

Diese Faserplatten bestehen zu 100 % aus recycelten Materialien wie Pappe, Büroabfällen und Produktionsresten.

	Simplex Products, USA	324
	• Erneuerbares und recyceltes Material	327

Wheatboard™

Diese stabile Spanplatte besteht aus verbundenen, gekreuzten Weizenstrohfasern. Sie ist für die Bauindustrie und für die Innenausstattung, Möbel und Küchenreparaturen geeignet.

	Primeboard, Inc., USA	322
	• *Erneuerbares Material*	327

Bambus

Bambus aus Vietnam ist das wichtigste Material für die Parkett- und Laminatböden-Herstellung des Unternehmens. Es können aber auch Stangen und Bambus für Bauzwecke bezogen werden.

	Bamboo Hardwoods, Inc., USA	313
	• *Erneuerbares Material*	327

Zertifiziertes Holz

Palmenbäume aus nachhaltig bewirtschaftetem Anbau sind das Material für die dichten, vorbehandelten Platten. Das Holz ist zu 100 % frei von Chemikalien und eignet sich für Bauzwecke, Fußböden und Möbel. Geboten wird außerdem eine breite Palette nordamerikan. u. trop. Harthölzer aus zertifizierten Quellen.

	Eco Timber International, USA	315
	• *Erneuerbares Material* • *Giftstofffrei* • *SmartWood- o. FSC-zertifiziert*	327, 329, 333

Holz aus nachhaltigem Anbau

Harwood Products (Ceres-Mitglied) liefert Holz und Fertigprodukte aus nachhaltig bewirtschafteten Wäldern mit FSC-Zertifizierung.

	Harwood Products, USA	317
	• *Erneuerbares Material* • *Zertifizierte Materialien*	327

Microllam™ und Intrallam™

TJM bindet Espenholzschichten mit Harz zu einem stabilen Verbundholz. Bei der Bearbeitung des Rundholzes fällt nur geringer Abfall an: Microllam™ besteht aus dünnen gleichmäßigen Schichten, Intrallam™ aus gröberen Schichten und Holzstückchen.

	Trus Joist MacMillan, USA	325
	• *Reduzierte Abfallproduktion* • *Effiziente Ressourcennutzung*	327, 328

Gummibaumholz

Auf 7,2 Mill. Hektar weltweit werden Gummibäume kultiviert. Davon befinden sich mehr als 5,2 Mill. Hektar in Malaysia, Indonesien und Thailand. Die Latexproduktion geht normalerweise 25 bis 30 Jahre nach der Pflanzung zurück. Diese älteren Bäume werden jetzt zunehmend als Quellen für Hevea, Gummibaumholz, genutzt. Die wichtigste Art ist Hevea brasiliensis. Die ASEAN-Länder (Vereinigung südostasiatischer Nationen) produzierten 1990 ca. 17 Mill. Kubikmeter Gummibaumholz. Dieses Holz ist vielseitig einsetzbar, z.B. für Fußböden, Spanplatten, Küchenzubehör und Holzmöbel.

	Diverse Hersteller in tropischen Ländern	
	• *Erneuerbare Ressource*	327

THL Iron Woods®

Dinizia Excelsum, Purpurholz, Grünherz und Massaranduba sind besonders zähe tropische Harthölzer mit außerordentlich hoher Dichte. Geschnitten und gehobelt werden diese Hölzer unter dem Markennamen THL Iron Woods® verkauft. Die Marke hat die FSC-Zertifizierung und die SmartWood®-Zertifizierung der Rain Forest Alliance, da die Hölzer aus nachhaltig bewirtschafteten Wäldern stammen. Diese extrem dauerhaften Eisenhölzer weisen auch ohne eine Behandlung durch Chemikalien eine sehr lange Lebensdauer auf.

	Timber Holdings Ltd, USA	325
	• *Erneuerbares Material* • *Zertif. Quellen*	327

Timberstrand™ LSL

Aus Furnierspänen oder -blättern und Klebstoffen oder Harzen als Bindemittel stellt TJM unter Hochdruck und Hitzeeinwirkung eine Palette künstlich produzierter Holze her. Timberstrand™ LSL ist ein überall einsetzbares Strukturholz. Die Produkte ermöglichen eine bessere Ressourcenausnutzung als gesägtes Holz, da fast der gesamte Baumstamm in dem Verbundholz enthalten ist.

	Trus Joist MacMillan, USA	325
	• *Erneuerbare Materialien* • *Effiziente Ressourcennutzung*	327

Weidenholz

Die Baumschule hat sich auf Kultivierung und Züchtung von Weidenarten, die dem britischen und europ. Klima angepasst sind, spezialisiert. Mehr als 135 Arten, Unterarten und Nebenformen sind im Angebot. Auch Großabnehmer von geschnittenen Korbweiden und Weiden werden bedient.

	The Willow Bank, GB	326
	• *Erneuerbares Material*	327

BioFoam

BioFoam ist ein loses, abbaubares Verpackungsmaterial aus Stärkemehl.

Johnson Corrugated Products, USA	318
• Erneuerbares Material	327

Biocorp: Biopolymer

Diese kompostierbaren Biopolymere von Biocorp bestehen hauptsächlich aus Maisstärke. Die Produktpalette reicht von Einkaufstüten bis hin zu Besteck.

Biocorp, USA	313
• Erneuerbares Material • Kompostierbar	327

Bioplast® und Biopur®

Biotec hat sich auf biologisch abbaubare Kunststoffe aus Pflanzenstärke spezialisiert. Gehandelt werden die Produkte unter den Namen Bioplast® und Biopur®. Sie haben ähnliche Eigenschaften wie Styropor, so dass sie zum Beispiel für Automaten- oder Party-Einwegtassen geeignet sind.

Biotec, D	313
• Erneuerbares Material • Kompostierbar	327

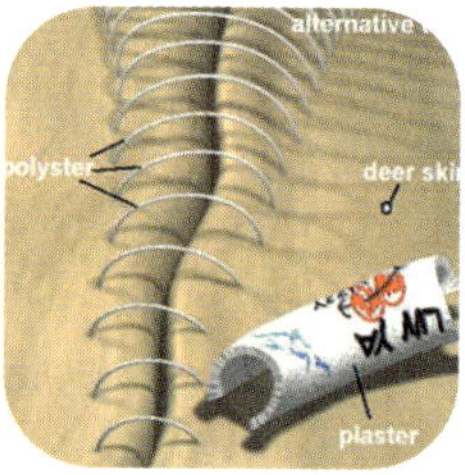

Capa®

Capa® ist ein Thermoplast aus biologisch abbaubaren Polycaprolactonen.

Solvay Plastiques, B	324
• Erneuerbares Material • Kompostierbar	327

Biopolymere

Aus Maispflanzen werden Biopolymere und Industriestärke extrahiert.

Cerestar USA, USA	314
• Erneuerbares Material • Kompostierbar	327

Depart®

Depart® ist ein wasserlöslicher, biologisch abbaubarer Kunststoff aus Polyvinylalkohol.

Environmental Polymers Group plc, GB	316
• Kompostierbar	327

Biopolymere

Aus Zelluloseacetat produziert Eastman eine Palette biologisch abbaubarer Polymere.

Eastman Chemical Company, USA	315
• Erneuerbares Material • Kompostierbar	327

Eco-Flow

Eco-Flow ist ein Verpackungsmaterial, das hauptsächlich aus extrudierter Weizenstärke besteht.

American Excelsior Company, USA	312
• Erneuerbares Material • Kompostierbar	327

Eco-Foam®

Styropor-Chips mussten i.d.R. durch Zugabe von FCKW hergestellt werden. Jetzt können sie durch biologisch abbaubare Chips aus aufgeschäumten Stärkepolymeren ersetzt werden. Als Treibmittel wird nur Dampf eingesetzt. Das Biopolymer besteht zu 85 % aus Maisstärke und ist daher biologisch abbaubar, wasserlöslich und wiederverwendbar. Da es keine Festigkeit aufweist, ist der Verpackungsprozess umso einfacher.

National Starch & Chemical Co., USA	320
• Erneuerbares Material • Wiederverwendbar • Vermeidet FCKW-Emissionen	327, 329

EnPol

Enpol ist ein zu 100 % biologisch abbaubarer Kunststoff. Seine Eigenschaften ähneln denen von Polyethylen, es erreicht aber schon bei einem um das Zweieinhalbfache reduzierten Materialeinsatz dieselbe Stabilität.

Polyval plc, GB	322
• Kann den Materialverbrauch für das Endprodukt senken • Kompostierbar	327

EnviroFill

EnviroFill ist ein durch Extrusion erzeugtes, abbaubares loses Verpackungsmaterial auf Stärkebasis.

⚙	*Norel/Unisource, USA*	321
♻	• *Erneuerbares Material* • *Kompostierbar*	327

Flo-Pak Bio 8

Für Flo-Pak Bio 8, ein loses Verpackungsmaterial, dient Mais-, Weizen- oder Kartoffelstärke als Rohstoff.

⚙	*Free-Flow Packaging International, Inc., USA*	316
♻	• *Erneuerbares Material* • *Kompostierbar*	327

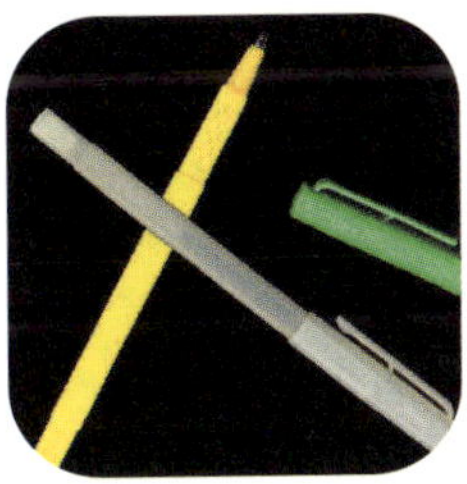

Mater-Bi

Mater-Bi ist eine biologisch abbaubare Kunststofffolie. Sie wird von Novamont in Italien und, unter der Lizenz von EnPac, in einem Joint Venture zwischen DuPont und ConAgra in den USA hergestellt. Als Rohstoff dient Maisstärke. Die Anwendungsmöglichkeiten reichen von Verpackungen bis hin zu Mülltüten.

⚙	*Novamont SpA, I/ EnPac, USA*	316, 321
♻	• *Erneuerbares Material* • *Kompostierbar*	327

MAZIN

Die Polymere für dieses biologisch abbaubare Biopolymer werden aus Maispflanzen extrahiert. Die extrudierten Bögen können zu Telefon- und Kreditkarten und ähnlichen Produkten verarbeitet werden.

⚙	*Corn Card International, Inc., USA*	314
♻	• *Erneuerbares Material* • *Kompostierbar*	327

Naturkautschuk (NR)

Die Geschichte der Kautschuk-Gewinnung lässt sich bis in die frühen Hochkulturen in Mittel- und Südamerika zurückverfolgen. Im 19. Jahrhundert wurde erstmals eine indigene Art, Hevea brasiliensis, kommerziell angebaut, und Kautschuk wurde zu einem der wichtigsten Exportgüter Brasiliens. Mit der Entdeckung der Vulkanisation durch Charles Goodyear ergaben sich zahlreiche neue Einsatzgebiete für Naturlatex. Heute stammt über 70 % der weltweiten Kautschukproduktion aus Malaysia, Indonesien und Thailand. Nach ca. 30 Jahren nimmt die Latexproduktion eines Gummibaums ab. Die Plantagen übernehmen auch die Funktion natürlicher Senken, da die Pflanzen Kohlendioxid absorbieren. Naturkautschuk oder Kautschukmischungen mit Anteilen von synthetischem Gummi oder Füllstoffen werden zu den unterschiedlichsten Produkten verarbeitet: von Reifen und Röhren, Komponenten für die industrielle Fertigung und medizinischen Produkten bis hin zu Schuhen und Sportbekleidung. In Malaysia werden u.a. folgende speziellen Güteklassen produziert: SMR (genormter malaysischer Naturkautschuk), ENR (Epoxidierter Naturkautschuk), DPNR (deproteinisierter Naturkautschuk) und PA/SP (Perfekt-Kautschuk).

⚙	*Hersteller in tropischen Ländern*	
♻	• *Erneuerbares Material* • *Vielseitiges natürliches Polymer*	327

Novon®

Diese thermoplastische Stärke wird bis zu 90 % aus Pflanzenstärke gewonnen. Zusatzstoffe reduzieren die Zersetzungsgeschwindigkeit. Je nach Umgebungsfeuchte und -temperatur sowie Grad der mikrobischen Aktivitäten zersetzt sich das Material innerhalb von 5 bis 45 Tagen.

⚙	*Novon International, USA*	321
♻	• *Erneuerbares Material* • *Kompostierbar*	327

PHA

PHAs sind biologisch abbaubare Kunststoffe auf Pflanzen- oder Bakterienbasis. Sie sind wasserlöslich, leicht zu recyceln und für Medikamenten- und Lebensmittelverpackungen geeignet.

⚙	*Metabolix, Inc., USA*	320
♻	• *Erneuerbares Material* • *Kompostier- und recycelbar*	327

PLA, EcoPLA

Kunststoffhersteller erforschen kommerziell tragfähige Verfahren zur Herstellung von Kunststoff aus erneuerbaren Ressourcen. Im Jahr 2000 hat Cargill Dow Polymers angekündigt, dass der von dem Unternehmen entwickelte „NatureWorks"- Prozess ein neues Bioplast hervorgebracht hat. Es trägt die Bezeichnung Polylactid (PLA) und wird aus Maispflanzen gewonnen. In Nebraska soll eine neue Fabrik eröffnet werden, in der zunächst bis zu 150.000 t jährlich produziert werden sollen. Einige der weltgrößten Produzenten von Verpackungen für

Lebensmittel haben Interesse bekundet, PLA für ihre Produkte zu verwenden.

Cargill Dow Polymers, USA	314
• Erneuerbares Material *• Kompostierbar*	327

Polymerische Harze

Das Unternehmen hat sich auf maschinell hergestellte Polymere für medizinische Produkte, Körperpflege und Landwirtschaftstechnik spezialisiert. Die polymerischen Harze sind abbaubar.

Plant Polymer Technologies, Inc., USA	322
• Abbaubares Material	327

Biopolymere und Harze

Schwerpunktmäßig produziert das Unternehmen Biopolymere und Harze auf Stärkebasis. Clean Green ist ein loses, wasserlösliches Verpackungsmaterial.

Starch Tech, Inc., USA	324
• Erneuerbares Material *• Kompostierbar*	327

Chanvrisol, Chanvrilaine, Méhabit

LCDA-Produkte entstehen aus einer Verbindung von Zellulosefasern (Holz) und Hanffasern. Chanvrisol ist eine Schüttung, Chanvrilaine eine Dämmmatte und Méhabit eine Fußbodenunterlage.

LCDA (La Chanvrière de l'Aube), F	319
• Erneuerbares Material	327

Dämmstoffe

Recycelte Textilabfälle werden zu Dämmstoffen verarbeitet.

Greenwood Cotton Insulation Products, Inc., USA	317
• Recycelte Stoffe	327

Heraflax

Die langen und kurzen Fasern der Flachspflanze werden voneinander getrennt. Die längeren Fasern werden zu Leinen verarbeitet, die kürzeren zu Dämmplatten und -matten. Durch Beimischung von Polyesterfasern entstehen die Heraflax WP-Dämmplatten und die Heraflax WF-Dämmmatten in Standardstärken von 60 oder 80 mm. Beide Materialien sind hervorragende Dämmstoffe mit einer Wärmeleitfähigkeit von 0,43 W/m^2.

Deutsche Heraklith GmbH, D, und Österreichische Heraklith GmbH, A	315, 321
• Erneuerbares Material *• Energie sparende Produkte*	327, 329

Hypodown

Fasern des Schwalbenwurzgewächses dienen als eines der Rohmaterialen für Hypodown, hypoallergenen Daunenprodukte, die in Bettdecken und Polsterungen zum Einsatz kommen.

Natural Fibers Corporation, USA	320
• Erneuerbares Material *• Anti-Allergen*	327, 329

Thermo-Hanf®

Hanf ist für Bauern, die an einer organisch betriebenen Landwirtschaft interessiert sind, die ideale Nutzpflanze. Beim Anbau brauchen keinerlei Herbizide oder Insektizide eingesetzt zu werden, die Pflanze unterbindet das Wachstum von Unkräutern und hilft so beim Reinigen des Landes. Innerhalb von 100 Tagen wird sie bis zu 4 m groß und stellt somit eine wichtige Quelle von Biomasse und Fasern dar. Seit 1996 wird in Deutschland rauschgiftarmer Hanf für die Produktion dieses neuen Dämmstoffs angebaut. Die Fasern werden aus den geernteten Pflanzen extrahiert und mit 15 % Polyester-Stützfasern und 3-5 % Natrium als Flammschutzmittel versetzt. Daraus entsteht ein Dämmstoff, der in Riegelwänden oder Holzdächern eingesetzt werden kann. Thermo-Hanf® erfüllt alle DIN-Standards und weist eine Wärmeleitfähigkeit von 0,039 W/mK nach DIN 52612 auf. Außerdem garantieren pflanzeneigene Substanzen Schutz vor Insektenbefall.

Hock Distribution/ Swabian ROWA, D	318
• Erneuerbares Matrial *• Umweltgerecht*	327

Woolbloc

Schafwolle wird mit einer akrylhaltigen Lösung und natürlichen Borsalzen zu dämmenden Unterlegplatten mit niedriger Wärmeleitfähigkeit (0,038 W/mK) und rechteckigen Enden in Stärken von 50, 75 und 100 mm verarbeitet. Der Energieaufwand für die Herstellung liegt üblicherweise bei weniger als 20 % des Energieaufwands für die Herstellung von Dämmstoffen aus Glasfasern. Der akkumulierte Energieaufwand von Woolbloc liegt bei unter 150 MJ/m². Das Material ist hydroskopisch, d.h. es kann überschüssigen Wasserdampf absorbieren. Zugleich ist es aber auch atmungsaktiv, so dass die Feuchtigkeit wieder verdampfen kann. In Tests hat sich herausgestellt, dass es abgegebene Formaldehyde absorbieren kann.

⚙	*Klober, GB*	319
♻	*• Energie sparend • Umweltfreundliche Produktion • Erneuerbares, recycelbares und biologisch abbaubares Rohmaterial*	327, 329

Papiere, Platten und Verbundstoffe

Arizona Fibers Marketing baut die Kenafpflanze an und verarbeitet die Fasern zu einem in der Papier- und Bauindustrie einsetzbaren Material.

⚙	*Arizona Fibers Marketing, USA*	312
♻	*• Erneuerbares Material*	327

Verpackung

Fasern und Rückstände aus der Landwirtschaft werden zu Lebensmittelverpackungen und Einwegbesteck verarbeitet.

⚙	*Enbiomass Group, Inc., USA*	316
♻	*• Erneuerbares Material • Kompostierbar*	327

Nativa Rubber

Das Latex stammt nicht aus kommerziell betriebenen Plantagen, sondern direkt aus den Wäldern im Amazonas-Gebiet. So wird ein Beitrag zur Erhaltung der Regenwälder geleistet.

⚙	*Deep E Company, USA*	315
♻	*• Erneuerbares Material • Ethische Produktion • Trägt zur Erhaltung der Natur bei*	327, 330

Sundeala und Celotex Sealcoat

Sundeala ist eine weiche Platte, die aus ungebleichten recycelten Zeitungen und Zeitschriften gefertigt wird. Sie ist in verschiedenen natürlichen Farben erhältlich. Celotex Sealcoat Medium wird ebenfalls aus recycelten Zeitungen und Zeitschriften gefertigt, aber mit natürlichen mineralischen Pigmenten eingefärbt. Beide Platten lassen sich u.a. gut für Innenausstattungen verwenden.

⚙	*Celotex Ltd, GB*	314
♻	*• Recyceltes Material • Umweltfreundliche Produktion*	327

Sustana®-Leder

Sustana® soll das exklusivste „Öko-Leder" der Welt sein. Die Felle stammen aus einer an den Prinzipien der Nachhaltigkeit und der Humanität orientierten Rinderhaltung. Hormone, Steroide oder Antibiotika wird man auf der Coleman-Ranch in Colorado vergeblich suchen. Gegerbt werden die Häute von der Gerberei Cudahy Tanning. Giftstoffarmes dreiwertiges Chrom und wasserbasierte Farben und Finishes sind hier die Arbeitsmittel. Abfälle werden recycelt, Abwasser mit biologischen Reinigungssystemen behandelt. Sustana® ist der wichtigste Lederlieferant für die Schuhe der Deep E Company.

⚙	*Deep E Company, USA*	315
♻	*• Erneuerbare s Material • Umweltfreundliche Produktion • Ethische Produktion*	327, 330

Farben, Öle, Wachse und Oberflächen

Auro stellt eine umfangreiche Palette organischer Farben, Öle, Wachse, Färbungsmittel und sonstiger Oberflächenanstriche her. Diese sind frei von Pilzschutzmitteln, bioziden Mitteln und Erdölderivaten einschließlich Mineralterpentinöl, einem Isoaliphat. Die Öle, beispielsweise ätherische Öle, Balsamterpentinöl oder Zitronenschalenöl, sind alle natürlicher Herkunft, so dass die Produktionsabfälle problemlos recycelt werden können und die Gesundheitsgefährdung erheblich geringer ist als bei Produktionssystemen auf Erdöl- oder Isoaliphatbasis. Als Emulsionsfarben für den Innenbereich kommen unter anderem weiße Kalk- und Kalk-Kaseinfarben zum Einsatz, die mit Pigmenten eingefärbt werden können. Das Angebot umfasst 330 verschiedene Farben.

	Auro Pflanzenchemie AG/Auro GmbH, D	312
	• Giftstofffrei *• Umweltfreundliche Produktion*	327

Farben, Färbungsmittel, Verdünnungsmittel und Wachse

Die BioShield Paint Company produziert ihre Produkte aus natürlichen Inhaltsstoffen wie Leinsamen, Orangenschalen und Sojabohnen.

	BioShield Paint Company, USA	313
	• Erneuerbares Material	327

Klebstoffe, Farben, Lacke und Öle

Natürliche, organische Grundstoffe und reichlich vorhandene Materialien sind die Rohstoffe für die Produktpalette von Holzweg. Die Firma produziert Oberflächenanstriche für Nutzhölzer und Holzverkleidungen.

	Holzweg, D	318
	• Erneuerbares Material *• Giftstofffrei*	327

Livos

1975 entwickelte die Firma Livos ein Verfahren zur Dispersion von Inhaltsstoffen in natürlichen Harzen. Seitdem hat sie ihre Produktpalette von Grundierungen auf natürlicher Basis (mit Leinöl), Härtemitteln für Böden (Pinienharze), durchsichtigen Glasuren (pflanzliche Öle, z.B. Zitronenschalenöl), Holzpolituren (Bienenwachs und Krappwurzel) und Lacken mit natürlichen Erdpigmenten beständig erweitert. Ovos URA-Pigmentfarbe besteht aus Bienenwachs organischer Herkunft, Lein-/Standöl, Orangenschalenöl und Dammarharz, zu denen Wasser, Methylzellulose, Isoaliphat, Ethanol, Eisenoxid, Mineralpigmente, Borax und Borsäure hinzugefügt werden. Je nach gewünschter Farbintensität kann die Pigmentmenge variiert werden.

	Livos Pflanzenchemie, D	319
	• Hoher Anteil natürlicher, erneuerbarer Materialien *• Geringes FOV oder FOV-frei* *• EU-Umweltkennzeichen für einige Produkte*	327, 339, 341

The Natural Choice

Für alle Farben und Oberflächenanstriche der Firma „The Natural Choice" werden natürliche Öle und Lösungsmittel aus Zitronenschalen oder -samen, Baumharzen, Baum- und Bienenwachsen, mineralischen Verdickungsmitteln und Erdpigmenten verwendet. Die Öle werden kalt oder bei geringer Hitze gepresst. Alle Verpackungen sind biologisch abbaubar und recycelfähig.

	The Natural Choice, USA	320
	• Erneuerbares Material *• Geringe Umweltbelastung bei der Produktion* *• Geringer Verpackungsaufwand*	327

Nutshell®

Die Firma Nutshell produziert Klebstoffe, Farben, Kräuter- und Harzöle, Lacke und Färbungsmittel mit natürlichen Pigmenten.

	Nutshell Natural Paints, GB	321
	• Erneuerbares Material *• Giftstofffrei* *• Umweltfreundliche Produktion*	327

Farben auf Milchbasis

Dieses Unternehmen produziert Farben auf Milchbasis, die für die Raumgestaltung/Renovierungsarbeiten und die Möbelherstellung geeignet sind. Die Farben werden nach traditionellen Rezepturen gefertigt.

	Old Fashioned Milk Paint Company, USA	321
	• Erneuerbares Material	327

OS Color

Wachse der Canauba- und Candelillapflanze sowie Öle

aus Sonnenblumen, Sojabohnen, Leinsamen und Disteln sind Rohmaterialien für viele natürliche Färbungsmittel und Holzschutzanstriche im Außen- und Innenbereich.
OSMO COLOR Holzschutz-Lasur und OSMO COLOR Holzschutzimprägnierung sind natürliche, mikroporöse, wasserabweisende Oberflächenanstriche auf Ölbasis für Wettereinflüssen ausgesetzte Holze. Natürliche Öle, wasserabweisende Zusatzstoffe und bleifreie Sikkative (Trockner) machen fast 85 % des Festkörpergehalts aus. Diesem Bindemittel werden dann aktiv schützende Inhaltsstoffe, (gegen Bakterien und Pilze) aliphatische, geruchsarme Lösungsmittel und Pigmente (Eisenoxid, Titandioxid) zugesetzt. Für die Behandlung von Fußböden kommen Produkte wie das OSMO COLOR Hartwachs-Öl auf Ölbasis zum Einsatz, das eine haltbare und abwaschbare Oberfläche erzeugt. Es enthält keinerlei Biozide oder Konservierungsstoffe. Die Produktionsanlagen sind ISO 9001- und ISO 14000-zertifiziert.

⚙	*Ostermann & Scheiwe, D*	321
♻	*• Geringer Gehalt an Lösemitteln, freien FOVs, Bioziden, Konservierungsstoffen und Zitrusölen • Erneuerbare Rohstoffe*	327, 341

Bio T®

Bio T® ist ein Allzweckreiniger auf Terpenbasis. Einsatzgebiete sind industrielle Anlagen und öffentliche Räume.

⚙	*BioChem Systems, USA*	313
♻	*• Natürliche Materialien als Ausgangsstoff*	327

BioForm®

Dies ist ein biologisch abbaubares Entschalungs- und Trennmittel aus Canolaöl. Es eignet sich für Zement, Kunststoffe, Silikonkautschuk, Stahl, Styropor und Holz.

⚙	*Leahy Wolf Company, USA*	319
♻	*• Erneuerbares Material*	327

Natürliche Färbemittel und Farbstoffe

Das Unternehmen stellt Farbstoffe aus natürlichen Ausgangsstoffen her. Diese werden in der Industrie als Ersatz für synthetische Färbemittel verwendet.

⚙	*Color Trends, Inc., USA*	314
♻	*• Erneuerbares Material*	327

GlueMate™

Das Klebesystem PRF/Soy 2000 wird zur Schäftverleimung von getrocknetem und frischem Nutzholz verwendet. Als Grundstoff dient GlueMate™, ein Gel auf Proteinbasis, das aus Sojabohnen gewonnen wird.

⚙	*Hopton Technologies, USA*	318
♻	*• Erneuerbares Material*	327

Klebstoffe, Farben

Die Firma Postmolen fertigt traditionelle Leime und Klebstoffe für Möbeltischler auf Kaseinbasis sowie Glanzlacke aus Leinöl und anderen natürlichen Inhaltsstoffen.

⚙	*Potmolen Paints, GB*	322
♻	*• Erneuerbares Material • Giftstofffrei*	327

Rilsan

Rilsan-Harze werden aus Rizinussamen gefertigt und kommen oft in Pulverlacken für Metalle zum Einsatz.

⚙	*Elf Atochem, USA*	316
♻	*• Erneuerbares Material*	327

Soy Clean

Soy Clean ist eine Kollektion biologisch abbaubarer, nicht giftstoffhaltiger Reinigungs- und Abbeizmittel aus Sojabohnen.

⚙	*Soy Environmental Products, Inc., USA*	324
♻	*• Erneuerbares Material • Giftstofffrei*	327

Bean-e-clean™

Die Firma Franmar Chemical stellt ein Allzweckreinigungsmittel für die industrielle Verwendung, Bean-e-doo™, und einen wasserlosen Handreiniger, Bean-e-clean™ her. Beide werden aus Sojabohnen gefertigt.

⚙	*Franmar Chemical, Inc., USA*	316
♻	*• Erneuerbares Material • Reduzierter Gehalt giftiger Chemikalien und FOVs*	327, 341

Continuum

Alte Jeans, abgenutzte Geldscheine und Baumwollreste aus Produktionsabfällen werden zu verschiedenen Papierarten umgewandelt. Seit 1801 werden bei Zenus Crane Textilien und Papier recycelt. Mit der Continuum-Serie holzfreier Papiere, die zu je 50 % aus Baumwoll- und aus Hanffasern bestehen, wird diese Tradition fortgesetzt.

⚙	*Crane & Company, USA*	314
♻	*• Erneuerbare Rohmaterialien • Erhaltung der Wälder*	327, 330

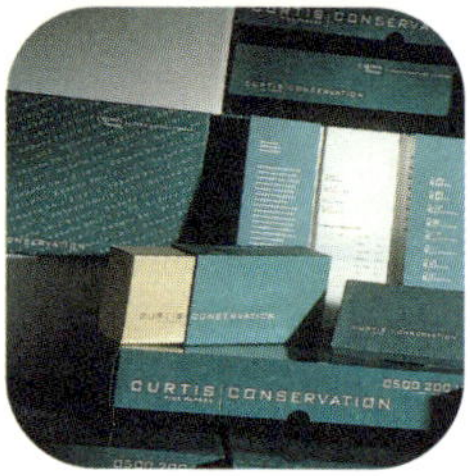

Conservation, Retreeve

Die vollständig recycelten Velinpapiere und Papiere mit Egoutteurrippung der Conservation-Serie sind für Tinten- und Laserdrucker geeignet. Sie werden zu 25 % aus Papierabfällen, zu 50 % aus ungebrauchtem Papier und zu 25 % aus Altpapier gefertigt und erfüllen alle Vorgaben des NAPM und des Eugropa-Verbandes. Retreeve ist ein qualitativ hochwertiges Papier, das auch als Einbandpapier verwendet werden kann und zu 100 % recycelt ist. Das Unternehmen hat eine umweltfreundliche Firmenpolitik und ist nach ISO 14001 und EMAS zertifiziert.

⚙	*Curtis Fine Papers Ltd, GB*	314
♻	*• Recycelte Inhaltsstoffe*	327, 334

Holzfreies Papier

Unterschiedliche Papierarten werden aus natürlichen Fasern wie Baumwolle und Hanf sowie recyceltem Altpapier hergestellt.

⚙	*Green Field Paper Company, USA*	317
♻	*• Erneuerbares und recyceltes Material • Trägt zur Erhaltung der Wälder bei*	327, 330

Multiboard Kraft, Offset, Ecofrost

Die Verbundfolien und -platten werden aus unterschiedlichen, recycelten Materialien gefertigt. Zu 55 % bestehen sie aus PE-beschichteten Milchkartons, Zeitungen und Zeitschriften sowie Wellpapier. Die verbleibenden 45 % werden aus Produktionsabfällen gewonnen. Die Firma ist nach ISO 9001, ISO 14001 und EMAS zertifiziert.

⚙	*Fiskeby Board Ltd, GB*	316
♻	*• Umweltmanagementsystem*	327, 340

Karteipapier, Kartonagen

Hurum nimmt laminierte Getränkekartons aus Papier, Kunststoff und Aluminium zurück. Diese werden gehäckselt und in verschiedene Abfallströme getrennt. Das wiedergewonnene Papier wird recycelt und zu Karteikartensystemen und Kartonagen verarbeitet. Der Aluminiumanteil wird an ein anderes Unternehmen weitergeleitet und dort verarbeitet. Das Unternehmen hat die ISO 9001-, ISO 14001- und EMAS-Zertifizierung.

⚙	*Hurum Fabrikker AS, N*	318
♻	*• Recycling wiedergewonnener Materialien*	327, 328

Büro- und Hygienepapier

Das Unternehmen produziert mehr als 400 verschiedene holzfreie Papiersorten aus Pflanzenfasern und Altpapier.

⚙	*New Leaf Paper, USA*	321
♻	*• Erneuerbares und recyceltes Material • Erhält die Wälder*	327, 330

„context“ und andere Papiersorten von Paperback

Die umfangreichste Palette an Recycel-Papier in Großbritannien stellt die Firma Paperback her: Glänzendes und mattes Papier, unbeschichtetes Offsetpapier und Spezialpapier werden alle aus recycelten Papierabfällen hergestellt. Auf diese Weise wird der Energieaufwand im Vergleich zur Papierherstellung aus neugewonnener Papiermasse halbiert. Das Unternehmen wurde 1983 gegründet, als recyceltes Papier noch ein Nischendasein fristete, und hat sich sehr für das Recycling von Papier eingesetzt, um den Papierberg von 6 Millionen t, der in Großbritannien jährlich entsorgt wird, kleiner zu halten. Die Pappen haben ein Gewicht von zwischen 225 g/m² und 300 g/m² und sind mit unterschiedlichen Oberflächengestaltungen erhältlich, von Smooth White Watermarked bis zu naturfarbenen Papieren mit Feinrippung. „context“-Papiere und -Pappen bestehen zu 75 % aus de-inktem Altpapier mit NAPM-Genehmigung. „context FSC“ zu 75 % aus de-inkten Fasern und zu 25 % aus vom FSC zertifiziertem Papierbrei.

	Paperback, GB	322
	• *Recyceltes Material* • *Reduzierter akkumulierter Energieaufwand* • *NAPM- und FSC-zertifiziert*	327, 328, 333, 334

Savatree

Die Firma produziert eine breite Palette von Druckpapier und braunem Hartpapier zu Verpackungszwecken. Für Savatree-Produkte kommen ausschließlich recycelte Papierabfälle zum Einsatz. Die Produktpalette umfasst die Papiersorten MG Greentreesaver Kraft, MG Green Envelope und MG Treesaver Plus Kraft.

	Smith Anderson & Co. Ltd, GB	324
	• *Recycelte Inhaltsstoffe*	327

Vanguard Ecoblend™

Dieses holzfreie Bondpapier wird zu 25 % aus landwirtschaftlichen Getreideprodukten und zu 75 % aus Altpapier gefertigt.

	Living Tree Paper Company, USA	319
	• *Erneuerbares und recyceltes Material* • *Erhält die Wälder*	327, 330

Druckpapier Vision™ und Re-vision™

Kenaffasern sind das wichtigste Rohmaterial für diese Kollektion holz- und chlorfreier Druckpapiere.

	Vision Paper, KP Products, USA	319
	• *Erneuerbares Material* • *Erhält die Wälder*	327

Druckfarben

Die Firma Alden & Ott stellt heißtrocknende Farben auf Sojabohnenbasis her. Der Sojagehalt liegt bei 20 bis 25 %. Farbpigmente machen Schwermetalle entbehrlich.

	Alden & Ott, USA	312
	• *Erneuerbares Material* • *Umweltfreundliche Produktion*	327

EcoPure

EcoPure ist eine Palette von Druckfarben aus Sojabohnen. Darüber hinaus stellt das Unternehmen auch Flexofarben auf Wasserbasis und Spezialfarben für den Metalldruck her.

	Inx International Ink Co., USA	318
	• *Erneuerbares Material*	327

Druckfarben

Für den Offset- und den Steindruck werden viele Druckfarben auf pflanzlicher Basis angeboten.

	Flint Ink, USA	316
	• *Erneuerbares Material*	327

Druckfarben

Das Unternehmen produziert Druckfarben aus Sojabohnen.

	Ron Ink, USA	323
	• *Erneuerbares Material*	327

Argyll CF727

Der Designer Jasper Morrison hat die alte schottische Tradition gewobener Wollstoffe wieder aufgegriffen und daraus für Bute Fabrics eine neue Kollektion von Heimtextilien in lebendigen, modernen Farben geschaffen. Die Haltbarkeit und die warme Oberflächentextur des traditionellen, handgearbeiteten Gewebes wurden aber beibehalten. Bute Fabrics bezieht die meisten Materialien aus der Umgebung. Der Produktionsprozess ist umweltfreundlich gestaltet, und die Verwendung schädlicher Substanzen wird so gering wie möglich gehalten.

	Bute Fabrics, GB	313
	• Erneuerbares Material • Umweltfreundliche Produktion	327

Cantiva™

Hanf ist eine sehr stabile, gegen Salzwasser, Schimmel, Kahm und ultraviolettes Licht beständige Naturfaser. In China wird das Material nachweislich schon seit 10.000 Jahren verwendet. Die Firma Hemp Textiles International fabriziert Dutzende unterschiedlicher Gewebe aus Hanf oder gemischt mit Naturfasern. Segeltuch für hohe Belastungen aus reinen Hanffasern mit einem Gewicht von 620 g/m^2 sind ebenso darunter wie leichte Hanf- und Seide- oder Hanf- und Baumwollmischgewebe mit einem Gewicht von 92 bis 193 g/m^2. Für die Belieferung von Großabnehmern wurde mit einer chinesischen Fabrik vertraglich eine Zusammenarbeit vereinbart.

	Hemp Textiles International, USA	317
	• Erneuerbares Material	327

Furrows-, Carnegie- und Wintex-Stoffe aus Climatex® Lifecycle™-Garn

Die Firma DesignTex beauftragte McDonough Braungart Design Chemistry mit der Entwicklung eines neuen, biologisch abbaubaren Gewebes für ihre Büromöbelkollektionen. William McDonough und Professor Dr. Michael Braungart (USA/Deutschland) entwickelten daraufhin zusammen mit Susan Lyons von DesignTex und Lothar Pfister und Fabiola Fornasier von Rohner Textil das neuartige Climatex® Lifecycle™-Gewebe. Mehr als 8.300 Chemikalien, die in der konventionellen Textilproduktion verwendet werden, wurden auf ihre Tauglichkeit überprüft. Von diesen wurden nur 38 für frei von giftigen Stoffen befunden. Es wurden zwei verschiedene Naturfasern ausgewählt: Wolle auf Grund seiner Wärme und der wasserabsorbierenden Eigenschaften sowie Ramie, eine flachsähnliche Faser aus Indonesien, auf Grund ihrer Kühle und der wasserabweisenden Eigenschaften. Die Firma Ciba Geigy beteiligte sich an der Entwicklung natürlicher Farbstoffe sowie an Herstellungsmethoden für die Fabriken von Rohner Textil. Das Abwasser soll nach der Behandlung sauberer sein als das eingeführte Wasser.

	Rohner Textil, CH, für DesignTex, USA	315, 323
	• Haltbares, recycelbares und kompostierbares Material • Gift- und schadstofffreie Herstellung • Reduzierter Wasserverbrauch bei der Produktion	327, 328

Garne und Textilien

Die Wolle seltener Tierarten wird gesponnen und zu einer Reihe sehr belastbarer Garne und Gewebe gewoben.

	Dalton Lucerne Rare Fibres Ltd, GB	315
	Verschiedene Hersteller	
	• Erneuerbare Ressourcen • Trägt zur Erhaltung seltener Tierarten bei	327, 330

FoxFibre®

FoxFibre® wird aus organisch angebauter, naturfarbiger Baumwolle gefertigt. Eine weitere Färbung ist nicht erforderlich, so können der Wasserverbrauch und die Abwasserentstehung verringert werden.

	Natural Cotton Colours, Inc., USA	320
	• Erneuerbares Material • Umweltfreundliche Produktion	327

Ungebleichte Textilien

Färben und Bleichen sind zwei Arbeitsschritte in der Textilindustrie, die zu erheblichen Belastungen von Wasser und Luft führen. Junichi Arai hat deshalb Anleihen bei traditionellen, jacquardgewebten Stoffen gemacht und auf dieser Grundlage eine eindrucksvolle Serie ungefärbter, ungebleichter Textilien mit ausgeprägter Textur entwickelt.

⚙	*Junichi Arai, c/o Nuno Corp., J*	321
♻	*• Erneuerbares Material • Umweltfreundliche Produktion*	327

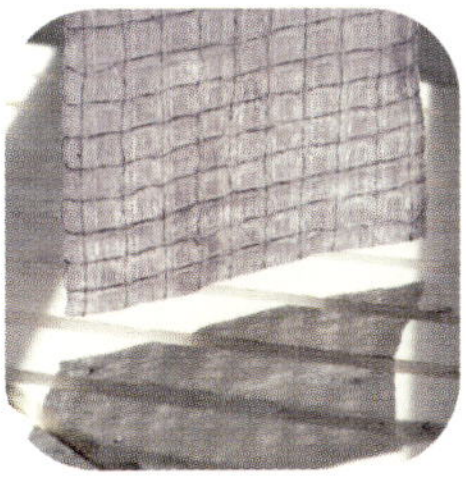

Textilien aus recyceltem Garn

Die Firma Mollsjö fertigt aus Jeansstoffen Woll- und Baumwollgarne und webt aus diesen neue Textilien. Bei jedem Produktionsdurchlauf entsteht ein etwas anderes Gewebe.

⚙	*Carina Mollsjö, S Einzelstücke/Limitierte Serie*	308
♻	*• Recyceltes Material*	327

Green Cotton®

Lange bevor „organisch" zum Modewort wurde, suchten Firmen wie Novotex nach Möglichkeiten, ihr Unternehmen nachhaltiger zu betreiben. Eine Analyse der Bezugsquellen für Rohmaterialien ergab, dass handgeerntete Baumwolle aus pestizidfrei betriebenen Plantagen in Südamerika weniger Reinigung erfordert als zu kommerziellen Zwecken intensiv angebaute Baumwolle. Langfasrige Baumwollarten werden zu einem Garn verarbeitet, das problemlos mit Farbstoffen auf Wasserbasis gefärbt werden kann. So werden bei der Herstellung weniger chemikalische Zusatzstoffe benötigt. Green Cotton® enthält keinerlei Chlor, Benzinid und Formaldehyd. Das Abwasser aus dem Produktionsprozess wird an Ort und Stelle mit chemischen und biologischen Verfahren gereinigt. Eine umweltfreundlichere Produktion bieten den Arbeitnehmern bei Novotex einen gesünderen Arbeitsplatz.

⚙	*Novotex, DK*	321
♻	*• Reine Produktion von organischen, natürlich gefaserten Textilien*	327

TENCEL®

TENCEL® ist ein modernes Gewebe aus natürlichen Rohstoffen. Die Lyocell-Zellulosefasern werden aus Zellulosebrei gewonnen. Die Lyocel-Fasern werden im einzigartigen Lösungsmittel-Spinnverfahren mit geschlossenem Kreislauf von TENCEL® verarbeitet. Dieses Verfahren ist Energie- und wassersparend. Das giftstofffreie Lösungsmittel wird immer wieder recycelt. So entsteht die weiche, atmungsaktive, absorbierende und vollständig biologisch abbaubare TENCEL®-Faser. Die nassen Fasern werden mit einer Fibrillierungstechnik abgerieben, um spezielle Oberflächen zu erreichen. So kann eine große Anzahl unterschiedlicher fibrillierter und nicht-fibrillierter Oberflächen erzeugt werden. TENCEL®-Spinnfäden können für genähte und gewobene Stoffe verwendet werden. Sie fühlen sich weicher als Baumwolle an, sind jedoch stärker und lassen sich gut bedrucken oder färben. Viele international bekannte Modedesigner haben die Vielseitigkeit von Stoffen aus TENCEL®-Garn schon umgesetzt.

⚙	*Acordis Fibres (Holdings) Ltd, GB*	312
♻	*• Erneuer- und kompostierbares Material • Saubere und Energie sparende Produktion*	327, 328

Terrazzo-Filz „Colour Chips"

Für diesen nicht gewobenen, deckenartigen Nadelverbundstoff werden über einer Polyester-Organdy-Einlage Farbschnitzel mit naturfarbenem Alpaka-Wollfilz verschmolzen. So entsteht ein einzigartiges Material.

⚙	*Nuno Corporation, J*	321
♻	*• Erneuer- und recycelbare Materialien*	327

Terrazzo-Filz „Nuno"

Stückchen verschiedener Nuno-Gewebe, die bei der Fertigung als Abfall anfallen, und Wollreste werden mit einer Nadelverbundtechnik zu einer Terrazzo-Textur verbunden. Inhaltsstoffe sind zu 85 % Alpaka-Wolle und zu 15 % Produktionsabfälle aus Nuno-Fabriken.

⚙	*Nuno Corporation, J*	321
♻	*• Erneuerbares und recyceltes Material*	327

ACAT-Faserplatte

Diese Faserplatte besteht zu 90 % aus Papier-, Holz- und Kunststofffaserabfällen und zu 10 % aus Klebstoffen. Diese Rohstoffquellen ermöglichen eine kostendeckende Produktion, zugleich wird auch die Lagerung von Abfällen verhindert und der Energieaufwand für die Herstellung gesenkt.

	Alaska Center for Appropriate Technology, USA	304
	• *Recycelte Materialien aus der Umgebung* • *Verringerter Energieaufwand*	327, 340

AERT LifeCycle, ChoiceDek und Moisture Shield

AERT-Produkte werden aus recyceltem Polyethylen (HDPE und LDPE) und Holzabfällen gefertigt. LifeCycle und ChoiceDek können als Bohlenbelag verwendet werden, MoistureShield ist für Fenster, Türen und Möbel geeignet.

	Advanced Environmental Recycling Technologies (AERT), USA	312
	• *Recyceltes Material*	327

Eco Panel

RPI fertigt Eco Panel aus recyceltem HDPE. Die Platte ist in zehn verschiedenen Farbmischungen und Mustern von neutralen Grautönen bis hin zu gemischten Primärfarben erhältlich.

	Recycled Plastics, Inc., USA	323
	• *Recycelte Inhaltsstoffe*	327

Duraplast

Recyceltes, gemischtes Polyethylen (HDPE und LDPE) wird mit einer Harzbindung zu vielseitig einsetzbaren Platten verarbeitet.

	EnviroSafe Products, Inc., USA	316
	• *Recyceltes Material*	327

Kunststoffrecyclate

MAP stellt Kunststoffrecyclate aus ABS-Polykarbonatmischungen her, aus denen im Spritzguss- oder Blasformverfahren Möbelteile produziert werden.

	MAP (Merchants of Australia Products) Pty/Wharington International Pty, AUS	320, 326
	• *Recycelte Inhaltsstoffe*	327

Stokbord™ und Centriboard

Stokbord™-Platten bestehen aus weichem oder geprägtem Weichpolyethylen (LDPE). Sie sind in Standardgrößen mit Stärken von 6 mm, 9 mm, 12 mm und 14 mm erhältlich. Zu 40 bis 50 % bestehen sie aus Haushaltsabfällen, die restlichen 50 bis 60 % stammen aus Industrieabfällen. Centriboard ist in drei Qualitätsklassen erhältlich: L – eine weiche LDPE Platte mit Stärken von 1,5 bis 18 mm; H – eine weiche HDPE-Platte, 2 bis 6 mm dick; P – eine weiche Polypropylenplatte, 2 mm bis 6 mm dick.

	Centriforce, GB	314
	• *Recyceltes Material* • *Verringerter akkumulierter Energieaufwand* • *Trägt zur Erhaltung der Holzressourcen bei*	327, 330, 340

Tectan

Dieses widerstandsfähige, wasserabweisende Brett wird im Rahmen des Dualen Systems Deutschland aus gebrauchten Getränkekartons und Abfällen aus Kartonfabriken gefertigt. Das Rohmaterial wird gehäckselt und unter Hitze- und Druckeinwirkung komprimiert, so dass der Polyethylen-Anteil schmilzt und die Partikel bindet. Das Brett ist für die Verwendung in der Bauindustrie und in der Möbelherstellung geeignet.

	Tetrapak, GB	325
	• *Recyceltes Material*	327

Unicor

Unicor-Platten bestehen zu 90 % aus recycelten Holzfasern und -partikeln, die von Oberflächenschichten aus Polyethylen umschlossen werden. Sie kommen in Reisebussen zum Einsatz.

	Unicor Corporation, USA	325
	• *Recycelte Inhaltsstoffe*	327

Wood-Com

Für Wood-Com werden recycelte Kunststoffe mit Holzpartikeln und -mehl gemischt. Das Material lässt sich für Innenausstattungen wie für Fahrzeugarmaturen leicht formen.

	North Wood Plastics, Inc., USA	321
	• Erneuerbares und recyceltes Material	327

Frostex

Aus gemischtem, recyceltem Kunststoff werden extrudierte Platten gefertigt, die in vielen Bereichen (von Verpackungen über Oberflächenlaminierungen bis hin zum Produkt-Design) Verwendung finden.

	Yemm & Hart, USA	326
	• Recycelte Inhaltsstoffe	327

Kunststoffbrett

Aus recyceltem HDPE werden neue, vielseitig einsetzbare Kunststoffbretter gefertigt.

	Yemm & Hart, USA	326
	• Recycelte Inhaltsstoffe	327

Recycelter Kunststoff

Aus Hausmüll- und Produktionsabfällen werden Pfähle und Pfosten gefertigt.

	Cabka Plast Kunststoffverarbeitungs GmbH, D	313
	• Recyceltes Material	327

Durawood

Durwawood, ein sehr dichtes Material, wird zu rechteckigen Profilen verarbeitet. Es besteht ausschließlich aus recyceltem Kunststoff und ist besonders gut für Straßen- und Außenmobiliar geeignet.

	Save Wood Products Ltd, GB	323
	• Recycelte Inhaltsstoffe	327

Epoch

Gemischter, recycelter HDPE-Kunststoff wird in verschiedenen Formen extrudiert. Diese können für Straßen- und Gartenmöbel verwendet werden.

	Environmental Polymer Products Ltd, GB	316
	• Recycelte Inhaltsstoffe	327

Govaplast®

Aus recyceltem Polyethylen und Polypropylen werden rechteckige, runde und vierkantige Profile sowie Nut- und Federprofile gefertigt. Es sind verschiedene Grau-, Grün- und Brauntöne erhältlich. Die Nut- und Federprofile werden in unterschiedlichen Bereichen eingesetzt, zum Beispiel für Pferdeställe oder im Freien aufgestellte Übertöpfe.

	Govaerts Recycling NV, B	317
	• Recycelte und recycelbare Inhaltsstoffe	327

Kunststoffprofile

Aus recycelten Kunststoffen werden verschiedene runde und quadratische Profile sowie Pfosten hergestellt.

	Hahn Kunststoffe GmbH, D	317
	• Recycelte Inhaltsstoffe	327

Kunststoffplanken, -profile und -pfosten

Aus recyceltem Kunststoff werden Planken, Profile und Pfosten für die Verwendung im Innen- und Außenbereich gefertigt.

	Henne Kunststoff GmbH, D	318
	• Recycelte Inhaltsstoffe	327

Holloplas

Centriforce hat bis zum heutigen Tag mehr als 150.000 t Fertigprodukte aus recycelten Materialien an Kunden aus der Bauindustrie, der Fertigung, der Landwirtschaft und der Freizeitindustrie in über 30 Ländern geliefert. Das Unternehmen bietet eine breite Palette stranggepresster Hohlprofile an, die aus recycelten Kunststoffen hergestellt werden. Das Material stammt zu 40 bis 50 % aus Einzelhandelsabfall und zu 50 bis 60 % aus Industrie- und Handelsabfällen. Die Standardgrößen sind für Nut- und Federdielungen, Zäune, Geländer und Straßenmobiliar geeignet.

⚙	*Centriforce, GB*	314
♻	*• Recyceltes Material • Reduzierter akkumulierter Energieaufwand • Trägt zur Erhaltung der Holzressourcen bei*	327, 330, 340

Kunststoffprofile

Das Unternehmen fertigt verschiedene Profile aus recycelten Kunststoffen.

⚙	*Josef Meeth Fensterfabrik GmbH & Co. KG, D*	318
♻	*• Recycelte Inhaltsstoffe*	327

Kunststofffolien, Rohrleitungen und Profile

Das Unternehmen fertigt verschiedene Kunststofffolien zu Bau- und anderen Zwecken sowie Rohrleitungen und Rundprofile aus recycelten Kunststoffen.

⚙	*MGSL GmbH, D*	320
♻	*• Recycelte Inhaltsstoffe*	327

Partek

Partek produziert Profile und Bohlenbeläge aus recycelten Kunststoffen.

⚙	*Partek Insulations, Inc., USA*	322
♻	*• Recycelte Inhaltsstoffe*	327

Kunststoffprofile

Rund- und Vierkantprofile werden aus recycelten Kunststoffen hergestellt.

⚙	*Planex GmbH, D*	322
♻	*• Recycelte Inhaltsstoffe*	327

Plaswood

Recyceltes Polyethylen und Polypropylen – zu 30 % aus Supermarktabfällen und zu 70 % aus Produktionsabfällen bestehend – wird zu stranggepressten Profilen verarbeitet. Diese werden dort verwendet, wo nicht faulende Materialien benötigt werden.

⚙	*Dumfries Plastics Recycling*	315
♻	*• Recyceltes Material • Reduzierter akkumulierter Energieaufwand • Trägt zur Erhaltung der Holzressourcen bei*	327, 330, 340

Kunststoffprofile

Aus recycelten Kunststoffen werden Planken, Pfähle und Vierkantprofile produziert.

⚙	*Poly-Beek-Kunststoff-Handels-GmbH, D*	322
♻	*• Recyceltes Material*	327

Kunststoffpfähle

Aus recycelten Kunststoffen werden Rundprofile und Pfähle hergestellt.

⚙	*PURUS Kunststoffwerke GmbH, D*	322
♻	*• Recycelte Inhaltsstoffe*	327

Recydur®

Profile und Pfähle werden nur aus recyceltem Kunststoff gefertigt.

⚙	*LSR GmbH Recycling-Zentrum, D*	320
♻	*• Recycelte Inhaltsstoffe*	327

Kunststoffprofile und -pfähle

Aus recycelten Kunststoffen werden Planken, Profile und Pfähle gefertigt.

⚙	*Re-Reluma GmbH, D*	323
♻	*• Recycelte Inhaltsstoffe*	327

Kunststoffprofile

Abfälle sind der wichtigste Rohstoff für diese Profile, die speziell für die Möbelherstellung geeignet sind.

⚙	*Transform Plastics Ltd, GB*	325
♻	*• Recycelte Inhaltsstoffe*	327

Kunststoffprofile

Profile und Pfähle in verschiedenen Formen werden aus recycelten Kunststoffen hergestellt.

⚙	*WKR Altkunststoffproduktions- u. Vertriebsgesellschaft mbH, D*	326
♻	*• Recycelte Inhaltsstoffe*	327

Kunststoffbretter

Aus gemischtem, recyceltem Kunststoff entstehen verschiedene Bretter, die als Holzersatz für traditionelle Holzanwendungen wie Bohlenbeläge und Außenmobiliar verwendet werden können.

⚙	*Yemm & Hart, USA*	326
♻	*• Recycelte Inhaltsstoffe*	327

Environmental Stone

Aus zu 100 % recyceltem Glas werden Bodenplatten, Wandplatten und Pflastersteine gefertigt.

⚙	*Environmental Stone Products, USA*	316
♻	*• Recyceltes Material*	327

Faswall

Holzmehl und -partikelabfälle werden mit Zement gemischt. Daraus entstehen hochverdichtete Platten, Fliesen und Wandteile.

⚙	*Insulholz-Beton International, Inc./K-X Industries, Inc., USA*	318, 319
♻	*• Recycelte Inhaltsstoffe*	327

Hochleistungs-Keramik

Die Techniken der Keramikverarbeitung haben sich in einem derartigen Umfang weiterentwickelt, dass inzwischen nahezu alle möglichen Produkte von Teilen für Automotoren über Supraleitern bis hin zu verstärkenden Fasern unter Berücksichtigung der Feintoleranz angefertigt werden können. Aluminiumoxid, Titan, Karbid und Seltenerdminerale wie Zirkonerde werden mit den Tonpartikeln verbunden. So entstehen sehr widerstandsfähige Verbundstoffe, die sich für die unterschiedlichsten Verwendungszwecke einsetzen lassen. Einige Keramikverbundstoffe sind sehr leicht und können in Strom erzeugenden oder mobilen Geräten sowie in Fahrzeugen zu Energieeinsparungen beitragen.

⚙	*Diverse*	
♻	*• Sehr haltbar und inaktiv • Mögliche Energieeinsparungen während der Verwendung*	328, 329

Ecoplast

Die Firma Europol produziert aus Haushaltsabfällen recycelte Kunststoffe (HDPE, LDPE, PP, HIPS und ABS), die für die Weiterverarbeitung im Spritzguss- und Blasformungsverfahren geeignet sind.

⚙	*Europol, GB*	316
♻	*• Recycelte Inhaltsstoffe*	327

First Glow

Diese Glasperlen geben auch dann ein strahlendes Leuchten ab, wenn die Lichtquelle bereits ausgeschaltet wurde. Diese neue Technik eignet sich besonders für Straßenmarkierungen und –beleuchtungssysteme.

⚙	*Product 2000 Ltd, GB*	322
♻	*• Energie sparend*	329

Leichte Metalle – Metallmatrix-Verbundstoffe, Metallschaum, Leichtmetall

Die technischen Fortschritte in der Metallverarbeitung ermöglichen inzwischen die Produktion sehr leichter, aber dennoch stabiler Metalle. Die Gruppe der Leichtmetalle ist weit verbreitet und findet sich in Profilen, Platten und Gussformen aller Art. Die zweite Gruppe, der Metallschaum, ist ein spezielles, aufgeschäumtes Aluminium mit unterschiedlicher Dichte, das in Produkten zum Einsatz kommt, bei denen ein geringes Gewicht der ausschlaggebende Faktor ist. Schließlich gibt es noch eine dritte Gruppe, die Metallmatrix-Verbundstoffe. Diese bestehen aus Substanzen wie Aluminiumoxid (faser- oder partikelverstärkt), Bor, Kohlenstoff, Eisen oder Siliziumkarbid, die von einer Matrix aus Aluminium oder Magnesium gebunden werden. Allen drei Gruppen ist ein hoher akkumulierter Energieaufwand gemeinsam. Dennoch können sie erheblich zu Energieeinsparungen beitragen, indem sie das zu bewegende Gewicht eines Produkts reduzieren.

⚙	*Diverse*	
♻	*• Stabil, leicht, widerstandsfähig • Mögliche Energieeinsparungen bei der Produktnutzung*	328, 329

Safeglass

Dieses Spezialglas zerbricht in harmlose Stücke und ist deshalb hervorragend für Anwendungen geeignet, bei denen das Risiko eines Aufpralls besteht.

⚙	*Safeglass (Europe) Ltd, GB*	323
♻	*• Gesundheit und Sicherheit*	328

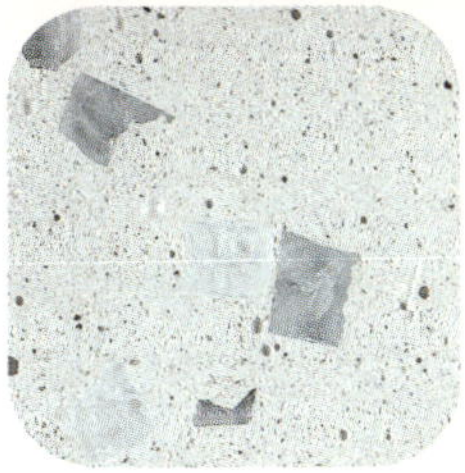

Syndecrete®

Syndecrete® ist ein chemisch inaktives, betonartiges Material ohne Ausgasung. Es besteht aus Zement und aus bis zu 41 % recycelten Materialien, die industriellen oder Haushaltsabfällen entstammen. Typische Abfallmaterialien sind HDPE, zerbrochenes Glas, Holzschnipsel und Messingschraubenspäne. Durch Zugabe von pulverisierter Flugasche (PFA) lässt sich der benötigte Zementanteil um bis zu 15 % reduzieren. Wiedergewonnene Polyethylen-Faserabfälle bilden eine Matrix, die dem Verbundbeton aus Recyclaten Zugfestigkeit verleiht. Das Material lässt sich leicht bearbeiten. Wird es poliert, weist die Oberfläche eine Terrazzo-Struktur auf.

⚙	*Syndesis, Inc., USA*	324
♻	*• Recyceltes Material • Reduzierter akkumulierter Energieaufwand bei Herstellung • Als recyceltes Produkt zertifiziert*	327, 340

Agro Plastic

Agro Plastic wird aus Polypropylen oder Polyethylen mit einem Füllstoff auf Weizenstrohbasis gefertigt. Das Material wurde von PTI zusammen mit dem USDA Forest Products Laboratory entwickelt.

Pinnacle Technology, Inc. (PTI), USA	322
• Erneuerbare und abbaubare Komponenten	327

Bionelle®

Polymer ist unter Einwirkung von ultraviolettem Licht und mechanischer Mittel physikalisch abbaubar.

Showa Highpolymer Co., J	324
• Abbaubar	327

Biopol™

Die Polymerstruktur von Biopol™ zerfällt, wenn es ultraviolettem Licht ausgesetzt wird. Das Grundmaterial ist PHBV. Dieses Polymer ist nicht biologisch abbaubar, da es von biologischen Stoffen nicht kompostiert werden kann. Es bleiben feine Partikel zurück.

ICI Americas, USA	318
• Schneller physikalischer Abbau	330

Kautschukgranulat

Aus alten Reifen fertigt das Unternehmen Kautschukgranulat mit einem Partikeldurchmesser von 0,5 bis 30 mm. Das Granulat kann mit neu gewonnenem natürlichen oder synthetischen Kautschuk sowie mit Elastomeren verbunden werden und ist ideal für Oberflächen auf Spielplätzen geeignet, da es sehr widerstandsfähig ist.

Charles Lawrence Recycling Ltd, GB	314
• Recyceltes Material	327

Correx

Diese leichte, zweischichtige PP-Platte besteht ausschließlich aus recycelten Produktions- und Haushaltsabfällen. Es wird für Verpackungen, Regalsysteme und Schutzkonstruktionen für Bäume verwendet.

Correx Plastics, GB	314
• Recyceltes Material	327

EcoClear®

EcoClear®, ein Harz und eine Folie aus recyceltem PET, ist besonders für Getränke- und Lebensmittelverpackungen geeignet.

Wellman Inc., USA	326
• Recycelte Inhaltsstoffe	327

NH001

NH001-Gewebe hat ähnliche Eigenschaften wie PVC (Polyvinylchlorid), bei der Herstellung und während der Verwendung werden jedoch kein Chlor, Phthalat oder sonstige toxische Substanzen abgegeben. Aus diesem Grund wurde es an Stelle von PVC für das Dach des Millennium Dome in London verwendet.

Carrington Performance Fabrics, GB	314
• Umweltfreundliche Produktion	327

Kunststoffschalungsplatte

Diese Schalungsplatte wird aus recycelten Kunststoffen gefertigt und ist für Bauzwecke geeignet.

ORBITA Film GmbH, D	321
• Recycelte Inhaltsstoffe	327

Santoprene®

Santoprene® ist ein Gummi aus vernetztem Polypropylen (PP) und Ethylen-Propylen-Dien-Monomer (EPDM) mit einer weichen, nachgiebigen Textur. Besonders gut lassen sich daraus Komponenten für Handwerkzeuge formen. Seine Eigenschaften wirken sich in verschiedenen Produkten vorteilhaft aus. Allerdings ist es wichtig, dass die Santoprene®-Komponenten sich bei der Zerlegung isolieren lassen, da es sonst reine Abfallströme verunreinigt.

	Advanced Elastomer Systems L.P., USA	312
	• *Größerer Komfort*	329

Styradex, Propadex

Styradex besteht aus recyceltem Polystyrol (PS), Propadex aus recyceltem Polypropylen (PP). Die Grundstoffe stammen größtenteils aus Produktionsabfällen (zu 98 %). Ein kleiner Teil wird auch aus Haushaltsabfällen gewonnen (2 %).

	Styradex Plastics Recycling, GB	324
	• *Recycelte Inhaltsstoffe*	327

	Urethane Soy Systems Company (USSC), USA	325
	• *Erneuerbare Inhaltsstoffe*	327

Biosynthetische Polymere

USSC stellt verschiedene Arten von Polyurethan-Schaum aus Sojabohnenöl her. Wie synthetisches PU kann auch der USSC-Schaum für loses Verpackungsmaterial ebenso verwendet werden wie für die Inneneinrichtung, Bretter und sogar Schuhe.

Biora

Biora ist der Name einer Gruppe von wasserbasierten Akrylharzen, die in Innenräumen aufgetragen werden können. Die acht Farben und Lacke erfüllen die Kriterien für das Umweltkennzeichen der EU, da sie weniger schädliche Inhaltsstoffe enthalten als herkömmliche Farben. Teknos Tranemo ist außerdem ISO 9001- und 14001-zertifiziert und arbeitet gemeinsam mit der Swedish Paint Makers Association an der Entwicklung von Techniken wie der Lebenszyklusanalyse, die weitere Verbesserungen ermöglichen sollen.

	Teknos Tranemo, S	325
	• *Umweltfreundliche Produktion* • *EU-Umweltkennzeichen für niedrigen Giftstoffgehalt*	327, 339

Ecos

Die Firma ist der einzige Hersteller lösungsmittelfreier, geruchsfreier Farben und Lacke weltweit. Die Produkte enthalten nach unabhängigen Tests der amerikanischen Umweltschutzbehörde EPA und des Swedish National Testing and Research Institute keinerlei FOVs. Allerdings dienen synthetische, wenn auch harmlose Harze als Basis für die Ecos-Produkte.

	Lakeland Paints, GB	319
	• *Enthält keine FOVs und kein Vinylchlorid*	341

Innetak und Bindoplast

In der Farbenfabrik der Firma Akzo Nobel in der Nähe von Malmö, Schweden, werden mehr als 30 Mill. l Dekoranstrich und 16 Mill. l Industrieanstrich gefertigt. Seit 1995 hat sich das Unternehmen eine Reihe von Zielen für den Umweltschutz gesetzt. So soll die Abgabe von Lösemitteln an die Luft zwischen 1995 und 1999 halbiert werden. Der Energieverbrauch der Fabrik pro Liter Farbe sollte zwischen 1995 und 2000 um 5 % gesenkt werden. Innetak und Bindoplast sind wasserbasierte Emulsionsfarben für Dekoranstriche. Als erste Produktmarke in Europa erhielten sie das Umweltkennzeichen der EU.

	Nordsjö (Akzo Nobel Dekorativ), S	321
	• *Umweltkennzeichen der EU für niedrigen FOV-Gehalt und reduzierte Toxizität* • *Umweltfreundliche Technologie/Produktionsverfahren*	328, 339, 341

Farben von Keim

Die Firma Keim stellt nur Farben aus nicht organischen Materialien her, die reichlich in der Geosphäre vorhanden sind. Dazu gehören, Kaliumsilikatbinder, mineralische Verdickungsmittel und Erdoxid-Farbpigmente. Granital, ein für den Außenbereich geeignetes Produkt, ist in 350 Farben erhältlich und besonders für Mineralsubstrate gedacht. Concretal schützt Beton vor Korrosion. Biosil ist eine wasserlösliche Farbe auf Silikatbasis, die für den Innenbereich geeignet ist. Ecosil ist ebenfalls für den Innenbereich. Die wasserbasierte Farbe enthält keine Lösungsmittel noch FOVs. Keim ist ISO 14001- und ISO 9001-zertifiziert.

	Keim Mineral Paints Ltd, GB	319
	• *Verwendung vorhandener, nicht organischer Materialien*	327

Pinturas Proa

Diese wasserlöslichen Vinylpolymerfarben für den Innenanstrich enthalten weniger als 45 % flüchtige Substanzen. Sie sind mit dem Umweltkennzeichen der EU zertifiziert. Außerdem ist das Unternehmen auch beim spanischen Normungs- und Zertifizierungsverband mit dem Umweltkennzeichen und dem „Punto Verde“ registriert.

	Pinturas Proa, E	322
	• *Verringerter Anteil flüchtiger Substanzen* • *Recycelte und recycelbare Verpackung*	327, 328, 339, 341

Chapco® Safe-Set

Diese professionellen Klebstoffe haben einen niedrigen FOV-Gehalt, sind nicht entflammbar, frei von Giftstoffen, antimikrobisch und enthalten keine der in den Richtlinien der OSHA aufgeführten gefährlichen Substanzen. Alle Produkte werden in recycelten Behältern verpackt, die Etiketten, einschließlich der Sicherheitsinformationen der OSHA, werden auf recyceltem Papier gedruckt.

	Chicago Adhesive Products Company, USA	314
	• *Giftstofffrei und sicher* • *Recycelte Verpackung*	327, 328

Dasic Aerostrip 323

Diese Farbenbeize auf Wasserbasis wurde speziell für die Luftfahrtindustrie entwickelt. Sie leistet ebenso beim Entfernen von Farben auf Metallen sehr gute Dienste.

	Dasic International Ltd, GB	315
	• *Verringerte FOV-Emissionen* • *Gesundheit und Sicherheit*	329, 341

Home Strip

Für das Farbenbeizen werden normalerweise starke Lösungsmittel, vor allem Methylenchlorid (Dichlormethan, DCM), verwendet. DCM wirkt hautreizend, ist sehr flüchtig, und seine Dämpfe haben narkotisierende Wirkung. Vor kurzem wurde es von der EU zudem als krebserregende Substanz der Kategorie 3 klassifiziert. Home Strip enthält keinerlei DMC und keine Lösungsmittel.

	Eco Solutions, GB	315
	• *Reduzierte Toxizität und weniger Emissionen*	327

Laybond Quickstick Green

Diese synthetische Emulsion aus Kunstgummi/-harz ist ein Kontaktkleber, der insbesondere für Wand- oder Bodenbeläge und andere Anwendungen, bei denen eine Verbindung mit Aluminium, Beton, Putz, Stahl und Nutzholz gewünscht wird, entwickelt wurde. Quickstick Green ist wasserbasiert, nicht entflammbar und sicherer als Klebstoffe mit FOVs.

	Laybond Products Ltd, GB	319
	• *Nicht-giftig*	327

Brass Cloth

Dieses Textilgewebe, bei dem Metalle mit natürlichen oder synthetischen Garnen kombiniert werden, bietet Designern auch neue Möglichkeiten, mit Formen zu experimentieren. Es wurde vom japanischen Designer Reiko Sudo entworfen und gehört zur Metall-Kollektion von Nuno. Es besteht zu 40 % aus Baumwolle und zu 60 % aus recycelten Messingdrähten.

Nuno Corporation, J	321
• *Recycelbares Metall*	327

ComforTemp

In der Raumfahrt wird die Temperatur mit Hilfe der Phasenänderungstechnologie geregelt. Mikrokapseln werden in Textilien verwoben und gleichen dort die Temperatur aus, indem sie zwischen festem und flüssigem Zustand hin- und herwechseln. Wenn sie sich verflüssigen, absorbieren sie die Wärme des Körpers. Verfestigen sie sich, dann tritt der umgekehrte Effekt ein. ComforTemp-Gewebe fühlt sich angenehm an und zeigt auf, welche Entwicklungsmöglichkeiten für Textilien es gibt, so dass diese sogar auf ihre Umgebung reagieren können.

Scholler Textil, CH	323
• *Vorteile für Gesundheit und Sicherheit*	329

EcoSpun®

Die Firma Wellman gehört zu den führenden internationalen Herstellern von Garnen und Textilien aus recyceltem PET. Als Rohmaterialien dienen alte Getränkeflaschen. Wellman beliefert die Heimtextilien- und Bekleidungsindustrie. EcoSpun® ist eine spezielle Faser aus recyceltem Kunststoff.

Wellman, Inc., USA	326
• *Recycelter Inhaltsstoff*	327

Elex Tex™

Leitfähige Fasern werden mit natürlichen Garnen zu einem biegsamen Stoff verwebt, der in vielen Bereichen, zum Beispiel in intelligenter Kleidung, Textiltastaturen usw. eingesetzt wird.

Electrotextiles Ltd, GB	315
• *Multifunktionales Material*	329

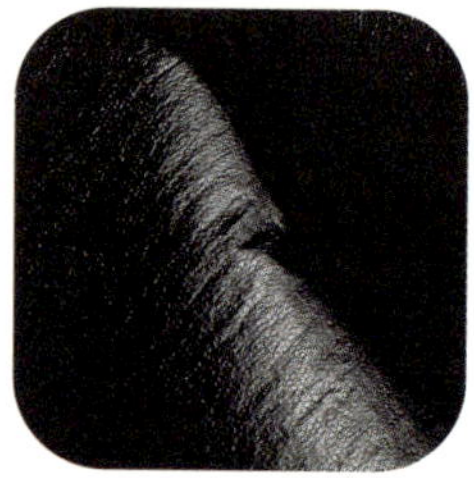

Otterskin

Dieser nicht-gewebte Nadelverbundstoff besteht ausschließlich aus recycelten PET-Flaschen. Eine Oberflächenbeschichtung aus Polyurethan sorgt für Wind- und Wetterfestigkeit, dennoch ist das Material atmungsaktiv und hält die Körperwärme.

Nuno Corporation, J	321
• *Recyceltes Material*	327

Play It Again Sam

DesignTex ist einer wichtigsten Hersteller von Heimtextilien. Play It Again Sam ist ein Polyestergewebe aus Fasern recycelter PET-Flaschen.

DesignTex, Inc., USA	315
• *Recyceltes Material*	327

Stomatex

Stomatex ist ein atmungsaktives und auf äußere Einflüsse reagierendes Gewebe aus einer Neopren-Polyester-Mischung. Es verfügt über ein Ausdunstungssystem, das dem von Pflanzenblättern nachempfunden ist. Wenn der Träger des Kleidungsstücks schwitzt, werden die Dämpfe in kleinen Kammern auf der Innenseite des Stoffs gesammelt. Diese verfügen über eine winzige Pore, durch die der Dampf nach außen gelangen kann. Stomatex wird erst aktiv, wenn die Perspiration stark genug ist.

Micro Thermal Systems, GB	320
• *Atmungsaktives Gewebe, gesundheitsförderlich*	329

Terratex

Terratex wird ausschließlich aus recycelten PET-Kunststoffflaschen gefertigt. Das Gewebe ist widerstandsfähig, vielseitig und recycelbar.

⚙	*Interface Fabrics International, GB/USA*	318
♻	*• Recyceltes und recycelbares Material*	327

Therma-Pore, Therma-Float, Therma-Foil

Das Unternehmen produziert spezielle, atmungsaktive Textilien, die für Sport- und Survivalausrüstungen geeignet sind. Therma-Pore ist ein atmungsaktives Gewebe, Therma-Float ein schwimmfähiges, isolierendes Material und Therma-Foil eine Schaumstoffisolierung, die an eine Folie gebunden ist.

⚙	*Therma-Float Ltd, GB*	325
♻	*• Gesundheit und Sicherheit*	329

Trevira NSK/Trevira CS

Das Gewebe besteht aus zwei verschiedenen Polyester-Garnen: Trevira NSK verleiht ihm Stabilität, während Trevira CS als Flammhemmstoff dient. Da das Material nur aus Polyester besteht, kann es gefärbt und bedruckt werden, eine zusätzliche feuerfeste Beschichtung ist jedoch überflüssig. Das Produkt kann vollständig recycelt werden.

⚙	*Trevira GmbH & Co. KG, D*	325
♻	*• Recycelbar • Umweltfreundliche Technologie*	327
🏅	*iF Design Award, 2000*	332

Tyvek

Tyvek wurde ursprünglich von DuPont für Schutzkleidung entwickelt und ist deshalb sehr haltbar und chemisch beständig.
Auch in der Mode und als Papierersatz für verschiedene bedruckte Medien findet es Verwendung. Tyvek kann vollständig recycelt werden.

⚙	*DuPont, USA*	315
♻	*• Recycelbares, synthetisches Material*	327

Velcro®

Für Velcro® werden zwei verschiedene Nylongewebe kombiniert. Eines hat eine gewobene Oberfläche mit Haken, das andere eine glatte Oberfläche mit Schlaufen. Werden diese beiden Gewebe aufeinandergelegt, dann „kleben“ sie zusammen.

⚙	*Velcro, USA*	325
♻	*• Klettverschlusssystem für Textilien*	330

4.0 Quellen

Abbate Cinzia
für die italienische Energiebehörde: Officine di Architettura di Cinzia Abbate
Piazza S. Anastasia 3
00186 Rom, I
T +39 (0)6 679 6498
F +39 (0)6 697 83038
E cinzia.abbate@flashnet.it

Ackon, Gabriele
s. David Zyne Productions, GB

Ad Rem Design
Industriestr. 25
3076 Worb, CH
T +41 (0)31 832 07 10
F +41 (0)31 832 07 14

AeroVironment
Corporate HQ
825 S. Myrtle Drive
Monrovia, CA 91016, USA
T +1 626 357 9983
F +1 626 359 9628
www.aerovironment.com

Akeler Developments plc
20 Berkeley Square
London W1X 5HD, GB
T +44 (0)20 7864 1800
F +44 (0)20 7864 1801/2
www.akeler.co.uk

Alaska Center for Appropriate Technology
851 E. West Point Drive #206
Wasilla, AK 99654, USA

Amato, John; Meta Morf Design
2700 4th Avenue South
Seattle, WA 98134, USA
T +1 206 903 6332
F +1 206 223 0853
E colin@metamorfdesign.com

Andringa, Jacqueline
Design Academy Eindhoven
Emmasingel 14
PO Box 2125
5600 CC Eindhoven
NL
T +31 (0)40 239 3939
F +31 (0)40 239 3940
E info@designacademy.nl
www.designacademy.nl

Anthologie Quartett
49152 Bad Essen, D
T +49 (0)5472 94090
F +49 (0)5472 940940
www.anthologiequartett.de

Apotheloz, Christophe
Industrie-Designer
Lörgernstrasse 27
8037 Zürich, CH
T +41 (0)1 361 51 47
F +41 (0)1 361 51 97

Arai, Junichi
s. Nuno Corporation

Arosio, Pietro
Studio Pietro Arosio
Via Gaetano Giardino 2/A
20053 Muggio (MI), I
T +39 (0)39 793 237
F +39 (0)39 278 1088
E studio@pietroarosio.it

Arzuaga, Amaya
Irun Km 2025
09340 Lerma Burgos
Madrid, E
E info@amayaarzuaga.com
www.amayaarzuaga.com

Atfield, Jane
244 Grays Inn Road
London WC1X 8JR, GB
T +44 (0)20 7278 6971
F +44 (0)20 7833 0018

Azumi, Shin und Tomoko
Ground Floor
953 Finchley Road
London NW11 7PE, GB
T +44 (0)20 8731 9057
F +44 (0)20 8731 7496
E shin.tomoko.azumi@nifty.ne.jp
http://member.nifty.ne.jp/AZUMI/

Baccarne Design
Baccarne bvba
Gentbruggekouter
9050 Gent, B
T +32 (0)9 232 44 21
F +32 (0)9 232 44 30
E baccarne@planet_internet.be

Bakker, Erik
Design Academy Eindhoven
Emmasingel 14
PO Box 2125
5600 CC Eindhoven, NL
T +31 (0)40 239 3939
F +31 (0)40 239 3940
E info@designacademy.nl
www.designacademy.nl

Bally, Boris
Atelier Boris Bally
The Rug Building
3421 Bigelow Blvd
Pittsburgh, PA 15213, USA
T +1 412 682 8118
F +1 412 682 7244
E Bad4Borr@aol.com

Ban, Shigeru, J
T +81 (0)3 3324 6760
F +31 (0)3 3324 6789

Bansod, Abhijit
Titan Industries Ltd
Tower A, Golden Enclave
Airport Road
Bangalor 560017, IND
T +91 80 526 8551

Bär + Knell
Untere Turmgasse 7
74206 Bad Wimpen, D
T +49 (0)7063 6891
F +49 (0)7063 6980
E Baerknell@aol.com
www.baer-knell.de

Barlow-Lawson, Stephen
Ground Support Equipment (US) Ltd
11 Broadway, Room 1010
New York, NY 10004, USA
T 888 302-DESK/ +1 212 809 4323
F +1 212 809 4324
E steve@biomorph.com
www.biomorphdesk.com

Baroli, Luigi
c/o Baleri Italia
Via F. Cavallotti 8
20122 Mailand, I
T +39 (0)2 76 01 46 72
F +39 (0)2 76 01 44 19
E info@baleri-italia.com

Bartsch Design
Industrial Design Gbr
Philipp-Müller-Strasse 12
23966 Wismar, D
T +49 (0)3841 758 160
F +49 (0)3841 758 161

Bergne, Sebastian
Bergne Design for Manufacture
2 Ingate Place
London SW8 3NS, GB
T +44 (0)20 7622 3333
F +44 (0)20 7622 3336
E bergne.dfm@mailbox.co.uk

Berkowitz, Adam
c/o Arbor Vitae
Brooklyn, NY, USA
www.time.com/time/reports/environment/heroes/gallery

Bernabei, Rina
52 Regent Street
Paddington, NSW 2021, AUS

Bernard Kerr und Pejack Campbell
c/o Solar Cookers International
1919 21st St, Suite 101
Sacramento, CA 95814, USA
T +1 916 455 4498
F +1 916 455 4498
E sbci@igc.apc.org
http://solarcooking.org

Bernett, Jeffrey
c/o Cappellini
Arte/Capellini SpA
Via Marconi 35
22060 Arosio, I
T +39 (0)31 759 111
F +39 (0)31 763 322/763 333
E cappellini@cappellini.it
www.cappellini.it

Berthier, Marc
Design Plan Studio
141 Bd St Michel
75005 Paris, F
T +33 (0)143 26 49 97
F +33 (0)143 26 54 62
E dpstudio@wanadoo.fr

Besse, Hedda
s. IDEO Product Development für BP Solar International

BEST
Büro für Produktgestaltung
Am Brögel 19
42283 Wuppertal, D
T +49 (0)202 88 595
F +49 (0)202 899 355

Bey, Jurgen
Passerelsstraat 44A
13023 ZD, Rotterdam 1
NL
T +31 (0)10 425 8792
F +31 (0)10 425 9437
E bey@luna.nl

Bill Dunster Architects
Zedfactory
Hope House
Molember Road
East Molesey
Surrey KT8 9NH, GB
T +44 (0)20 8339 1242
F +44 (0)20 8339 0429
E bill.dunster@btinternet.com
www.zedfactory.com

BioRegional Development Group
The Ecology Centre
Honeywood Walk
Carshalton
Surrey SM5 3NX, GB
T +44 (0)20 8773 2322
F +44 (0)20 8773 2878
E info@bioregional.com
www.bioregional.com

Blanca, Oscar Tusquets
c/o Escofet 1886 SA
Ronda Universitat 20
08007, Barcelona, E
T +34 (0)93 318 5050
F +34 (0)93 412 4465
E escofet@escofet.com
www.escofet@escofet.com

Blejer, Danilea, und Bostelmann, Saskia
148 Salvador Arditti
Sierra Chalchihie 175
IBIsA 501
Lomas de Cahpultepec C.P.
11000 Mexico City, MEX

Boeri, Cini
c/o Fiam Italia SpA
Via Ancona 1/B
61010 Tavullia, Pesoro, I
T +39 (0)721 200 51
F +39 (0)721 202 432
E fiam@fiamitalia.it
www.fiamitalia.it

Boner, Jörg
N2, CH
T/F +41 (0)61 693 4015
E n2@n2design.ch
www..n2design.ch

Boontje, Tord
tranSglass, Studio 19
33 Rushworth Street
London SE1 ORB, GB
T/F +44 (0)20 7261 9315

Bredahl, Pil, und Risell, Liselotte
DK
E pilbredahl@get2net.dk

Bristow, Stuart
c/o Designed to a „t" Ltd
11 Maxwell Gds
Orpington
Kent BR6 9QR, GB
T +44 (0)1689 831 400
F +44 (0)1689 609 301
www.d2at.demon.co.uk

Broess, Alfons
Design Academy Eindhoven
Emmasingel 14
PO Box 2125
5600 CC Eindhoven,
NL
T +31 (0)40 239 3939
F +31 (0)40 239 3940
E info@designacademy.nl
www.designacademy.nl

Brown, Julian
Studio Brown
6 Princes Buildings
George Street
Bath BA1 2ED, GB
T +44 (0)1225 481 735
F +44 (0)1225 481 737
E julian@studiobrown.com

Buchner Design Studio
1030 Quesada Avenue
San Francisco, CA 94124, USA

Burkhardt, Roland
c/o Sunways Gesellschaft
für Solartechnik mbH
Macairestraße 5
78467 Konstanz, D
T +49 (0)7531 99677 0
F +49 (0)7531 99677 10
E info@sunways.de
www.sunways.de

Büro für Form
Hans-Sachs-Straße 12
80469 München, D
T +49 (0)89 2694 9000
F +49 (0)89 2694 9002
E meek@bürofürform.de
www.bürofürform.de

Büro für Produktgestaltung
Brendstraße 83
75179 Pforzheim, D
T +49 (0)7231 442 115
E f-neubert@s-direktnet.de

Cahen, Antoine
Les Ateliers du Nord/
Antoine Cahen
Pl. du Nord 2
1005 Lausanne
CH
T +41 (0)21 320 58 07
F +41 (0)21 320 58 43
E antoine.cahen@atelierdunord.ch

Campana, Fernando, und Humberto
Campana Objetos Ltda
Rua Barão de Tatui 219
São Paulo 01226030,
BR
T +55 (0)11 825 3 408
+55 (0)11 366 7 4317
F +55 (0)11 825 3408

Carrasco, Pedro
Rua da Liberdade 37
10 Esq 2800
Cova da Piedade, P

Chadwick, Don, und Stumpf, Bill
Herman Miller, Inc.
855 East Main Ave
PO Box 302
Zeeland, MI 49464-0302, USA
www.hermanmiller.com

Chalayan, Hussain
Studio B, 1st Floor
71 Endell Street
London WC2H 9AJ, GB
F +44 (0)20 7240 5220

Champian, Brian
c/o International Design
Resource Awards (IDRA)
Design Resource Institute
7406A Greenwood Avenue
Seattle, WA 98177, USA
T +1 206 289 0949
F +1 206 789 3144
www.designresource.org

Clerkin, Carl
Domestic Hardware
F1 2-4 Southgate Road
London N1 3JJ, GB
T/F +44 (0)20 7249 2021

Coates, Nigel
Branson Coates Architecture
23 Old Street
London EC1V 9HL, GB
T +44 (0)20 7490 0343
F +44 (0)20 7490 0320

Colwell, David
c/o Trannon Furniture Ltd
Chilhampton Farm
Wilton, Salisbury
Wilts SP2 OAB,
GB
T +44 (0)1722 744 577
F +44 (0)1722 744 477
E info@trannon.com
www.trannon.com

Connell, Christopher
c/o MAP (Merchants of
Australia Products) Pty Ltd
570 Chapel Street
Sth Yarra, Melbourne
Victoria 3141, AUS

Constansia, Gonnie
Design Academy Eindhoven
Emmasingel 14,
PO Box 2125
5600 CC Eindhoven
NL
T +31 (0)40 239 3939
F +31 (0)40 239 3940
E info@designacademy.nl
www.designacademy.nl

Conti, Jean-Remi
Design Academy Eindhoven
Emmasingel 14
PO Box 2125
5600 CC Eindhoven
NL
T +31 (0)40 239 3939
F +31 (0)40 239 3940
E info@designacademy.nl
www.designacademy.nl

Corkran, Julius T., und Harp, Alan
Center for Rehabilitation
Technology
College of Architecture
Georgia Institute of
Technology,
USA

Cramer, Dan
Golden Valley, Minnesota
c/o International Design
Resource Awards (IDRA)
Design Resource Institute
7406A Greenwood Avenue
Seattle, WA 98177, USA
T +1 206 289 0949
F +1 206 789 3144
www.designresource.org

Culpepper, Michael
Michael Culpepper
Architects
2216 West Addison Street
Chicago, IL 60618, USA

da Silva, Ronaldo Edson
c/o Papa-papel, BR

De Denktank
(Design Studio) Rotterdam
NL

de Haas, Marit
c/o Design Academy
Eindhoven
Emmasingel 14
PO Box 2125
5600 CC Eindhoven,
NL
T +31 (0)40 239 3939
F +31 (0)40 239 3940
E info@designacademy.nl
www.designacademy.nl

De Jonghe, Marc
Orso Design
Antwerpen, B
www.orso.be

de Klerk, Sander
c/o Design Academy
Eindhoven
Emmasingel 14
PO Box 2125
5600 CC Eindhoven
NL
T +31 (0)40 239 3939
F +31 (0)40 239 3940
E info@designacademy.nl
www.designacademy.nl

de Leede, Annelies
Oak Product Design,
NL
c/o International Design
Resource Awards (IDRA)
Design Resource Institute
7406A Greenwood Avenue
Seattle, WA 98177, USA
T +1 206 289 0949
F +1 206 789 3144
www.designresource.org

Deka Research & Development (USA)
www.indetech.com

Design Academy Eindhoven
Emmasingel 14
PO Box 2125
5600 CC Eindhoven, NL
T +31 (0)40 239 3939
F +31 (0)40 239 3940
E info@designacademy.nl
www.designacademy.nl

Designed to a „t"
11 Maxwell Gardens
Orpington
Kent BR6 9QR, GB
T +44 (0)1689 831 400
F +44 (0)1689 609 301
www.d2at.demon.co.uk

Designteam, Hameln
c/o Vorwerk & Co.
Teppichwerke GmbH & Co. KG
Kulhmanstraße 11
31785 Hameln, D
T +49 (0)5151 103 0
F +49 (0)5151 103 377
www.vorwerk-teppich.de

Deuber, Christian
N2 Büro
Breisacherstr. 64
4057 Basel, CH
T +41 (0)61 693 4011

Ditzel, Nanna
c/o Fredericia Furniture A/S
Treldevej 183
7000 Fredericia, DK
T +45 (0)75 92 33 44
F +45 (0)75 92 38 76
E ml@fredericia.com
www.fredericia.com

Dixon, Robert
c/o Advanced Vehicle Design
L&M Business Park
Norman Road
Altrincham,
Cheshire WA14 4ES, GB
T +44 (0)161 928 5575
F +44 (0)161 928 5585
E sales@windcheetah.co.uk
www.windcheetah.co.uk

Dixon, Tom
c/o Cappellini
Arte/Capellini SpA
Via Marconi 35
22060 Arosio, I
T +39 (0)31 759 111
F +39 (0)31 763 322/763 333
E cappellini@cappellini.it
www.cappellini.it

Dolphin-Wilding, Julienne
34 Cecil Rhodes House
Goldington Street
London NW1 1UG, GB
T +44 (0)20 7380 0950
F +44 (0)20 7252 1778
E dolphin@julienne.demon.co.uk
www.julienne.demon.co.uk

Domus Academy
Via Savona 97
20144 Mailand, I

Dougan, Brian
Dept. of Industrial Design
University of Southwest Louisiana
Lafayette, Louisiana, USA
c/o International Design Resource Awards (IDRA)
Design Resource Institute
7406A Greenwood Avenue
Seattle, WA 98177, USA
T +1 206 289 0949
F +1 206 789 3144
www.designresource.org

Dougherty, Brian
Celery Design Collaborative
San Francisco, CA, USA
c/o International Design Resource Awards (IDRA)
Design Resource Institute
7406A Greenwood Avenue
Seattle WA 98177, USA
T +1 206 289 0949
F +1 206 789 3144
www.designresource.org

Douglas-Miller, Edward
c/o Remarkable Pencils Ltd
Worlds End Studios
134 Lots Road
London SW10 0RJ, GB
T +44 (0)20 7351 4333
F +44 (0)20 7352 4729
E info@re-markable.com

Dranger, Jan
Dranger Design AB
Stora Skuggans Väg 11
115 42 Stockholm, S
T +46 (0)8 153 929
F +46 (0)8 153 926
E jan.dranger@newsab.se

Droog Design
Keizersgracht 518
1017 EK Amsterdam
NL
T +31 (0)20 626 9809
F +31 (0)20 638 8828
E gbakker@xs4all.nl

Dryden Research Center
USA
www.dfre.nasa.gov

Dyson, James
Dyson Appliances
c/o 20 Shawfield Street
London SW3 4BD, GB
T +44(0)20 7883 8244
www.dyson.com

E+Z Design
bei Retrospace
1824 Grand Blvd
Kansas City, MO 64108, USA

Ecke: Design
Albrecht Ecke
Am Neuen Markt 10
14467 Potsdam, D
T +49 (0)331 280 3885
F +49 (0)331 280 3890
E eckedesign@snafu.de
www.eckedesign.de

El Ultimo Grito
Studio 8
23-28 Penn Street
London N1 5DL, GB
T +44 (0)20 7739 1009
F +44 (0)20 7739 2009
E grito@btinternet.com

Enlund, Teo
c/o Simplicitas
Grevgatan 19
114 52 Stockholm, S
T +46 (0)8 661 00 91
F +46 (0)8 661 00 97
www.simplicitas.se

Erik Krogh Design
DK
E erkr@dk-designskole.dk

Espmark, Erik
c/o Royal Institute of Technology (KTH)
Nada
100 44 Stockholm,S
www.nada.kth.se

Ettenheim Design (George Ettenheim)
41 Market Street
Venice, CA 90291, USA

Feilden Clegg Architects
Bath Brewery
Toll Bridge Road
Bath BA1 7DE, GB
T +44 (0)1225 852 545
F +44 (0)1225 852 528

Feo, Roberto
El Ultimo Grito
Studio 8
23-28 Penn Street
London N1 5DL, GB
T +44 (0)20 7739 1009
F +44 (0)20 7739 2009
E grito@btinternet.com

Fleetwood, Roy
Roy Fleetwood Ltd
Office for Design Strategy
1 St John's Innovation Park
Cowley Road
Cambridge CB4 4NS, GB
T +44 (0)1223 240 074
E roy.fleetwood@fleetwoodinc.com

FortuneCookies (Jacob Jürgensen Ravn)
DK
E jacob@fortunecookies.dk

Foster and Partners
Riverside Three
22 Hester Road
London SW11 4AN, GB
T +44 (0)20 7738 0455
www.fosterandparters.com

Fritsch, Antoine
c/o Hermès
28 Rue du Faubourg St Honoré
75008 Paris, F
T +33 (0)1 42 65 03 37/ +33 (0)1 40 17 47 17

FrogDesign
Torstrasse 105-107
10119 Berlin
D
T +49 (0)30 41714 0
F +49 (0)30 41714 36
www.frogdesign.com

GAAN GmbH
Sonneggstrasse 76
8006 Zürich, CH
T +41 (0)1 363 52 00
F +41 (0)1 363 52 05
E info@gaan.ch
www.gaan.ch

Gardère, Adrien
Gardère Design
49 Rue au Maire
75003 Paris, F

Gasser, Danny and Michael Hort, Ben Sheperd and Quisinh Tran
c/o 5/60c Raglan Street
Mosman
NSW 2088, AUS

Gehry, Frank O
c/o Vitra (International) AG
22 Klünenfeldstrasse
Birsfelden
4127 CH
T +41 (0)61 377 15 09
F +41 (0)61 377 15 10
E info@vitra.com
www.vitra.com

Girand, Ann, und Champian, Brian
730 East 8th, #3
Moscow, ID 83843, USA

gmp-Architekten
von Gerkan, Marg und Partner
Elbchaussee 139
22763 Hamburg, D
T +49 (0)40 88 151 0
F +49 (0)40 88 151 177
E hamburg-e@gmp-architekten.de
www.gmp-architekten.de

Grcic, Konstantin
Konstantin Grcic
Industrial Design
Schillerstrasse 40/11 Rgb,
80336 München, D

Griffiths, Jason
Higher Tideford Cornworthy
Totnes
Devon TQ9 7HL, GB
T +44 (0)1803 712 387
F +44 (0)1803 712 388

Gröne, Ralf, und Dallas Grove
Palo Alto Products International
567 University Avenue
Palo Alto, CA 94301, USA
T +1 650 327 9444
F +1 650 327 9446

Grunert, Pawel
c/o Alicja Trusiewicz
Via Bramante 22/L
06100 Perugia, I
T/F +39 (0)75 572 6470
E alicjet@tin.it

Guixé, Martí
Calabria 252
8029 Barcelona, E
T/F +34 (0)93 322 5986
E info@guixe.com
www.guixe.com

Häberli, Alfredo, und Marchand, Christophe
c/o Danese srl/Alias srl
Via dei Videttei 2
Grumello del Monte
24064 Bergamo, I
T +39 (0)35 442 0240
F +39 (0)35 442 0996

Hatton, Pamela
58 Hardel Walk
London SW2 2QE, GB
T +44 (0)20 8674 9618

Hereford & Worcester County Council
Technical Services Department
County Hall
Spetchley Road
Worcester WR5 2NP, GB
T+44 (0)1905 766 422

Hermann, Anette, Designer MDD
Dampfærgevej 27-305
2100 Kopenhagen
DK
T/F +45 (0)35 55 11 64
E info@plana.nu
www.plana.nu

Hertz, David
SENSORY (design agency)
Syndesis, Inc.
2908 Colorado Ave
Santa Monica, CA 90403-3616, USA
T +1 310 829 9932
F +1 310 829 5641
www.syndesisinc.com

Heufler, Prof. Gerhard
Koröisistraße 5
A 80101 Graz, A
T +43 (0)316 672 258
F +43 (0)316 672 258 4

Hofmann, Alfred (DK)
c/o Fritz Hansen A/S
Fritz-Hansen UK
20-22 Rosebery Avenue
London EC1R 4SX, GB
T +44 (0)20 7837 2030
F +44 (0)20 7837 2040
E roh@fritzhansen.co.uk
www.fritzhansen.co.uk

Hoogendijk, Martin
c/o Droog Design
Keizersgracht 518
1017 EK Amsterdam
NL
T +31 (0)20 62 69 809
F +31 (0)20 63 88 828
E gbakker@xs4all.nl

Hooke Forest (Construction) Ltd
Parnham House
Beaminster
Dorset DT8 3NA, GB
T +44 (0)1308 862 204
F +44 (0)1308 863 494
E info@hookepark.com
www.hookepark.com

Human Factors
c/o Oxo International
230 Fifth Avenue, 2nd floor
New York, NY 10001, USA
T +1 212 242 3333
F +1 212 242 3336

Hutasoit, Renaldi
c/o Meta Morf, Inc.
c/o Colin Reedy
2700 4th Avenue South
Seattle, WA 98134,
USA
T +1 206 903 6332
F +1 206 223 0853
E colin@metamorfdesign.com
www.metamorfdesign.com

Hutten, Richard
52 Marconistraat
3029 AK Rotterdam,
NL
T +31 (0)10 477 0665
F +31 (0)10 425 7603
E reeel@planet.nl

IBM Personal Systems Group Design
IBM Corporation
3039 Cornwallis Road
Research Triangle Park
NC 27709, USA
T +1 919 254 8650
F +1 919 254 8385
E HDavid@us.ibm.com
www.ibm.com

Ichi, Yoshihiro
Industrial Design Division
Minolta, J
www.minolta.com

IDEO Japan
413 Axis Building
5-17-1 Roppongi
Minato-ku, Tokio, J
T +81 (0)3 5570 2664
F +81 (0)3 5570 2669
E kaoru@ideojapan.co.jp

IDEO Product Development
1033 University Place
Chicago, IL 60201, USA
T +1 847 570 4350
F +1 847 570 4351

IDEO Product Development
Pier 28 Annex
The Embarcadero
San Francisco, CA 94105, USA
T +1 415 778 4700
F +1 415 778 4701
E jlevin@ideo.com

ijs designers
7 Edis Street
London NW1 8LG, GB
T +44 (0)20 7916 6708
F +44 (0)20 7916 6709

Independence Technology
a Johnson & Johnson Company, USA
www.indetech.com

Interform Design
Am Wenderwehr 3
38114 Braunschweig, D
T +49 (0) 531 233 7810
www.interform-design.de

Ito, Setsu/Studio I.T.O. Design
Via Brioschi. 54
20141 Mailand, I
T/F +39 (0)2 8954 6007
E setsuito@micronet.it

Jacobs, Camille
100 Taman Nakhoda
Villa delle Rose
257793 Singapur
T/F +65 475 3581
E a_cordenier@pacific.net.sg
alain.cordenier@bbl.be

Jakobsen, Hans Sandgren
Færgevej 3
8500 Grenaa, DK
T +45 (0)86 32 00 48
F +45 (0)86 32 48 03
E mail@hans-sandgren-jakobsen.com
www.hans-sandgren-jakobsen.com

Jam Design & Communications Ltd
2nd Floor
1 Goods Way
London NW1 1UR, GB
T +44 (0)20 7278 3263
F +44 (0)20 7278 5567
E jamdesign@compuserve.com

Jerome, Mike
c/o Philips Electronics NV
Building HWD
PO Box 218
5600 MD Eindhoven,
NL
T +31 (0)40 275 9066
F +31 (0)40 275 9091
E annemieke.froger@philips.com
www.philips.com

John Makepeace and others
s. Hooke Forest (Construction) Ltd, GB

Jongerius, Hella
Schietbaanlaan 75b
3021 LE Rotterdam,
NL
T +31 (0)10 477 0253
E jongeriuslab@hotmail.com

Jurinec, Ksenkja und Grupa Dizajnera
Grupa Dizajnera
Baruna Trenka 5
Zagreb, Kroatien

Kant, Judith
c/o Design Academy Eindhoven
Emmasingel 14
PO Box 2125
5600 CC Eindhoven,
NL
T +31 (0)40 239 3939
F +31 (0)40 239 3940
E info@designacademy.nl
www.designacademy.nl

Karpf, Peter
Glentevej 8
3210 Vejby, DK
T +45 (0)48 70 63 73
F +45 (0)48 70 63 79

Kartono, Singh S.
Aruna Arutala
PO Box 187
Temanggung 56200
Central Java, Indonesien

Katayanagi, Tomu (J)
c/o Fiam Italia SpA
Via Ancona 1/B
61010 Tavullia
Pesoro, I
T +39 (0)721 200 51
F +39 (0)721 202 432
E fiam@fiamitalia.it
www.fiamitalia.it

KFN Kaufmann Produkt GmbH
Sagerstrasse 4
6850 Dornbirn, A
T +43 (0)5572 26283
F +43 (0)5572 262834
E kfn.product@gmbh.vol.at

Kieboom, Nickie
c/o Design Academy Eindhoven
Emmasingel 14
PO Box 2125
5600 CC Eindhoven, NL
T +31 (0)40 239 3939
F +31 (0)40 239 3940
E info@designacademy.nl
www.designacademy.nl

Killaars, Remko
c/o Design Academy Eindhoven
Emmasingel 14
PO Box 2125
5600 CC Eindhoven
NL
T +31 (0)40 239 3939
F +31 (0)40 239 3940
E info@designacademy.nl
www.designacademy.nl

Klug, Ubald
33 Rue Croulebarbe
75013 Paris, F
T +33 (0)1 44 33 13 882
F +33 (0)1 45 35 31 54

Konings, Jan
c/o Droog Design
Keizersgracht 518
1017 EK Amsterdam
NL
T +31 (0)20 626 9809
F +31 (0)20 638 8828
E gbakker@xs4all.nl

Korb & Korb
Schösslistrasse 36A
5408 Ennetbaden, CH
T +41 (0) 56 222 81 20

Kotkas, Aki
Hamentie 130E
00560 Helsinki, FIN
T +358 50 5879077
E akotkas@uiah.fi

Kuckuck, Henner
Nana Design
11–55 45th Avenue
Long Island City, NY 11101, USA

Kwakkel, Eric-Jan
c/o REEEL
52 Marconistrat
3029 AK Rotterdam
NL
T +31 (0)10 925 4612
F +31 (0)10 925 7603

Laing, Patrick
ADAPT=REACT
57 Holmesdale Road
London N6 5TH, GB
T +44 (0)20 8374 6665
F +44 (0)20 8245 3153
E patrick.adapt-react@virgin.net

Landmark Design Switzerland
Glärnischstr. 8
8640 Rapperswil
CH
T +41 (0)55 211 84 25
F +41 (0)55 211 84 28
E landmark.ch@bluewin.ch
www.landmark.nl

Les Ateliers du Nord/Antoine Cahen
Pl. du Nord 2
1005 Lausanne
CH
T +41 (0)21 320 58 07
F +41 (0)21 320 58 43
E antoine.cahen@atelierdunord.ch

Lewis, David (GB)
c/o Vestfrost A/S
Spangsbjerg Møllevej 100
Postbox 2079
6705 Esbjerg, DK
T +45 (0)79 14 22 22
F +45 (0)79 14 23 55

Looker, Philip
c/o Plastics fth Industry Ltd
The Stables
Sandholme Mill
Commercial Street
Todmorden
Lancs OL14 5RH, GB
T +44(0)1706 817 784
F +44(0)1706 817 227
E plasfth@msn.com

Lovegrove, Ross
Lovegrove Studio X
21 Powis Mews
London W11 1JN, GB
T +44 (0)20 7229 7104
F +44 (0)20 7229 7032
E lovegroves_rmr@compuserve.com

Macchioni, Sergio/SMAC
Via Tombetto 40
37135 Verona, I
T/F +39 (0)45 8200 279
E smac@iol.it

Maier-Aichen, Hansjerg
Authentics artipresent GmbH
Max-Eyth-Straße 30
71088 Holzerlingen
D
T +49 (0)7031 6805 0
F +49 (0)7031 6805 99
www.authentics.de

Marczynski, Mike
Business Lines Ltd
Harcourt Street
Walkden, Worsley
Manchester M28 3GN, GB
T +44 (0)1204 576 334
E info@checkpoint-safety.com
www.checkpoint-safety.com

Mari, Enzo
c/o Alessi SpA
Via Privata Alessi 6
28882 Crusinallo (VB), I
T +39 (0)323 868 611
F +39 (0)323 866 132
E pub@alessi.it

Marinho, Reginaldo (BR)
T +39 (0)338 124 6641
E inventor_br@hotmail.com

Marriott, Michael
Unit F2,
2-4, Southgate Road
London N1 3JJ, GB
T/F +44 (0)20 7923 0323
E marriott.michael@virgin.net

Martin, Guy
Crown Studios
Old Crown Cottage
Greenham, Crewkerne
Somerset TA18 8QE, GB
T +44 (0)1308 868122

McCrady, Paul
AeroVironment
825 S. Myrtle Drive
Monrovia, CA 91016, USA
T +1 626 357 9983
F +1 626 359 9628
www.aerovironment.com

McDermott, Ruth
52 Regent Street
Paddington, NSW 2021, AUS

McDonagh, Julie
The Inner Tube Ltd
Unit B1, The Wren Centre
Westbourne Road
Emsworth, Hampshire, GB
T +44 (0)2392 433 433

McDonough Braungart Design Chemistry, LLC
401 East Market St, Suite 201
Charlottesville, VA 22902, USA
T +1 804 295 111
F +1 804 295 1500
E info@mbdc.com
www.mbdc.com

Meller Marcovicz, Gioia
102 Newark Street
London E1 2ES, GB
T +44 (0)20 7247 1282
F +44 (0)20 7375 2668
E gmm@mrac.demon.co.uk
www.mrac.demon.co.uk/designgmm

Miles, J. R.
c/o Retail Place Ltd
34A Campden Hill Gardens
London W8 7AZ, GB
T +44 (0) 20 7727 0486
F +44 (0) 20 7221 7012

Miyashita, Shin
c/o Sony Corporation Design Center
6-7-35 Kitashinagawa
Shinagawa-ku
Tokio 141, J
T +81 (0)3 5448 7758
F +81 (0)3 5448 7822
www.sony.co.jp
www.sony.co.uk

Moerel, Marre
182 Hester Street No. 13
New York, NY 10013, USA
T +1 212 219 8965
F +1 212 925 2371
E marremoerel@rcn.com

Moinat, Christophe
Pré-du-Marché 23
10004 Lausanne, CH
und
71 Northwold Road
London E5 8RN, GB
T +44 (0)20 7502 0511

Mollsjö, Carina
Yxhammarsgatan 28
503 31 borås, S
T +46 (0) 33 10 27 25
E mollsjo@hotmail.com

Moore, Isabelle (GB)
22257 NE Inglewood
Hill Road
Redmond, WA 98053, USA

Morrison, Jasper (GB)
c/o Cappellini Arte/
Capellini SpA
Via Marconi 35
22060 Arosio, I
T +39 (0)31 759 111
F +39 (0)031 763 322/763 333
E cappellini@cappellini.it
www.cappellini.it

Mr. Toyozo/Nifty Palmtop Users Group (J)
http://member.nifty.ne.jp/toyozou/palmpc/release_English.html
www.morphyone.org

N2 (CH)
T/F +41 (0)61 693 4015
E n2@n2design.ch
www.n2design.ch

NASA (USA)
www.dfre.nasa.gov

Naur, Mikala
Gammel. Mont 37
1117 Kopenhagen
DK
T/F +45 (0)33 11 95 20
E mikalanaur@hotmail.com

Nervo, Paulo
c/o Design Academy
Eindhoven
Emmasingel 14
PO Box 2125
5600 CC Eindhoven,
NL
T +31 (0)40 239 3939
F +31 (0)40 239 3940
E info@designacademy.nl
www.designacademy.nl

Niemeir, Tim
c/o International Design
Resource Awards (IDRA)
Design Resource Institute
7406A Greenwood Avenue
Seattle WA 98177, USA
T +1 206 289 0949
F +1 206 789 3144
www.designresource.org

Nijland, Paul
c/o Design Academy
Eindhoven
Emmasingel 14
PO Box 2125
5600 CC Eindhoven,
NL
T +31 (0)40 239 3939
F +31 (0)40 239 3940
E info@designacademy.nl
www.designacademy.nl

Oak Product Design
s. de Leede, Annelies

Ohlsson, Daniel
cbi, Birgerjarlsgatan
Stockholm, S
T +46 (0)8 611 5252
F +46 (0)8 611 7565
E daniel.ohlsson@konstfack.se

Øhre, Janne, and Hermann, Anette
MC Arkitekter a/s
Esplanaden 8 A
1263 Copenhagen K
DK
T +45 (0)33 43 30 30
F +45 (0)33 43 30 40
E jo@mc-arch.dk

Oslapas, Arunas
c/o International Design
Resource Awards (IDRA)
Design Resource Institute
7406A Greenwood Avenue
Seattle, WA 98177, USA
T +1 206 289 0949
F +1 206 789 3144
www.designresource.org

Oxfam/Core Plastics
274 Banbury Road
Oxford OX2 7DZ, GB
T +44 (0)1865 311 311/312 498
www.oxfam.org.uk

Padrós, Emili
c/o Escola Superior de
Disseny Elisava
Carrer Ample 11-13
08002 Barcelona, E
T +34 (0)93 317 47 15
F +34 (0)93 317 83 53
E Elisava@seker.es

Palo Alto Products International
567 University Avenue
Palo Alto, CA 94301,
USA
T +1 650 327 9444
F +1 650 327 9446

Paton, Charlie
Light Works Ltd
2A Greenwood Road
London E8 1AB, GB
T +44 (0)20 7249 3627
F +44 (0)20 7254 0306

Pellone, Giovanni, und Means, Bridget, Benza, Inc.
413 W 14 Street, #301,
New York, NY 10014,
USA
T +1 212 243 4047
F +1 212 243 4689
E help@benzadesign.com
www.benzadesign.com

Pesavento, Luciano, und Pezzetta, Roberto
c/o Zanussi Electrolux
Electrolux Group
Environmental Affairs
105 45 Stockholm, S
T +46 (0)8 738 76 66
F +46 (0)8 738 05 98
E environmental.affairs@electrolux.se

Philips Corporate Design
Building HWD
PO Box 218
5600 MD Eindhoven, NL
T +31 (0)40 275 9066
F +31 (0)40 275 9091
E annemieke.froeger@philips.com

Philips Lighting BV
Haarmanweg 25
4538 AN Temeuzen, NL
T +31 (0)115 684 318
F +31 (0)115 684 448
E rene.abein@philips.com

Philips, Stephen
Stephen Philips Design
52 Park Street, Thame
Oxon OX9 3HS, GB
T/F +44 (0)1844 214 897
E sphilips@madasafish.com

Pillet, Christophe (France)
c/o Cecotti Aviero SpA
Viale Sicilia 4
Cascina 56021, Pisa, I

Polvara, Giulio
c/o Kartell SpA
Via delle Industrie 1
Naviglio, 20082 Mailand, I
T +39 (0)2 90 001 21
F +39 (0)2 90 533 16
www.kartell.it

Porsche, F. A. (Porsche Design Management GmbH & Co. KG)
Giselakai 37
A 5020 Salzburg, A
T +43 (0)662 887 4880
E office@porsche-design.com
www.porsche-design.com

Premsela & Vonk
Nieuwe Herengracht 89
1018 VR Amsterdam,
NL
T +31 (0)20 626 20 30

Pret à Porter
Paris, F
E comdept@pretparis.com
www.pretaporter.com

Priestman, Paul
Priestman Goode
4 & 5 Broadstone Place
London W1H 3FJ, GB
T +44 (0)20 7935 6665
F +44 (0)20 7935 0668
E design@priestmangoode.com
www.priestmangoode.com

Prins Dokkum BV
Rondweg 35
PO Box 4
9100 AA Dokkum
NL
E prinsdokkum@niv-webhosting.com
www.prins-dokkum.nl

Produkt Entwicklung Roericht
c/o Wilkhahn GmbH & Co.
Postfach 2035
31844 Bad Münder,
D
T +49 (0)5042 9990
F +49 (0)5042 999 226
E info@wilkhahn.de
www.wilkhahn.com

PROFORM Design
Lener + Rossler +
Hohannismeier GbR
Seehalde 16
71364 Winnenden, D
T +49 (0)7195 919100
F +49 (0)7195 919108
E proform_design@t-online.de
www.industriedesign.com

Puotila, Ritva (FIN)
c/o Woodnotes Oy
Tallberginkatu 8
00180 Helsinki
FIN
T +358 694 2200
F +358 694 2221
E woodnotes@woodnotes.fi
www.woodnotes.fi

R+r Sustainable Design
610 Wilson Street #5
Lafayette
LA 70503, USA

Reedy, Colin
Metamorf Design
2700 4th Avenue South
Seattle, WA 98134,
USA
T +1 206 903 6332
F +1 206 223 0853
E colin@metamorfdesign.com

Remy, Tejo (NL)
c/o Droog Design
Keizersgracht 518
1017 EK Amsterdam
NL
T +31 (0)20 62 69 809
F +31 (0)20 63 88 828
E gbakker@xs4all.nl

Rogers, Mark
BUT
81 Lothair Road North
London N4 1ER, GB
T +44 (0)20 8341 7776

Ruano, Maria
c/o Bedrock Industries
Seattle, Washington, USA

Sadler, Marc
s. Domus Academy, I, und American Hardwoods Export Council, USA

Sams Design
103 Friern Barnet Road
London N11 3EU, GB
T +44 (0)20 8361 8845
F +44 (0)20 8361 4305
E info@samsdesign.co.uk

Sanders, Mark
c/o Roland Plastics
Strida Ltd
Wickham Market
Woodbridge
Suffolk IP13 0QZ, GB
T +44 (0)1728 747 777
F +44 (0)1728 748 222
E strida@rolandplastics.co.uk

Sandham, John, and Lewis, Stan
c/o Lew San Ltd
3 Sutton Gardens
Hornchurch
Essex RM12 4LD, GB
T +44 (0)1708 473 842
F +44 (0)1708 524 389
E stmate@dircon.co.uk
www.stairmate.co.uk

Sant, Roy
67 Wilberforce Road
London N4 2SP, GB
T/F +44 (0)20 7704 1592

Schneider, Prof. Wulf, und Partner
Schellbergstraße 62
70188 Stuttgart, D

Schreuder, Hans
MOY Concept & Design
Arnhem, NL
E info@moy.nl

Seiko Epson Corporation
J
www.epson.co.jp/e/

Seymour Powell Ltd
The Chapel
Archel Road
London W14 9QH, GB
T +44 (0)20 7381 6433
F +44 (0)20 7381 9081
E design@seymourpowell.co.uk

Shetka, Stanley
All Paper Recycling, Inc.
10247 40th Street West
Webster, MN 55088, USA

Shiotani, Yasushi
c/o Canon, Inc.
Design Centre
3-30-2 Shimomaruko
Ota-ku, Tokio 146-8501, J
T +81 (0)3 3758 2111
F +81 (0)3 5482 9711
E fukujr@drc.canon.co.jp

Shumacher, Sheri
Topos
426 N. Gay Street
Auburn, AL 36830, USA

Simmons, Roland
PO Box 3396
Santa Rosa, CA 95402, USA

Smart Design in Zusammenarbeit mit Oxo International
Oxo International
230 Fifth Avenue, 2nd Floor
New York, NY 10001, USA
T +1 212 242 3333
F +1 212 242 3336
E info@oxo.com
www.oxo.com

Smith, Janice
University of Kansas
Art and Design Building
Room 300,
Lawrence, KS 66045, USA

Solar Century Holdings Ltd
Unit 5, Sandycombe Centre
1-9 Sandycombe Road
Richmond, Surrey, GB
T +44 (0)870 735 8100
F +44 (0)870 735 8101
E jl@solarcentury.co.uk
www.solarcentry.co.uk

Southampton Innovations Ltd
University of Southampton
Highfield, Southampton
Hampshire SO17 1BJ, GB
T +44 (0)23 8059 2035
F +44 (0)23 8059 3585
E info@sil-uk.com
www.southamptoninnovations.com

Stachowicz, Wojtek
2416 54th Place SW #15
Seattle, WA 98116, USA

Starck, Philippe
Agence Philippe Starck
27 Rue Pierre Poli
92130 Issy-les-Moulineaux, F
T +33 (0)1 41 08 82 82
F +33 (0)1 41 08 96 65
E starck@starckdesign.com
www.philippe-starck.com

Stark, Dr. Herbert, Kopf AG
Stutzenstr. 6
72172 Sulz-Borgfelden
D
T +49 (0)7454 75285
E h.stark@kopf-ag.de
www.kopf-ag.de

Startup, Jasper
Startup Design, No. 4
126A Albion Road
London N16 9PA, GB
T +44 (0)20 7923 1223
E jasper@startupdesign.co.uk

Staton, John M.
Anderson Design Associates, Inc.
175 New Britain Ave
Plainville, CN 06062, USA

Steinberg, Erez, and Giasullo, Gia
Studio eg
2431 Peralta Street
Suite 2437A
Oakland, CA 94607, USA

Steinmann, Peter, und Schmid, Herbert
c/o Atelier Alinea AG
Zähringerstrasse 14
4007 Basel
CH
T +41 (0)61 690 97 97
F +41 (0)61 690 97 90

Stichting Art Depot
Frans Halsstraat 3
5062 LJ Oisterwijk
NL

Sugasawa, Mitsumasa
J
E suga@tendo-mokko.co.jp

Suppanen, Ilkka
Studio Ilkka Suppanen
Punavuorenkatu 1 A 7 b
00120 Helsinki, FIN
T +358 9622 78737
F +358 9622 3093
E suppanen@kolumbus.fi

Sylvania Design Team
Sylvania Lighting International
20 Route de Pré-Bois
1215 Genf 15
CH
T +41 (0)22 717 0895
www.sylvania.com

Tam, Roy
c/o Trannon Furniture Ltd
Chilhampton Farm
Wilton, Salisbury
Wilts SP2 0AB, GB
T +44 (0)1722 744 577
F +44 (0)1722 744 477
E info@trannon.com
www.trannon.com

Teams Design
Hollwitzstraße 1
73728 Esslingen, D

Teppich-Art-Team
Untere Gasse 1
7012 Ferlsberg
CH
T +41 (0)81 252 86 89

Thomas, Deborah
323(B) Grove Green Road
Leytonstone
London E11 4EB, GB

Thorp, Ian, und Morris, Steve
c/o Slough Rubber Company, GB
T +44 (0)1753 570 438

Thorpe, Clarkson, und Beukema, Steve
c/o Haworth, Inc.
One Haworth Center
Holland, MI 49423, USA
T +1 616 393 3000
www.haworth.com

Thun, Matteo
c/o Domus Academy
Via Savona 97
20144 Mailand, I

Tilder, Henk
c/o Municipality of Almere, Flevoland, NL

Titan Design Studio
s. Bansod, Abhijit

Tolstrup, Nina
47 Warwick Mount
Montague Street
Brighton, East Sussex
BN2 1JY, GB
T/F +44 (0)1273 570 179
E tolstrup@studiomama.com
www.studiomama.com

Topen, Paul
c/o Designed to a „t“ Ltd
11 Maxwell Gds, Orpington
Kent BR6 9QR, GB
T +44 (0)1689 831 400
F +44 (0)1689 609 301
www.d2at.demon.co.uk

Trachsel, Sonja
Av. de Jurigoz 2
1006 Lausanne
CH
T +41 (0)21 601 38 94

Trubridge, David
44 Margaret Avenue
Havelock North,
Neuseeland
T/F +64 (0)6 877 46 84
E trubridge@clear.net.nz
http://home.clear.net.nz/pages.trubridge

University of Eindhoven (Building Initiative Environmental Standards)
c/o Design Academy
Eindhoven
Emmasingel 14
PO Box 2125
5600 CC Eindhoven,
NL
T +31 (0)40 239 3939
F +31 (0)40 239 3940
E info@designacademy.nl
www.designacademy.nl

University of Technology Delft
Jaffalaan 9
2628 BX Delft, NL

van de Voorde, Patrick
c/o Philips Lighting BV
Haarmanweg 25
4538 AN Temeuzen
NL
T +31 (0)115 684 318
F +31 (0)115 684 448
E rene.abein@philips.com

van Maanen, Martijn
c/o Design Academy
Eindhoven
Emmasingel 14
PO Box 2125
5600 CC Eindhoven
NL
T +31 (0)40 239 3939
F +31 (0)40 239 3940
E info@designacademy.nl
www.designacademy.nl

van Severen, Martin
Galgenberg 25
9000 Gent, B
T +31 (0)2 92 33 89 99

VarioPac Disc Systems GmbH
Hangbaumstraße 13
32257 Bünde, D
T +49 (0)5221 7684 17
F +49 (0)5221 7684 20
www.variopac.com

Varney, James
c/o International Design
Resource Awards (IDRA)
Design Resource Institute
7406A Greenwood Avenue
Seattle, WA 98177, USA
T +1 206 289 0949
F +1 206 789 3144
www.designresource.org

Veloland Schweiz
Stiftung Veloland Schweiz
Postfach 8275
3001 Bern, CH
T +41 (0)31 307 47 40
E info@veloland.ch
www.veloland.ch

Velthuizen, A. J.
European Design Centre
PO Box 6279
5600 HG Eindhoven
NL
T +31(0) 40 848 4848
F +31(0) 40 848 4844
E info@edc.nl

Vink, Frits, Ing.
Eusebiusbuitensingel 37
6828 NX Arnheim
NL
T/F +31 (0)26 168 420
E vink.design@atagmail.nl

VK & C Partnership (Ian Cardnuff und Hamid von Koten)
2/2 248 Woodlands Road
Glasgow G3 6ND, GB
T/F +44 (0)141 332 2049

Vogelzang, Marije
c/o Design Academy
Eindhoven
Emmasingel 14
PO Box 2125
5600 CC Eindhoven
NL
T +31(0)40 239 3939
F +31(0)40 239 3940
E info@designacademy.nl
www.designacademy.nl

Vuarnesson, Bernard
Sculptures-Jeux
18 Rue Domat
75005 Paris,
F
T +33 (0)1 43 54 20 39
F +33 (0)1 43 54 83 32
E sculptures.jeux@wanadoo.fr

Walpole, Lois
100 Fairhurst Road
London E3 4EH, GB
T/F +44 (0)20 7515 6014

Wanders, Marcel
Van Diemenstraat 296
1013 CR Amsterdam,
NL
T +31 (0)20 422 1339
F +31 (0)20 422 7519

Wannet, Edwin
c/o Design Academy
Eindhoven
Emmasingel 14
PO Box 2125
5600 CC Eindhoven,
NL
T +31 (0)40 239 3939
F +31 (0)40 239 3940
E info@designacademy.nl
www.designacademy.nl

Warren, William
ww.modcons
Units 2b + 2c
Vanguard Court
36 Peckham Road
London SE5 8QT,
GB
T/F +44 (0)20 7708 4154

WeLL Design Associates
Huis ter Heideweg 56
3705 LZ Zeist,
NL
T +31 (0)30 692 5544
E info@welldesign.nl
www.welldesign.nl

Wettstein, Robert A.
Structure Design
Josefstraße 188
8005 Zurich,
CH
T +41 (0)1 272 9725
F +41 (0)1 272 0717
E robert.wettstein@gmx.ch
www.change.to/comfort

Wiegand, Lorenz
Pool Products
Metzerstraße 19
10405 Berlin, D
T +49 (0)30 440 555 16
E POOL-products@t-online.de

Wiesendanger, Köbi
Avant de Dormir
Via Turato 3
20121 Mailand, I
T +390 (0)2 659 9990
F +390 (0)2 657 1058
E marina wiesendanger marina@avantdedormir.com

Willat, Boyd
s. Willat Writing
Instruments

Williamson, Damian
Björneborgsvägen 13
122 63 Enskede
Stockholm, S
T +44 (0)20 8874 4046 (UK)
T +46 (0)8 649 1131

Wilson, Neil
180 Sackville Road
Heaton
Newcastle-upon-Tyne
NE6 5TD, GB
T/F +44 (0)191 224 3850

Wurz, Gerard
Teschniergasse 17
1170 Wien, A
T +43 (0)407 21 25

Yamanaka, Kazuhiro
27 Burnley Road
London NW10 1EE, GB
T +44 (0)20 8452 3018
E kaz@ma.kew.net

Yurkievich, Gaspard (F)
c/o Tencel
Acordis Fibres
(Holdings) Ltd, GB
www.acordis.com
www.tencel.com

Zanussi Industrial Design Centre (I)
Electrolux Zanussi
c/o AB Electrolux
Electrolux Group
Environmental Affairs
105 45 Stockholm
S
T +46 (0)8 738 76 66
F +46 (0)8 738 05 98
E environmental.affairs@electrolux.se

Zbryk, Burges
c/o International Design
Resource Awards (IDRA)
Design Resource Institute
7406A Greenwood Avenue
Seattle, WA 98177, USA
T +1 206 289 0949
F +1 206 789 3144
www.designresource.org

Zillig, Michel
c/o Design Academy
Eindhoven
Emmasingel 14
PO Box 2125
5600 CC Eindhoven
NL
T +31 (0)40 239 3939
F +31 (0)40 239 3940
E info@designacademy.nl
www.designacademy.nl

2pm Limited
2 Shelford Place
London N16 9HS,
GB
T +44 (0)20 7923 0222
F +44 (0)20 7923 2467
www.2pm.co.uk

3M Deutschland GmbH
Carl-Schurz-Straße 1
41453 Neuss,
D
T +49 (0)2131 14 3461
F +49 (0)2131 14 3695
E DSTRUWE@mmm.com

ABG Ltd
Unit E7, Meltham Mills Rd
Meltham
West Yorkshire HD7 3AR,
GB
T +44 (0)1484 852 096

Acadia Board Company
518 Iberia Parkway
New Iberia
LA 70563
USA
T +1 318 367 8542
E duracane@bellsouth.net

Acordis Speciality Fibres/Acordis Fibres (Holdings) Ltd (GB)
www.acordis.com
www.specialityfibres.com
www.tencel.com

Advanced Elastomer Systems L P
388 S. Main St
Akron, OH 44311,
USA
T +1 800 305 8070
F +1 330 849 5599
E contact@aestpe.com
www.aestpe.com

Advanced Environmental Recycling Technologies, Inc.
(USA)
801 N. Jefferson Street
PO Box 1237
Springdale, AR 72765
USA
T +1 501 750 1299
F +1 501 750 1322
E aertsales@sat.net
www.choicedek.com

Advanced Vehicle Design
L&M Business Park
Norman Road
Altrincham
Cheshire WA14 4ES,
GB
T +44 (0)161 928 5575
F +44(0)161 928 5585
E sales@windcheetah.co.uk
www.windcheetah.co.uk

AEG Hausgeräte GmbH
Muggenhofer Straße 135
90429 Nürnberg
D
T +49 (0)911 323 1/0
F +49 (0)911 323 2283/1770
E info@aeg.hausgeraete.de
www.aeg-hausgeraete.de

aerodyn Energiesysteme GmbH
Provianthausstraße 9
24768 Rendsburg,
D
T +49 (0)4331 12750
F +49 (0)4331 127555

AeroVironment, Inc.
Corporate HQ
825 S. Myrtle Drive
Monrovia CA 91016
USA
T +1 626 357 9983
F +1 626 359 9628
www.aerovironment.com

Aga-Rayburn
PO Box 30
Ketley
Telford
Shropshire TF1 4DD
GB
T +44 (0)1952 642 000
F +44 (0)1952 641 961
www.aga-rayburn.co.uk

Air Packaging Technologies, Inc.
25620 Rye Canyon Road
Valencia, CA 913555,
USA
T +1 800 424 7269
F +1 661 294 2222
E info@airbox.com

Akzo Nobel Decorative Coatings AB
205 17 Malmö,
S
T +46 (0)40 35 50 00
F +46 (0)40 601 52 23

Alden & Ott
616 E. Brook Drive
Arlington
Heights
IL 60005-4622,
USA
T +1 800 552-INKS
F +1 708 956 6909
www.aldenottink.com

Alessi SpA
Via Privata Alessi 6
28882 Crusinallo (VB),
I
T +39 (0)323 868611
F +39 (0)323 866132
E pub@alessi.it

Alfred Kärcher GmbH & Co.
Alfred-Kärcher-Straße 28-40
71364 Winnenden,
D
T +49 (0)711 142310
F +49 (0)711 142981

Alinea Atelier, AG
Zähringerstr. 14
4007 Basel,
CH
T +41 (0)61 690 97 97
F +41 (0)61 690 97 90

All Paper Recycling, Inc.
502 4th Avenue NW
New Prague, MN 56071-1141,
USA
T +1 612 758 6577
F +1 612 758 6751

Amasec Airfil
Unit 1, Colliery Lane
Exhall,
Coventry
Warwickshire CV7 9NW
GB
T +44 (0)1203 367 994
F +44 (0)1203 644 325

American Excelsior Company
PO Box 5067
850 Ave H East
Arlington, TX 76011
USA
T +1 817 640 3563 *and*
T +1 800 777 7645
F +1 817 640 3570/1555
www.amerexcel.com

Ampair Ltd
17 Windermere Road
West End
Southampton
Hampshire
SO18 3PE,
GB
T +44 (0)23 80 474 243
F +44 (0)23 80 476 821
E interworld@cwcom.net

Amtico Company, The
Kingsfield Road
Coventry
Warwickshire CV6 5AA,
GB
T +44 (0)24 7686 1400
F +44 (0)24 7686 1552
www.stratica.com
www.amtico.com

Anstalten Thorberg
Postfach 1,
3326Krauchtal,
CH
T +41 (0)34 411 1417
F +41 (0)34 411 0019

Arbor Vitae
s. Berkowitz, Adam
Brooklyn, New York
USA

Arizona Fibers Marketing
9393 N. 90th #102-159
Scottsdale, AZ 85258-5040,
USA
T +1 602 443 5615
F +1 602 443 4917

Armstrong World Industries, Inc.
2500 Columbia Ave
PO Box 3001
Lancaster,
PA 17603,
USA
T +1 717 397 0611
F +1 717 396 2787
www.armstrong.com

Artemide SpA
Via Bergamo 18
20010 Pregnana Milanese,
I
F +39 (0)2 9359 0254

AstroPower, Inc.
Corporate HQ
461 Wyoming Road
Solarpark
Newark, DE 19716-2000,
USA
T +1 302 366 0400
F +1 302 368 6087
E Sales@astropower.com
www.astropower.com

Auro Paints Ltd
Unit 2, Pamphillions Farm
Purton End
Debden
Saffron Walden
Essex CB11 3JT
GB
T +44 (0)1799 543 077
F +44 (0)1799 542 187
E sales@auroorganic.co.uk
www.auroorganic.co.uk

Auro Pflanzenchemie AG
Alte Frankfurter Str. 211
38122 Braunschweig
D
T +49 (0)531 2 81 41 41
F +49 (0)531 2 81 41 61
E info@auro.de
www.auro.de

Authentics artipresent GmbH
Max Eyth Strasse 30
71088 Holzerlingen,
D
T +49 (0)7031 6805 0
F +49 (0)7031 6805 99
www.authentics.de

Avant de Dormir
Via Turati 3
20121 Mailand, I
E info@avantdedormir.com
www.avantdedormir.com

Baccarne bvba
Baccarne Design
Gentbruggekouter
9050 Gent
B
T +32 (0)9 232 44 21
F +32 (0)9 232 44 30
E baccarne@planet_internet.be

Baleri Italia
Via F. Cavallotti 8
Mailand 201222, I
T +39 (0)2 76 01 46 72
F +39 (0)2 76 01 44 19
E info@baleri-italia.com

Bamboo Hardwoods, Inc.
3834 4th Ave South
Seattle, WA 98134, USA
T +1 206 264 2414/3610
E doug@bamboohardwoods.com
www.bamboohardwoods.com

Beacon Print Ltd
Brambleside
Bellbrook Park
Uckfield
East Sussex TN22 1PL, GB
T +44 (0)1825 76811
F +44 (0)1825 7680342
E print@beaconpress.co.uk

Bedrock Industries
1401 West Garfield
Seattle, WA 98119, USA
T +1 206 283 7625
F +1 206 283 0497
E bedrockind@uswest.net
www.bedrockindustries.com

Benza, Inc.
413 W. 14 St #301
New York, NY 10014, USA
T +1 212 243 4047
F +1 212 243 4689
E help@benzadesign.com
www.benzadesign.com

BioChem Systems
3511 N. Ohio
Wichita
KS 67219, USA
T +1 316 838 4739
F +1 316 832 1211
E khobbs@biochemsys.com
www.biochemsys.com

Biocorp
2619 Manhattan
Beach Blvd
Redondo Beach
CA 90278, USA
T +1 888 206 5658
F +1 310 643 1622
E info@biocorpusa.com
www.biocorpusa.com

BioFab LLC/Pacific Gold Board
PO Box 990556
Redding
CA 96099-0556, USA
T +1 530 243 4032
F +1 530 244 3241
E info@ricestraw.com
www.strawboard.com

Bioshield Paint Company
1365 Rufina Circle
Santa Fe
NM 870505, USA
T +1 800 621 2591
F +1 505 438 0199
E edesignco@aol.com
www.bioshieldpaint.com

Biotec
Biologische
Naturverpackungen
GmbH,
Blinder Weg 30
46446 Emmerich
PO Box 100220, D
T +49 (0)2822 92310
F +49 (0)2822 537265
E biotecgmbh@t-online.de

Blackwall Ltd
10 Glover Way
Parkside Leeds
W. Yorks LS11 5JP, GB
T +44 (0)113 276 1646
F +44 (0)113 271 3083
E blackwall.ltd@virgin.net

BMW AG
BMW-Haus Petuelring 130
80788 München, D
T/F +49 (0)89 3820/
T +49 (0) 89 382 24272
E bmwinfo@bmw.de
www.bmw.com

BMW (GB) Ltd
Ellesfield Avenue
Bracknell
Berkshire RG12 8TA, GB
T +44 (0)1344 480 320
F +44 (0)1344 480 306
E press.bmw@bmwgroup.co.uk
www.press.bmwgroup.com

BOC
Michael House
47 Baker Street
London W1A 1DN, GB
T +44 (0)20 7935 4422

Body Shop International plc
Watersmead
Littlehampton
West Sussex BN17 6LS, GB
T +44 (0)1903 731 500
F +44 (0)1903 726 250
www.bodyshop.com

Bopp Leuchten GmbH
Postfach 1160
74835 Limbach,
D
T +49 (0)62 87 92 06 0

BP Amoco plc
Britannic House
1 Finsbury Circus
London EC2M 7BA, GB
www.bp.com

BP Solar International
PO Box 191
Chertsey Road
Sunbury-on-Thames
Middlesex TW16 7XA, GB
T +44 (0) 1932 779 543
F +44 (0) 1932 762 686
www.bpsolar.com

BP Solarex
630 Solarex Court
Frederick, MD 21703, USA
T +1 301 698 4200
F +1 301 698 4201

BREE Collection GmbH & Co. KG
Gerberstrasse 3
30916 Isernhagen/Kirchorst
D
T +49 (0)5136 8976 0
F +49 (0)5136 8976 229
E bree.collection@bree.de
www.breecollection.de

Brompton Bicycle Ltd
Kew Bridge Distribution
Centre
Lionel Road
Brentford
Middlesex TW8 9QR, GB
T +44 (0)20 8232 8484
F +44 (0)20 8232 8181
www.bromptonbicycle.co.uk

Brook Hansen
St Thomas Road
Huddersfield
West Yorkshire HD1 3DU, GB
T +44 (0)1484 422 150

Bruggli Produktion & Dienstleistung
Hofstr. 5
8590 Romanshorn
CH
T +41 (0)71 466 94 94
F +41 (0)71 466 94 95

BTM International Ltd
Fosseway
Midsomer Norton
Bath BA3 4AY, GB
T +44 (0)1761 414 824
F +44 (0)1761 419 472
E btm@jarvis-uk.com
www.btminternational.co.uk

Buchner Design Studio
1030 Quesada Avenue
San Francisco
CA 94124, USA
T +1 415 822 7300

Buderus Heiztechnik GmbH
Sophienstraße 30-32
35576 Wetzlar, D
T +49 (0)6441 418
F +49 (0)6441 456 02

Bulo Office Furniture
Industriezone Noord B6
2900 Mechelen, B
T +32 (0)15 28 28 28
F +32 (0)15 28 28 29
E info@bulo.be

Burch
c/o Domestic Growers
Supply
Cave Junction
OR, USA
T +1 541 592 3615

Business Lines Ltd
Harcourt Street
Walkden, Worsley
Manchester M28 3GN, GB
T +44 (0)1204 576 334
E infor@checkpoint-safety.com
www.checkpoint-safety.com

BUT
81 Lothair Road North
London N4 1ER, GB
T +44 (0)20 8341 7776

Bute Fabrics Ltd
c/o Caro Communications
First Floor
49-59 Old Street
London EC1V 9HX, GB
T +44 (0)207 251 9112
F +44 (0)207 490 5757
E pr@carocom.demon.co.uk

Cabka Plast Kunststoffverarbeitungs GmbH
Neue Weinsteige 71
70180 Stuttgart, D
T +49 (0)711 2489980
F +49 (0)711 248998 18
E cabka@recover-group.de
www.recover-group.de

Campana Objetos
Rua Barão de Tatui 219
São Paulo 01226030
São Paulo,
BR
T +55 (0)11 36 66 41 52
F +55 (0)11 82 53 408

Canon, Inc.
Design Centre
3-30-2 Shimomaruko
Ota-ku
Tokio 146-8501
J
T +81 (0)3 3758 2111
F +81 (0)3 5482 9711
E fukujr@drc.canon.co.jp

Canon (GB) Limited
Woodhatch
Reigate, Surrey RH2 8BF, GB
T +44 (0)1737 220 000
F +44 (0)1737 220 022
www.canon.co.uk

Cappellini Arte/Capellini SpA
Via Marconi 35
22060 Arosio, I
T +39 (0)31 759 111
F +39 (0)31 763 322/763 333
E cappellini@cappellini.it
www.cappellini.it

Cargill Dow Polymers – EcoPLA Business Unit
PO Box 5698
Minneapolis
MN 55440-5698, USA
T +1 612 742 6194
F +1 612 475 6208
E Public_Relations@cargill.com
www.cargill.com

Carrington Performance Fabrics
Calder Works
Thornhill Road
Dewsbury
West Yorkshire
WF12 9QQ, GB
T +44 (0)1924 465 161
F +44 (0)1924 457 596
www.carrington-pf.co.uk

Ceccotti Collezioni srl
PO Box 90
Viale Sicilia 4
Cascina
56021 Pisa, I
T +39 (0)50 701 955
F +39 (0)50 703 970
E info@ceccotti.it
www.ceccotti.it

Celotex Ltd
Warwick House
27/31 St Mary's Road
Ealing, London W5 5PR, GB
T +44 (0)20 8579 0811
F +44 (0)20 8579 0106
www.celotex.co.uk

Centriforce Products– Chisholm Plastics Ltd
14-16 Derby Road
Liverpool
Merseyside L20 8EE
GB
T +44 (0)151 207 6221
F +44 (0)151 298 1319
E sales@centriforce.co.uk
www.centriforce.com

Centriforce Products – Plastic Recycling Ltd
86 Blackpole Trading Estate
Worcester
Worcs WR3 8SQ, GB
T +44 (0)1905 455 410
F +44 (0)1905 754 708
E sales@centriforce.co.uk
www.centriforce.com

Cerestar USA, Inc.
110 Indianapolis Blvd
Hammond
IN 46320-1019, USA
T +1 219 659 2000
F +1 219 473 6607
www.cerestar.com

Charles Lawrence Recycling Ltd
Jessop Way
Newark Industrial Estate
Newark, Nottinghamshire
NG24 2ER, GB
T +44 (0)1636 610 680
F +44 (0)1636 610 222
E recycling@clgplc.co.uk

Chicago Adhesive Products Company
4658 West 60th Street
Chicago, IL 60629, USA
T +1 773 581 1300

ClassiCon
Perchtingger Straße 8
81379 München
D
E info@classicon.com
www.classicon.com

Clearvision Lighting Ltd
Unit 2
Elliott Park Industrial Estate
Eastern Road
Aldershot
Hampshire GU12 4TF, GB
T +44 (0)1252 344 011
F +44 (0)1252 344 066
E sales@clearvisionlighting.co.uk

Clivus Multrum, Kingsley Clivus
Kingsley House
Woodside Road
Boyatt Wood Trading
Estate Eastleigh
Hampshire SO50 4ET, GB
T +44 (0)1703 615 680
F +44 (0)1703 642 613

Color Trends, Inc.
5129 Ballard Ave NW
Seattle, WA 98107,
USA
T +1 206 789 1065

Columbia, USA/Comarco Wireless Technologies, Inc.
2 Crowell Street
Irvine, CA 92618, USA
T +1 949 599 7400
F +1 949 599 1415
E callinfo@comarco.com

Compak Systems Ltd
Toor Street
Gainsborough
Lincolnshire DN21 2EG, GB
T +44 (0)1427 616 927

Compaq Computer Corporation
PO Box 692000
Houston, TX 77269-2000
USA
T +1 281 370 0670
F +1 281 514 1740
www.compaq.com

Concord Lighting
Avis Way
Newhaven
East Sussex BN9 OED, GB
T +44 (0)1273 515 811
F +44 (0)1273 512 688
E concord.intsales@sylvania-lighting.com

Corbin Motors, Inc.
2360 Technology Parkway
Hollister, CA, USA
T +1 831 634 1100
F +1 831 634 1059
E chuck@mike-corbin.com
www.corbinmotors.com

Corn Card International, Inc.
PO Box 239
Chapman, NE 68827, USA
T +1 308 946 3662
www.corncard.com

Correx Plastics
Madleaze Industrial Estate
Bristol Road
Gloucester
Gloucestershire, GL1 5SG, GB
T +44 (0)1452 316 500
F +44 (0)1452 300 436

Crane & Company
30 South Street
Dalton, MA 01226,
USA
T +1 413 684 6495
www.crane.com

Crowe Building Products
116 Burris Street
Hamilton
ONT L8M 2Js, CAN
T +1 905 529 6818
F +1 905 529 1755
www.authentic-roof.com

Curtis Fine Papers
Guardsbridge
St Andrews
Fife KY16 0G9,
GB
T +44 (0)1334 839 551
www.curtisfinepapers.com

Cutouts
11A Lower Boston Road
Hanwell
London W7 3SF, GB
T +44 (0)20 8567 2847
F +44 (0)20 8579 7374
E cutouts.london@virgin.net

Daimler Chrysler
Epplestraße 225
70546 Stuttgart, D
T +49 (0)711 170
F +49 (0)711 17 222 44
E diaolog@daimlerchrysler.com
www.daimlerchrysler.com

Daimler Chrysler (J)
www.daimlerchrysler.co.jp

Daimler Chrysler UK Ltd
Tongwell
Milton Keynes
Bedfordshire MK15 8BA, GB
T +44 (0)1908 301 000
F +44 (0)1908 664 351
www.daimlerchrysler.co.uk

Daimler Chrysler Corporation
Auburn Hills
MI 48326-2766, USA
T +1 248 576 5741
F +1 248 576 4742
www.daimlerchrysler.com

Dalsouple Direct Ltd
PO Box 140
Bridgewater
Somerset TA5 1HT
GB
T +44 (0)1984 667 233
F +44 (0)1984 667 366
E info@dalsouple.com

Dalton Lucerne Rare Fibres Ltd
The Homestead Farm
Bakestonedale Road
Potts Shrigley

Macclesfield
Cheshire SK10 5RU, GB
T +44 (0)1625 572 381
F +44 (0)1625 572 381

Danese srl
s. Alias srl
Via dei Videttei 2
Grumello del Monte
24064 Bergamo, I
T +39 (0)35 442 0240
F +39 (0)35 442 0996

Dasic International Ltd
Winchester Hill
Romsey
Hampshire SO51 7YD,
GB
T +44 (0)1794 512 419
F +44 (0)1794 522 346

David Zyne Productions
c/o 100% Rubber
Dalsouple Direct Ltd
PO Box 140
Bridgewater
Somerset TA5 1HT, GB
T +44 (0)1984 667 233
F +44 (0)1984 667 366
E info@dalsouple.com

Deep E Company
404 NW 10th Ave
Suite 201
Portland, OR 97209, USA
T +1 888 233 3373
F +1 503 299 628
E info@deepeco.com
www.deepeco.com

DEKA Research & Development Corporation
340 Commercial Street
Manchester
NH 03101, USA
T +1 603 669 5139
F +1 603 624 0573
www.dekaresearch.com

Design Academy Eindhoven
Emmasingel 14
PO Box 2125
5600 CC Eindhoven
NL
T +31 (0)40 239 3939
F +31 (0)40 239 3940
E info@designacademy.nl
www.designacademy.nl

Designed to a „t" Ltd
11 Maxwell Gds
Orpington
Kent BR6 9QR, GB
T +44 (0)1689 831 400
F +44 (0)1689 609 301
www.d2at.demon.co.uk

DesignTex, Inc.
200 Varick St, 8th floor
New York
NY 10014, USA
T +1 212 886 8100
F +1 800 221 1540
www.dtex.com

Deutsche Bahn AG
Metropolitan Express Train GmbH, gmp – Architekten von Gerkan Marg und Partner
Elbchaussee 139
22763 Hamburg, D

DMD
Parkweg 14
2271 AJ Voorburg
NL
T +31 (0)70 386 4038
F +31 (0)70 387 3975

Deutsche Heraklith GmbH
Heraklith Straße 88
4359 Simach/Inn
D
E m.hohmann-maier@heraklith.com

Domus Academy
Via Savona 97
20144 Mailand, I
T +39 (0)242 4 14001
F +39 (0)242 2 2525
E info@domusacademy.com
www.domusacademy.com

Driade SpA (Aleph)
Via Ancona 1/1
20121 Mailand, I
T +39 (0)2 720 23 203
F +39 (0)2 720 02 434

Dumfries Plastics Recycling Ltd
College Road
Dumfries DG2 0BU, GB
T +44 (0)1387 247 110
F +44 (0)1387 247 109

DuPont (UK) Limited
Wedgewood Way
Stevenage
Hertfordshire SG1 4QN,
GB
T +44 (0)1438 734 000
F +44 (0)1438 374 836

DuPont (USA)
E info@dupont.com
www.dupont.com

Duralay Ltd
Broadway
Haslingden
Rossendale
Lancashire BB4 4LS, GB
T +44 (0)1706 213 131
www.duralay.co.uk

Durex
SSL International
Toft Hall
Toft Road, Knutsford
Cheshire WA16 9PD, GB
T +44 (0)1565 624 000
F +44 (0)1565 624 099
www.durex.com

Dyes dLW Büroeinrichtungen GmbH
Am Deisterbahnhof 6
31844 Bad Münder
D
T +49 (0)5042 501 0
F +49 (0)5042 501 117

Dyson Appliances
c/o 20 Shawfield Street
London SW3 4BD, GB
T +44 (0)20 7883 8244
www.dyson.com

Earth Chair (USA)
E vp@earthchair.com
www.earthchair.com

Eastman Chemical Company
100 North Eastman Road
PO Box 511
Kingsport, TN 37662-5075
USA
T +1 423 229 2000
F +1 615 229 1193
www.eastman.com

eco-ball
Birchwood House
Briar Lane, Croydon
Surrey CR0 5AD, GB
T +44 (0)20 8777 3121
F +44 (0)20 8777 3393
E info@ecozone.co.uk
www.ecozone.co.uk

Eco Solutions Ltd
Summerleaze House
Church Road
Winscombe
North Somerset
BS25 1BH, GB
T +44 (0)1934 844 484
F +44 (0)1934 844 119
E homestrip@ecosolutions.co.uk
www.ecosolutions.co.uk

Eco Timber International
1020 Heinz Avenue
Berkeley, CA 94710, USA
T +1 510 549 3000
E ecotimber@igc.apc-org
www.ecotimber.org

EcoDesign (The Natural Choice)
1365 Rufina Cir
Santa Fe
NM 87505-2964, USA
T +1 505 438 3448
F +1 505 438 0199
E ecodesign@aol.com

Ecole cantonale d'art de Lausanne
46 Rue de l'Industrie
1030 Bussigny
CH
T +41 (0)21 702 91 11
F +41 (0)21 702 91 00

Ecologic, Inc.
1140 Elizabeth Avenue
Waukegan, IL 60085, USA
T +1 800 899 8004
+1 847 244 4466
F +1 847 244 5977
E info@ecologic.com
www.ecologicfurniture.com

Ecostar, Inc.
230 Center Drive #201
Vernon Hills
IL 60061, USA
T +1 800 211 7170
F +1 800 780 9870
www.ecostarinc.com

Ecover
UK Promotions
21 Castle Street
Brighton
East Sussex BN1 2HD, GB
T +44 (0)1273 206 997
F +44 (0)1273 206 973
E beasley@pavilion.co.uk

Ecover Products NV
Industrieweg 3
2390 Malle, B

Ehlebracht AG
Werkstraße 7
32130 Enger, D
T +49 (0)5223 185 192
F +49 (0)5223 185 193
E info@ehlebracht-ag.com
www.ehlebracht-ag.com

Electrolux
AB Electrolux
Electrolux Group
Environmental Affairs
105 45 Stockholm, S
T +46 (0)8 738 76 66
F +46 (0)8 738 05 98
E environmental.affairs@electrolux.se

Electrotextiles Ltd
Pinewood Studios
Pinewood Road
Iver, Bucks SL0 0NH, GB
T +44 (0)8700 727 272
F +44 (0)8700 727 273
E incoming@electrotextiles.com
www.electrotextiles.com

Elf Atochem
2000 Market St
Ste 2200
Technical Polymers Division
Philadelphia, PA 19103-3399, USA
T +1 800 225 7788
F +1 215 419 7400
www.elf-atochem.com

Enbiomass Group, Inc.
2229 Mason Point Pl.
Wilmington,
NC 28405-5276, USA
T +1 910 256 3998

EnPac
34355 Vokes Drive
Eastlake, OH 44095-0047,
USA
T +1 800 936 7229
F +1 440 975 0047
E info@enpac.com
www.enpac.com

Environmental Polymers Group plc
4 Cranford Court
Hardwick Grange
Warrington
Cheshire WA1 4RX,
GB
T +44 (0)1925 859 300
F +44 (0)1925 859 311
E info@epgplc.com
www.epgplc.com

Environmental Stone Products
PO Box 904
6600 Midland Court
Allenton, WI 53002,
USA
T +1 888 629 1629
E webmaster@environmentalstone.com
www.environmentalstone.com

EnviroSafe Products, Inc.
81 Winant Place
Staten Island
New York, NY 10309-1311,
USA
T +1 718 984 7272
F +1 718 984 1083
www.voicenet.com/~rusw/prc/rpg/plaslumb.htm

Epson Deutschland GmbH
Zülpicher Straße 6
40549 Düsseldorf
D
T +49 (0)211 5603 0
F +49 (0)211 5047787
www.epson.de

Erlus Baustoffwerke AG
Hauptstraße 106
84088 Neufahrn,
D
T +49 (0)8773 18 133
F +49 (0)8773 18 140
E info@erlus.de
www.erlus.de

Escofet 1886 SA
Ronda Universitat 20
08007 Barcelona,
E
T +34 (0)93 318 5050
F +34 (0)93 412 4465
E escofet@escofet.com
www.escofet@escofet.com

Europol
Unit 19A
Hilton Industrial Estate
Sutton Lane, Hilton,
Derbyshire DE65 5FE,
GB
T +44 (0)1283 730 355/730 354
E tjackson@polytec.co.uk

FanWing
P. Pebbles
Via Mandriola 10
00193 Rom
I
T/F +39 (0)67 136 263
E info@fanwing.com
www.fanwing.com

Feldmann & Schultchen
Timmermannstrasse 7
22299 Hamburg
D
T +49 (0)40 510000
F +49 (0)40 517000
www.fsdesign.de

Festo AG & Co.
Corporate Design
KC-C1, Heugasse 1
73726 Esslingen
D
T +49 (0)711 347 3880
F +49 (0)711 347 3889
E tem@festo.com
www.festo.com

Fiam Italia SpA
Via Ancona 1/B
61010 Tavullia
Pesoro, I
T +39 (0)721 200 51
F +39 (0)721 202 432
E fiam@fiamitalia.it
www.fiamitalia.it

Fiat Auto SpA
Corso G. Agnelli
10010 Tonno, I
T +39 (0)11 685 1111
F +39 (0)11 683 7591

Fiat Auto UK
Fiat House
266 Bath Road, Slough
Berkshire SL1 4HJ, GB
T +44 (0)1735 511 431
F +44 (0)1735 511 471

Filsol Ltd
Unit 15, Ponthenri
Industrial Estate
Ponthenri
Carmarthenshire SA15 5RA,
GB
T +44 (0)1269 860 229
F +44 (0)1269 860 979
E info@filsol.co.uk

Findlay Industries
4000 Fostoria Ave
Findlay, OH 45840,
USA
T +1 419 422 1302

Fingermax GbR
Pestalozzistrasse 54
80469 Munich
D
T/F +49 (0)89 267417
www.fingermax.de

Fish Guidance Systems
Chase Mill
Winchester Road
Southampton
Hampshire SO32 1AH,
GB
T +44 (0)1489 893 323
F +44 (0)1489 893 831
E fgs@fish-guide.com
www.fish-guide.com

Fiskeby Board Ltd
Lloyd Berkeley Place
Pebble Lane
Aylesbury
Buckinghamshire HP20 2JH
GB
T +44 (0)1296 426 219
F +44 (0)1296 482 682
www.fiskeby.com

Flamco
PO Box 115
2800 AC Gouda,
NL
T +31 (0)182 591800
F +31 (0)182 522557

Flint Ink
245 East Marie Ave
West St Paul, MN 55118
USA
T +1 651 552 3217
F +1 651 455 2611
E sfield@flintink.com
www.flintink.com

Float Up VP
244 Grays Inn Road
London WC1X 8JR, GB
T +44 (0)20 7278 6971
F +44 (0)20 7833 0018
E floatupvp@BTinternet.com

Flow Control Water Conservation
Conservation House
Brighton Street
Wallasey
Merseyside CH44 6QJ
GB
T +44 (0)151 638 8811
F +44 (0)151 638 4137

Forbo-Nairn Ltd
PO Box 1
Kirkcaldy
Fife KY1 2SB
Scotland, GB
T +44 (0)1592 643 111
F +44 (0)1592 643 999

Ford Motor Company
Customer Relationship Center
PO Box 6248
Dearborn, MI 48126
USA
www.ford.com

Frandsen Lyskilde AS
8-10 Industrivej
8740 Braedstrup
DK
T +45 (0)76 58 18 18
F +45 (0)76 58 18 19
www.frandsen-lyskilde.dk

Franmar Chemical, Inc.
105 East Lincoln
PO Box 92
Normal, IL 61761,
USA
T +1 309 452 7526
T +1 800 538 5069
www.franmar.com

Fredericia Furniture A/S
Treldevej 183
7000 Fredericia
DK
T +45 (0)75 92 33 44
F +45 (0)75 92 38 76
E ml@fredericia.com
www.fredericia.com

Free-Flow Packaging International, Inc.
1090 Mills Way
Redwood City
CA 94063, USA
T +1 800 888 3725
T +1 650 361 1771
E tsutton@fpintl.com
www.fpintl.com

Freeplay Energy Europe Ltd
Cirencester Business Park
Love Lane
Gloucester
GL7 1XD,
GB
T +44 (0)1285 659 559
F +44 (0)1285 659 559
E freeplay@lineone.net
www.freeplay.net

Freudenberg Building Systems (Division of Freudenberg Nonwovens LP)
Lutterworth
Leicestershire
LE17 4DU,
GB
T +44 (0)1455 261 240
F +44 (0)1455 556 529
E norauk@freudenberg.com

Fritz Hansen A/S
Fritz-Hansen UK
20-22 Rosebery Avenue
London EC1R 4SX,
GB
T +44 (0)20 7837 2030
F +44 (0)20 7837 2040
E roh@fritzhansen.com.uk
www.fritzhansen.com.uk

Front Corporation
3-13-1 Takadanokata
Shinjuku-ku 169
Tokio, J
T +81 (0)3 3360 3391
F +81 (0)3 3362 6363

Galleri Stolen AB
Birger Jarlsgatan 57
113 56 Stockholm,
S
T +46 (0)8 442 9150
F +46 (0)8 442 9151
E info@galleristolen.se
www.galleristolen.se

Gebrüder Thonet GmbH
Michael-Thonet-Straße 1
35066 Frankenberg
D
T +49 (0)6451 508 0
F +49 (0)6451 508 108
E info@thonet.de
www.thonet.de

General Motors (USA)
www.gm.com

Gervasoni SpA
Zona Industriale Udenese
33050 Pavia di Udine
I
T +39 (0)432 675377
F +39 (0)432 675755
E gervasoni@ud.nettuno.it
www.infotech.it/gervasoni

Gibson Guitars
309 Plus Park Blvd
Nashville, TN 37217
USA
T +1 615 871 4500
F +1 615 889 5509
www.gibson.com

Glas Platz
Eckenhagener Straße 16
51580 Reichshof-Allenbach,
D
T +49 (0)2261 55557
F +49 (0)2261 56717
E glas-platz@mail.oberberg.de

Glindower Ziegelei GmbH
Alpenstraße 47
14542 Glindow
D
T +49 (0)3327 66490
F +49 (0)3327 42662
E info@glindower-ziegelei.de
www.glindower-ziegelei.de

Gloria-Werke
s. H. Schulte-Frankenfeld GmbH & Co.

Goods
218 Prinsengracht
1016 HD Amsterdam,
NL
T +31 (0)20 638 5908
F +31 (0)20 620 4457
E goods@goods.nl

Govaerts Recycling NV
Kolmenstraat 1324
Industriepark Kolmen
3570 Alken
B
T +32 (0)11 59 01 60
F +32 (0)11 31 43 03

Grammer AG
Postfach 14 54
92224 Amberg
D
T +49 (0)9621 880 216
F +49 (0)9621 880 387
E info@grammer.de
www.grammer.de

Green & Carter
Vulcan Works
Ashbrittle
Near Wellington
Somerset TA21 0LQ
GB
T +44 (0)1823 672 365
F +44 (0)1823 672 950

Green Field Paper Company
1330 G St
San Diego, CA 92101,
USA
T +1 651 552 3217
E jeff@greenfieldpaper.com
www.greenfieldpaper.com

GreenDisk
16398 NE 85th Street
Suite 100
Redmond, WA 98052
USA
T +1 425 883 9165
+1 800 305 3475
F +1 425 883 0425
www.greendisk.com

Greenwood Cotton Insulation Products, Inc.
PO Box 1017
Greenwood, SC 29648-1017
USA
T +1 800 546 1332
F +1 800 942 4814

Gridcore Systems International (GSI)
1400 Canal Avenue
Long Beach, CA 90813
USA
T +1 562 901 1492

Ground Support Equipment (US)
11 Broadway, Room 1010
New York, NY 10004
USA
T +1 212 809 4323
F +1 212 809 4324
E biomorph@walrus.com
www.biomorphdesk.com

Grundig AG
Kurgartenstr. 37
90762 Fürth,
D
T +49 (0)911 703 8149
F +49 (0)911 708 736
E lessmann.lennart@grundig.com
or nandzik.andreas@grundig.com

H. Schulte-Frankenfeld GmbH & Co.
Diestedder Straße 39 59329
Wadersloh
D
T +49 (0)2523 77 0
F +49 (0)2523 77 295
E dgoetze@gloria.de
www.gloria.de

Habitat
196 Tottenham Court Road
London W1P 9LD,
GB
T +44 (0)20 7255 3636
F +44 (0)20 7255 6002
E press@habitat.co.uk

Haasa
Biopac GmbH
Ebrichsdorfer Straße 18
A 2512 Tribuswinkel
A
T +43 (0)2252 803 4723

Hahn Kunststoffe GmbH
Flugplatz Hahn
Gebäude 1027
55483 Lautzenhausen,
D
T +49 (0)6543 9886 0
F +49 (0)6543 9886 97
E info@hahnkunststoffe.de

Hans Grohe GmbH & Co. KG
Auestraße 5-9
77761 Schiltach,
D
T +49 (0)7836 51 1211
F +49 (0)7836 51 1170
E pressestelle@hansgrohe.com
www.hansgrohe.com

Harwood Products
PO Box 224
Branscomb, CA 95417
USA
T +1 707 984 6181
F +1 707 984 6631
www.harwoodproducts.com

Haworth, Inc.
One Haworth Center
Holland, MI 49423,
USA
T +1 616 393 3000
www.haworth.com

Hawtal Whiting Environmental
Phoenix House
Christopher Martin Road
Basildon
Essex SS14 3EZ
GB
T +44 (0)1268 531 155
F +44 (0)1268 273 555
E sb30@dial.pipex.com
www.hawtalwhiting.com

Hemp Textiles International Corporation (HTI)
3200 30th St
Bellingham, WA 98225-8360
USA
T +1 360 650 1684
F +1 360 650 0523
E hti@cantiva.com
www.cantiva.com

Henne Kunststoff GmbH
Am Bahnhof 2
17291 Gollmitz,
D
T +49 (0)3 98 52 700 50
F +49 (0)3 98 52 700 51

Herman Miller, Inc.
855 East Main Ave
PO Box 302
Zeeland, MI 49464-0302,
USA
www.hermanmiller.com

Hermès (F)
www.hermes.com

Hess Naturtextilien GmbH
Marie-Curie-Straße 7
35510 Butzbach,
D
E hess@hess-natur.com
www.hess-natur.com

Hock Vertriebs GmbH & Co. KG
Industriestraße 7
76297 Stutensee-Spöck,
D
T +49 (0)7249 94 71 0
F +49 (0)7249 94 71 25
E hock@thermo-hanf.de

Holzweg (D)
c/o Construction
Resources Ltd
16 Great Guildford Street
London SE1 0HS, GB
T +44 (0)20 7450 2211

Homasote Company
PO Box 7240
West Trenton
NJ 08628-0240, USA
T +1 609 883 3300
F +1 609 883 3497
www.homosote.com

Honda (Japan)
www.honda.com

Hoover Group
Pentrebach, Merthyr Tydfil
Mid Glamorgan CF48 4TU,
GB
T +44 (0)1685 721 222
F +44 (0)1685 725 696

Hopton Technologies
Albany, OR, USA
T +1 800 346 5251
E jeffr@hoptontech.com

Hülsta-Werke
Hüls GmbH & Co. KG
Postfach 1212
48693 Stadtlohn
D
T +49 (0)22 63 86 1273
F +49 (0)22 63 86 1400
E info@huelsta.de
www.huelsta.de

Hunton Fiber (UK) Ltd
22A High Street
Irthlingborough
Northants NN9 5TN, GB
T +44 (0)1933 651 811
F +44 (0)1933 652 747
E hunton@compuserve.com

Hurum Fabrikker AS
Postboks 133
3481 Tofte, N
T +47 (0)32 79 95 00

Husqvarna
s. Electrolux

Iain Sinclair Design
Willow House
Hildersham
Cambridge CB1 6BV
GB
T +44 (0)1223 803 363
F +44 (0)1223 892 611
E kam75@dial.pipex.com

IBM Corporation
IBM Personal Systems
Group Design
3039 Cornwallis Road
Research Triangle Park
NC 27709
USA
T +1 919 254 8650
F +1 919 254 8385
E HDavid@us.ibm.com

ICI Americas
Concord Plaza
3411 Silverside Rd
Wilmington, DE 19810
USA
T +1 302 887 5858
F +1 302 887 5857
E ct_antonelli@ici.com
www.ici.com

IFCO, International Food Container Organisation GmbH
Zugspitzstraße 15
82049 Pullach,
D
T +49 (0)89 74 49 13 11
F +49 (0)89 74 49 13 92

Ifö Sanitär AB
295 22 Bromölla,
S
T +46 (0)456 480 00
F +46 (0)456 480 48
E info@ifo.se
www.ifo.se

Iform AB/ Inredningsform
PO Box 5055
Davidshallsgatan 20
200 71 Malmö, S
T +46 (0)40 303610
F +46 (0)40 302288
E info@iform.net
www.iform.net

IKEA Schweden
Box 702
343 81 Älmhult
Småland, S
T +46 (0)47 68 10 00
F +46 (0)47 61 51 23
www.ikea.com

Induced Energy Ltd
Souldern Manor
Bicester
Oxfordshire OX27 9JT, GB
T +44 (0)1869 345 746
F +44 (0)1869 346 051

Inner Tube Ltd
Unit B1
The Wren Centre
Westbourne Road
Emsworth
Hampshire,
GB
T +44 (0)2392 433 433

Insulholz-Beton International, Inc.
571 Oak Ridge Club Rd
Windsor, SC 29856-2146
USA
T +1 803 642 9346
F +1 803 642 6361
E faswall@faswall.com
www.faswall.com

Interface, Inc.
Corporate Headquarters
2859 Paces Ferry Road
Suite 2000
Atlanta, GA 30399
USA
T +1 770 437 6800
www.interfaceinc.com

Interfold
PO Box 3396
Santa Rosa, CA 95402
USA

Inx International Ink Co.
651 Bonnie Lane
Elk Grove Village, IL 60007
USA
T +1 847 981 9399
F +1 847 981 9447
E moravec@inxink.com
www.inxink.com

Isobord Enterprises
1300 SW Fifth Avenue
Suite 3030
Portland, OR 97201,
USA
T +1 503 242 7345
E isobord@isobord-sales.com
www.isobord.com
www.isobordenterprises.com

Jiffy Packaging Company Ltd
Road Four Industrial Estate
Winsford
Cheshire CW7 3QR, GB
T +44 (0)1606 551 221
F +44 (0)1606 592 634

Johnson Corrugated Products
Box 246, Rte 193
Thompson, CT 06277,
USA
T +1 860 923 9563
F +1 860 923 2531
E info@jcpc.com
www.jcpc.com

Johnson Matthey
Catalytic System Division
Orchard Road
Royston
Hertfordshire SG8 9HE, GB
T +44 (0)1763 253 370
F +44 (0)1763 253 011
www.matthey.com

Josef Meeth Fensterfabrik GmbH & Co. KG
Montreal
54533 Laufeld, D
T +49 (0)6572 81 0
F +49 (0)6572 81 148

Junghans Uhren GmbH
Geisshaldenstraße 49
78713 Schramberg
D
T +49 (0)7422/18-360
F +49 (0)7422/18-667
E birgit.binder@junghans.de
www.junghans.de

Kafus Bio-Composites
4955 Beck Drive
Elkhart, IN 46516, USA
T +1 219 295 3777
E gbalthes@kafus.com
www.kafus.com/divisions/biocomposites.html

Kafus Environmental Industries
270 Bridge Street
Dedham, MA 02026,
USA
T +1 888 333 5377
F +1 781 326 5105
E tfrancel@kafus.com
www.kafus.com

Kartell SpA
Via delle Industrie 1
20082 Noviglio
Mailand, I
T +39 (0)2 9000121
F +39 (0)2 9053316
www.kartell.it

Kautzky Mechanik
Schöffelgasse 26-28
1180 Wien, A
T +43 (0)1 4724252

Kayserberg Packaging SA
ETS Plastiques
Route de Lapoutroie
BP 27
68240 Kayserberg,
F
T +33 (0)3 89 78 30 00
F +33 (0)3 89 47 18 56
www.kpsa-plastics.com

Keim Mineral Paints
Muckley Cross, Morville
Near Bridgend
Shropshire MV16 4RR,
GB
T +44 (0)1746 714 543

KFN Kaufmann Produkt GmbH
Sägerstraße 4
6850 Dornbirn
A
T +43 (0)5572 26 2 83
F +43 (0)5572 26 2 83-4
E office@kaufmannkaufmann.com
www.kfnproduct.com

Klober Ltd
Pear Tree Industrial Estate
Upper Langford
North Somerset BS40 5DJ
GB
T +44 (0)1934 853 224/5
F +44 (0)1934 853 221
E support@klober.co.uk
www.klober.co.uk

Kopf AG
Stutzenstr. 6
72172 Sulz-Borgfelden
D
T +49 (0)7454 75285
E h.stark@kopf-ag.de
www.kopf-ag.de

KP Products
PO Box 20399
Albuquerque
NM 87154-0399
USA
T +1 505 294 0293
E kenafman@aol.com
www.visionpaper.com

Kronospan AG
Dekorative Holzwerkstoffe
6122 Menznau
CH
T +41 (0)41 494 94 94
F +41 (0)41 494 04 49
E s.wiederkehr@kronospan.ch
www.kronospan.ch

Kucospan Sales UK Ltd
Peverel House
The Green
Hatfield Peverel
Essex CM3 2JF, GB
T +44 (0)1245 382 168
F +44 (0)1245 382 207
E pjcarter@kucospan.co.uk

K-X Faswall Corp
PO Box 180
Windsor, SC 29856
USA
T +1 800 491 7891
F +1 803 642 6361
www.faswall.com

Kyocera Corporation
(J und GB)
www.kyocera.com

La Chanvrière de l'Aube (LDCA matériaux)
Rue du Général de Gaulle
10200 Bar sur Aube,
F
T +33 (0)3 25 92 31 95
F +33 (0)3 25 27 35 48
E chanvriere.aube@wanadoo.fr
www.chanvre.com

Lakeland Paints
Unit 19
Lake District Business Park
Kendal
Cumbria LA9 6NH
GB
T +44 (0)1539 732 866
F +44 (0)1539 734 400

Lampholder 2000 plc
Unit 8, Express Park
Garrard Way
Telford Way Industrial Estate (South)
Kettering
Northamptonshire
NN16 8TD
GB
T +44 (0)1536 520 101
F +44 (0)1536 523 014

Laybond Products Ltd
Riverside
Saltney
Chester CH4 8RS
GB
T +44 (0)1244 674 774
F +44 (0)1244 681 601

Leahy Wolf Company
1951 North 25th Avenue
Franklin Park
IL 60131-3595
USA
T +1 888 873 5327
F +1 847 455 5700
www.ia-usa.org/a0014.htm

Leclanché
48 Avenue de Grandson
1401 Yverdon
CH
T +41 (0)24 447 22 72
F +41 (0)24 445 24 42

Ledtronics
USA
www.ledtronics.com

Levi Strauss & Co.
Global Headquarters
1155 Battery Street
San Francisco
CA 94111, USA
www.levistrauss.com
www.levi.com

Lew San Ltd
3 Sutton Gardens
Hornchurch
Essex RM12 4LD, GB
T +44 (0)1708 473 842
F +44 (0)1708 524 389
E stmate@dircon.co.uk
www.stairmate.co.uk

Lexon Design Concepts
98 ter. Boulevard Héloïse
BP 103
95103 Argenteuil Cedex
F
T +33 (0)1 39 47 04 00
F +33 (0)1 39 47 07 59
E world@lexon-design.com
www.lexon-design.com

Light Corporation
14800 172nd Avenue
Grand Haven
MI 49417,
USA
T +1 616 842 5100
F +1 616 846 2144
E info@lightcorp.com
www.lightcorp.com

Ligne Roset SA
Serrières de Briord
01471 Briord,
F
T +33 (0)4 74 36 17 00
F +33 (0)4 74 36 16 95

Lignocel SA
c/o Officina de Promocion
Maderon Ronda
San Pedro 58 3-2
08010 Barcelona
E

LINPAC Environmental
Leafield Way
Leafield Industrial Estate
Corsham
Wiltshire SN13 9UD,
GB
T +44 (0)1225 816 500
F +44 (0)1225 816 501
www.linpac-environmental.com

Living Tree Paper Company
1430 Willamette St
Ste 367
Eugene, OR 97401-4049,
USA
T +1 800 309 2974
F +1 541 687 7744
E info@livingtreepaper.com
www.livingtreepaper.com

Livos Pflanzenchemie
Auengrund 10
29568 Weisen,
D
T +49 (0)5825 880
F +49 (0)5825 8860

Lloyd Loom of Spalding
Wardentree Lane
Pinchbeck, Spalding
Lincs PE11 3SY,
GB
T +44 (0)1775 712 111
F +44 (0)1775 710 571
E info@lloydloom.com
www.lloydloom.com

LRC Products
c/o Durex
SSL International
Toft Hall
Toft Road
Knutsford
Cheshire WA16 9PD,
GB
T +44 (0)1565 624 000
F +44 (0)1565 624 099
www.durex.com

LSK Industries Pty
92 Woodfield Boulevard
Caringbah
NSW 2229
AUS
T +61 (0)2 9525 8544
+61 (0)2 9525 7601

LSR GmbH Recycling-Zentrum
Wachstedter Str. 1-5
37351 Dingelstädt,
D
T +49 (0)36075 381 0
F +49 (0)36075 381 18
E lsr-dingelstaedt@t-online.de
www.lsr-recydur.de

Luceplan SpA
Via E.T. Moneta 44/46
20161 Mailand
I
T +39 (0)2 662 42 1
F +39 (0)2 662 03400
E luceplan@luceplan.it
www.luceplan.it

Lumatech Corporation
41636 Enterprise Circle
North, Suite C
Temecula, CA 92590,
USA
T +1 800 932 0637
F +1 800 345 5862
www.lumatech.com

LUMINO Licht Elektronik GmbH
47799 Krefeld
D
T +49 (0)2151 819625
F +49 (0)2151 819659
E mfullert@lumino.de
www.lumino.de

MAN B & W Diesel AG
MAN Nutzfahrzeuge
Aktiengesellschaft
Postfach 50 06 20
80976 München
D
T +49 (0)89 15 08 01
www.man-nutzfahrzeuge.de
www.mbd.man.de

MAP (Merchants of Australia Products) Pty Ltd
570 Chapel Street
Sth Yarra
Melbourne, Victoria 3141,
AUS

Marlec Engineering Co. Ltd
Rutland House
Trevithick Road
Corby
Northamptonshire
NN17 5XY,
GB
T +44 (0)1536 201 588
F +44 (0)1536 400 211
E sales@marlec.co.uk
www.marlec.co.uk

Masonite Corporation
1 South Wacker Drive
36th floor
Chicago, IL 60606
USA
T +1 312 750 0900
F +1 312 750 0958
E comm@ipaper.com

Masonite CP
West Wing
Jason House
Kercyhill
Hosforth
Leeds
West Yorkshire LS18 4JR
GB
T +44 (0)1132 587 689
F +44 (0)1132 590 015

Massachusetts Institute of Technology (MIT)
77 Massachusetts Avenue
Cambridge, MA 02139,
USA
T +1 617 253 1000
http://web.mit.edu

Matrix Composites Inc
6310 Shawson Drive
Mississauga
ONT L5T 1H5
CAN
T +1 800 767 4495
www.maderatile.com

MDD (DK)
www.mdd.dk

Meadowood Industries, Inc.
33242 Red Bridge Rd SE
Albany, OR 97321-9769,
USA
T +1 541 259 1303
F +1 541 259 1355
E strawboard@proaxis.com
www.meadowoodindustries.com

Meta Morf, Inc.
c/o Colin Reedy
2700 4th Avenue South
Seattle, WA 98134
USA
T +1 206 903 6332
F +1 206 223 0853
E colin@metamorfdesign.com
www.metamorfdesign.com

Metabolix, Inc.
303 3rd St, Cambridge
MA 02142-1126
USA
T +1 617 492 0505
F +1 617 492 1996
E info@metabolix.com

Metpost Ltd
Mardy Road
Cardiff CF3 8EX
GB
T +44 (0)2920 777 877
F +44 (0)2920 779 295
www.metpost.com

MGSL GmbH
Deichstraße 6
25335 Elmshorn
D
T +49 (0)4121 2607 17
F +49 (0)4121 2607 79
E steffens@mgsl.de

Michael Kaufmann Zimmerei
Baien 116
6870 Reuthe
A
T +43 (0)5514 2209
F +43 (0)5514 3275

Micro Thermal Systems
Tregonce Cliff
St Issey
Wadebridge
Cornwall
PL27 7Q3
GB
T +44 (0)1208 813 028
F +44 (0)1208 813 026
E stomatex@compuserve.com

Milliken & Co.
Carpet Division,
USA
T +1 706 880 5511
www.millikencarpet.com

Minolta (J)
www.minolta.com/japan/

Monodraught
Halifax House
Cressex Business Park
High Wycombe
Buckinghamshire
HP12 3SE
GB
T +44 (0)1494 897 700
F +44 (0)1494 532 465
E info@monodraught.com
sunpipe@monodraught.com

Monotub Industries
212 Piccadilly
London W1V 9LD,
GB
T +44 (0)20 7917 1863
F +44 (0)20 7917 1883
www.monotub.com

Moonlight Aussenleuchten GmbH
Gewerbegebiet Hemmet
79664 Wehr,
D
T +49 (0)7762 1018
F +49 (0)7762 2203
www.moonlight.
outdoorlighting.de

Moormann Möbel
An der Festhalle 2
83229 Aschau im
Chiemgau,
D
T +49 (0)8052 40 01
F +49 (0)8052 43 93

MSK Corporation (J)
www.si.edu/ndm/exhib/sun/
4/kk.html

Muscle Power, MOY concent and design
(NL)
E info@moy.nl

National Starch & Chemical Company
10 Finderne Ave
Bridgewater
NJ 08807-3300
USA
T +1 800 797 4992
F +1 908 417 5696
E bill.greenhalgh@nstarch.com
www.nationalstarch.com

Natural Choice, The
(USA)
www.oikos.com/naturalchoice/
index.htm

Natural Cotton Colors, Inc.
PO Box 66
Wickenburg, AZ 85358,
USA
T/F +1 520 684 7199
E nodyes@foxfibre.com
www.foxfibre.com

Natural Fibers Corporation
Airport Road
Box 830
Ogallala, NE 69153
USA
T +1 308 284 8403
E ogallala@megavision.com
www.ogallaladown.com

NEC Deutschland GmbH
Steinheilstraße 4-6
85737 Ismaning, D
T +49 (0)89 96274 376
F +49 (0)89 96274 547
www.nec.com

Netlon Group Ltd, The
New Wellington Street
Blackburn
Lancashire BB2 4PJ, GB
T +44 (0)1254 262 431
F +44 (0)1254 266 868
E customerservices@tensar.co.uk

Néotù
25 Rue du Renard
78004 Paris,
F
T +33 (0)1 42 78 96 97
F +33 (0)1 42 78 26 27
E NeotuParis@neotu.com

New Leaf Paper
215 Leidesdorff St
Ste 4
San Francisco, CA 94111,
USA
T +1 415 291 9210
F +1 415 291 9353
E info@newleafpaper.com
www.newleafpaper.com

News Design DfE AB
Stora Skuccanas V. 11
115 42 Stockholm,
S
T +46 (0)8 15 39 29
F +46 (0)8 15 39 26

N fornitore (I)
c/o Purves and Purves
220-224 Tottenham
Court Road
London W1T 7QE,
GB
T +44 (0)20 7580 8223

Nighteye GmbH
Daimlerstraße 13-15
73249 Wernau
D
T +49 (0)7153 937833
F +49 (0)7153 937832
E info@nighteye.de
www.nighteye.de

Nils Holger Moormann Möbel Produktions- und Handels GmbH
Kirchplatz
83229 Aschau, D
T +49 (0)8052 9045
F +49 (0)8052 4393
E info@moormann.de
www.moormann.de

Nisso Engineering Co Ltd (NSE)
Nobuhiro Saito
Tokio Takii Bldg.
6-1, 1-Chome, Kanda
Kinbo-cho, Chiyoda-ku
Tokio 101, J
T +81 (0)3 3296 9313/9204
F +81 (0)3 3296 9250

Nordsjö (Akzo Nobel Dekorativ)
205 17 Malmö, S
T +46 (0)40 35 50 00
F +46 (0)40 601 52 23

Norel/Unisource
223 Gates Road
Little Ferry, NJ 07643,
USA
T +1 201 440 4400
F +1 201 440 9292
E sales@norel.com
www.norel.com

North Wood Plastics, Inc.
103 Water Street
Baraboo, WI 53913-2446,
USA
T +1 608 355 4100

Nova Cruz Products LLC
537 Hamilton Avenue
Palo Alto, CA 94301
USA
T +1 603 868 3708
+1 888 353 4464
E sales@novacruz.com
www.xootr.com

Nova Form
Schörgelgasse 21
8010 Graz, A
T +43 (0)316 82 2263
F +43 (0)316 82 23 34
E novaform@novaform.com
www.novaform.com

Novamont SpA
Novara, I
T +39 (0)321 699611
E relazioni.esterne@novamont.com
www.novamont.com

Novon International
181 Cooper Avenue
Tonawanda, NY 14150-664,
USA
T +1 716 874 8696
F +1 716 874 8699
E info@novonintl.com
www.novonintl.com

Novotex A/S
Ellehammervej 8
7430 Ikast,
DK
T +45 (0)96 60 68 00
F +45 (0)96 60 68 10
E novotex@green-cotton.dk
www.green-cotton.dk

Nuno Corporation
Axis Building B1F
5-17-1 Roppongi
Minato-ku
Tokio 106
J
T +81 (0)3 3582 7997
F +81 (0)3 3589 3439

Nutshell Natural Paints
Hamlyn House
Mardle Way
Buckfastleigh
Devon TQ11 ONR, GB
T +44 (0)1364 73801
E nuts@nutshellpaints.freeserve.co.uk

NuvoMedia, Inc.
310 Villa Street
Mountain View
CA 94041 USA
T +1 650 314 1200
F +1 650 314 1201
E info@nuvomedia.com
www.nuvomedia.com

Ocean Kayak (USA)
www.oceankayak.com

Old Fashioned Milk Paint Company
436 Main St
Groton
MA 01450-1232, USA
T +1 978 448 6336
F +1 978 448 2754
www.milkpaint.com

Optare International
Manstone Lane
Leeds
W. Yorks LS15 8SU,
GB
T +44 (0)113 264 5182
F +44 (0)113 260 6635

Orange
Orange Media Centre
50 George Street
London W1H 5RF
GB
T +44 (0)20 7984 2000
F +44 (0)20 7984 2001
E media.centre@orange.co.uk
www.media.orange.net

ORBITA Film GmbH
Köthner Str. 11
06369 Weissandt-Gölzau D
T +49 (0)340 78 27 0
F +49 (0)340 78 27 376

Osram Sylvania
North America HQ
100 Endicott Street
Danvers, MA 01923
USA
T +1 978 777 1900
E +1 978 750 2152
www.sylvania.com

Ostermann & Scheiwe
Hafenweg 31
48155 Münster,
D
www.ostermann-scheiwe.com

Ostermann & Scheiwe UK Ltd
Osmo House
Unit 2
Pembroke Road
Stocklake Industrial Estate
Aylesbury
Bucks HP20 1DB, GB
T +44 (0)1296 481 220
www.ostermann-scheiwe.com

Österreichische Heraklith AG
Postfach 31
9586 Furnitz, A
T +49 (0)4257 3370 0
F +49 (0)4257 3370 57

Oxo International
230 Fifth Avenue
2nd Floor
New York, NY 10001, USA
T +1 212 242 3333
F +1 212 242 3336
E info@oxo.com
www.oxo.com

P T Sudimar Energi Surya
Jalan Banyumas 4
Jakarta 10310,
Indonesien
T +62 (0)21 390407
F +62 (0)21 361639

P. Schiebel Elektronische Geräte AG
Margaretenstraße 112
1050 Wien, A
T +43 (0)1 548260
F +43 (0)1 5452339

Pacific Northwest Fiber
PO Box 610
Plummer
ID 83851, USA
T +1 208 686 6800
F +1 208 686 6810
E contact@pacificfiber.com
www.pacificfiber.com

Palluco Italia SpA
Via Azzi 36
Castagnole de Paese
31040 Treviso
I
T +390 (0)422 438800

Papa-Papel
c/o Endereço da
Fiesp/Ciesp
Av. Paulista, 1.313
Cerqueira Cesar
São Paulo/SP-CEP
01 311-923
BR
T +55 (0)11 252 4499

Paperback
Unit 2
Bow Triangle
Business Centre
Eleanor Street
London E3 4NP
GB
T +44 (0)20 8980 5580
F +44 (0)20 8980 2399

Partek Insulations, Inc.
401 Westpark Drive 202
Peachtree City, GA 30269,
USA

Patagonia
239 W. Santa Clara Street
Ventura, CA 93001,
USA
T +1 805 643 8616
www.patagonia.com

P.C.D. Maltron Ltd
15 Orchard Lane
East Molesey
Surrey KT8 0BN,
GB
T +44 (0)20 8398 3265
E sales@maltron.com
www.maltron.com

Pendlewood
The Old Officers Mess
Barton Aerodrome
Barton
Salford
Manchester M30 7SA
GB
T +44 (0)161 789 4441
F +44 (0)161 787 7400

Peugeot (F)
www.psa.fr

Peugeot Motor Co. plc
Aldermore House
PO Box 227
Aldermore Lane
Coventry
Warwickshire CV3 1LT
GB
T +44 (0)24 7688 4212
F +44 (0)24 7688 4122
www.peugeot.co.uk

Phenix Biocomposites
PO Box 609
Mankato, MN 56002-0609
USA
T +1 507 931 9787
+1 800 324 8147
F +1 507 931 5573
E sales@phenixllc.com
www.phenixbiocomposites.com

Philips Electronics NV
Building HWD
PO Box 218
5600 MD Eindhoven,
NL
T +31 (0)40 275 9066
F +31 (0)40 275 9091
E annemieke.froger@philips.com
www.philips.com

Pierce International, Inc.
PO Box 4871
Englewood, CO 80155,
USA
T +1 303 792 0719
F +1 303 799 6469

Pinnacle Technology, Inc. (PTI)
619 East 8th, Suite D,
Lawrence, KS 66044,
USA
T +1 785 832 8866
F +1 785 749 9214
E info@pinnacle.com
www.pinnacle.com

Pinturas Proa
Industrias Proa SA
San Salvador de Budiño
Gánderas de Prado
36475 Porriño
(Pontevedra),E
T +34 (0)986 34 6525
F +34 (0)986 34 6589

Planet
c/o Creative Energy
Technologies
Main St
Summit, NY 12175,
USA
www.cetsolar.com/planetdc.htm

Planex GmbH
Steinauer Weg
91589 Aurach
D
T +49 (0)9804 1780
F +49 (0)9804 7207
E rost@planex.com

Plant Polymer Technologies, Inc.
9985 Businesspark Ave,
Suite A
San Diego, CA 92131-
1102,USA
T +1 619 549 5130
F +1 619 549 5133

Plastics fth Industry Ltd
The Stables
Sandholme Mill
Commercial Street
Todmorden
Lancashire OL14 5RH
GB
T +44 (0)1706 817 784
F +44 (0)1706 817 227
E plasfth@msn.com

Polti SpA
Via Verloni 83
22070 Bulgarograsso (CO)
I
T +39 (0)31 939 111
F +39 (0)31 890 513
E contabilita@polti.it
www.polti.it

Poly-Beek-Kunststoff-Handels GmbH
Schmidestr. 34
26629 Grossefehn,
D
T +49 (0)4943 91990
F +49 (0)4943 4744
E info@polybeek.de

Polyval plc
Priors Hall
Stebbing
Dunmow
Essesx CM6 3SW,
GB
T +44 (0)1371 856 791
F +44 (0)1371 856 791

Porous Pipe Ltd
Standroyd Mill
Cottontree, Colne
Lancashire
BB8 7BW
GB
T +44 (0)1282 871 778
F +44 (0)1282 871 785

Potmolen Paints
27 Woodcock
Industrial Estate
Warminster
Wiltshire BA12 9DX,
GB
T +44 (0)1985 213 931
F +44 (0)1985 213 960

Powabyke Ltd
6 Riverside Business Park
Bath BA2 3DW,
GB
T +44 (0)1225 443 737
F +44 (0)1225 446 878
E sales@powabyke.com
www.powabyke.com

PowerMakers Plus Ltd
Croft Business Park
Bromborough
Wirral
Cheshire CH62 3RB,
GB
T +44 (0)151 343 0080
F +44 (0)151 343 0081

Prairie Forest Products
200 S Obee Rd
Hutchinson, KS 67501,
USA
T +1 316 665 7000

Primeboard, Inc.
2111 North 3M Drive
Wahpeton, ND 58075-3019
USA
T +1 701 642 1152
F +1 701 642 1154
E sales@primeboard.com
www.primeboard.com

Prins Dokkum BV
Rondweg 35
PO Box 4
9100 AA Dokkum
NL
E prinsdokkum@niv-webhosting.com
www.prins-dokkum.nl

Product 2000 Ltd
Archfarm Industrial Estate
Whitsbury Road
Fordingbridge
Hampshire SP6 1NQ
GB
T +44 (0)1425 652 226
F +44 (0)1425 657 288

PURUS Kunststoffwerke GmbH
Am Blätterrangen 4
95659 Arzberg, D
T +49 (0)9233 7755 0
F +49 (0)9233 7755 50
E purus-kunststoffwerke@purus-arzberg.de

Radius GmbH
Weisser Straße 145
50999 Köln
D
T +49 (0)2232 7636 32
F +49 (0)2232 7636 30
E radius.design@netcologne.de

Rayotec Ltd
London Road
Sunningdale
Berkshire SL5 0DJ
GB
T +44 (0)1344 874 747
F +44 (0)1344 872 030

Recycled Plastics, Inc.
609 Co. Rd 82 NW
Garfield, MN 56332
USA
T +1 320 834 2293
F +1 320 834 2290
E gipo@gctel.com
www.gipo-rpi.com

Red Bank Manufacturing Ltd
Atherstone Road
Measham
Swadlincote
Derbyshire DE12 7EL, GB
T +44 (0)1530 270 333/542

Reed Corrugated Cases
s. Sams Design

REEEL
52 Marconistraat
3029 AK Rotterdam
NL
T +31 (0)10 925 4612
F +31 (0)10 925 7603

Reln (AUS)
with Wiggly Wigglers, GB
Lower Blakemere Farm
Blakemere
Herefordshire
HR2 9PX, GB
T +44 (0)1981 500 391
F +44 (0)1981 500 108
www.wigglywigglers.co.uk

Remarkable Pencils Ltd
Worlds End Studios
134 Lots Road
London SW10 ORJ, GB
T +44 (0)20 7351 4333
F +44 (0)20 7352 4729
E info@re-markable.com

Re-New Wood
104 N. 8th
PO Box 1093
Wagoner
OK 74467, USA
T +1 800 420 7576
F +1 918 485 5803
www.renewwood.com

Re-Reluma GmbH
Bahnhofstr. 32a
09518 Großrückerswalde/
Steckewalde, D
T +49 (0)37369 136 0
F +49 (0)37369 136 66
E reluma.t-online.de

Retail Place Ltd
34A Campden Hill Gardens
London W8 7AZ, GB
T +44 (0)20 7727 0486
F +44 (0)20 7221 7012

Rexam
c/o Recycled GB
Gate House
Castle Estate
Turnpike Road
High Wycombe
Buckinghamshire
HP12 3NR, GB

Rexite SpA
Via Edison 7
20090 Cusago
Mailand, I
T +39 (0)2 9039 0013
F +39 (0)2 9039 0018

riese und müller GmbH
Erbacher Straße 123
64287 Darmstadt,
D
T +49 (0)6151 424034
F +49 (0)6151 424036
E team@r-m.de
www.r-m.de

Ritter Energie und Umwelttechnik GmbH & Co. KG
Ettlinger Straße 30
76307 Karlsbad
D
T +49 (0)7202 922 0
F +49 (0)7202 922 100
E ritter@paradigma.de
www.paradigma.de

Robert Cullen & Sons Ltd
10 Dawsholm Avenue
Glasgow G20 OTS, GB
T +44 (0)141 945 2222
F +44 (0)141 945 3567
E sales@cullen.co.uk
www.cullen-packaging.co.uk

Rodman Industries
PO Box 76
Marinette
WI 54143, USA
T +1 715 735 9500

Rohner Textil AG
9435 Heerbrugg,
CH
T +41 (0)61 722 2218
F +41 (0)61 722 7152

Roland Plastics
Strida Ltd
Wickham Market
Woodbridge
Suffolk IP13 0QZ, GB
T +44 (0)1728 747 777
F +44 (0)1728 748 222
E strida@rolandplastics.co.uk

Rolls Royce
PO Box 31
Derby
Derbyshire DE24 8BJ, GB
T +44 (0)1332 242 424
F +44 (0)1332 249 936
www.rolls-royce.com

Ron Ink Company
200 Trade Court
Rochester
NY 14624-4771, USA
T +1 800 833 7383
F +1 716 529 3519

Rothlisberger Schreinerei AG
Dorfstraße 73
3073 Gümligen,
CH
T +41 (0)31 951 41 17
F +41 (0)31 951 16 52/35 63

Safeglass (Europe) Ltd
James Watt Building
Scottish Enterprise
Technology Park
East Kilbride
Glasgow G75 0QD, GB
T +44 (0)1355 272 438
F +44 (0)1355 272 555
E info@safeglass.co.uk
www.safeglass.co.uk

Saitek Industries Ltd
2295 Jefferson Street
Torrance
CA 90501, USA
T +1 310 212 5412
F +1 310 212 0866
E info@saitekusa.com
www.saitekusa.com

Sanford UK
Berol House
Oldmeadow Road
King's Lynn
Norfolk PE30 4JR, GB
T +44 (0)1553 761 221
F +44 (0)1553 766 534
E mail@sanford.co.uk

SAVAWatt (UK) Ltd
SAVA Building
Waterloo Industrial Estate
Bidford on Avon
Warwickshire B50 4JH, GB
T/F +44 (0)1789 490
E enquiries@savawatt.com
www.savawatt.com

Save A Cup Recycling Company
Suite 2, Bridge House
Bridge Street
High Wycombe
Buckinghamshire
HP11 2EL, GB
T +44 (0)1494 510 167
F +44 (0)1494 510 168

Save Wood Products Ltd
Amazon Works
Three Gates Road, Cowes
Isle of Wight PO31 7UT, GB
T +44 (0)1983 299 935
F +44 (0)1983 299 069
E Aaxylon@aol.com

Schäfer Werke GmbH
Pfannenbergstraße 1 57290
Neunkirchen
D
T +49 (0)2735 787 273
F +49 (0)2735 787 284
E h.schlabach@schaefer-werke.de
www.schaefer-werke.de

Schauman Wood Oy
Niemenkatu 16
PO Box 203
15141 Lahti
FIN
T +358 204 15 113
F +358 20415 112
E schaumanwood@upm-kymmene.com

Scholler Textil AG
Bahnhofstraße
9475 Sevelen
CH
T +41 (0)81 786 08 35

SciMAT Ltd
Dorcan 200
Murdock Road
Dorcan
Swindon
Wiltshire SN3 5HY, GB
T +44 (0)1793 511 160
F +44 (0)1793 533 352
E sales@scimat.co.uk
www.scimat.co.uk

Sculptures-Jeux
18 rue Domat
75005 Paris, F
T +33 (0)1 43 54 20 39
F +33 (0)1 43 54 83 32
E sculptures.jeux@wanadoo.fr

sdb Industries BV
PO Box 2197
5202 CD 's-Hertogenbosch,
NL
T +31 (0)73 6333 91 33
F +31 (0)73 631 33 85
E info@sdb-industries.nl
www.sdb-industries.nl

Sensor Systems Watchman
Shaerf Drive
Lurgan, Craigavon
County Armagh
Northern Ireland
BT66 8DE, GB
T +44 (0)1762 321 111
F +44 (0)1762 324 444
E sales@sensor-systems.com
www.sensor-systems.com

Showa Highpolymer Co.
Kanda Chuo Bldg
3-20 Kanda Nishiki-cho
Chiyoda-ku
Tokio 101, J
T +81 (0)3 3293 8844
F +81 (0)3 3233 0137

Simplex Products
PO Box 10
Adrian, MI 49221-0010, USA
T +1 517 263 8881

Simplicitas
Grevgatan 19
114 52 Stockholm, S
T +46 (0)8 661 00 91
F +46 (0)8 661 00 97
www.simplicitas.se

Skoot International Ltd
24 Peartree Business Centre
Peartree Road
Stanway
Essex CO3 5JN, GB
T +44 (0)1206 542 542
F +44 (0)1206 542 543

Skystreme UK Ltd
367 High Street
Brentford
Middlesex TW8 0BD, GB
T +44 (0)20 8560 6872
F +44 (0)20 8569 8581
E kas09@dial.pipex.com
www.skystreme.uk.net

SLI Lighting Ltd
Otley Road
Charlestown
Shipley, West Yorkshire
BD17 7SN, GB
T +44 (0)1274 537 777
F +44 (0)1274 597 683

Slough Rubber Company Ltd
441 Perth Avenue
Slough Trading Estate
Slough
Berkshire SL1 4TS, GB
T +44 (0)1753 570 438
F +44 (0)1753 530 178
www.sloughrubber.co.uk

SmartDeck Systems
2600 W. Roosevelt Road
Chicago, IL 60608, USA
E info@smartdeck.com
www.smartdeck.com

Smith & Fong Company
Plyboo Bamboo Products
601 Grandview Drive S.
San Francisco,
CA 94080, USA
T +1 650 872 1184
F +1 650 872 1185
E info@plyboo.com
www.plyboo.com

Smith Anderson & Co. Ltd
Fettykil Mills
Leslie
Fife KY6 3AQ, GB
T +44 (0)1592 746 000

Snow
FIN
c/o Studio Ilkka Suppanen
Punavuorenkatu 1 A 7 b
00120 Helsinki, FIN
T +358 9 622 78737
F +358 9 622 3093
E suppanen@kolumbus.fi

Solar Century Holdings Ltd
Unit 5
Sandycombe Centre
1-9 Sandycombe Road
Richmond, Surrey, GB
T +44 (0)870 735 8100
F +44 (0)870 735 8101
E jl@solarcentury.co.uk
www.solarcentury.co.uk

Solar Cookers International
1919 21st St, Suite 101
Sacramento
CA 95814, USA
T +1 916 455 4498
F +1 916 455 4498
E sbci@igc.apc.org
http://solarcooking.org

Solar Solutions (UK) Ltd
Unit D6
Capel Hendre
Industrial Estate
Capel Hendre
Ammanford
Carmarthenshire
SA18 3SJ, GB
T/F +44 (0)1269 844 670
E sunset@connect-wales.co.uk

Solvay Plastiques SA
Rue du Prince Albert 33
1050 Brüssel
B
T +32 (0)2 509 61 11
F +32 (0)2 509 69 18

Sony Corporation Design Center
6-7-35 Kitashinagawa
Shinagawa-ku
Tokio 141, J
T +81 (0)3 5448 7758
F +81 (0)3 5448 7822
www.sony.co.jp
www.sony.co.uk

Southampton Innovations Ltd
University of Southampton
Highfield, Southampton
Hampshire SO17 1BJ, GB
T +44 (0)23 8059 2035
F +44 (0)23 8059 3585
E info@sil-uk.com
www.southamptoninnovations.com

Soy Environmental Products, Inc.
8855 N. Black Canon Fwy
Ste 2000
Phoenix, AZ 85021, USA
T +1 602 674 5500
www.soyclean.com

SRAM Corporation
Global Headquarters
361 West Chestnut St
Chicago, IL 60610, USA
T +1 312 664 8800
F +1 312 664 8826
E davidz@sram.com
E ksolberg@sram.com

Staber Industries, Inc.
4800 Homer Ohio Lane
Groveport
OH 43125, USA
T +1 614 836 5995
F +1 614 836 9524
www.staber.com

Starch Tech, Inc.
720 Florida Ave S.
Golden Valley
MN 55426-1704, USA
T +1 612 545 5400
F +1 612 545 9450
E sti@starchtech.com
www.starchtech.com

Steelcase, Inc.
6100 E Paris Ave SE
Caledonia
MI 49316-9790, USA
www.steelcase.com

sTRAKA sPORTs
Niebuhrstraße 62
10629 Berlin, D
T +49 (0)30 327016 16
F +49 (0)30 327016 17
E s.straka@ciro.de
www.ciro.de

Stramit
East Loop 143
Perryton, TX 79070, USA
T +1 806 435 9303

Strandwood Molding, Inc.
531 Highway M-26
PO Box 360
Hancock, MI 49930-0360, USA
T +1 906 487 9768
F +1 906 487 9770
www.strandwood.com

Studio eg
2431 Peralta Street
Suite 2437A
Oakland, CA 94607, USA

Styradex Plastics Recycling
Unit A,
Burnfoot Industrial Estate
Hawick TD9 8SL, GB

Sun-Mar Corporation
600 Main Street
Tonawanda
NY 14150-0888, USA
T +1 905 332 1314
F +1 905 332 1315
E compost@sun-mar.com
www.sun-mar.com

Sunways Gesellschaft für Solartechnik mbH
Macairestraße 5
78467 Konstanz, D
T +49 (0)7531 99677 0
F +49 (0)7531 99677 10
E info@sunways.de
www.sunways.de

Supercool AB
Banehagsgatan 1 B
414 51 Göteborg
S
T +46 (0)31 42 05 30
F +46 (0)31 24 79 09
www.supercool.se

Sutton Vane Associates
Britannia House
1 Glenthorne Road
London W6 0LH, GB
T +44 (0)20 8563 9370
F +44 (0)20 8563 9371
www.sva.co.uk

Syndesis, Inc.
2908 Colorado Ave
Santa Monica
CA 90403-3616, USA
T +1 310 829 9932
F +1 310 829 5641
www.syndesisinc.com

Tectan
Entwicklungsgesellschaft für Verbundmaterial Diez GmbH
Industriestraße 17-2
65582 Diez, D

Teisen Products Ltd Bradley Green
Redditch
Worcestershire
B96 6RP, GB
T +44 (0)1527 821 488
F +44 (0)1527 821 665

Teknos Tranemo AB
Limmaredsvägen 2
Box 211
514 24 Tranemo,
S
T +46 (0)325 707 70
F +46 (0)325 767 54
www.teknos.se

Tendo Co. Ltd
1-3-10 Midarekawa
Tendo 994
Yamagata,
J
T +81 (0)236 53 3121
F +81 (0)236 53 3454
www.tendo-mokko.co.jp/

Tetrapak Ltd
1 Longwalk Road
Stockley Park
Uxbridge
Middlesex UB11 1DL
GB
T +44 (0)870 442 6000
F +44 (0)870 442 6001
www.tetrapak.com

Therma-Float Ltd
PO Box 8
Beech Lane House
Alderly Edge
Cheshire SK9 5ES,
GB
T +44 (0)1625 251 000
F +44 (0)1625 524 584
E therma-float.ltd@dial.pipex.com

TH!NK Nordic AG (N)
Ford Motor Company, USA
TH!NK Mobility, LLC
5920 Pasteur Court
Carlsbad, CA 92008,
USA
www.thinkmobility.com

Timber Holdings Ltd
2400 W. Cornell
Milwaukee, WI 53209,
USA
T +1 414 445 8989
F +1 414 445 9155
E info@ironwoods.com
www.ironwoods.com

Tonwerk Lausen AG
4415 Lausen,
CH
T +41 (0)61 927 95
F +41 (0)61 927 95

Toyota (GB) plc
The Quadrangle
Redhill
Surrey RH1 1PX, GB
T +44 (0)1737 768 585
F +44 (0)1737 771 728
www.toyota.co.uk

Toyota Motor Corporation
1 Toyota-cho
471-8571 Toyota City
Aichi Prefecture, J
www.toyota.com

Trannon Furniture Ltd
Chilhampton Farm
Wilton
Salisbury
Wilts SP2 0AB,
GB
T +44 (0)1722 744 577
F +44 (0)1722 744 477
E info@trannon.com
www.trannon.com

Transform Plastics Ltd
Potter Place
West Pimbo
Industrial Estate
Skelmersdale
Lancashire
WN8 9PW,
GB
T +44 (0)1695 51399
F +44 (0)1695 51393

Traveller (D)
c/o Feldmann & Schultchen
Timmermannstrasse 7
22299 Hamburg
D
T +49 (0)40 510000
F +49 (0)40 517000
www.fsdesign.de

Trevira GmbH & Co. KG
Lyoner Straße 38A
60528 Frankfurt
D
T +49 (0)69 305 5756
F +49 (0)69 305 1642

Trisit Textiltechnologie GmbH
Trisit Design
Stuttgarter Straße 73
73230 Kirchheim
D
T +49 (0)7021 935175
F +49 (0)7021 935339
E roellf@recaro.de

Trojan Battery Company
USA
T +1 800 423 6569
+1 562 946 8381
F +1 562 906 4033
E marketing@trojanbattery.com
www.trojanbattery.com

TrusJoist MacMillan (TJM)
Corporate Headquarters
200 East Mallard Drive
Boise, ID 83706,
USA
T +1 208 364 1200
F +1 208 364 1300
www.tjm.com

TRW Lucas Varity Electrical Steering
(GB)
c/o TRW, Inc.
USA
www.trw.com

Unicor Corporation
24271 Larkwood Lane
Lake Forest, CA 92630,
USA
T +1 714 770 8494

Uni-Solar
1110 West Maple Road
Troy, MI 48084,
USA
T +1 248 362 4170
F +1 248 362 4442
E unisolarinfo@ovonic.com
www.uni-solar.com

Universal Master Products
23 Station Approach
Hayes, Bromley
Kent BR2 7EQ,
GB
T +44 (0)20 8462 0222
F +44 (0)20 8462 7746

Universal Pulp Packaging
Milton of Campsie
Glasgow G65 8EE,
GB
T +44 (0)1360 310 322
F +44 (0)1360 311 975
E pulppack@aol.com
www.pulppack.co.uk

Urethane Soy Systems Company (USSC)
PO Box 569
Princeton, IL 61356,
USA
T +1 888 514 9096
F +1 815 643 2998
E johnwawak@yahoo.com

US Plastic Lumber Ltd
Smartdeck Systems
2600 W. Roosevelt Road
Chicago, IL 60608,
USA
T +1 888 733 2546
E techsupport@smartdeck.com
www.smartdeck.com

Uwe Braun GmbH
Braun Lange Felder
19309 Lenzen (Elbe)
D
T +49 (0)38792 9850
E info@uwe-braun.de

Vaccari Ltd
27 Prospect Way
Lapford, Crediton
Devon EX17 6QB
GB
T +44 (0)1363 83115
F +44 (0)1363 83849
E info@vaccari.co.uk
www.vaccari.co.uk

VarioPac Disc Systems GmbH
Hangbaumstraße 13
32257 Bünde,
D
T +49 (0)5221 7684 17
F +49 (0)5221 7684 20
www.variopac.com

Varta Batteries AG/Varta AG
Presse und Public Relations Sven Kremser
Am Leineufer 51
30419 Hannover,
D
T +49 (0)511 79 03 8 21
F +49 (0)511 79 03 7 17
E press@varta.com
www.varta.com

Vauxhall Motors Ltd/General Motors
Griffin House
Osborne Road
Luton
Bedfordshire LU1 3YT
GB
T +44 (0)1582 721 122
F +44 (0)1582 427 400

Velcro (USA)
www.velcro.com

Veloland Schweiz
Stiftung Veloland Schweiz
Postfach 8275
3001 Bern
CH
T +41 (0)31 307 47 40
F +41 (0)31 307 47 48
E info@veloland.ch

Vestfrost A/S
Spangsbjerg Møllevej 100
Postbox 2079
6705 Esbjerg,
DK
T +45 (0)79 14 22 22
F +45 (0)79 14 23 55

Vetropack
Schützenmattstr. 266
8180 Bülach
CH
T +41 (0)1 863 33 73
F +41 (0)1 863 34 35

Vision Paper
s. KP Products

Vitra (International) AG
Klünenfeldstrasse 22
4127 Birsfelden, CH
T +41 (0)61 377 15 09
F +41 (0)61 377 15 10
E info@vitra.com
www.vitra.com

VK & C Partnership
2/2 248 Woodlands Road
Glasgow G3 6ND, GB
T/F +44 (0)141 332 2049

Volkswagen AG
Postfach 174
38436 Wolfsburg,
D

Volkswagen (UK)
Yeomans Drive
Blakelands
Milton Keynes
Buckinghamshire
MK14 5AN, GB
T +44 (0)1908 601 777
F +44 (0)1908 663 936
www.volkswagen.co.uk

Vorwerk & Co. Teppichwerke GmbH & Co. KG
Kulhmanstraße 11
31785 Hameln, D
T +49 (0)5151 103 0
F +49 (0)5151 103 377
www.vorwerk-teppich.de

Wagner & Co. Solartechnik GmbH
Ringstraße 14
35091 Cölbe,
D
T +49 (0)64 21/8007-0
F +49 (0)64 21/8007-13

Wanders Wonders BV
Jacob Catskade 35
1052 BT Amsterdam,
NL
T +31 (0)20 422 1339
F +31 (0)20 422 7519
E joy@wanderswonders.nl

Waterfilm Energy
PO Box 128
Medford, New York
NY 11763, USA
T +1 631 758 6271
F +1 631 758 0438
E GFX-CH@msn.com
www.oikos.com/gfx

Waterless UK Ltd
6 Bladon Close
Woodstock Road
Oxford
Oxfordshire OX2 8AD, GB
www.waterless.co.uk

Water Tech Industries
12665 NE Marx Street
Portland, OR 97230,
USA
T +1 888 254 8412
+1 503 254 8412
F +1 503 261 9118
E marketing@watertech.com
www.watertech.com

Wellman, Inc.
212 7th St
Jersey City
NJ 07302, USA
E home@wellmaninc.com
E aboutus@wellmaninc.com
www.wellmanwlm.com

Werth Forsttechnik
Reidelbach 22
66687 Wadern,
D
T +49 (0)68 712029
F +49 (0)68 715555
E ww@werth-weihnachts-welt.de
www.werth-weihnachts-welt.de

Werzalit AG + Co.
D
s. Inka Presswood Pallets

Wettstein, Robert A.
Josefstr. 188
8005 Zürich
CH
T +41 (0)1 272 97 25
F +41 (0)1 272 07 17

Wharington International Pty Ltd
48-50 Hargreaves Street
Huntingdale
Victoria 3166,
AUS
T +61 (0)3 9544 5533
F +61 (0)3 9543 1907
E sales@wharington.com.au
www.wharington.com.au

Whirlpool
s. Jam Design & Communications

Wiggly Wigglers
Lower Blakemere Farm
Blakemere
Herefordshire
HR2 9PX, GB
T *(Freephone, UK only)*
0800 216990
F +44 (0)1981 500 108
www.wigglywigglers.co.uk

Wilde & Spieth GmbH & Co
Zeppelinstr. 126
73730 Esslingen,
D
T +49 (0)711 319710
F +49 (0)711 317111

Wilkhahn + Hahne GmbH & Co.
Postfach 2035
31844 Bad Münder,
D
T +49 (0)5042 9990
F +49 (0)5042 999 226
E info@wilkhahn.de
www.wilkhahn.com

Willamette Europe Ltd
10th Floor
Maitland House
Warrior Square
Southend-on-Sea
Essex SS1 2JY, GB
T +44 (0)1702 619 044
www.willamette-europe.com

Willat Writing Instruments
8548 Washington Blvd
Culver City
CA 90232, USA
T +1 310 202 6000
F +1 310 202 0405
www.sensa.com

Willow Bank, The
PO Box 17
Machynlleth
Powys SY20 8WR, GB
T +44 (0)1686 430 510
www.telecentre.com/Willow_Bank/willowap.htm

WKR Altkunststoffproduktions- und Vertriebsgesellschaft mbH
Entenpfuhl 10
67547 Worms, D
T +49 (0)6241 43451
F +49 (0)6241 49579
E kontakt.wkr@t-online.de

Woodnotes Oy
Tallberginkatu 8
00180 Helsinki,
FIN
T +358 694 2200
F +358 694 2221
E woodnotes@woodnotes.fi
www.woodnotes.fi

ww.modcons
Units 2b-c
Vanguard Court
36 Peckham Road
London SE5 8QT, GB
T +44 (0)20 7708 4154

Xerox Corporation
800 Long Ridge Road
Stamford
CT 06904, USA
T *(Freephone, nur USA)*
+1 800 334 6200
www.xerox.com

Xerox (UK) Ltd
Bridge House
Uxbridge
Middlesex UB8 1HS, GB
T *(Freephone, nur GB)*
0800 787 787
www.xerox.co.uk

XO
RN 19
77170 Servon,
F
T +33 (0)1 60 62 60 60
F +33 (0)1 60 62 60 62

XO2 Ltd (im Handel als Exosect)
Administration Building (SIL)
University of Southampton
Highfield
Southampton
Hampshire SO17 1BJ, GB
E info@exosectuk.com
www.exosectuk.com

Yemm & Hart Ltd
Green Materials
RR1 Box 173
Marquand, MO 63655, USA
T +1 573 783 5454
F +1 573 783 7544
E info@yemmhart.com
www.yemmhart.com

YKK Architectural Products, Inc.
1, Kanda Izumi-cho
Chiyoda-ku
Tokio 101-0024, J
T +81 (0)3 36258844
F +81 (0)3 56108199

Zanotta SpA
Via Vittorio Veneto 57
20054 Nova Milanese (Mi)
I
T +39 (0)362 368 330
F +39 (0)362 451 038
E zanottaspa@zanotta.it

Zanussi
s. Electrolux

Zimmerei Michael Kaufmann
s. KFN Kaufmann Produkt GmbH

Im Folgenden werden die Design-Strategien aufgeführt, die bei jedem einzelnen Produkt im Katalog genannt werden. Sie sind nach Lebenszyklusphasen gruppiert: Planung (einschließlich Materialauswahl); Herstellung/Produktion; Vertrieb/Transport; funktionelle Phase/Verwendung und Entsorgung. Andere Strategien, die nicht unmittelbar mit Lebenszyklusphasen zu tun haben, werden in der Sektion „Diverse Strategien" behandelt. Ausführliche Beschreibungen der jeweiligen Design-Strategien werden an anderer Stelle gegeben. Verweise finden sich ebenfalls im Glossar (S. 339).

Pre-Production: Planung

Anti-Fashion: Ein Design, das sich aktuellen Modetrends widersetzt.

Entmaterialisierung: Produkte werden in Dienstleistungen transformiert. Ein gutes Beispiel ist ein gemeinschaftlich genutzter Fahrzeug-Pool. Andere Beispiele sind Kameras, in denen die Silberhalogenidfilme durch CCD-Chips ersetzt werden. So wird ein Verbrauchsgut entmaterialisiert. Der Entwurf von Produkten, die für eine entmaterialisierte Dienstleistung verwendet werden, unterliegt möglicherweise ungewöhnlichen Anforderungen, da andere Ansprüche, etwa bezüglich Wartung und Haltbarkeit von Teilen, gestellt werden.

Nicht veraltend: Ein Produkt, das leicht repariert, gewartet und aufgerüstet werden kann und somit bei technischen Fortschritten oder neuen Modetrends nicht veraltet.

Open access design: Software, Hardware und andere elektronische Produkte, deren Codes und Konstruktionsweisen offen gelegt werden und anderen Entwicklern zugänglich sind.

Produktrücknahme: Ein System, bei dem sich die Hersteller verpflichten, Produkte zurückzunehmen, um diese dann zu recyceln. Dies kann den Prozess der Produktentwicklung von Grund auf verändern, da Strategien wie DfA (Design for Assembly), DfD (Design for Disassembly) und Remanufacturing größere Bedeutung erlangen.

Universelles Design: Die Anwendung von Vorgehensweisen, Komponenten, Zubehör, Materialien und Technologien, die universell verwendet und so für unterschiedliche Zwecke eingesetzt werden können.

Wieder verwendbare Produkte: Produkte, die nach Ablauf ihrer ursprünglichen Nutzungsdauer für ähnliche oder neue Zwecke wieder verwendet werden können.

Pre-Production: Materialauswahl

Abfallmaterial wird aus Produktions- oder Haushaltsabfällen gewonnen.

Biologisch abbaubar: Materialien, die von Mikroben, z.B. Bakterien und Pilzen, abgebaut werden.

Biopolymere: Kunststoffe, die aus Pflanzen hergestellt werden, kompostierbar sind und so in den Kreislauf der Natur zurückgelangen können.

Erneuerbar: Diese Materialien werden aus Quellen gewonnen, die mit Hilfe von Sonnenenergie Materie produzieren, vor allem primäre Produzenten wie Pflanzen und Bakterien und sekundäre wie Fische und Säugetiere.

Integrierte Versorgungskette (grüne Beschaffung): Für die bezogenen Güter/Materialien werden Umweltstandards vorgegeben. Die Materialien müssen etwa aus zertifizierten Quellen stammen (FSC, nationale oder internationale Umweltkennzeichen), anerkannte Beglaubigungen aufweisen (ISO 14001, EMAS) oder die Richtwerte von Handelsorganisationen erfüllen.

Kompostierbar: Materialien, die von Mikroben wie Bakterien und Pilzen zersetzt werden und dabei Nährstoffe und organisches Material freisetzen.

Langlebig: Robuste aterialien, die nicht zerbrechen oder sich abnutzen und das eigentliche Produkt überleben.

Leicht: Materialien mit einem guten Stärke-/Gewicht-Verhältnis.

Lokal bezogene Materialien stammen aus der näheren Umgebung der Produktionsstätte.

Nachhaltig/aus nachhaltigen Quellen: Materialien aus bewirtschafteten Ressourcen, die noch sehr lange halten werden oder erneuerbar sind (siehe „Integrierte Versorgungskette").

Nicht giftstoffhaltig/nicht gefährlich: Materialien, die keine Krankheiten oder Todesfälle verursachen oder das Öko-System beschädigen.

Nur ein Material/Mono-Material: Es wird ein reines Material verwendet, wodurch das Recycling vereinfacht wird.

Recycelbare Komponenten können in einem Produkt, das später hergestellt wird, wieder verwendet werden.

Recycelt: Materialien, die verarbeitet (gesäubert, gruppiert, gehäckselt, gemischt usw.) und dann erneut für eine Produktion verwendet werden.

Recycelte Inhaltsstoffe: Materialien, die zum Teil recycelte und zum Teil neu gewonnene Substanzen enthalten.

Reichlich vorhandene Materialien aus der Litosphäre/Geosphäre: Anorganische Materialien aus der Erdkruste wie Stein, Ton, Mineralien und Metalle.

Verwaltete Quellen: Materialien aus zertifizierten Quellen und integrierten Versorgungsketten.

Zertifizierte Quellen: Materialien, die aus nachhaltig bewirtschafteten Quellen oder recycelten Materialien stammen bzw. Standards internationaler und nationaler Umweltkennzeichen einhalten und durch unabhängige Organisationen zertifiziert werden..

Zurück gewonnene Materialien: Materialien, die bei Abriss eines Gebäudes zur Wiederverwendung aufbewahrt werden.

Produktion/Herstellung

Produktionsprozesse

Biologische Produktion: Natürliche Prozesse werden in situ für den Fertigungsprozess genutzt, etwa wenn Kürbisse gezwungen werden, in bestimmten Formen zu wachsen, um dann als Verpackungsmaterial verwendet zu werden. Pflanzen werden für die Produktion von Biopolymeren gezüchtet.

Design for assembly (DfA)/ Montagegerechtes Design: Die Bestandteile eines Produkts werden so rationalisiert und standardisiert, dass sie in der Herstellung einfacher zusammengefügt werden können.

Design for disassembly (DfD)/Demontagegerechtes Design: Produkte werden so konstruiert, dass sie kostengünstig und ohne Beschädigung wieder in ihre Bestandteile zerlegt werden können, um Recycling/Wiederverwendung zu ermöglichen.

Effiziente Nutzung natürlicher und produzierter Materialien: Materialverbrauch und Abfallproduktion werden so gering wie möglich gehalten.

Einfache, kostengünstige Bauweise: Für die Herstellung werden kostengünstige Werkzeuge und energiearme Prozesse verwendet.

Geringer Energieaufwand bei Herstellung/Produktion/Konstruktionstechnik/Montage: Es wird weniger Energie zur Fertigung der Komponenten und/oder Produkte benötigt.

Kalte Produktion/Herstellung: Verfahren, für die keine Hitze und kein Druck erforderlich sind. So werden der Energieverbrauch reduziert und die spätere Zerlegung vereinfacht.

Keine Abfallproduktion: In der Produktion wird die Abfallentstehung vermieden.

Leichtbauweise senkt den Materialverbrauch ohne Einbußen bei der Stabilität.

Recycling/Produktion in geschlossenem Kreislauf: Abfallströme werden in einem kontinuierlichen Zyklus wieder vollständig in den Produktionsprozess zurückgeführt. In der Textil- und Chemieindustrie werden für die Verarbeitung des Endprodukts benötigte chemische Substanzen oft recycelt, und die Produktion somit umweltfreundlicher gestaltet.

Reduzierter Materialverbrauch: Effizientere Materialnutzung.

Reduzierter Ressourcenverbrauch: Es werden weniger Materialien verbraucht, insbesondere Rohstoffe, die natürlich gewonnen werden.

Reduzierter Verbrauch von Betriebsmitteln – dies betrifft die Produktionsphase.

Selbstmontage durch den Kunden spart Energie im Produktionsprozess.

Umweltfreundliche Produktion: Umweltschäden bei der Herstellung von Gütern werden reduziert, indem die Entstehung von Abfall und von Emissionen an die Luft, die Erde und das Wasser möglichst vermieden werden. Siehe „geschlossene Recycling-Systeme“.

Vermeidung giftiger/gefährlicher Substanzen: Auf Substanzen, die entweder die menschliche Gesundheit oder das Ökosystem gefährden, wird verzichtet.

Verringerung der Produktionsabfälle lässt sich durch effizientere Designs und/oder Fertigungsprozesse erzielen.

Wieder verwendbare Gebäude: Zerlegbare, modulare Gebäude, die transportiert und an einem neuen Standort neu aufgebaut werden können.

Recycling/Wiederverwendung

Design for recyclability (DfR)/Recycelfähiges Design soll die umweltfreundlichen Aspekte eines Produkts, etwa leichte Demontage, Recycelfähigkeit, Wartung, Wiederverwendung und Reparatur, maximieren, ohne dass Abstriche bei der Funktionalität und Leistungsfähigkeit gemacht werden.

Design for recycling (DfR)/Recycling Design beschäftigt sich mit Methoden zum Recycling von Materialien. Dabei werden Prozesse der Montage wie Demontage von Komponenten und Materialien derart optimiert, dass diese möglichst rein und adäquat gekennzeichnet verwendet werden.

In situ recycelte Materialien: Abfälle werden in situ für neue Produkte verwendet.

Materialkennzeichnung: Trägt zur leichteren Identifizierung von Materialien für das Recycling bei.

Verwendung vorgefertigter Komponenten: Ursprünglich für ein bestimmtes Produkt gefertigte Komponenten werden für ein anderes verwendet.

Wieder verwendete Objekte: Vollständige Gegenstände, die in einem neuen Produkt wieder verwendet werden.

Wiederverwendung nicht mehr genutzter Komponenten: Abgenutzte oder alte Komponenten/Produkte werden zurückgenommen, repariert und ausgebessert, bis sie den ursprünglichen Qualitätsstandard wieder erreicht haben, und erneut verkauft.

Wiederverwendung überschüssig produzierter Komponenten: Komponenten, die eigentlich für einen anderen Zweck gefertigt wurden, werden in neuen Produkten eingesetzt.

Wiederverwendung von Materialien: Materialien werden ohne weitere Änderungen wieder verwendet. Im Gegensatz dazu kommt es beim Recycling zu einer Reorganisation oder teilweisen Zerstörung des Materials.

Vertrieb/Transport

Leichte Produkte wurden speziell mit einem geringen Gewicht entworfen, behalten aber ihre volle Funktionalität und benötigen auf diese Weise beim Transport weniger Energie.

Selbstmontage: Die Produkte werden vom Kunden selbst zusammengebaut. Auf diese Weise wird beim Transport Platz gespart.

Verpackung in flachen Paketen verringert den Lade- und Stauraumbedarf.

Verringerter Energieverbrauch beim Transport/Verringerte Transportenergie lässt sich erreichen, indem Produkte so entworfen werden, dass das Volumen pro Verpackungseinheit minimiert wird.

Verwendung

Sozial verantwortliches Design

Alternative Transportmittel für erweiterte Mobilität: Die Abhängigkeit von sehr umweltschädlichen Produkten wie dem Auto wird reduziert. Die Mobilität von Minderheiten, wie zum Beispiel Behinderten, wird vergrößert.

Bedarfsgerechtes Design: Das Konzept entstand in den 1970ern und wurde von bedeutenden Persönlichkeiten wie dem Design-Professor Victor Papanek und durch eine wegweisende Ausstellung im Royal College of Art, London, unterstützt. Das Design soll soziale Bedürfnisse und nicht nur modische Trends erfüllen.

Gemeinschaftliches Eigentum ermöglicht die effizientere Nutzung von Produkten.

Gleicher Zugang zu Informationsquellen: Produkte, die es Minderheiten ermöglichen, Zugriff auf Informationsquellen zu erhalten.

Gleicher Zugang zu öffentlichen Dienstleistungen: Produkte, die es Minderheiten ermöglichen, alle öffentlichen Dienstleistungen, etwa das Transportwesen, zu nutzen.

Hilfsmittel zur Kontrolle des Bevölkerungswachstums: Ein Produkt, das dazu beiträgt, das Gleichgewicht zwischen der Bevölkerung und verfügbaren Ressourcen zu bewahren und so die Zerstörung der Umwelt, soziale und sonstige Probleme reduziert.

Miete statt Eigentum: Die Produkte werden so entworfen, dass sie eher für eine Vermietung als für einen Verkauf geeignet sind. Dadurch werden sie effizienter und ökonomischer genutzt.

Notfallversorgung/Bereitstellung sauberen Wassers: Produkte, die die Sterblichkeitsrate und die Ausbreitung von Krankheiten verringern.

Reduzierung des Geräuschpegels/der Lärmbelastung: Produkte, die Stress und Belastung durch starken Lärm reduzieren.

Reduzierung des visuellen Eingriffs in die Landschaft: Produkte, die optische Auswirkungen technischer oder vom Menschen hergestellter Dinge minimieren.

Reduktion von Emissionen/Verschmutzung/Giftstoffen

FCKW- und HFCKW-frei: Produkte, die vor allem im Kühlbereich eingesetzt werden, aber keine Chlorfluorkohlenwasserstoffe (FCKW oder HFCKW) enthalten, die als Treibhausgase die Ozonschicht beschädigen.

Keinerlei Emissionen: Fahrzeuge, die mit Elektromotoren oder Wasserstoff-Brennstoffzellen angetrieben werden und keine Abgase mit Treibhausgasen (z.B. Kohlendioxid, Kohlenmonoxid, Methan oder Distickstoffoxid) oder Partikel ausstoßen. Ein Elektrofahrzeug ist nur dann wirklich emissionsfrei, wenn die Elektrizität aus erneuerbaren Energiequellen und nicht aus fossilen Brennstoffen oder Nuklearenergie gewonnen wird.

Vermeidung/Reduzierung gefährlicher/giftiger Substanzen: Produkte, deren Gebrauch für den Menschen gefahrlos ist, da sie keine gefährlichen oder giftigen Substanzen enthalten. Es gibt international und national gültige Listen mit verbotenen Substanzen inklusive Chemikalien und Pestizide. Manche Firmen führen zusätzlich eigene Listen, die über die gesetzlichen Verpflichtungen hinausgehen. Dass eine Substanz für Menschen ungefährlich ist, bedeutet noch nicht, dass dies auch für Pflanzen oder andere Lebewesen gilt.

Vermeidung/Reduzierung von Emissionen (Luft): Produkte, bei deren Produktion und Verwendung keine oder nur sehr wenige gefährliche oder giftige Substanzen wie Treibhausgase, Kohlenwasserstoff, Partikel und krebsverursachende Substanzen (Karzinogene) in die Luft gelangen.

Vermeidung/Reduzierung von Emissionen (Wasser): Produkte, bei deren Herstellung und Gebrauch keine oder nur sehr wenige gefährliche oder giftige Substanzen ins Wasser gelangen.

Verbesserte Funktionalität

Anpassbar: Produkte, die den Wünschen des Kunden entsprechend abgeändert werden können.

Aufrüstbar/Aufrüstbarkeit: Ein Produkt kann leicht auf den neuesten Stand gebracht werden, indem alte Komponenten durch neue ausgetauscht werden. Dies ist insbesondere bei technischen Produkten wichtig.

Gesundheit und Sicherheit: Produkte, die die Gesundheit und Sicherheit nicht gefährden oder sogar gesundheitsfördernd sind.

Mehrzweckraum: Ein Raum kann für verschiedene Funktionen genutzt werden.

Mobil: Ein Produkt lässt sich leicht an verschiedene Standorte transportieren.

Modulares Design/Modularität: Produkte, die unterschiedlich konfiguriert werden können, so dass der Benutzer die Module nach seinen Bedürfnissen arrangieren kann. Außerdem können nach Bedarf zu-Module hinzugefügt werden.

Multifunktional: Ein Produkt erfüllt mehrere Funktionen.

Sicher, d.h. giftstofffrei und nicht gefährlich: Nicht gesundheitsschädliche Produkte.

Verbesserte Benutzerfreundlichkeit: Produkte, die leichter zu verstehen und zu bedienen sind.

Verbesserte Ergonomie: Leichtere und bequemere Verwendungsweise.

Verbesserte Funktionalität – Produkte, die eine höhere Funktionalität als Vorgängermodelle aufweisen.

Zwei Funktionen: Ein Produkt mit zwei Funktionen.

Verlängerte Lebensdauer von Produkten

Einfache Wartung: Produkte mit klaren Anweisungen und einfachem Zugang für die Wartung und Reparatur sich abnutzender Teile.

Einfach zu reparieren: Produkte, die sich leicht zerlegen lassen, so dass abgenutzte oder kaputte Teile repariert werden können.

Langlebigkeit: Produkte, die auf Grund der stabilen Materialien und der qualitativ hochwertigen Fertigung sehr widerstandsfähig sind und sich deshalb nicht schnell abnutzen.

Verringerter Energieverbrauch

Energiebewahrung verhindert den Verlust von Energie.

Energieeffizienz: Produkte und Gebäude, die Energie effizient nutzen.

Energieneutral: Produkte und Gebäude, die selbst so viel Energie erzeugen wie sie verbrauchen.

Erneuerbare Energie: Elektrizitätserzeugung, die den Wind, die Sonne, das Wasser oder geothermale Hitze aus der Erdkruste nutzt.

Hybridantrieb: Produkte, die aus mindestens zwei Energiequellen angetrieben werden, z.B. hybride Elektro-/Benzin- oder Brennstoffzellen-Elektroautos.

Integrierte oder intelligente Transportsysteme bieten mehrere Fortbewegungsarten zur Auswahl.

Mit Muskelkraft betriebene Produkte werden durch menschliche Aktivitäten mit Energie versorgt.

Natürliches Licht: Produkte, die die Nutzung des Tageslichts an Stelle von künstlichem Licht fördern.

Niederspannung: Produkte, die in einem 12- oder 24-Volt-Stromnetz anstatt mit höherer Spannung betrieben werden können.

Solarenergie (Erzeugung): Produkte, die Sonnenenergie absorbieren und daraus Elektrizität erzeugen. Üblicherweise verfügen sie über Solarpaneele.

Solarenergie (passiv): Produkte, die das Licht oder die Wärme der Sonneneinstrahlung absorbieren und so Energie erzeugen.

Treibstoffeinsparungen: Produkte, die weniger fossile Brennstoffe verwenden als ältere Produktgenerationen und so auf die gesamte Nutzungsdauer gerechnet weniger Schadstoffe abgeben.

Verbesserte Energieeffizienz: Produkte, die Sonnenenergie absorbieren und so Licht oder Wärme erzeugen.

Wieder aufladbar (Batterien): Batterien können mit Netzstrom oder einer erneuerbaren Energiequelle wieder aufgeladen und damit wiederholt verwendet werden. So wird weniger Abfall produziert.

Recycling und reduzierte Abfallproduktion

Recycelbare Verpackungen/Behälter: Verpackungen und Behälter aus recycelbarem Material.

Reduzierte Nutzung von Verbrauchsgütern: Produkte, die Verbrauchsgüter wie Papier, Tinte, Batterien, Öle und Lösungsmittel überflüssig machen.

Wieder verwendbare Verpackungen/Behälter: Verpackungen und Behälter, die mehrfach verwendet werden können.

Verbesserte Wassernutzung

Wasserbewahrung/Wassersparende Produkte: Produkte, die den Wasserverbrauch verringern und/oder das Auffangen von Wasser vereinfachen.

Wassererzeugung (Frischwasser): Produkte, die aus verschmutztem Oberflächen- oder Grundwasser, Meereswasser oder mit Feuchtigkeit gesättigter Luft frisches Wasser erzeugen.

Entsorgung

Einsparung von Platz auf Mülldeponien: Produkte, die sich kompostieren lassen und so Platz auf Mülldeponien freigeben, oder Produkte, die recycelt, wieder verwendet oder repariert werden können und so gar nicht erst auf einer Deponie landen.

Förderung der Kompostierung/des biologischen Abbaus vor Ort: Produkte, die sich an Ort und Stelle zersetzen und so Transportenergie bei der Müllabfuhr und Lagerplatz auf Mülldeponien einsparen.

Produktrücknahme: Bei diesem System verpflichten sich die Hersteller, das Produkt zurückzunehmen, wenn es nicht mehr verwendet werden kann. So können die Komponenten und/oder Materialien wieder verwendet oder recycelt werden. Dies könnte eine grundlegende Änderung des Designs mit sich bringen, da Designer montagegerechte (DfA) und zerlegbare (DfD) Produkte entwerfen werden.

Recycling: Produkte, die sich einfach recyceln lassen, da sie nur aus einem Material bestehen oder leicht in Materialien oder Komponenten zerlegt werden können, die dann ihrerseits recycelt werden.

Re-Manufacturing: Produkte, die sich leicht zerlegen und reparieren lassen, so dass aus ihnen neue Produkte entstehen.

Wiederverwendung: Produkte, die leicht für den selben oder einen neuen Zweck wieder verwendet werden können oder die sich leicht in ihre Komponenten und Materialien zerlegen lassen, welche dann wieder verwendet werden.

Diverse Strategien

Produktzertifizierung

(s.a. „Institutionen" ab S. 331)

Umweltkennzeichen: Produktkennzeichen, die bestätigen, dass die Hersteller unabhängig zertifizierte Standards in bezug auf Umweltfreundlichkeit erfüllen.

Unabhängige Zertifizierung: Verschiedene Produktkennzeichen, die nachweisen, dass Produkte bestimmte Kriterien erfüllen, die die Umweltbelastung vermindern, dass sie recycelte Inhaltsstoffe enthalten oder dass die Produkte/Materialien aus nachhaltigen Bezugsquellen stammen.

Umweltmanagement- und Wirtschaftssysteme

Eco Management and Audit Scheme (EMAS)/Gemeinschaftssystem für das Umweltmanagement und die Umweltbetriebsprüfung: Ein unabhängig zertifiziertes Umweltmanagementsystem in der Europäischen Union. Nationale Organisationen führen die Zertifizierung in den einzelnen EU-Ländern aus. Diese Organisationen werden von EMAS genehmigt und überprüft.

ISO 14001: Ein internationaler Standard für Umweltmanagementsysteme der Internationalen Organisation für Normung in Genf, Schweiz. Die Zertifizierung erfolgt durch unabhängige nationale Organisationen, die bei der ISO akkreditiert sind. Derzeit werden neue Standards für die Lebenszyklusanalyse (ISO 14040) sowie für Öko-Kennzeichen und Umweltlabel entwickelt (Entwurf ISO 14021).

ISO 9001: Ein internationaler Standard für Qualitätssicherung der Internationalen Organisation für Normung in Genf, Schweiz. Die Zertifizierung erfolgt durch unabhängige nationale Organisationen, die bei der ISO akkreditiert sind.

Unternehmensweite Umweltpolitik: Ein Statut, indem die Haltung der Firma zu Umweltfragen festgehalten wird. Der Fortschritt wird regelmäßig überwacht. Normalerweise ist das Vorhandensein einer unternehmensweiten Umweltpolitik Garant dafür, dass Umweltmanagementsysteme oder grundlegende Öko-Design-Strategien im Alltagsbetrieb angewandt werden.

Biologische Vielfalt

Förderung des Naturschutzes und der biologischen Vielfalt: Produkte, die den Naturschutz und die Artenvielfalt durch eine unternehmensweite Umweltpolitik oder eine integrierte Vertriebspolitik fördern oder Materialien aus Lebensräumen beziehen, in denen die natürliche Artenvielfalt erhalten wird.

Schutz des Fischbestands: Produkte, die zum Überleben von Fischbeständen beitragen.

Schutz vor Bodenerosion: Produkte, die die Bodenerosion durch Wasser- oder Windeinwirkung verringern oder vermeiden.

Tierfreundliche Produkte: Produkte, die hergestellt werden, ohne Tieren zu schaden.

Akademische Lehre & Forschung

Centre for Design at Royal Melbourne Institute of Technology (RMIT)
GPO Box 2476V
Melbourne
Victoria 3001, AUS
E john.gertsakis@rmit.edu.au
www.cfd.rmit.edu.au

Centre for Environmental Assessment of Product and Material Systems (CPM)
Chalmers University of Technology
Göteborg, S
T +46 (0)31 772 56 40
F +46 (0)31 772 56 49
E Christian Nanji
chrnan@vset.chalmers.se
www.cpm.chalmers.se/

Centre for Sustainable Design
Surrey Institute of Art & Design
Farnham, Surrey, GB
T +44 (0)1252 892 772
F +44 (0)1252 892 747
E cfsd@surrart.ac.uk
www.cfsd.org.uk

Consortium on Green Design and Manufacturing (CGDM)
Civil and Environmental Engineering Department
215B McLaughlin Hall
University of California at Berkeley, Berkeley
CA 94720-1712, USA
http://greenmfg.me.berkeley.edu/green2/Home/Index.html

DEMI – Design for the Environment Multimedia Implementation Project
c/o Department of Design Studies
Goldsmiths College
13 Laurie Grove
New Cross
London SE14 6NW, GB
T +44 (0)20 7919 7788
E info@demi.org.uk
www.demi.org.uk
DEMI ist ein Gemeinschaftsprojekt mehrerer Institutionen, des CTI Art & Design, des Design Council, des Falmouth College of Arts, des Forum for the Future, des Goldsmiths College (leitende Institution), der Open University, der Royal Societey for the Encouragement of Arts, Manufacturing and Business, des Surrey Institute of Arts and Design und der University of Brighton. Ziel des DEMI-Projekts ist die Entwicklung einer multimedialen Lern- und Arbeitsumgebung für Design und Umwelt. Finanziell wird es vom HEFCE, den Higher Education Funding Councils für England, Wales und Nordirland unterstützt.

Design Academy Eindhoven
Emmasingel 14
PO Box 2125
5600 CC Eindhoven, NL
T +31 (0)40 239 3939
F +31 (0)40 239 3940
E info@designacademy.nl
www.designacademy.nl

Design for Environment Research Group (Dfe)
Department of Mechanical Engineering, Design and Manufacture
Manchester Metropolitan University
John Dalton Building
Chester Street
Manchester M1 5GD, GB
E N.Caluwe@mmu.ac.uk
S.J.Poole@mmu.ac.uk
http://sun1.mpce.stu.mmu.ac.uk/pages/projects/dfe/dfe.html

Design for Sustainability Program
TU Delft Subfaculty of Industrial Design Engineering
Jaffalaan
92628 BX Delft
NL
T +31 (0)15 278 2738/3719
F +31 (0)15 278 2956
www.io.tudelft.nl/research/dfs/index.html

Designition
Design Faculty
University of Kingston
Knights Park
Kingston-upon-Thames
Surrey KT1 2QJ, GB
T +44 (0)20 8547 7165
F +44 (0)20 8547 7365
E designition@kingston.ac.uk
www.designition.org

EcoDesign C@mpus
Koordinator, Luigi Bistanino
Politecnico di Torino
Turin, I
E lanzavecchia@araxp.polito.it
www.ecodesigncampus.com

Environment Conscious Design and Manufacturing Lab (ECDM)
Department of Industrial & Manufacturing Systems Engineering
University of Windsor CAN
http://ie.uwindsor.ca/imse/people/ecdm_list.html

European Design Centre
PO Box 6279
5600 HG Eindhoven,
NL
T +31 (0)40 239 30 09
F +31 (0)40 239 39 10
E info@edc.nl
www.edc.nl
Fördert eine qualitativ hochwertige, integrierte Produktentwicklung durch die Bereitstellung von Bildungsmöglichkeiten, einer Datenbank und Unterstützung für Ingenieure, Produktdesigner und Industrielle.

Institute for Engineering Design - Austrian Ecodesign Information Point
Österreichisches Ministerium für Transport, Innovation und Technologie in Zusammenarbeit mit der Technischen Universität Wien, A
www.ecodesign.at/ecodesign_eng/

Institute for Sustainable Design
Campbell Hall
University of Virginia
PO Box 400122
Charlottesville
VA 22904-4122
USA
T +1 804 924 6454
F +1 804 982 2678
E uva-isd@virginia.edu
www.virginia.edu

Interduct/Clean Technology Institute (CTI)
Delft University of Technology
NL
www.interduct.tudelft.nl/

IVAM Environmental Research
University of Amsterdam
1001 ZB Amsterdam
NL
T +31 (0)20 525 50 80
F +31 (0)20 525 58 50
E office@ivambv.uva.nl
www.ivambv.uva.nl/

Architektur

American Institute of Architects
1735 New York Avenue NW
Washington
DC 20006, USA
T +1 202 626 7300
www.e-architect.com
Das AIA veröffentlicht in Zusammenarbeit mit der amerikanischen Umweltschutzbehörde EPA den „Environmental Resource Guide“, der Artikel und Fallstudien zu den Umweltschäden durch Baumethoden und -Materialien sowie zu Beschaffungsproblemen enthält.

Association for Environment Conscious Building (AECB)
PO Box 32, Llandysul
Carmarthenshire
SA44 5EJ, GB
E admin@aecb.net
www.aecb.net

Center of Excellence for Sustainable Development: Affordable Housing
USA
Guter Ausgangspunkt für Informationen über „grünes" Wohnen und Bauen, auch zum Energy Efficiency and Renewable Energy Network (EREN),Buildings of the 21st Century', Office of Building Technology und zu staatlichen und Programmen.
www.eren.doe.gov/buildings/

Centre for Alternative Technology
Machynlleth
Powys SY20 9AZ, GB
T +44 (0)1654 702 400
F +44 (0)1654 702 782
E info@cat.org.uk
www.cat.org.uk
Wurde 1975 als Ressourcenzentrum zur Förderung eines ökologischen Lebensstils gegründet. CAT liefert greifbare Beweise, wie Gebäude, Technologien für erneuerbare Energie und Abwasserbehandlung Umweltschäden reduzieren können. Außerdem hat CAT umfangreiche Anleitungen für den Eigenbau und den professionellen Einsatz von umweltfreundlichen Technologien veröffentlicht.

Centre for Sustainable Construction (CSC)
BRE – Building Research Establishment
Garston, Watford
Hertfordshire, WD2 7JR, GB
T +44 (0)1923 664 000
T (Howard at CSC) +44 (0)1923 664 462
E enquiries@bre.co.uk
www.bre.co.uk/sustainable/index.html

Community Eco-Design Network (CEN)
PO Box 6241
Minneapolis
MN 55406, USA
T +1 612 722 3260
E erichark@mtn.org
www.cedn.org

Ecological Design Group
The Scott Sutherland School of Architecture
Faculty of Design
The Robert Gordon University
Garthdee Road
Aberdeen AB9 2QB, GB
T +44 (0)1224 263 713
F +44 (0)1224 263 535
E f.stevenson@rgu.ac.uk
www.rgu.ac.uk/subj/ecoldes/edg1.htm

Environmental Design Research Association (EDRA)
PO Box 7146
Edmond
OK 73083-7146, USA
T +1 405 330 4863
F +1 405 330 4150
E edra@telepath.com
www.telepath.com/edra/home.html
Die 1968 zur Förderung der Forschung im Bereich der umweltgerechten Produktgestaltung gegründete Organisation untersucht die Beziehungen zwischen Menschen und ihrer Umgebung.

Royal Institute of British Architects
66 Portland Place
London W1N 4AD, GB
T +44 (0)20 7580 5533
F +44 (0)20 7580 1541
E bal@inst.riba.org
www.architecture.com

US Green Building Council
90 New Montgomery St
Suite 1001
San Francisco
CA 94105, USA
T +1 202 429 2081
F +1 202 429 9574
E info@usgbc.org
www.usgbc.org

Verbände – umweltfreundliches Design, umweltgerechte Produktgestaltung

Alternative Technology Association
PO Box 2001 Lygon St
North Brunswick
Victoria 3057, AUS
T +61 (0)3 9388 9311
F +61 (0)3 9388 9322
E ata@ata.org.au
www.ata.org.au

EcoDesign Association
The British School
Slad Road, Stroud
Gloucestershire
GL5 1QW, GB
T +44 (0)1453 765 575
F +44 (0)1453 759 211
www.edaweb.org

Ecodesign Foundation
PO Box 369, Rozelle
NSW 2039, AUS
T +61 (0)2 9555 9412
F +61 (0)2 9555 9564
E edf@edf.edu.au
www.edf.edu.au

EcoDesign Resource Society
201-225 Smithe Street
Vancouver BC
V6B 4X7, CAN
E edrs@infoserve.net
www.ecodesign.bc.ca

O2 Network
c/o Netherlands Design Institute
Keizersgracht 609
1017 DS Amsterdam, NL
www.o2.org
O2 Network koordiniert die O2-Gruppen aus 16 Ländern, vermittelt Informationen und fördert die Diskussion über nachhaltiges Design mit der Zielsetzung, die Integration des Prinzips der Nachhaltigkeit in die Produktgestaltung zu fördern.

Scottish EcoDesign Association (SEDA)
The Monastery
Edinburgh EH1 3RG, GB
T +44 (0)131 557 2500
F +44 (0)131 557 2870
E sedainfo@aol.com
E SEDA@inverarc.demon.co.uk
www.inverarc.co.uk/seda/

Society for Responsible Design (SRD)
PO Box 288, Leichhardt
NSW 2040, AUS
T +61 (0)2 9564 0721
F +61 (0)2 9564 1611
E srd@green.net.au
www.green.net.au/srd/

Wettbewerbe

Design Preis Schweiz
c/o Design Center
Postfach 1619
4901 Langenthal, CH
T +41 (0)62 923 03 33
F +41 (0)62 923 16 22
E designpreis@designNet.ch
www.designNet.ch

Design Sense
c/o Design Museum
28 Shad Thames
London SE1 2YD, GB
T +44 (0)20 7940 8790
F +44 (0)20 7378 6540
www.designmuseum.org
Diese 1999 ins Leben gerufene Auszeichnung für das herausragendste nachhaltig gestaltete Gebäude oder Produkt dürfte mit einem Preisgeld von £40.000 (ca. 120.000 DM) für den ersten Platz die wohl höchstdotierte der Welt sein. 12 Entwürfe, jeweils 6 Architekturprojekte und 6 Produkte, kommen auf die Auswahlliste. Design Sense wird vom Design Museum koordiniert und von der Rufford Foundation unterstützt. Als Sponsoren treten der europäische Metallhersteller Corus plc und die Zeitung „The Guardian" auf.

Good Design Award – Ecology Design Prize
Japan Industrial Design Promotion Organization (JIDPO)
G-Mark Division
4th Floor Annex
World Trade Center Bldg.
2-4-1 Hamamatsu-cho
Minato-ku, Tokio 105, J
T +81 (0)3 3435 5626
F +81 (0)3 3432 7346
E g-mark@jidpo.or.jp
www.jidpo.or.jp/gda/index.html
Das Good Design Selection System wurde 1957 ins Leben gerufen. Im April 1998 wurde daraus der Good Design Award. Der Preis wird in zahlreichen Produktkategorien vergeben. In einer Spezialkategorie wird der Ecology Design Prize für besonders umweltfreundliche Produkte vergeben.

Industrie Forum Design Hannover (iF)
Messegelände
30521 Hannover, D
T +49 (0)511 89 32 400
F +49 (0)511 89 32 401
E info@ifdesign.de
www.ifdesign.de
Diese Auszeichnung ist wohl der prestigeträchtigste jährliche internationale Design-Preis, der in Deutschland vergeben wird. Es gibt verschiedene Kategorien, darunter einen speziellen Ecology Design Award, der Teil der allgemeinen Design Awards ist. Kategorien sind u.a. Büroeinrichtung, Kommunikation, Wohnbereich, Haushaltsgeräte, Beleuchtung, Unterhaltungselektronik, Lifestyle, öffentlicher Raum, Verpackungsdesign, Textildesign, Bautechnologie, Industrie, Transport, Medizin und Freizeit.

International Design Resource Awards (IDRA)
Design Resource Institute
7406A Greenwood Av.
Seattle, WA 98177, USA
T +1 206 289 0949
F +1 206 7893 144
E JohnsonDesignStudio@compuserve.com
www.designresource.org
Der IDRA-Design-Wettbewerb findet jetzt zum sechsten Mal statt. Eingereichte Produkte müssen einen hohen Anteil von recycelten Haushaltsabfällen oder Materialien aus nachhaltigen Bezugsquellen aufweisen, sich außerdem durch besondere Funktionalität auszeichnen, wiederverwendbar und recycelbar sowie für die Serienfertigung geeignet sein.

RIBA Sustainability Award 2000
RIBA Journal
2 Harbour Exchange Square
London SE14 2EG, GB
www.ribaawards.co.uk/

Wirtschaft und Umwelt

Enviroene
US Environmental Protection Agency (EPA)
http://es.epa.gov/
Im Internet stellt diese Regierungsbehörde Infos zur Vermeidung von Umweltverschmutzung und zu geltenden Vorschriften sowie Datenbanken zur Verfügung.

Global Futures Foundation and The Future 500
801 Crocker Road
Sacramento, CA 95864, USA
T +1 916 486 5999
F +1 916 486 5998
E infor@globalff.org
www.globalff.org/

International Institute of Sustainable Development (IISD)
Head Office
161 Portage Av. East, 6th floor
Winnipeg, Manitoba
R3B 0Y4, CAN
T +1 204 958 7700
F +1 204 958 7710
E info@iisd.ca
http://iisd.ca/

National Centre for Business and Sustainability
The Peel Building
University of Salford
Greater Manchester
M5 4WT, GB
T +44 (0)161 295 5276
F +44 (0)161 295 5041
E thencbs@thencbs.co.uk
www.thencbs.co.uk

World Business Council for Sustainable Development
160, Route de Florissant
Conches,
1231 Genf, CH
T +41 (0)22 839 3100
F +41 (0)22 839 3131
E elleboode@wbcsd.ch
www.wbcsd.ch

Zertifizierung, Umwelt- und Energiekennzeichen

British Standards Institute
BSI Quality Assurance
389 Chiswick High Rd.
London W4 4AL, GB
T +44 (0)20 8996 9000
F +44 (0)20 8996 9001
E info@bsi.org.uk
www.bsi-global.com

Certified Forest Products Council
14780 SW Osprey Drive
Suite 285, Beaverton
OR 97007, USA
T +1 503 590 6600
F +1 503 590 6655
E info@certifiedwood.org
www.certifiedwood.org
Der Certified Forest Products Council wurde 1997 gegründet. Er ist eine unabhängige, nicht-gewinnorientierte freiwillige Initiative der Wirtschaft mit dem Ziel, eine verantwortungsvolle Bewirtschaftung von Wäldern und eine umweltgerechte Produktion von Holzprodukten in Nordamerika zu fördern. Mitglieder sind Lieferanten, Hersteller, Organisationen und Einzelpersonen.

Duales System Deutschland AG – Der Grüne Punkt
Frankfurter Str. 720-726,
51145 Köln, D
T +49 (0)2203 93 70
F +49 (0)2203 93 7190
E pressestelle@gruener-punkt.de
www.gruener-punkt.de/
Diese 1990 gegründete, nicht-gewinnorientierte Organisation verwaltet das Verpackungsrecycling-System Der Grüne Punkt, das durch die deutsche Verpackungsverordnung von 1991 in Kraft trat. Alle Verpackungen, die mit dem Grünen Punkt gekennzeichnet sind, können recycelt werden. Zu den Verpackungsmaterialien gehören Glas, Holz, Keramik, eisenhaltige und nicht eisenhaltige Metalle sowie Kunststoffe und Papier. Verschiedene Organisationen in anderen EU-Ländern haben inzwischen Lizenzen für dieses System, darunter das ARA System (A), Ecoembalajes España (E), FOST Plus (B), Repak Ltd (GB), Sociedade Ponto Verde SA (P) and VALORLUX asbl (L).

EMAS Eco-Management and Audit Scheme
Department of the Environment, Food and Rural Affairs
Zone 6/E10
Ashdown House
123 Victoria Street
London SW1E 6DE, GB
T +44 (0)20 7890 3052
F +44 (0)20 7890 6559
www.defr.gov.uk/environment/greening/emas/emashome.htm

EMAS, EU
The EMAS Help Desk
Europäische Kommission,
Brüssel, Belgien
http://europa.int.eu/comm/environment/emas/

EU Energy Label Scheme/The Save Programme
Europäische Kommission,
Brüssel, B
http://europa.eu.int/comm/energy/library/save2000.pdf

FSC Forest Stewardship Council, GB
UK Working Group
Unit D, Station Building
Llanidloes SY18 6EB, GB
T +44 (0)1686 413 916
F +44 (0)1686 412 176
E hannah@fsc-uk.demon.co.uk
www.fsc-uk.demon.co.uk
Der 1993 gegründete FSC ist eine unabhängige, nicht-gewinnorientierte Nicht-Regierungs-Organisation. Er ist verantwortlich für die Verwaltung, Überwachung und Durchführung eines Programms zur Zertifizierung von Holzprodukten aus nachhaltig bewirtschafteten Wäldern. Das internationale Programm wird von unabhängigen Organisationen umgesetzt, die vom FSC bewertet und überwacht werden. In Großbritannien sind das Soil Association Woodmark Scheme und das SGS Forestry QUALIFOR Programme zertifiziert. Einige weitere zertifizierte Organisationen sind das Rainforest Alliance SmartWood Program and Scientific Certification Systems Forest Conservation Program (USA), Silva Forest Foundation (CAN), Skal (NL) und das Institut für Marktökologie (CH). Im Directory of FSC Endorsed Forests Worldwide vom Frühjahr 2000 sind 234 Wälder mit einer Fläche von mehreren Millionen Hektar in gemäßigten, subtropischen und tropischen Klimazonen aus 34 Ländern aufgeführt. Das Herstellerverzeichnis Directory of Manufacturers of FSC Endorsed Products Worldwide vom Frühling 2000 enthält 825 Hersteller aus 43 Ländern. Enthalten sind u.a. Produkte aus Sägeholz, Furnier und Fertigprodukte. Auch die „Chain of Custody“ wird vom FSC überwacht. Am weitesten fortgeschritten ist die Zertifizierung von Herstellern in den Niederlanden (75 Hersteller), in Großbritannien (158) und den USA (185).

FSC Forest Stewardship Council, USA
1155 30th Street NW
Suite 300
Washington DC 20007, USA
T +1 877 372 5646 (kostenfrei)
F +1 202 342 6589
E info@foreststewardship.org
www.fscus.org

Global Ecolabelling Network (GEN)
GEN Secretariat
Terra Choice Environmental Services, Inc.
2781 Lancaster Road
Suite 400
Ottawa, ONT
K1B 1A7, CAN
T +1 613 247 1900
F +1 613 247 2228
E gensecretariat@terrachoice.ca
www.gen.gr.jp
GEN vergibt keine Umweltkennzeichen, stellt auf seiner Website jedoch die aktuellste Liste aller Umwelt-

kennzeichen weltweit mit Informationen zum Produkttyp und den abgedeckten Materialien zur Verfügung.

Group for Efficient Appliances (GEA)
www.gealabel.org/
Ein Verband der Umweltkennzeichen vergebenden Behörden in Europa (u.a. A, DK, F, D, S, NL und CH), des Europäischen European Energy Network und der European Association of Consumer Electronics Manufacturers. Kennzeichnungen für verschiedene Elektrogeräte von PCs bis zu Fernsehern.

International Organization for Standardization (ISO)
Zentralsekretariat
1 Rue de Varembé
Case postale 56
1211 Genf, CH
T +41 (0)22 749 01 11
F +41 (0)22 733 34 30
E central@iso.ch
www.iso.ch

National Association of Paper Merchants (NAPM)
Hamilton Court
Gogmore Lane,
Chertsey
Surrey KT16 9AP, GB
T +44 (0)1932 569797
F +44 (0)1932 569749
E info@napm.org.uk
www.napm.org.uk
Von NAPM, dem britischen nationalen Verband der Papierhersteller, genehmigte recycelte Papiere und Kartons bestehen mindestens zu 75 % aus recycelten Fasern aus Altpapier und -pappe.

Pan European Forest Certification (PEFC)
PEFC Council asbl
2éme Etage
17 Rue des Girondins
Merl-Hollerich
1626 Luxembourg, L
T +352 (0)26 25 90 59
F +352 (0)26 25 92 58
E pefc@pt.lu
www.pefc.org
PEFC ist ein neues Zertifizierungssystem, das von der privatwirtschaftlichen Holzindustrie ins Leben gerufen wurde. Wälder (und die daraus stammenden Hölzer und Holzprodukte) werden von unabhängigen Audit-Organisationen zertifiziert, wenn sie den „Gesamteuropäischen Kriterien, Indikatoren und operationellen Leitlinien für eine nachhaltige Waldbewirtschaftung" entsprechen, die auf den Ministerkonferenzen in Helsinki und Lissabon 1993 und 1998 verabschiedet wurden. Im Gegensatz zum weltweit gültigen FSC-System bietet dieses System einen gemeinsamen europäischen Rahmen.

ReSy GmbH
Postfach 101541
64215 Darmstadt, D
T +49 (0)6151 92 94 22
F +49 (0)6151 92 94 522
www.resy.de/ind-eng.htm
Das Zertifikat dieses Unternehmens besagt, dass die Inhaltsstoffe von Verpackungen aus Papier und Wellpappe für ein Recycling in der deutschen Papierindustrie geeignet sind. Das ReSy-Logo wird in Kombination mit den internationalen Recycling-Logo, der Möbiusschleife, verwendet.

SmartWood® Program
Rainforest Alliance
65 Bleecker Street
New York, NY 10012, USA
T +1 212 677 1900
www.smartwood.org und
www.rainforest-alliance.org
SmartWood ist ein Programm der Rainforest Alliance®, das eine umweltbewusste und sozial verantwortliche Bewirtschaftung von Wäldern fördert. SmartWood hat bereits bis zu 100 Betriebe weltweit zertifiziert, die die verschiedensten Nutzhölzer und Holzprodukte herstellen. SmartWood ist eine akkreditierte Zertifizierungsorganisation des Forest Stewardship Council für forstliche Bewirtschaftung. Im Rahmen des SmartWood Rediscovered Program werden wiedergewonnene oder recycelte Hölzer aus abgerissenen Gebäuden oder Abfällen zertifiziert.

Soil Association
Bristol House
40-56 Victoria Street
Bristol BS1 6BY, GB
T +44 (0)117 929 0661
F +44 (0)117 925 2504
E info@soilassociation.org
www.soilassociation.org
WoodMark ist der Name des internationalen Forstwirtschafts- und Holzhandels- und Holzverarbeitungskettensystems der Soil Association. Diese Organisation ist beim Forest Stewardship Council akkreditiert und kann Wälder und daraus stammende Produkte überprüfen und die nachhaltige Bewirtschaftung nach dem FSC-System zertifizieren. Darüber hinaus ist sie die wichtigste Zertifizierungsorganisation in Großbritannien für organische Landwirtschaftprodukte, die das Logo der Soil Association verwenden dürfen.

US EPA Energy Star Office Equipment
USA
E labelling@energystar.gov
www.energystar.gov
Energy Star-Kennzeichen für Büroausstattung, Gebäude und anderes.

Ökologische Materialien

Alternative Crops Technology Interaction Network (ACTIN)
Pira House
Leatherhead, Surrey, GB
T +44 (0)1372 802 054
F +44 (0)1372 802 245
E info@actin.co.uk
www.actin.co.uk

ATHENA™ Sustainable Materials Institute
CAN
E wbtrusty@fox.nstn.ca
E jkmeil@fox.nstn.ca
www.athenasmi.ca

BioComposites Centre, The
University of Wales
Bangor
Gwynedd LL57 2UW, GB
T +44 (0)1248 370 588
F +44 (0)1248 370 594
E biocomposites@bangor.ac.uk
www.bc.bangor.ac.uk
Auf Auftragsforschungen für die Industrie im Bereich der Holz- und Pflanzenverarbeitung für eine einfacherer Produktion neuer Materialien spezialisiert.

Building Research Establishment
GB
www.bre.org.uk
Das BRE verfügt mit der „National Database of Environmental Profiles" (nationale Umweltprofil-Datenbank) über eine umfassende Datenbank zu gängigen Baumaterialien. Die Umweltprofile erfassen den Materialeinsatz, die Materialabgabe sowie Lebenszyklusbewertungen und ermöglichen es Architekten und ihren Kunden, Spezifizierungsorganisationen und Herstellern, die Umweltbelastung durch verschiedene Materialien einzuschätzen. Der vollständige Zugang zur Datenbank ist gebührenpflichtig.

Carbohydrate Economy Clearinghouse, The
c/o The Institute for Local Self-Reliance
1313 5th Street SE
Minneapolis,
MN 55414-1546, USA
T +1 612 379 3815
F +1 612 379 3920
E kmullen@ilsr.org
www.carbohydrateeconomy.org

Center for Environmentally Appropriate Materials
Department of Work Environment
University of Massachusetts Lowell
One University Avenue
Lowell, MA 01854, USA
T +1 978 934 3250
F +1 978 452 5711
E Direktor: Dr. Ken Geiser kgeiser@turi.org
www.uml.edu/Dept/WE/centers.htm

Certified Forest Products Council
14780 SW Osprey Drive
Suite 285
Beaverton, OR 97007, USA
T +1 503 590 6600
F +1 503 590 6655
E info@certifiedwood.org
www.certifiedwood.org

Co-op America's WoodWise Directory
USA
www.coopamerica.org/woodwise/directory.htm
Das WoodWise Directory ist ein Internet-Verzeichnis zertifizierter und recycelter Bezugsquellen für Papier- und Holzprodukte. Außerdem führt es Lieferanten alternativer Produkte, die ohne Holz und Papier gefertigt wurden.

EcoDesign Resource Society
PO Box 3981
Main Post Office
Vancouver
BC V6B 3Z4, CAN
T +1 604 255 2049
F +1 604 255 2079
E penner@infoserve.net
www.ecodesign.bc.ca/product.htm

FSC Forest Stewardship Council, GB
UK Working Group
Unit D, Station Building
Llanidloes SY18 6EB, GB
T +44 (0)1686 413 916
F +44 (0)1686 412 176
E hannah@fsc-uk.demon.co.uk
www.fsc-uk.demon.co.uk

FSC Forest Stewardship Council, USA
1134 29th Street NW
Washington
DC 20007, USA
T +1 877 372 5646
F +1 202 342 6589
E info@foreststewardship.org
www.fscus.org/

Harris Directory, The
USA
www.harrisdirectory.com
Dieses Verzeichnis wird seit 1992 jährlich aktualisiert und enthält mittlerweile 5.000 recycelte Produkte und Materialien aus den USA. Es enthält Kontaktinformationen, den Produkt- oder Materialtyp, die jeweils besonders umweltfreundlichen Aspekte des Produkts oder Materials sowie Beispiele für die Anwendung. Das Verzeichnis wird in enger Zusammenarbeit mit dem kalifornischen Waste Management Board (Behörde für Abfallverwaltung) erstellt. Auf diese Weise werden die Stichwörter aktualisiert, damit Produkte, die den US-amerikanischen Vorschriften über eine ökologische Beschaffung entsprechen, leichter identifiziert werden können.

Institute for Local Self Reliance
USA
www.ilsr.org
Das ILSR betreibt im Internet eine Materialdatenbank mit dem Namen „The Carbohydrate Economy", in der US-amerikanische Firmen, die Materialien aus biologischen Quellen herstellen, nach Bundesstaat aufgelistet sind. Dazu gehören biologische Brennstoffe, biologische Verbundstoffe, Biopolymere sowie Farben, Lacke und Reinigungsmittel.

Material ConneXion
4 Columbus Circle
New York
NY 10019-1100, USA
T +1 212 445 8825
F +1 212 445 8950
www.materialconnexion.com
Material Connexion führt eine Datenbank mit über 3.000 Materialien, darunter auch solche mit recyceltem Inhalt. Die privat betriebene Datenbank kann im Internet eingesehen und in New York besucht werden.

New Uses Council
295 Tanglewood Drive
East Greenwich
RI 02818-2210, USA
T +1 401 885 8177
F +1 401 821 5789
E info@newuses.org
www.newuses.org
Der New Uses Council befasst sich mit der Entwicklung und Kommerzialisierung neuer Einsatzgebiete von erneuerbaren land- und forstwirtschaftlichen sowie Meeresprodukten für die Industrie, die Energieerzeugung und den Verbrauchermarkt. Die Organisation veröffentlicht im Internet eine umfassende Liste bereits vorhandener Produkte.

Pan European Forest Certification (PEFC)
PEFC Council asbl
2ème Etage
17 Rue des Girondins
Merl-Hollerich
1626 Luxembourg, L
T +352 (0)26 25 90 59
F +352 (0)26 25 92 58
E pefc@pt.lu
www.pefc.org

Proterra BV
PO Box 188
6700 AD Wageningen, NL
T +31 (0)317 467 661
F +31 (0)317 467 660
E info@proterra.nl
www.proterra.nl

Salvo
GB
www.salvo.co.uk
Salvo wurde 1992 gegründet und ist der einzige Verband in Europa, der die Aktivitäten von Firmen koordiniert, die zurückgewonnene Baumaterialien liefern. Seine Mitglieder stammen größtenteils aus Großbritannien, aber auch aus AUS, B, F, IRL und USA.

SmartWood® Program
Rainforest Alliance
65 Bleecker Street
New York, NY 10012, USA
T +1 212 677 1900
www.smartwood.org
www.rainforest-alliance.org

Waste Watch und National Recycling Forum
Europa House
Ground Floor
13-17 Ironmonger Row
London EC1V 3QN, GB
T +44 (0)20 7253 6266
F +44 (0)20 7253 5962
E info@wastewatch.org
www.wastewatch.org.uk/
Der „UK Recycled Products Guide", ein Einkaufsführer für recycelte Produkte, wurde 1998 vom National Recycling Forum und Waste Watch veröffentlicht. Er kann gedruckt oder im Internet unter www.nrf.org.uk eingesehen werden und enthält mehr als 1.000 Produkte und Materialien. Angegeben werden Materialtyp, Prozentsatz an Abfällen oder wiedergewonnenen Materialien, Markenname, Akkreditierungen und Kontaktinfos.

Öko-Läden

Centre for Alternative Technology
Machynlleth
Powys SY20 9AZ, GB
T +44 (0)1654 702 400
F +44 (0)1654 702 782
E info@cat.org.uk
www.cat.org.uk

EcoMall
New York, USA
E ecomall@ecomall.com
www.ecomall.com

The Green Stationery Company
Studio One
114 Walcot Street
Bath BA1 5BG, GB
T +44 (0)1225 480 556
F +44 (0)1225 481 211
E jay@greenstat.demon.co.uk
http://greenstat.ebusiness.co.uk

Jade Mountain
PO Box 4616
Boulder, CO 80306, USA
T +1 800 442 1972
F +1 303 449 8266
E info@jademountain.com
www.jademountain.com

Millennium Whole Earth Catalog
Whole Earth
PO Box 3000, Denville
NJ 07834-9879, USA
T +1 888 732 6739
Kundenbestellservice
E info@wholeearthmag.com
www.wholeearthmag.com

Natural Collection
Eco House
Monmouth Place
Bath BA1 2DQ, GB
T +44 (0)8703 313 333
F +44 (0)1225 469 673
www.naturalcollection.com

Real Goods
USA
www.realgoods.com

Sustainability Souce™, Inc., USA
E info@sustainabilitysource.com
www.sustainabilitysource.com

Energie

Amazing Environmental Organization Web Directory – Alternative Energy
USA
www.webdirectory.com/Science/Energy/Alternative_Energy

British Wind Energy Association, The
26 Spring Street
London W2 1JA, GB
T +44 (0)20 7402 7402
F +44 (0)20 7402 7407
E info@bwea.com
www.bwea.com
Fördert die Nutzung erneuerbarer Windenergie. Erstellt umfassende Liste von Publikationen für die kommerzielle und private Energieerzeugung sowie Mitglieder- und Lieferantenliste.

Centre for Sustainable Energy
Create Centre
Smeaton Road
Bristol BS1 6XN, GB
T +44 (0)117 929 9950
F +44 (0)117 929 9114
E info@cse.org.uk
www.cse.org.uk
CSE bietet Forschung, Beratung und Weiterbildung zu nachhaltigen Energietechnologien und -systemen.

Energy Efficiency and Renewable Energy Network (EREN)
USA
www.eren.doe.gov/buildings/builders.htm

Allgemein

Center for Renewable Energy and Sustainable Technlogy (CREST) und Renewable Energy Policy Program (REPP)
1612 K St NW, Ste 202
Washington
DC 20006, USA
T +1 202 293 2898
F +1 202 293 5857
Direktor des REPP:
E mkcampbell@repp
www.CREST.org
CREST betreibt Solstice, einen Internet-Informationsdienst für erneuerbare Energie.

International Network for Environment Management (INEM)
Osterstrasse 58
20259 Hamburg, D
T +49 (0)40 4907 1600
F +49 (0)40 4907 1601
E info@inem.org
www.inem.org/

Internationale, nationale und Regierungs-Behörden

Department of the Environment, Food and Rural Affairs
Eland House
Bressenden Place
London SW1E 5DG, GB
T +44 (0)20 7944 3000
www.detr.gov.uk

Envirowise
GB
www.envirowise.gov.uk
Dieses vom Umweltministerium durchgeführte Regierungsprogramm bietet praktische Ratschläge zu Umweltfragen für Unternehmen.

European Environment Agency
Kongens Nytorv 6
1050 Kopenhagen, DK
T +45 (0)3336 7100
F +45 (0)3336 7199
E eea@eea.eu.int
www.eea.eu.int/

Vereinte Nationen Umweltprogramm
Arbeitsgruppe für nachhaltige Produktentwicklung
UNEP-WG-SPD
Nieuwe Achtergracht 166 J.J. van't Hoff Institute, B-315
1018 WV Amsterdam,NL
E UNEP@UNEP.uva.nl
http://unep.frw.uva.nl/
im Internet steht eine interessante Produktgalerie zur Verfügung.

US Environmental Protection Agency
1200 Pennsylvania Avenue NW
Washington DC 20460, USA
www.epa.gov

Lebenszyklusanalyse – Adressen, Organisationen

Dr Kohmei Halada's LCA und ecodesign links
National Research Institute for Metals, J
www.nrim.go.jp:8080/ecomat/LCA/links.htm
Eine Linksammlung für LCA und Öko-Design.

Life-Cycle Links von Thomas Gloria
E tgloria@tufts.edu
www.life-cycle.org/Academia.htm
Eine umfassende Linkliste zum Thema LCA mit Universitäten, Forschungsinstituten, Regierungs- und internationalen Organisationen sowie von Firmen, die die Lebenszyklusanalyse anwenden.

SETAC (Society of Environmental Toxicology and Chemistry), USA
1010 North 12th Avenue
Pensacola
FL 32501-3367, USA
T +1 850 469 1500
F +1 850 469 9778
E setac@setac.org
www.setac.org/

SETAC, Asia/Pacific
CSIRO Centre for Advanced Analytical Chemistry
Private Mailbag 7
Bangor, NSW 2234, AUS
F +61 (0)2 9710 6837
E graham-batley@syd.dcet.csiro.au
www.setac.org/

SETAC, Europe
Avenue E Maunier 83
Box 3
1200 Brüssel, B
T +32 (0)2 722 72 81
F +32 (0)2 770 53 86
E setac@ping.be
www.setac.org/

Society of the Promotion of Life-Cycle Assessment Development (SPOLD)
SPOLD European Centre
Peter Hindle
Temselaan 100
1853 Stomberk-Bever
Brüssel, B
F +32 2 456 2849
www.spold.org/FAQ.html

LCA-Software und -Hersteller

Boustead Consulting
Black Cottage,
East Grinstead
Horsham, West Sussex
RH13 7BD, GB
T +44 (0)1403 864 561
F +44 (0)1403 865 284
E info@boustead-consulting.co.uk
www.boustead-consulting.co.uk
Boustead Model Version 4 ist das umfassendste aktuellste Tool für Lebenszyklusbilanzen. Mehr als 27 Jahre Erfahrung fließen in die Definition des Energieeinsatzes und der Energieabgabe von Tausenden von Rohmaterialien, bearbeiteten Materialien und Prozessen.

Cambridge Engineering Selector (CES3)
Granta Design Ltd
Trumpington Mews
40B High Street
Trumpington
Cambridge CB2 2LS, GB
T +44 (0)1223 518 895
F +44 (0)1223 506 432
E sales@grantadesign.com
www.grantadesign.com
Cambridge Engineering Selector ermöglicht durch drei verknüpfte, umfangreiche Datenbanken die gleichzeitige Auswahl von Materialien, Herstellungsprozessen und Formen. Eine CD-ROM bietet Zugriff auf die Online-Dokumentation und auf Internet-Verknüpfungen. Vor kurzem wurde von Forschern der Universität Cambridge ein neues Modul mit Umwelt-Daten sowie eine Verknüpfungs-Software entwickelt, die die Zusammenarbeit mit Version 4 des Lebenszyklusanalyseprogramms von Boustead Consulting ermöglicht.

DFE Research Group
Department of Mechanical Engineering, Design and Manufacture Manchester Metropolitan University
John Dalton Building
Chester Street
Manchester M1 5GD, GB
E N.Caluwe@mmu.ac.uk
http://sun1.mpce.stu.mmu.ac.uk/pages/projects/dfe/pubs/dfe33/list.htm

Dieses Online-Handbuch enthält eine umfassende Besprechung von 26 LCA/LCI-Tools, sieben DfE-Tools und neun Tools für Umweltverschmutzung und Abfallvermeidung von Nils de Caluwe, Juli 1997.

PRé Consultants BV
Plotterweg 12
3821 BB Amersfoort
NL
T +31 (0)33 4555022
F +31 (0)33 4555024
E info@pre.nl
www.pre.nl
Hersteller von ECO-it, von Einsteiger-LCA-Software und SimaPro, einem professionellen Paket, das die Eco-indicator 99-Methode anwendet.

TNO Institute of Industrial Technology
PO Box 5073
2500 GB Delft
2501 NL
T +31 (0)15 260 87 45
F +31 (0)15 260 87 56
E ecoscan@ind.tno.nl
www.ind.tno.nl/en/product development/ecoscan/prodinfo.html
Hersteller der Einsteiger-LCA-Software EcoScan3.0, die die „Eco-indicator 95/99"-Methode anwendet.

Recycling

Alucan, Aluminium Can Recycling Association (ACRA)
5 Gatsby Court
176 Holliday Street
Birmingham B1 1TJ, GB
T +44 (0)121 633 4656
F +44 (0)121 633 4698
E alucan@dial.pipex.com
www.alucan.org.uk
Alucan ist eine landesweite Organisation, die Getränkedosen aus Aluminium recycelt.

Amazing Environmental Organization Web Directory – Recycling
USA
www.webdirectory.com/Recycling

American Plastics Council
1300 Wilson Boulevard
Suite 800
Arlington, VA 22209, USA
http://sourcebook.plastics resource.com
Der Council stellt in Zusammenarbeit mit dem kanadischen EPIC (Environment and Plastics Industry Council) im Internet eine Datenbank mit Bezugsquellen für recycelte Kunststoffe und recycelte Kunststoffmaterialien in den USA und Kanada zur Verfügung.

British Glass, The Manufacturers Confederation
Northumberland Road
Sheffield
South Yorkshire S10 2UA, GB
T +44 (0)114 268 6201
F +44 (0)114 268 1073
E recycling@britglass.co.uk
www.britglass.co.uk
1998 wurden in der EU mehr als 8 Millionen Tonnen Glas recycelt. Britisches Glas machte 6 % dieser Menge aus, d.h. 476.000 Tonnen. Die Organisation fördert die Sammlung und das Recycling von Altglas.

British Metals Federation and Textile Recycling Association (TRA)
16 High Street
Brampton, Huntingdon
Cambs PE28 4TU, GB
T +44 (0)1480 455 249
F +44 (0)1480 453 680
E admin@britmetfed.org.uk
www.britmetfed.org.uk
Die British Metals Federation fördert das Recycling eisenhaltiger und nicht eisenhaltiger Metalle in Großbritannien. Es veröffentlicht eine Mitgliederliste und Informationen zu anderen Organisationen der weltweiten Metallrecycling-Industrie. Die TRA koordiniert die Aktivitäten von etwa 44 Mitgliedern.

Bureau of International Recycling
24 Avenue Franklin Roosevelt
1050 Brüssel, B
T +32 2 627 5770
F +32 2 627 5773
E bir@bir.org
www.bir.org
BIR ist ein internationaler Handelsverband der Recycling-Industrie.

Deutsche Gesellschaft für Kunststoff-Recycling mbH
D
www.dkr.de
DKR hat im Jahr 1998 ungefähr 600.000 recycelte Kunststoffverpackungen, die im Rahmen des Grünen Punktes (s. Duales System Deutschland AG) gesammelt wurden, gewonnen. Die Organisation fördert das Recycling und die Wiederverwendung solcher Abfälle. Die DKR stellt im Internet eine Datenbank mit größtenteils deutschen Firmen zur Verfügung, die Materialien und Produkte aus recyceltem Kunststoff fertigen. Sie arbeitet eng mit der Design-Agentur Bär + Knell zusammen und organisiert Wanderausstellungen für ihre Produktpalette von Möbeln, Beleuchtung und Innenausstattung aus recyceltem Kunststoff.

Industry Council for Electronic Equipment Recycling (ICER)
6 Bath Place
Rivington Street
London EC2A 3JE, GB
T +44 (0)20 7729 4766
F +44 (0)20 7729 9121
E pgibson@bpf.co.uk
www.icer.org.uk
Der ICER ist eine branchenübergreifende Gruppierung, die das Recycling von Elektroaltgeräten optimiert.

RECOUP
9 Metro Centre
Welbeck Way
Woodston
Peterborough
Cambridgeshire
PE2 7WH, GB
F +44 (0)1733 390 031
E enquiry@recoup.org
www.recoup.org
RECOUP ist eine britische Organisation für das Recycling von Kunststoffflaschen. Zu den 75 Mitgliedern gehören Kunststoffproduzenten, Getränkefirmen, Einzelhandelsunternehmen und Behörden.

Textile Environment Network (TEN)
c/o National Centre for Business Ecology
Peel Building
University of Salford
Greater Manchester
M5 4WT, GB
T +44 (0)161 745 5276
F +44 (0)161 745 5041

Waste Watch und National Recycling Forum
Europa House
Ground Floor
13-17 Ironmonger Row
London EC1V 3QN, GB
T +44 (0)20 7253 6266
F +44 (0)20 7253 5962
E info@wastewatch.org
www.wastewatch.org.uk/
Der „UK Recycled Products Guide", ein Einkaufsführer für recycelte Produkte, wurde 1998 vom National Recycling Forum and Waste Watch veröffentlicht. Er kann gedruckt oder im Internet unter www.nrf.org.uk eingesehen werden.

Nachhaltige Entwicklung

Centre for Environmental Strategy
University of Surrey
Guildford
Surrey GU2 5XH, GB
www.surrey.ac.uk/CES/home.htm

European Foundation for the Improvement of Living and Working Conditions
IRL
http://susdev.eurofound.ie/

International Institute of Sustainable Development (IISD)
Head Office
161 Portage Avenue East, 6th Floor, Winnipeg
Manitoba R3B 0Y4, CAN
T 1 204 958 7700
F +1 204 958 7710
E info@iisd.ca
http://iisd.ca

National Councils for Sustainable Development
The NCSD Network
The Earth Council
Apdo. 2323-1002
San José, Costa Rica
T +506 256 1611

F +506 255 2197
E info@ncsdnetwork.org
www.ncsdnetwork.org

Product-Life Institute, The (Institut de la Durée)
Genf, CH
www.product-life.org/intro.htm
Das unabhängige Forschungsinstitut übernimmt Aufträge zur Entwicklung innovativer Strategien und Prinzipien zur Förderung einer nachhaltigeren Gesellschaft. Außerdem berät es die Regierung, die Industrie und Universitäten.

Rocky Mountain Institute
1739 Snowmass Creek Road
Snowmass
CO 81654-9199, USA
T +1 970 927 3851
F +1 970 927 3420
E info@rmi.org
www.rmi.org

Sustainability Web Ring
Sustainability Development Communications Network (SDCN), c/o IISD
161 Portage Avenue East, 6th Floor, Winnipeg, Manitoba R3B OY4, CAN
T +1 204 958 7700
F +1 204 958 7710
E sdcn@iisd.ca
http://sdgateway.net/

Tellus Institute
11 Arlington Street
Boston, MA 02116-3411, USA
T +1 617 266 5400
F +1 617 266 8303
E info@tellus.org
www.tellus.org

United Nations Sustainable Development
CSD Secretariat
United Nations Plaza
Room DC2-2220
New York, NY 10017, USA
T +1 212 963 3170
F +1 212 963 4260
E dsd@un.org
www.un.org/esa/sustdev/

World Resources Institute
10 G Street, NE, Suite 80)
Washington, DC 20002, USA
T +1 202 729 7600
F +1 202 729 7610
E lauralee@wri.org
www.wri.org

Wuppertal Institut für Klima – Umwelt – Energie
Postfach 10 04 80
42204 Wuppertal, D
T +49 (0)202 2492
F +49 (0)202 2492 108
E infor@wupperinst.org
www.wupperinst.org

Handels- und Geschäftsverbände

Alliance for Beverage Cartons and the Environment
Rue Josep II 36
1000 Brüssel, B
T +32 (0)2 219 06 43
F +32 (0)2 219 02 23
E info@ace.be
www.ace.be
ACE ist ein Verband der führenden Hersteller von Getränkekartons und Pappe. Er bietet Informationen zu den durch diese Produkte entstehenden Umweltbelastungen.

American Plastics Council
1300 Wilson Boulevard
Suite 800
Arlington, VA 22209, USA
T +1 800 2 HELP 90
www.americanplasticscouncil.org

Association of Plastics Manufacturers Europe (APME)
Avenue E van Nieuwenhuyse 4, Box 3
1160 Brüssel, B
T +32 (0)2 672 82 59 (Abt. Kommunikation)
F +32 (0)2 675 39 35
E info@apme.org
www.apme.org
http://lca.apme.org

British Plastics Federation
6 Bath Place
Rivington Street
London EC2A 3JE, GB
T +44 (0)20 7457 5000
F +44 (0)20 7457 5045
E cparkho@bpf.co.uk
www.bpf.co.uk

Composite Panel Association (CPA) und Composite Wood Council (CWC)
18928 Premiere Court
Gaithersburg
MD 20879-1574, USA
T +1 301 670 0604
F +1 301 840 1252
E info@pdmdf.com
www.pbmdf.com
Der CPA ist ein US-amerikanischer und kanadischer Verband zur Förderung der Akzeptanz von Faserplatten, MDF und ähnlichen Produkten.

Corrugated Packaging Association
2 Saxon Court
Freeschool Street
Northampton NN1 1ST, GB
T +1 (0)1604 621 002
F +1 (0)1604 620 636
E postbox@corrugated.org.uk
www.corrugated.org.uk
Die Mitglieder der Corrugated Packaging Association sind gemeinsam für über 95 % der Wellpappen-Produktion in Großbritannien verantwortlich.

Institute of Packaging, The
Sysonby Lodge
Nottingham Road
Melton Mowbray
Leicestershire LE13 ONU, GB
T +44 (0)1664 500 055
F +44 (0)1664 564 164
E info@iop.co.uk
www.iop.co.uk

National Association of Paper Merchants (NAPM)
Hamilton Court
Gogmore Lane, Chertsey
Surrey KT16 9AP, GB
T +44 (0)1932 569 797
F +44 (0)1932 569 749
E info@napm.org.uk
www.napm.org.uk
Dieser Handelsverband repräsentiert die Papierhersteller Großbritanniens und arbeitet mit dem Label „NAPM Approved Recycled Sheme", das einen minimalen Gehalt von 75 % Papier- und Pappabfällen in Produkten garantiert.

Motorisierte und muskelbetriebene Fahrzeuge

Calstart
USA
www.calstart.org
Kommerzielles Unternehmen mit einem Programm von Hybrid- und Elektrofahrrädern, -Autos und kommerziell genutzten Fahrzeugen

Designition
Kingston-upon-Thames
Surrey, GB
www.designition.org
Hier findet sich eine große Vielfalt von Elektro-Autos.

International Human Powered Vehicle Association
USA
www.ihpva.org

Siehe auch „Öko-Design-Strategien" (S. 327)

5Rs ist ein Konzept mit fünf Punkten, ausgerichtet auf die Verringerung der Umweltbelastung durch Herstellung und Produkte.

Agenda 21 ist ein weltweiter Aktionsplan, der 1992 von 172 Staaten in Rio de Janeiro entwickelt wurde. Die Agenda 21 wird vielerorts auch lokal interpretiert und umgesetzt.

Atmosphäre bezeichnet alle Gase an und oberhalb der Erdoberfläche, darunter so wichtige wie Sauer-, Wasser- und Stickstoff, Kohlendioxid, Methan und Ozon.

Biosphäre ist die Gesamtheit lebender Wesen auf dem Planeten, die folgende Kriterien erfüllen: Bewegung, Ernährung, Atmung, Ausscheidung, Wachstum, Reproduktion und Empfindungsfähigkeit.

Carrying capacity/dt.: Umweltbelastbarkeit ist ein endlicher Faktor (K), der die Ressourcen des Ökosystems in einem abgegrenzten Gebiet, z.B. einem Lebensraum, einer Region, einem Land oder auf einem Planeten ausdrückt. Die Umweltbelastbarkeit begrenzt die Größe einer Population, die auf diesem Gebiet leben kann. Stabile Populationen in einem harmonischen Verhhätnis mit der Umweltbelastbarkeit sind nachhaltig. Eine starke Zunahme der Population kann jedoch zu einer plötzlichen Abnahme und/oder zu einer dauerhaften Verringerung der Umweltbelastbarkeit führen.

Clean design/dt.: Umweltfreundliches Design meint die systematische Umsetzung von Lebenszyklusanalysen unter Gesichtspunkten des Umweltschutzes.

Design for environment (DfE)/dt.: Umweltgerechte Produktgestaltung meint umwelt-, gesundheits- und sicherheitsrelevante Aspekte eines Produkts, die für dessen gesamten Lebenszyklus analysiert und optimiert werden. So können Ressourcen-Erschöpfung, Abfallproduktion und Energieverbrauch bei Herstellung, Nutzung und Entsorgung bzw. Wiederverwendung eines Produkts verringert oder eliminiert werden.

Design for manufacturing (DfM) untersucht die Beziehungen zwischen Ressourcennutzung und Produktdesign mit Hilfe von CAD-Tools, um möglichst Kosten sparende und umweltschonende Produkte zu entwickeln.

Design for manufacturing and assembly (DfMA) verbindet DfM mit montagegerechter Konstruktion.

Design for X (DfX) ist ein allgemeiner Begriff. X steht für den jeweiligen Schwerpunkt einer Design-Strategie, z.B. DfD (Design for Disassembly) oder DfE (Design for Environment).

Downcycling bezeichnet die Herstellung eines neuen Materials aus einem Abfallstrom. Ein gutes Beispiel dafür sind recycelte HDPE-Platten aus bunten Kunststoffabfällen.

Eco-efficiency/dt.: Öko-Effizienz bezeichnet das Konzept eines effizienteren Umgangs mit Ressourcen, durch den die Umweltbelastung verringert wird. Die Produktivität der Ressourcen wird dabei verbessert, d.h. es wird „aus weniger mehr" produziert.

Eco-labels/dt.: Öko-Zertifikate sind Produktkennzeichen, die Produkte als den Normen einer unabhängigen Organisation zur Reduzierung der Umweltbelastung entsprechend ausweisen. Es gibt nationale und internationale Labels. Liste siehe S. 333

Eco-tools/dt.: Öko-Tools bezeichnet Software und andere Hilfsmittel zur Analyse der schädlichen Auswirkungen von Produkten, Fertigungsprozessen, Bauprojekten u.ä. auf die Umwelt. Es gibt verschiedene Kategorien: Lebenszyklusanalysen, umweltgerechte Produktgestaltung, Umweltmanagement oder „Öko-Audits" und Management des Energieflusses.

Eco-wheel, auch als „Ecodesign strategic wheel" bekannt, ist eine Methode zur Identifizierung von Strategien, mit denen vorhandene Produkte umweltfreundlicher gestaltet werden können. Es umfasst acht Strategien: 1. Auswahl wenig belastender Materialien, 2. Reduzierung des Materialverbrauchs, 3. Optimierung der Produktionstechniken, 4. Optimierung des Vertriebssystems, 5. Verringerung der Umweltbelastung während der Nutzung, 6. Optimierung der Lebensdauer, 7. Optimierung des Entsorgungssystems und 8. Entwicklung neuer Konzepte.

Ecodesign/dt.: Ökologisches Design Öko-Design ist ein Design-Prozess, der die von einem Produkt ausgehenden Umweltbelastungen für dessen gesamte Lebensdauer – von der Beschaffung der Rohmaterialien über die Produktion bis zu Nutzung und Entsorgung – berücksichtigt. Öko-Design will darüber hinaus auch Ästhetik und Funktionalität des Produkts verbessern sowie soziale und ethische Faktoren berücksichtigen. Öko-Design wird synonym mit dem Begriff „umweltgerechte Produktgestaltung" verwendet.

Ecoindicator/dt.: Öko-Indikator bezeichnet die umweltschädlichen Auswirkungen eines Materials, Prozesses oder Produktes, die in einer Zahl ausgedrückt werden. Öko-Indikatoren werden in zwei Schritten berechnet: Zunächst werden empirische Daten verwendet, dann erfolgt auf der Grundlage subjektiver Entscheidungen eine Gewichtung über die Bedeutung einzelner Arten von Umweltschäden. So bewerten z. B. viele Software-Firmen die Zerstörung der Ozonschicht als wichtiger als sauren Regen oder Verschmutzung durch Pestizide. Öko-Indikatoren sind gut geeignet, um die jeweils relativen Auswirkungen verschiedener Materialien, Prozesse und Produkte zu ermitteln. Allerdings sollten Öko-Indikatoren aus verschiedenen Programmen und Datenbanken nur mit äußerster Zurückhaltung miteinander verglichen werden.

Ecological footprint/dt.: Ökologischer Fußabdruck ist eine Maßeinheit für den Ressourcenverbrauch einer Bevölkerung in einem abgegrenzten Gebiet unter Einschluss der importierten Ressourcen. Der Ecological Footprint eines Staats oder eines geographischen Gebiets zeigt, welche Umweltschäden diese Gebiete wirklich verursachen und ob sie langfristig mit ihren eigenen Ressourcen überleben können. Der Begriff kann auch auf Produkte angewandt werden.

Ecomaterials/dt.: Öko-Materialien haben nur minimale negative Auswirkungen auf die Umwelt, sind zugleich aber optimal für das jeweilige Produkt geeignet. Diese Materialien entstammen entweder der Biosphäre und sind biologisch abbaubar und zyklisch, oder sie stammen aus der Technosphäre, können aber problemlos in geschlossenen Kreislaufsystemen recycelt werden

EcoReDesign (ERD) – Dieser Begriff wurde erstmals im Royal Melbourne Institute of Technology in Australien geprägt und bezeichnet die Überarbeitung vorhandener Produkte mit dem Ziel der Reduzierung der Umweltbelastung.

Embodied energy/dt.: Gesamter akkumulierter Energieaufwand ist die gesamte Energie, die in einem Produkt oder Material gebunden ist. Dazu gehören die Energie des Rohmaterials, des Transports zur Produktionsstätte, die zur Herstellung des Produktes erforderliche Energie und ggf. die für den Vertrieb und Verkauf benötigte Energie. Als Maßeinheit wird MH/kg oder GJ/to verwendet.

End of life (EoL) bezeichnet sowohl die endgültige Zerstörung eines Produkts als auch das Ende der Umweltbelastungen, die durch dieses Produkt verursacht werden. Demontage und Recycling sind dabei der Entsorgung in Mülldeponien oder Verbrennungsöfen vorzuziehen.

End of pipe (EoP) sind toxische oder gefährliche Emissionen und Abfälle, die als Nebenprodukte bei der Produktion anfallen und behandelt oder neutralisiert werden, bevor sie an die Umwelt abgegeben werden. So kann die Umweltverschmutzung durch industrielle Fertigung minimiert werden.

Environment conscious manufacturing (ECM)/dt.: Umweltbewusste Produktion bedeutet den Einsatz umweltfreundlicher Produktionstechniken bei der Herstellung. So werden die Produktionseffizienz erhöht und Emissionen und Abfälle reduziert.

Environmental impact assessment (EIA)/dt.: Umweltverträglichkeitsprüfung (UVP) ist komplexer Vorgang, bei dem mögliche Umweltbelastungen durch öffentliche und private Projekte vorab prognostiziert und definiert werden. Dann wird untersucht, wie diese Auswirkungen gemildert werden können. UVP entstand in den 1970ern in den USA und wird normalerweise bei Bau-, Wald-, Infrastruktur- und Hausbauprojekten eingesetzt. In Europa übernehmen i.d.R. öffentliche Einspruchsverfahren und Planungsabteilungen der zuständigen Behörden diese Funktion.

Environmental management systems (EMS)/dt.: Umweltmanagementsysteme (UMS) sollen die Umweltfreundlichkeit von Organisationen systematisch und in Übereinstimmung mit gesetzlichen Vorschriften und Selbstverpflichtungen der Industrie verbessern. Ein internationaler Maßstab für Umweltmanagementsysteme ist ISO 14001. Jedes Jahr erfüllen mehr Organisationen dessen Vorgaben, die Bedeutung nationaler UMS-Standards sollte jedoch nicht vernachlässigt werden. Dazu zählt beispielsweise der britische Standard for Environmental Management, BS 7750. Darüber hinaus gibt es noch weitere Systeme mit unabhängiger Zertifizierung, z.B. EMAS in der EU.

Erneuerbare Ressourcen s. Renewable resources

EU Energy label/dt.: Energielabel der EU ist das Label, das Haushaltsgeräte nach ihrem Energieverbrauch klassifiziert. Die Energieeffizienzklasse A steht dabei für besonders Energie sparende Geräte, die Klasse G für besonders energieaufwändige.

Geosphere/dt.: Geosphäre ist die Gesamtheit anorganischer, geologischer Komponenten des Planeten, z.B. Mineralien, Felsen, Gestein sowie Salz- und Süßwasser.

Green design/dt.: „Grünes" Design sucht Lösungen für durch ein Produkt verursachte Umweltbelastungen, anstatt die gesamte Lebensdauer des Produkts zu berücksichtigen.

Industrial ecology/dt.: Industrielle Ökologie ist ein holistischer Ansatz, der Interaktionen zwischen natürlichen, wirtschaftlichen und industriellen Systemen untersucht. Er wird auch als „Industrial Metabolism" (Stoffwechsel der Industrie) bezeichnet.

Intelligent transport system (ITS)/dt.: Intelligente Transportsysteme: Verschiedene Transportnetzwerke mit unterschiedlichen Transportmitteln werden integriert, so dass ein Umsteigen problemlos möglich ist. Dadurch soll ein effizienter Personentransport erreicht werden.

Karzinogene sind chemische Stoffe, die erwiesenermaßen oder möglicherweise bei Menschen Krebs hervorrufen. Die Weltgesundheitsorganisation WHO hat sie nach verschiedenen Risikostufen klassifiziert. Chemikalien der Gruppe 1 sind eindeutige Risikofaktoren, solche der Gruppe 3 bergen ein gewisses Risiko.

Lifecycle analysis or Lifecycle assessment (LCA)/dt.: Lebenszyklusanalyse oder Lebenszyklusbewertung ist de durch ein Produkt verursachten Umweltschäden in vier Phasen für die gesamte Lebensdauer des Produkts: Produktion, Transport/ Vertrieb/Verpackung, Entsorgung/EoL/Design for Disassembly/Recycling.

Lifecycle inventory (LCI)/dt.: Lebenszyklusbilanz ist eine Analyse der Umweltschäden, die bei der Produktion sowie bei der späteren Verwendung des Produkts entstehen.

Lifecycle matrix/dt.: Lebenszyklusmatrix bezeichnet das Tool, mit dem mögliche Umweltschäden durch ein Produkt in jeder Phase seines Lebenszyklus analysiert werden können. Branchenspezifische Matrizen berücksichtigen die jeweiligen Besonderheiten im Herstellungsprozess.

Lithosphere/dt.: Litosphäre ist die geologische Bezeichnung für die Erdkruste.

Mobility path/dt.: Mobilitätsweg bezeichnet den Weg, den eine Person zwischen zwei Punkten mit Hilfe einer oder mehrerer Transportmittel zurücklegt. Idealerweise sind diese in ein flexibles System integriert (siehe ITS).

Nachhaltig, Nachhaltige Entwicklung, Nachhaltige Produktentwicklung s. Sustainable, Sustainable development, Sustainable product design

Non-renewable resources /dt.: Nicht erneuerbare Ressourcen sind endliche, nicht regenerierbare oder durch Sonnenenergie erneuerbare Ressourcen, z.B. fossile Brennstoffe, Metalle und Kunststoffe. Um die Lebensdauer dieser Ressourcen zu verlängern, muss die Recycling-Rate verbessert werden.

Off-gasing/dt.: Ausgasung bezeichnet die Abgabe flüchtiger Substanzen aus synthetischen oder natürlichen Polymeren an die Luft. Die Emissionen werden i.d.R. von Zusatzstoffen, Elastomeren, Füllmitteln und chemischen Rückständen aus dem Fertigungsprozess und nicht von der langen Molekülkette der Polymere verursacht.

Öko-Effizienz s. Eco-efficiency

Öko-Indikator s. Ecoindicator

Öko-Materialien s. Ecomaterials

Öko-Tools s. Eco-tools

Ökologisches Design s. Ecodesign

Post-consumer waste/dt.: Haushaltsabfälle werden nach der Benutzung durch den Verbraucher gesammelt und sortiert. Dazu gehören auch Glas, Zeitungen und Dosen, die auf der Straße weggeworfen oder in offiziellen Müllsammelstätten abgegeben werden. I.d.R. sind diese Abfälle in der Zusammensetzung vielfältiger als Produktionsabfälle.

Pre-consumer waste/dt.: Produktionsabfälle entstehen in der Fabrik oder Fertigungsanlage.

Producer responsibility (PR)/dt.: Herstellerverantwortung bezeichnet die gesetzlichen Verpflichtungen, die Hersteller für die gesamte Lebensdauer ihrer Produkte tragen. Jüngst wurden neue europäische Vorschriften erlassen, die für bestimmte Produkte, z.B. Elektrogeräte, Verpackungen und Fahrzeuge, Verpflichtungen zur Produktrücknahme oder einen Mindestanteil recycelter Komponenten und Materialien vorsehen.

Product lifecycle (PLC)/dt.: Produktlebenszyklus ist das Ergebnis einer Produkt-Lebenszyklusanalyse, bei dem die Umweltbelastungen bewertet wurden.

Renewable resources/dt.: Erneuerbare Ressourcen bezeichnet die Ressourcen, die aus der Speicherung von Sonnenenergie durch lebendige Organismen wie Pflanzen, Tiere und Menschen entstehen. Wenn genügend Wasser, Nährstoffe und Sonne vorhanden sind, können erneuerbare Ressourcen in kontinuierlichen Zyklen wachsen.

Smart products/dt.: Intelligente Produkte verfügen über integrierte Sensoren, die die Funktion des Produkts automatisch steuern oder den Benutzer über den Zustand des Produkts informieren.

Sustainable/dt.: Nachhaltig – dieser Begriff kann auf verschiedene Bereiche, z.B. Bevölkerungen, Städte, Entwicklung, Wirtschaft, Gemeinden und Lebensräume, angewandt werden. Wenn diese nachhaltig sind, werden sie noch lange bestehen.

Sustainable development/dt.: Nachhaltige Entwicklung: Am weitesten verbreitet ist die Definition des 1987 veröffentlichten Berichts „Unsere gemeinsame Zukunft" der Weltkommission für Umwelt und Entwicklung unter dem Vorsitz der norwegischen Premierministerin Gro Harlem Brundtland. Danach ist nachhaltige Entwicklung eine Entwicklung, die die Bedürfnisse der Gegenwart erfüllt, ohne zukünftige Generationen in der Erfüllung ihrer Bedürfnisse zu beeinträchtigen. Der Begriff enthält zwei wichtige Konzepte: Das des Bedürfnisses, v.a. der Grundbedürfnisse der Armen auf dieser Welt, denen höchste Priorität zukommen sollte, und das einer Einschränkung, die Technologien und sozialen Organisationen auferlegt ist, damit die Kapazität der Umwelt ausreicht, um aktuelle und zukünftige Bedürfnisse zu erfüllen.

Sustainable product design (SPD)/dt.: Nachhaltige Produktentwicklung ist eine Design-Philosophie, nach der Produkte einen Beitrag zum sozialen und wirtschaftlichen Wohlergehen leisten, nicht in nennenswertem Umfang zu Umweltschäden führen und aus nachhaltigen Ressourcen gefertigt werden sollen. Die Prinzipien des Öko-Design werden um ethische und soziale Faktoren, aber auch um wirtschaftliche Überlegungen und eine Einschätzung der Verfügbarkeit von Ressourcen im Verhältnis zu einer nachhaltigen Produktion erweitert.

Sustainable products/dt.: Nachhaltige Produkte erfüllen menschliche Bedürfnisse, ohne natürliche und künstliche Ressourcen zu erschöpfen, ein Ökosystem zu schädigen oder die Chancen der gegenwärtigen und zukünftiger Generationen einzuschränken.

Technosphäre bezeichnet die Gesamtheit aller künstlichen und zusammengesetzten Komponenten und Materialien, die durch menschliches Handeln und eine Neuordnung bzw. Kombination vorhandener Komponenten aus der Bio-, Geo- und Atmosphäre entstanden sind. Diese Materialien sind nicht biologisch abbaubar. Materialien der Technosphäre sind z.B. Kunststoffe, etwa synthetische Polymere.

Transportenergie ist die Energie, die für den Transport eines Produkts vom Hersteller zum Groß- oder Einzelhändler benötigt wird. Lokal gefertigte und erworbene Produkte benötigen viel weniger Transportenergie als importierte Produkte. Als Maßeinheit wird MJ/kg verwendet.

Treibhausgase sind alle Gase, die zum Anstieg der globalen Durchschnittstemperatur beitragen. Dieses Phänomen ist unter dem Begriff der globalen Erwärmung bekannt. Die Gase halten die Sonnenwärme in der Erdatmosphäre fest. Die wichtigsten Treibhausgase sind Kohlendioxid (v.a. Verbrennung von Treibstoffen), Methan (Mülldeponien, Landwirtschaft, Kohleabbau), Fluorchlorkohlenwasserstoffe (FCKW), teilhalogenierte Fluorchlorkohlenwasserstoffe (HFCKW) und teilhalogenierte Fluorkohlenwasserstoffe (HFKW) (Kühlschränke, Spraydosen), Distickstoffoxid (Produktion von Nylon, Salpetersäure, Verbrennung fossiler Treibstoffe, Landwirtschaft) sowie Schwefelhexafluorid (Chemie-Industrie).

Umweltbelastbarkeit s. Carrying capacity

Umweltfreundliches Design s. Clean Design

Umweltgerechte Produktgestaltung s. Design for environment

Use-impact products/dt.: Schädliche Produkte erzeugen zum Teil erhebliche Umweltbelastungen. Dazu zählen zum Beispiel Autos und Elektrogeräte.

Volatile organic compounds (VOCs)/dt.: Flüchtige organische Verbindungen (FOV) sind natürliche oder synthetische organische Chemikalien, die leicht zwischen einem festen, flüssigen und gasförmigen Zustand wechseln.

Akronyme/Abkürzungen

Organisationen

EPA Environmental Protection Agency, USA (Amerikanische Umweltschutzbehörde)
EU Europäische Union
FSC Forest Stewardship Council, GB
BRE Building Research Establishment, GB

Materialien, Chemikalien

ABS Akrylnitrit-Butadien-Styrol
CFCs /dt.: FCKW Fluorchlorkohlenwasserstoff
CO Kohlenmonoxid
CO_2 Kohlendioxid
HC Hydrokarbon
HCFCs/dt.: HFCKW Teilhalogenierter Fluorchlorkohlenwasserstoff
HFCs/dt.: HCKW Teilhalogenierter Chlorkohlenwasserstoff
HDPE Hartpolyethylen
LDPE Weichpolyethylen
GRP/dt.: GFK Glasfaserverstärkter Kunststoff (Polymer)
NO Stickstoffoxid
NO_x Gesamtmenge der Stickstoffoxide und -dioxide
NiMH Nickel-Metall-Hybrid
NiCd Nickel Cadmium
O_3 Ozon
PE Polyethylen
PET Polyethylen-Terephathalat
PP Polypropylene
PS Polystyren/Styropor
PU Polyurethan
PVC Polyvinychlorid
VOC/dt.: FOV Flüchtige organische Verbindung

Diverses

EV Elektrofahrzeug (Electronic Vehicle)
LED Leuchtdiode
PV Photovoltaik
CFL Kompaktleuchtstofflampe
UV Ultraviolettes Licht
DC Gleichstrom
AC Wechselstrom
PM_{10}s Schwebende Partikel (Staub, Säure u.a.) mit einem Durchmesser von weniger als 0,00001 mm
PRN Packaging Recovery Note

Bücher

Frühe Visionäre

Carson, Rachel, *Silent Spring* (1962), Hamish Hamilton, GB.

Ecologist, The, Hg., *A Blueprint for Survival* (1972), Penguin Books, GB/AUS.

Fuller, Richard Buckminster, *Operating Manual for Spaceship Earth* (1969), Feffer & Simons, London u. Amsterdam, NL (Dt. Titel: Betriebsanleitung für das Raumschiff Erde).

Meadows, Donella, Dennis Meadows, Jørgen Randers u. William Behrens III, *The Limits to Growth, A Report for the Club of Rome's Project on the Predicament of Mankind* (1972), Earth Island, London, GB (Dt. Titel: Die Grenzen des Wachstums: Bericht des Club of Rome zur Lage der Menschheit).

Meller, James (Hg.), *The Buckminster Fuller Reader* (1970), Jonathan Cape, London, GB.

Packard, Vance, *The Hidden Persuaders* (1957), Penguin Books, GB (Dt. Titel: Die geheimen Verführer).

Packard, Vance, *The Waste Makers* (1960), Penguin Books, GB/AUS (Dt. Titel: Die große Verschwendung).

Papanek, Victor, *Design for the Real World, Human Ecology and Social Change* (1972), Thames & Hudson, London, GB.

Wright, Frank Lloyd, *The Natural House* (1963), Horizon Press, New York, USA.

Architektur

Baggs, Sydney u. Joan, *The Healthy House* (1996), Thames & Hudson, London.

Behling, Sophia u. Stefan, *SolPower: Die Evolution der solaren Architektur (2000)*, Prestel Verlag, München, D.

Howard, Nigel u. David Sheirs, *The Green Guide to Specification, An Environmental Profiling System for Building Materials and Components* (1998), BRE Report 351, Building Research Establishment, GB.

Jones, David Lloyd, *Architecture and the Environment: Bioclimatic Building Design* (1998), Lawrence King Publishing, London, GB.

Slessor, Catherine, *Eco-Tech: Sustainable Architecture and High Technology* (1997), Thames & Hudson, London, GB.

Vale, Robert u. Brenda, *Green Architecture: Design for a Sustainable Future* (1991), Thames & Hudson, London, GB.

Wines, James (u. Philip Jodidio [Hg.]**)**, *Grüne Architektur* (2000), Taschen, Köln, D.

Woolley, Tom, Sam Kimmins, Paul Harrison u. Rob Harrison, *Green Building Handbook, A guide to building products and their impact on the environment* (1997), E & F N Spon, London, GB.

Wirtschaft und Nachhaltigkeit

Allenby, B. u. D. Richards, (eds), *The Greening of Industrial Ecosystems* (1994), National Academy Press, Washington D.C., USA.

Charter, Martin u. Ursula Tischner (Hg.), *Sustainable Solutions: Developing Products and Services for the Future* (2001), Greenleaf Publishing, GB.

Datschefski, Edwin, *Sustainable Products: The Trillion Dollar Opportunity* (1999), J L Publishing, Hitchin, GB.

Davis, John, *Greening Business: Managing for Sustainable Development* (1991), Blackwell, Oxford, GB.

Fussler, Claude mit Peter James, *Driving Eco-innovation* (1996), Pitman Publishing, London, GB.

Hawken, P A B, Lovins u. L H Lovins, *Natural Capitalism: Creating the Next Industrial Revolution* (1999), Little & Brown, Boston, and Earthscan, London, GB.

Institute of Materials and Glasgow Caledonian University, *Manufacturing and the Environment* (1997), Institute of Materials, London, GB.

Kirkwood, R. C. u. A. J. Longley, *Clean Technology and the Environment* (1995), Blackie Academic & Professional, London, GB.

Öko-Design, umweltfreundliches Design, DfX, Nachhaltige Produktentwicklung

Balcioglu, Tevfik (Hg.), *The Role of Product Design in Post Industrial Society* (1998), Middle East Technical University Faculty of Architecture Press, Ankara, and Kent Institute of Art & Design, Rochester, GB.

Beukers, Adriaan u. Ed van Hinte, *Lightness: The Inevitable Renaissance of Minimum Energy Structures* (1999), 010 Publishers, Rotterdam, NL.

Billastos, Samir and Nadia A Basaly, *Green Technology and Design for the Environment* (1997), Taylor and Francis, Washington D.C., USA.

Brezet, Han u. Carolein van Hemel, *Ecodesign. A Promising Approach to Sustainable Production and Consumption* (1997), United Nations Environment Programme, Paris, F.

Burrell, P., *Product Development and the Environment* (1996), Design Council & Gower Publications, London, GB.

EU-Kommission, *Grünbuch zur integrierten Produktpolitik (2001)*, COM, Brüssel, B.

Henstock, M., *Design for Recyclability* (1988), Institute of Metals, London, GB.

Krause, F. u. Helmut Jansen (eds), *Life Cycle Modelling for Innovative Products & Processes* (1996), Chapman & Hall, London, GB.

Lyle, John, *Regenerative Design for Sustainable Design*, (1994), Wiley, New York, USA.

MacKenzie, Dorothy, *Green Design: Design for the Environment* (1991), Rizzoli, New York, USA.

Papanek, Victor, *The Green Imperative: Ecology & Ethics in Design and Architecture* (1995), Thames & Hudson, London, GB.

Van der Ryn, Sim & Stuart Cowan, *Ecological Design* (1996), Island Press, Washington D.C., USA.

van Hinte, Ed and Conny Bakker, *Trespassers: Inspirations for Eco-efficient Design* (1999), 010 Publishers, Rotterdam, NL.

Whiteley, Nigel, *Design For Society* (1993), Reaktion Books, London, GB.

Umweltfragen und Daten

Brundtland, Gro Harlem et al, World Commission on Environment and Development, *Our Common Future* (1987), Oxford University Press, GB/USA (Dt. Titel: Unsere gemeinsame Zukunft).

Curran, Susan, *Environment Handbook* (1998), The Stationery Office, GB.

Lees, Nigel u. Helen Woolston, *Environmental Information: A Guide to Sources* (1997), The British Library, GB

McLaren, Duncan, Simon Bullock u. Nusrat Yousuf, *Tomorrow's World, Britain's Share in a Sustainable Future* (1998), Earthscan, London, GB.

Allgemeines

Antonelli, Paola, *Mutant Materials in Contemporary Design* (1995), Museum of Modern Art, New York, USA.

Counsell, Simon, *The Good Wood Guide* (1996), Friends of the Earth, London, GB.

Elkington, John u. Julia Hailes, *The Green Consumer Guide* (1988), Gollancz, London, GB.

National Recycling Forum/Waste Watch, *UK Recycled Products Guide* (1998), National Recycling Forum/Waste Watch, GB.

Philips Design, *La Casa Prossima Futura (The Home of the Near Future) exhibition* (1999), Royal Philips Electronics, NL.

Philips Design, *Vision of the Future* (1996), Philips Design and V+K Publishing, NL.

Powers, Alan, *Nature in Design* (1999), Conran Octopus, London, GB.

Ramakers, Remy u. Gils Bakker (eds), *Droog Design. Spirit of the Nineties* (1998), 010 Publishers, Rotterdam, NL.

Taylor, Louise et al, *Recycling, Forms for the Next Century – Austerity for Posterity* (1996), Craftspace Touring, Birmingham, GB.

Zeitschriften, E-Zines und Newsletter

Architektur

Environmental Design & Construction, USA

www.edcmag.com

Diese Zeitschrift beschäftigt sich mit allen Aspekten einer umweltfreundlichen Architektur.

GreenClips: Sustainable Building Design News Digest, USA

www.greendesign.net/greenclips/

Ein E-Mail-Newsletter sowie eine informative Website, die über die aktuellsten Entwicklungen nachhaltiger Architektur berichtet.

Wirtschaft und Nachhaltigkeit

Business and the Environment

Cutter, USA

http://cutter.com/bate/

Gedruckte oder im Internet erhältliche Informationsquelle für Manager weltweit zu Umweltfragen im Management..

Greener Management International - The Journal of Corporate Environmental Strategy and Practice

Greenleaf Publishing, GB

http://www.greenleaf-publishing.com

Eine vierteljährlich erscheinende Zeitschrift, die sich mit Entwicklungen im Bereich strategischer Umwelt- und Nachhaltigkeitsfragen und deren Auswirkungen auf öffentliche und private Organisationen beschäftigt.

Sustain

World Business Council for Sustainable Development, CH

www.wbcsd.ch

Die vierteljährliche erscheinende Zeitschrift des WBCSD enthält Beispiele für nachhaltige Lösungsansätze, die von Mitgliedern umgesetzt wurden, und leistet einen Beitrag zur aktuellen Diskussion.

Tomorrow

Tomorrow Publishing, S
www.tomorrow-web.com

Eine Print- und Online-Zeitschrift, die über Umweltfragen in Unternehmen informiert, Analysen und praktische Ratschläge liefert.

Sustainable Business

USA

www.sustainablebusiness.com

Ein monatlich erscheinendes Online-Magazin, in dem Nachrichten, Artikel und Kolumnen zum Thema nachhaltige Wirtschaft zusammengetragen werden.

Öko-Design, umweltfreundliches Design, DfX, nachhaltige Produktentwicklung

The Biothinker

Biothinking International, GB

www.biothinking.com

Dieser Newsletter unterstützt die Philosophie einer zyklischen, solaren und sicheren Beziehung zur Entwicklung von Produkten und Dienstleistungen.

Ecocycle

www.ec.gc.ca/ecocycle

Ein Online-Newsletter zum Thema LCM (Product Life-Cycle Management; Management von Produktlebenszyklen) mit Informationen zu Strategien und technischen Fragen.

EcoDesign

Ecological Design Association,GB

www.edaweb.org

Die Zeitschrift der Ecological Design Association wird an über 1.500 Mitglieder in Großbritannien und in die ganze Welt geliefert. Schwerpunkte werden in den Bereichen Transport, umweltfreundliche Produkte und Eigenbau gesetzt, es gibt aber in jeder Ausgabe auch einen redaktionellen Teil mit den unterschiedlichsten Themen von Lifestyle bis Technik.

International Journal of Environmentally Conscious Design and Manufacturing

ECDM Lab, University of Windsor, CAN

www.ijecdm.com

Untersucht die kurz- und langfristigen Auswirkungen von Produktentwicklung und -herstellung auf die Umwelt, berichtet über aktuelle Trends, Fortschritte und Forschungsergebnisse.

Journal of Life Cycle Assessment

www.ecomed.de/journals/lca/lca.htm

Dieses Journal beschäftigt sich ausschließlich mit LCA. Es wendet sich an Praktiker, Produktmanager und alle, die an einer verringerten Umweltbelastung durch Produkte und Systeme interessiert sind.

Journal of Industrial Ecology

Massachusetts Institute of Technology, USA

http://mitpress.mit.edu/JIE

Die Print- und Online-Zeitschrift des MIT erscheint vierteljährlich. Sie behandelt Themen wie den Material- und Energiefluss, Lebenszyklusanalysen, Design for the Environment, zertifizierte Bezugsquellen und vieles mehr. Die Zielgruppe sind zwar primär akademische Institutionen, dennoch bietet die Zeitschrift viele technische Daten, Statistiken und Kontaktinformationen.

Journal of Sustainable Product Design

The Centre for Sustainable Design, GB

http://www.cfsd.org.uk/journal/

Diese vierteljährliche Zeitschrift enthält Artikel von akademischen Institutionen und aus der Industrie und will nachhaltigere Verfahren und Produkte in der Wirtschaft fördern

Umweltnachrichten, Umwelstrategien und Umweltinformationen

ENDS Report, The

Environmental Data Services Ltd, GB

www.endsreport.com

Der ENDS Report wird seit 1978 durchgehend jeden Monat veröffentlicht. Er ist sowohl gedruckt als auch im Internet erhältlich und bietet Nachrichten, Analysen und Artikel zu Fragen der Umweltpolitik und Wirtschaft. Der regionale Schwerpunkt liegt auf Großbritannien, allerdings werden auch Entwicklungen in der EU berücksichtigt.

ENDS Environment Daily

Environmental Data Services Ltd, GB

www.environmentdaily.com

Ein elektronischer Nachrichtendienst, der täglich über Umweltpolitik in Europa berichtet.

Allgemeines

Green Futures

Forum for the Future, GB

www.forumforthefuture.org.uk/

Die Zeitschrift beschäftigt sich mit nachhaltiger Entwicklung. Sie enthält Fallstudien und Initiativen aus Wirtschaft, Industrie und Regierungen.

Itch

Sustainable Solutions Design Association, DK

www.psd-dk.com/_psd_htm/ info.htm

Ein vierteljährliches Magazin zum Thema Nachhaltigkeit und Mode für Textil- und Modedesigner.

Recycler's World

RecycleNet Corporation, CAN

www.recycle.net

Eine Site zum weltweiten Austausch von Informationen über wiederverwendbare und recycelbare Produkte, nach Produkten und Materialien geordnet.

Recycling World

Tec Publications, GB

www.teeweb.com/recycle/

Handelsmagazin, das die neuesten Entwicklungen der Recycling-Technologie und neue Initiativen in Großbritannien und Europa untersucht. In einem Sonderteil, dem „Recyclers' Corner", werden Informationen zum Handel mit recycelten Materialien angeboten.

Warmer Bulletin

www.residua.com/WB.html

Schwerpunkte liegen bei der Wiedergewinnung von Ressourcen und Abfall-Management.

Stichwortverzeichnis

Abbildungsnachweis
o–oben; u–unten; l–links; r–rechts; m–Mitte; S1, S2, S3, S4–Spalte 1, Spalte 2, Spalte 3, Spalte 4

1, Keith Parry; 2, Iform; 9, Wharington International Pty Ltd; 16-17, Michael Gerlach; 19 ul, Viaduct; 19 ur, Ceccotti Collezioni; 20 ol, Design Academy Eindhoven; 20 ur, Viaduct; 21 ol, ur, Meta Morf Inc.; 22 ol, Studio Ilkka Suppanen; 22 or, International Design Resource Awards (IDRA); 22 ul, Robert A Wettstein; 23 ol, Marre Moerel; 23 ul, David Trubridge; 23 or, Damian Williamson; 24 ol, Enrique Corrales; 24 ur, El Ultimo Grito; 25 or, Ml, Marcel Loermans; 25 u, Carl Clerkin; 26 Michael Gerlach; 27 ul, ur, Design Academy Eindhoven; 27 o, IDRA; 28, Mads Flummer; 29 ul, ur, Kazuhiro Yamanaka; 29 o, Plastics f'th Industry Ltd; 30 u, Julio Garcia Garate; 30 or, M, Deutsche Gesellschaft für Kunstoff-Recycling; 31 u, Marino Ramazzotti; 31 o, Tendo Co. Ltd; 32 o, Viaduct; 32 u, Trannon Furniture Ltd; 33 ur, Guy Martin; 33 ol, Fernando and Humberto Campana; 34 ul, ur, Johan Kalén; 34 or, Cappellini SpA; 34 Mr, Rosenthal; 35 oM, ul, Jane Atfield; 35 or, Vitra; 36 o, Meta Morf Inc.; 36 M, u, Lloyd Loom of Spalding; 37 o, Pil Bredahl and Liselotte Risell; 37 u, Earth Chair; 38 o, u, Galleri Stolen AB; 39 o, IDRA; 39 Ml, ur, Julienne Dolphin Wilding; 40, Iform; 41 oM, ul, IDRA; 41 Mr, ur, Robert A Wettstein; 42 o, Dalsouple; 42 u, Hans van der Mars; 43 Mr, ur, Jane Atfield; 43 ol, Cappellini SpA; 44 o, Mads Flummer; 44 u, Cappellini SpA; 45 or, Jane Atfield; 45 ul, Fiam Italia SpA; 46 o, Dominique Uldry; 46 u, IDRA; 47, IDRA; 48 ul, MetaMorf Inc.; 48 or, Cappellini SpA; 49 ur, Hans Hansen; 49 or, Authentics artipresent GmbH; 49 ol, Erik Krogh Design; 50 l, Luke Kirwan; 50 Mr, Wilde & Spieth GmbH; 51 ol, or, Viaduct; 51 uM, Cappellini SpA; 52 u, Pawel Grunert; 52 o, Brazilian eco-design awards 1997; 52 u, Pawel Grunert; 53 ul, Miro Zagnoli; 53 ol, Michael Marriott; 53 or, Julienne Dolphin-Wilding; 54 u, Trannon Furniture Ltd; 54 o, Cappellini SpA; 55 o, Jam Design & Communications; 55 u, Pamela Hatton; 56 o, Wharington International Pty Ltd; 56 ul, ur, Front Corporation; 57 ol, Verne/Bulo; 57 or, MAP; 57 Mr, M u, Design Academy Eindhoven; 58 u, IDRA; 58 ol, or, David Hertz/ Syndesis Inc.; 59 ol, IDRA; 59 or, Cappellini SpA; 59 ol, IDRA; 60 ul, Bob Goedewagen; 60 or, DMD/Droog Design; 61 o, Avant de Dormir; 61 u, Kartell; 62 o, Roberto Feo; 62 u, Kartell; 63 Jam Design & Communications; 64, Dominique Uldry; 65 oM, ur, Dominique Uldry; 65 ul, Condor P.R/IKEA; 66 oM, ul, Jörg Boner, N2; 66 Mr, IDRA; 67 Lorenz Wiegand/POOL-products; 68 o, u, Deutsche Gesellscaft für Kunstoff-Recycling; 69 ol, IDRA; 69 or, ur, Jasper Startup; 70, Design Academy Eindhoven; 71 ol, ul, Thomas Dobbie; 71 Mr, Design Academy Eindhoven; 72 o, u, of ClassiCon, Germany; 73 o, Retail Place Ltd; 73 u, Design Academy Eindhoven; 74 oM, ol, Droog Design; 74 Mr, Design Academy Eindhoven; 75, Design Academy Eindhoven; 76 o, Droog Design, Netherlands; 76 u, N2/sdb industries; 77 u, El Ultimo Grito; 77 ol, or, of Richard Hutten; 78 u,Ed Reeve; 78 o, Cappellini SpA; 79 Habitat; 80 or, Jam Design & Communications; 80 M, u, Cappellini SpA, Italy; 81 ol, Design Academy Eindhoven; 81 ur, Deutsche Gesellschaft für Kunstoff-Recycling; 81 M, of Robert A Wettstein; 82 or, Dominique Uldry; 82 ol, Hülsta; 83 ol, Roberto Feo; 83 Mr, Tom Vack; 83 ol, El Ultimo Grito; 84, Andrés Otero; 85 ol, Jason Griffiths; 85 ur, of Atelier Alinea; 86 ur, Peter Gabriel; 86 ol, IDRA; 87, V K & C Partnership; 88 o, Dorte Krogh; 88 u, Sergio Macchioni; 89 o, courtesy Sebastian Bergne/Radius GmbH; 89 u, IDRA; 90 o, Polly Farquharson; 90 u, Hans van der Mars; 91 u, Roy Sant; 91 o, Deborah Thomas; 92 o, Dalsouple Ltd; 92 u, Stephen Philips Design; 93 Deutsche Gesellschaft für Kunstoff-Recycling; 94 ol, Sculptures-Jeux; 94 ur, Carl Clerkin; 94 or, Alastair Fuad-Luke; 95 o, Brahl Fotografi; 95 u, IDRA; 96 ul, Jakob Kristensen; 96 or, IDRA; 97 ol,ur, Design Museum, London; 98 ol, Frits Vink; 98 or, Designed oo a 't'; 98 ur, N2; 99 o, Cappellini SpA; 99 u Katherine Fawsett; 100 ur, Steven Krause; 100 ol, ul, Cappellini SpA; 101 ol, of 2pm Limited; 101 Mr, IDRA; 101 ul, Lampholder 2000 plc; 102 o, Deutsche Gesellschaft für Kunstoff-Recycling; 102 u, IDRA; 103 o, IDRA; 103 u, Deutsche Gesellschaft für Kunstoff-Recycling; 104 ol, Manuel Baniera and Francisco Paz; 104 ur, IDRA; 105, Glas Platz; 106 or,ur, Arnold Photography; 106 Ml, Ligne Roset; 107 o, Bär + Knell; 107 u, Moonlight Aussenleuchten; 108 ol, Mr, Viaduct; 108 ul, IDRA; 109 or, ul, Mark Sutton Vane; 109 ur, IDRA; 110 ul, Nisso Engineering; 110 ol, Iain Sinclair Design ; 110 ur, Freeplay Energy Europe; 111 ul, Dominique Uldry; 111 ur, Light Corporation; 111 ol, M, BP Solar Interntional; 112 ol, Philips Lighting; 112 ul, SLI Lighting; 112 Mr, Lampholder 2000 plc; 113 o, Philips Lighting; 113 u, Ledtronics; 114 o, Induced Energy; 114 u, Aga-Rayburn; 115 ol, ul, Solar Cookers International; 115 or, Philips Design; 116 Philips Electronics; 117 ol, Gloria-Werke; 117 ul, Alfred Kärcher GmbH; 117 Mr, Polti; 118 Mr, Polti; 118 oM, ul, Dyson Appliances; 119 o, AEG; 119 u, of Monotub Industries; 120 or, Staber Industries; 120 ul, Hoover Group; 121 ol, ul, Electrolux Zanussi; 121 ur, Planet; 122 or, M, ul, Supercool AB; 122 ur, Nicholas Albertus; 123 ol, IDRA; 123 ul, Gianni Antonali/Gervasoni SpA ; 123 or, ur Keith Parry; 124 Gabriella Dahlman; 125 ol, ur, Acordis Fibres (Holdings) Ltd; 126 o, u, Design Museum, London; 127 o, Acordis Fibres (Holdings) Ltd; 127 u, Philips Design; 128 o, Royal Philips Electronics; 128 u, Design Academy Eindhoven; 129 ol, Deep E®; 129 ur, Daniel Ohlsson/Klara AB; 130 o, Alastair Fuad-Luke; 130 u, BREE Collection GmbH; 131 o, Dominique Uldry; 131 u, Dalsouple Ltd; 132, BMW (GB) Ltd.; 133, Fiat Auto UK; 134 o, General Motors; 134 u, Honda; 135 o, Chrysler Jeep® Imports UK; 135 u, General Motors/Vauxhall Motors; 136 Honda; 137 o, Fiat Auto UK; 137 u, Ford Motor Company; 138 Toyota; 139 o, Corbin Motors; 139 u, Daimler Chrysler AG; 140, TH!NK Nordic AG/Ford Motor Company; 141 o, General Motors/ Vauxhall Motors; 141b Volkswagen AG; 142, Daimler Chrysler AG; 143 Independence Technology; 144 o, United Nations Environment Programme (UNEP); 144 u, Daimler Chrysler AG; 145 o, Riese und Müller GmbH; 145 ur, Dominique Uldry; 145 Ml, Seymour Powell; 146 o, Roland Plastics; 146 u, Advanced Vehicle Design; 147 ol, UNEP; 147, ur, Brompton Bicycle Ltd; 148 NASA/Dryden Flight Research Station; 149, Advanced Vehicle Design; 150 ul, Straka sPORTs Ciromachines GmbH; 150 or, Skoot International Ltd; 150 ur, Nova Cruz Products; 151 Powabyke Ltd; 152 o, Design Academy Eindhoven; 152 u, SRAM Corporation; 153 Ml, Dalsouple Ltd; 153 ur, Dominique Uldry; 154 ul, Design Academy Eindhoven; 154 or, Patagonia; 155 ol, Nighteye GmbH; 155 ur, IDRA; 156 or, IDRA; 156 Mr, M u, Skystreme UK Ltd; 156 ul, Verobüro Olten; 157 ol, oM, Purves & Purves, London; 157 u, Husqvarna/The Electrolux Group; 158 M, of Reln/Wiggly Wigglers; 158 or, Ulackwall Ltd; 158 ul, Metpost; 159 ol, Porous Pipe; 159 Mr, Design Academy Eindhoven; 159 ur, Husqvarna/The Electrolux Group; 160 oM, ul, Glas Platz; 160 or, Philips Design; 161 o, Canon Inc. Japan; 161 u, Sony Corporation; 162 of Freeplay Energy Europe; 163 ul, IDRA ; 163 or, Philips Electronics; 163 ur, Lexon Design Concepts; 164 o, Grundig AG; 164 u, Philips Electronics; 165 ol, Gibson Guitars; 165 u, Design Academy Eindhoven; 166 Philips Design; 167 Palo Alto Products International; 168 Mr Toyozo and the Nifty Hewlet Packard PC user forum; 169 o, Goods; 169 u, Alessi SpA; 170 Ml, Danese srl; 170 ur, Camille Jacobs; 170 or, Mr, Pamela Hatton; 171 or, Wanders Wonders; 171 ol, ul, Feldmann + Schultchen; 172 oM, ul, IDRA; 172 or, Droog Design; 173 Studio Brown; 174 o, LINPAC Environmental; 174 u, Benza Inc.; 175 or, Patrick Laing; 175 ul, William Warren; 175 ol, Oxo International; 175 Mr, Richard Davies; 176 Ml, REEEL; 176 or, Droog Design; 176 ur, Aki Kotkas; 177 ol, Institute of Contemporary Arts (ICA), London; 177 ur, Designed oo a 't' Ltd; 178 u, Peter Gabriel; 178 o, Christian Stoll/ AUTHENTICS artipresent GmbH; 179 u, Robert A Wettstein; 179 o, Dominique Uldry; 180 u, MourtesyVaccari Ltd; 180 o, Durex; 181 ol, Alastair Fuad-Luke; 181 ur, Ecover Products; 182 Ml, Fingermax Gbr; 182 or, Lois Walpole; 183, Feldmann + Schultchen; 184 o, UNEP; 184 u, Mark Rogers; 185 ol, cr, Junghans Uhren GmbH; 185 ul, Benza Inc; 186, SMAC, Sergio Macchioni; 187 o, Vaccari Ltd; 187 u, Feldmann + Schultchen Design; 188, Cutouts; 189 ol, AUTHENTICS artipresent GmbH; 189 ur, Goods; 190 ol, ur, IDRA; 191 o, u, IDRA ; 192-193, Fritz Hansen; 195 ul, Clearvision Lighting; 195 ol, Philips Electronics; 195 Mr, ur, Concord Lighting; 196 o, Ground Support Equipment (US) Ltd; 196 u, Herman Miller Inc.; 197 oM, ur, Baleria Italia SpA; 197 Ml, Hawarth Inc.; 198, of Haworth Inc; 199 Fritz Hansen; 200 o, Miro Zagnoli; 200 u, Haworth Inc.; 201 o, Steelcase Photo Services; 201 u, Tetra Pak; 202 o, Nova Form; 202 u, Wilkhahn + Hahne GmbH; 203 o, IDRA; 203 u, Celotex; 204, Fritz Hansen; 205 ul, Dominique Uldry; 205 oM, Design Museum, London; 205 ur, Sanford UK Ltd; 206 or, Alastair Fuad-Luke; 206 ur, Green Disk; 207 or, Epson ; 207 Ml, PCD Maltron Ltd; 207 ur, Canon (UK) Ltd; 208 o, Kyocera; 208 u, Xerox Corporation; 209 Ml, IDEO Product Development; 209 ur, IBM; 210 o, Air Packaging Technologies; 210 u, Amasec Airfil; 211 o, Cargill Dow; 211 u, Robert Cullen & Sons; 212 o, IFCO; 212 u, LSK Industries Pty Ltd; 213 o, Werzalits AG + Co; 213 u, Ehlebracht AG; 214 ol, Alastair Fuad-Luke; 214 Mr, ul, Schäfer Werke GmbH; 215 3M Deutschland; 216 ul, Alastair Fuad-Luke; 216 ol, General Motors/Vauxhall; 216 ul, Alastair Fuad-Luke; 216 or, ur, gmp-Architekten; 217 BTM International Ltd; 218 PowerMakers Plus; 219 o, Man Nutzfahrzeuge/APR (Foto); 219 u, Marks & Spencer; 220 o, LUMINO Licht Elecktronik GmbH; 220 u, Peugeot; 221 Optare; 222 NASA/ Dryden Research Centre; 223 Ml, FanWing; 223 or, NASA/Dryden Research Centre; 224 or, ur, Rolls Royce; 224 ul, Festo Corporate Design; 225 o, u, Bernd Kammerer/ Kopf AG; 226, Design Museum, London; 227 o, Droog Design; 227 u, Baccarne bvba; 228 ul, Escofet; 228 or, Pendlewood; 229 o, u, VK & C Partenership; 230 ol, Comarco Wireless Technolo-

Abbildungsnachweis

gies; 230 ul, Environmental Polymers Group; 230 or, Landmark GmbH; 231 ol, Philips Design; 231 ur, Solar Solutions; 232 Ml, ur, Roy Fleetwood/YKK Architectural Products Inc; 232 or, Ecke:Design; 233, Design Museum, London; 234 ol, Zimmerei Michael Kaufmann; 234 ur, Design Museum, London; 235 oM, or, Parnham Trust at Hooke Park; 235 u, Zimmerei Michael Kaufmann; 236 ol, Ml, Design Museum, London; 236 or, ur, Akeler Developments plc; 237, Hereford County Council; 238 or, Festo Corporate Design; 238 ul, Ecover; 239 Peabody Trust; 240 ol, Mr, K-X Industries; 240 u, Re-New Wood; 241 Ml, Glidower Ziegelei GmbH; 241 oM, Red Bank Manufacturing Company; 242 Monodraught Ltd; 243 Regialdo Marinho; 244 Trus Joist MacMillan (TJM); 245 u, Ulesius/Vorwerk & Co Teppichwerke GmbH & Co. KG; 245 o, Alastair Fuad-Luke; 246 or, Mr, Dalsouple Direct; 246 ul, Interface; 247 Matrix Composites Inc.; 248 ol, Dominque Uldry; 248 Mr, Alastair Fuad-Luke; 248 or, Interface Inc.; 248 ur, Smith & Fong Company; 249 Ml, Alastair Fuad-Luke; 249 or, ur, The Amtico Company; 250, Duralay; 251 or, Alligator Sunshine Technologies GmbH; 251 ul, Ampair Ltd; 252 Teisen Products; 253 o, Filsól; 253 u, Nigel Young/Foster and Partners; 254 oM, uM, Water Film Energy; 255, Buderus Heiztechnik Gmbh, Germany; 256 o, Bartsch Industrial Design Gbr; 256 u, Ritter Energie- und Umwelttechnik GmbH KG; 257 Sunways; 258, Uni-Solar; 259, BP Solar International; 260 o, Solar Century; 260 u, Rayotec Ltd; 261, GAAN GmbH; 262, Hans Grohe; 263, Clivus Multrum Canada; 264 o, Elemental Solutions; 264 u, Sun-Mar Corporation; 265 o, Flow Control Water Conservation; 265 ur, Jenny Matthews/Oxfam; 265 ul, Oxfam; 266 o, Flamco; 266 u, Wagner & Co Solartechnik GmbH; 267, Waterless UK; 269, Brook Hansen; 270 o, ABG Ltd; 270 u, 3M; 271 ol, Dominique Uldry; 271 or, XO2 Limited; 271 u, Beacon Print; 272 or, Lew San Ltd; 272 M, Alastair Fuad-Luke; 272 ur, Netlon; 273 ol, Southampton Innovations; 273 Mr, Orange; 274-275 Richard Learoyd; 278 S2 o, Design Academy Eindhoven; 278 S2 u, S3, S4 o Kingston University, Rematerialise samples Jakki Dehn; 278 S4 u, Alastair Fuad-Luke; 279 S4 o, Meadwood Industries; 279 S2, Matrix Composites; 279 S3, Masonite Corporation; 279 S4 u, Willamette Europe; 280 S1, BioFab LLC; 280 S2, Alastair Fuad-Luke; 280 S4 o, Strandwood Molding; 280 S4 u, Primeboard Inc.; 281 S1, Eco Timber International; 281 S2, Alastair Fuad-Luke, Rematerialise samples Jakki Dehn; 281 S4, Trus Joist MacMillan; 282 S1 o, Johnson Corrugated Products; 282 S1M, Biocorp; 282 S1 u, Biotec; 282 S2, Solvay Plastiques; 282 S3, S4, Alastair Fuad-Luke; 283 S1o, Norel; 283 S1 u, Novamont SpA; 283 S3, Novon International; 283 S4, Cargill Dow; 284 S1, Starch Tech Inc.; 284 S2 o, Alastair Fuad-Luke; 284 S2 u, Deutsche Heraklith; 284 S3 Hock Vertriebs-GmbH & Co. KG; 284 S4, Klober; 286 S1, Auro Organic Paint Supplies Ltd; 286 S2, Bioshield Paint Company; 286 S4 o, Old Fashioned Milk Paint Company; 286 S4 u, Ostermann & Scheiwe; 287 S4 Franmar Chemical Inc.; 288 S1, Crane & Company; 288 S2, Curtis Fine Papers; 288 S3, Fiskeby Board Ltd; 288 S4, Hurum Fabrikker; 289 S1, Alastair Fuad-Luke; 289 S2, Smith Anderson & Co.; 289 S3 KP Products; 290 S1o, Richard Learoyd; 290 S1 u, S4 o, Alastair Fuad-Luke; 290 S2, DesignTex; 290 S4 u, UNEP; 291 S1 Fredrik, Malmlund Reklamfoto AB; 291 S2, Novotex; 291 S4, Nuno Corporation; 292 S1, AERT; 292 S2 o, Recycled Plastics Inc.; 292 S2 u, Wharington International Pty; 292 S3, S4, Alastair Fuad-Luke; 293 S1o, North Wood Plastics Inc.; 293 S1 u, Alastair Fuad-Luke, Rematerialise samples Jakki Dehn; 293 S2, Kingston Univeristy, Rematerialise samples Jakki Dehn; 293 S3o, Alastair Fuad-Luke, Rematerialise samples Jakki Dehn; 293 S3 u, Alastair Fuad-Luke; 293 S4 o, Hahn Kunstoffe GmbH; 293 S4 u, Alastair Fuad-Luke, Rematerialise samples Jakki Dehn; 294 S2, Alastair Fuad-Luke; 294 S4 o, WKR Altkunststoffeproduktions- u. Vertriebsgesellschaft GmbH; 294, S4 u, Alastair Fuad-Luke, Rematerialise samples Jakki Dehn; 295 S3, Safeglass (Europe) Ltd; 295 S4, Kingtson University, Rematerialise samples Jakki Dehn; 296 S1o, Pinnacle Inc. (PTI); 296 S1 u, Showa Highpolymer Co.; 296 S3, S4, Alastair Fuad-Luke; 297 Advanced Elastomer Products; 298 S1o, Teknos Tranemo; 298 S1 u, Lakeland Paints; 298 S2, Nordsjö; 298 S3, Keim Mineral Paints Ltd; 298 S4, Pinturas Proa; 299 S2, Eco Solutions; 299 S3, Laybond Products Ltd; 300 S1, Dominique Uldry; 300 S2 o, Wellman Inc; 300 S2 u, Electrotextiles Ltd; 300 S3, Nuno Corporation; 300 S4, Micro Thermal Systems; 301 S1, Interface Fabrics.